国家“双高计划”动车组检修技术专业群模块化课程特色教材

新时代新理念职业教育教材·机车车辆类

行业紧缺人才、关键岗位从业人员培训教材

新型活页式融媒体教材

动车组网络控制技术

主　编　余水平　罗昭强

副主编　刘　晶　黄　超

参编者　谭广忠　师光洲

主　审　林　杰

北京交通大学出版社

·北京·

内容简介

本书为国家“双高计划”动车组检修技术专业群模块化课程特色系列教材之一。全书共分为5个项目，主要内容包括动车组网络控制系统概述、计算机网络技术、动车组通信网络协议、复兴号动车组网络控制系统、动力集中动车组网络控制系统等知识和技能。本书包含了大量新技术、新工艺、新技能，可以帮助学生快速学习中国动车组网络控制新技术，适应智能运维时代的发展要求；同时，本书设计有实训操作环节，注重培养学生实践操作技能，以达到提素培优的目的。

本书可作为高等职业技术学院、高等专科学校轨道交通类相关专业课程的教材使用，也可作为相关岗位的职工培训教材使用，还可供有关轨道交通类技术人员参考。

图书在版编目（CIP）数据

动车组网络控制技术 / 余水平，罗昭强主编；刘晶，黄超副主编 . —北京：北京交通大学出版社，2024. 2（2024. 8 重印）

ISBN 978 - 7 - 5121 - 4988 - 5

Ⅰ. ①动… Ⅱ. ①余… ②罗… ③刘… ④黄… Ⅲ. ①高速动车-网络系统-控制系统 Ⅳ. ①U266

中国国家版本馆 CIP 数据核字（2023）第 099590 号

动车组网络控制技术

DONGCHEZU WANGLUO KONGZHI JISHU

策划编辑：李运文

责任编辑：李运文

出版发行：北京交通大学出版社　电话：010-51686414　http：//www. bjtup. com. cn

地　　址：北京市海淀区高梁桥斜街 44 号　邮编：100044

印 刷 者：北京时代华都印刷有限公司

经　　销：全国新华书店

开　　本：185 mm×260 mm　印张：19. 5　字数：493 千字

版 印 次：2024 年 2 月第 1 版　2024 年 8 月第 2 次印刷

定　　价：49. 90 元

本书如有质量问题，请向北京交通大学出版社质监组反映。对您的意见和批评，我们表示欢迎和感谢。

投诉电话：010 - 51686043，51686008；传真：010 - 62225406；E-mail：press@ bjtu. edu. cn。

前　言

随着高速铁路快速发展，截至 2023 年底，我国高速铁路营业里程达到 4.5 万 km，居世界前列，占全球的 2/3 以上。如今，高速铁路已经成为我国在国际舞台上一张亮丽的名片。

作为高速铁路的核心，高速动车组是集当今世界先进的计算机技术、微电子技术、遥感与自控技术、新型材料技术、现代制造技术、空气动力学技术等现代科学技术于一体的系统工程的产物。

近年来计算机网络技术飞速发展，动车组网络控制技术更新迭代加快。本书选择了当今最先进的两种典型动车组网络控制系统进行详细介绍：一种是动力分散型的复兴号动车组网络控制系统，另一种是动力集中型的 CR200J 动车组网络控制系统。同时，本书也介绍了一些通用的计算机网络技术、几种常见的列车网络通信协议及 CRH2、CRH3 和 CRH5 型动车组的网络控制系统。

本书遵循职业院校专业课程教学的基本规律，针对高等职业教育动车组检修技术专业学生急需学习动车组网络控制的最新技术，以中国高速动车组网络控制技术的发展历程为主线，以中国高速铁路最新应用的列车网络控制技术为重点，全面、系统地介绍动车组网络控制系统的结构和工作原理。武汉铁路职业技术学院动车组检修技术专业群是国家首批"双高计划"项目入选专业群。作为国家"双高计划"动车组检修技术专业群模块化课程特色系列教材之一，本书数字资源丰富，内容实用，贯彻标准，紧贴岗位，与课程思政有机结合，对标"1+X"证书和职业技能大赛，助力培养轨道交通类高素质、高技术技能型人才，以满足社会对轨道交通类技能型人才日益增长的需求。

本书由武汉铁路职业技术学院余水平和中车长春轨道客车股份有限公司首席技能专家罗昭强担任主编，参与编写的有武汉铁路职业技术学院刘晶、黄超和柳州铁道职业技术学院谭广忠、师光洲。中国铁路武汉局集团有限公司武汉高速铁路职业技能训练段林杰担任本书主审。具体编写分工如下：谭广忠编写项目 1；刘晶编写项目 2 的任务 2.1、任务 2.2、任务 2.3 和任务 2.4；黄超编写项目 2 的任务 2.5；余水平编写项目 3 和项目 4；师光洲编写项目 5 的任务 5.1；罗昭强编写项目 5 的任务 5.2 和任务 5.3 并负责全书编写指导工作。书中的数字媒体视频由余水平、刘晶和师光洲合作制作完成。

本书在编写过程中得到相关单位的大力支持，对编写工作给予了具体的指导和帮助，同时我们也参考了大量的相关文献资料，在此一并向给予帮助的单位和个人表示最诚挚的谢意。

由于编者水平有限，书中难免有疏漏和不足之处，恳请广大读者予以指正。

非常欢迎索取本书的相关教学资源。编辑的电话是010-51686112，邮箱是 ywli@bjtu. edu. cn，QQ 是 85575131。

本书配有余水平教学团队开发的“动车组网络控制技术”在线开放 MOOC 课程，访问 https://mooc. icve. com. cn/cms/courseDetails/index. htm? cid = dczwht042ysp176，或扫码、注册成为网站用户，点击“加入课程”即可进行学习。

在线开放 MOOC 课程二维码如下：

编　者

2024 年 1 月

活页式教材使用指南

01

根据需要，从教材中选择需要放入活页夹的页面。

02

请小心地沿页面根部的虚线将页面撕下。为了保证沿虚线撕开，可以先沿虚线折叠一下。注意：不要一次撕太多。

03

请选购孔距为80 mm的双孔活页式文件夹，文件夹选择竖版，不小于B5幅面即可。将撕下的活页式教材装订到活页夹中即可使用。

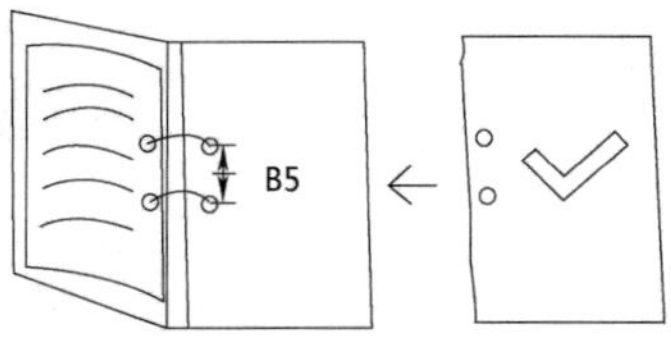

04

也可将课堂笔记和随堂测验等学习资料，经过标准的孔距为80 mm的双孔打孔器打孔后，和本教材撕下的页面装订在同一个文件夹中，这样更方便学习。

温馨提示：在确定取出本教材的正文页面之前，作为练习，可以先尝试撕下本页。

需要时可沿此线裁成活页

目　录

需要时可沿此线裁成活页

项目1

动车组网络控制系统概述

本项目是对动车组网络控制系统的发展和功能的整体认识。在了解国内外动车组网络控制系统的发展历史和未来趋势的基础上，进一步了解动车组网络控制系统的功能，从而为后续学习动车组网络控制技术打下基础。

任务1.1　列车网络控制系统的发展与趋势

当我们享受中国复兴号动车组带来便捷的交通生活时，我们便会想到动车组的网络控制系统发挥的巨大作用。这个动车组的“大脑和神经系统”（网络控制系统）又是如何发展到今天这么神奇的呢？它有哪些功能？下面我们一起去探索吧！

学习目标

1. 素质目标

践行社会主义核心价值观，培养学生深厚的爱国情感和中华民族自豪感。

2. 知识目标

（1）了解列车网络控制系统的发展历史及未来趋势。

（2）知晓列车网络控制系统的构成特点。

3. 能力目标

会用思维导图展现列车网络控制系统的发展历史及未来趋势。

学习任务

1. 课前自学制作思维导图的知识。
2. 根据学到的知识画出列车网络控制系统的发展历史及未来发展趋势图。
3. 了解列车控制网络的构成特点。

需要时可沿此线裁成活页

任务实施

1. 网络控制系统

网络控制系统是一种全分布式、网络化，通过网络构成闭环的实时反馈控制系统。网络控制系统基于网络，实现传感器、控制器和执行器等各部件之间的信息交换，从而实现资源共享、远程监控和故障诊断，并可以对获取的信息进行分析和管理。

2. 网络控制系统的产生和发展

1）分散控制

早期的网络控制系统中的控制装置是安装在被控装置附近的，且每个控制回路均需要单独的控制器。这些控制装置就地测量出被控装置的过程变量的数值后，按照一定的控制逻辑产生控制信号，由执行器按照控制信号控制被控装置以实现期望的功能。

2）集中控制

随着被控装置规模的扩大，控制人员需要综合掌握多个被控点的运行参数和信息，需要同时按照多个被控点的信息进行操作控制，于是出现了气动、电动的单元组合式仪表和集中控制室。各处被控装置的参数通过统一的模拟信号送至集中控制室，控制人员可同时纵观各被控装置的状态，这就是集中控制，这种控制系统被称为集中式模拟控制系统。

集中式模拟控制系统能够及时、有效地进行各部分之间的协调控制，有利于被控过程的安全运行。但由于模拟信号的传输需要一对一的物理连接，且传输距离长，信号变化缓慢，信号抗干扰能力较差，所以需要用数字信号取代模拟信号，用数字控制器取代模拟仪表盘，用数字控制取代模拟控制。

20 世纪 60 年代初，计算机开始用于生产过程的直接数字控制。由于当时计算机价格昂贵，因此常用一台计算机集中控制所有的生产过程，并且由于当时计算机的可靠性不高，一旦发生故障，生产将面临整体瘫痪，因此大规模集中式数字控制系统基本宣告失败。

3）集散控制

为解决集中式数字控制系统存在的问题，控制系统工程师提出了集散控制系统（distributed control system，DCS）的概念，将控制功能分散在不同的计算机中完成，并通过主机进行通信，既实现了控制功能，又提高了可靠性。但由于通信均经过主机，如果主机出现问题，系统仍然会崩溃，并且通信协议均为专用协议，极大地制约了集散控制系统的集成与应用。

4）分布控制

为解决 DCS 存在的问题，现场总线控制系统（fieldbus control system，FCS）应运而生。FCS 用现场总线这种开放、具有互操作性的网络将现场各控制器及仪表设备互联，构成现场总线控制系统，同时将控制功能彻底下放到现场，降低了安装成本和维护费用。因此，FCS 本质上是一种开放的、可互操作的、彻底分散的分布控制系统。与传统的集散控制系统相比，FCS 具有体系结构开放、系统集成灵活方便、硬件智能化、传输数字化、控制计算高品质化的特点。

5）列车网络控制系统

列车网络控制系统（train control and monitoring system，TCMS）是现代高速列车稳定运行的关键技术之一。TCMS 由通信单元、终端控制单元、输入输出 I/O 单元、人机交互单元等组成，负责实现对列车运行的控制、监督、管理和诊断，常被称为列车的“大脑”（如图 1-1 所示）。TCMS 是连接列车各子系统的桥梁，具有通信、控制、诊断、采集、执行、显示等功能，且拥有三大核心技术：通信技术、控制技术、显示技术。TCMS 涉及的控制包括列车级控制和车辆级控制，主要负责列车的主控识别、牵引、制动、方向、故障诊断、故障导向等控制功能。

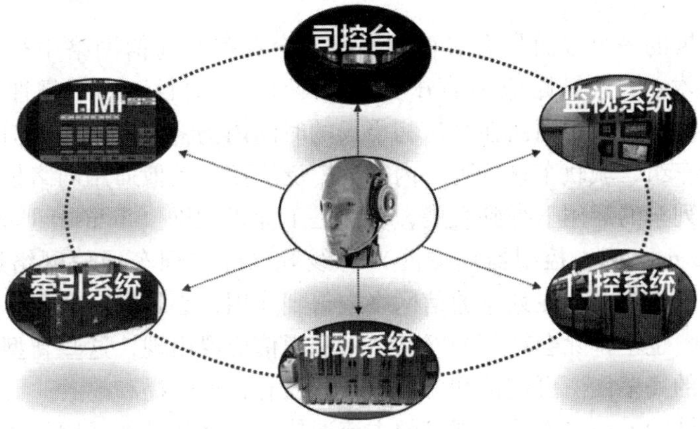

图 1-1　列车的“大脑”——TCMS

6）列车通信网络

20 世纪 70 年代末至 80 年代初，铁路部门在控制系统中引入层次划分的思想，产生了基于串行通信的用于在多个较为独立的控制设备或层次之间进行信息交换的总线和企业标准，即列车通信网络的雏形。20 世纪 90 年代初，为了满足机车和动车组重联控制的需要，产生了列车总线。1999 年 6 月，列车通信网络（train communication network，TCN）标准 IEC 61375 正式成为国际标准。

列车通信网络为双层网络，由列车总线（train bus）和车辆总线（vehicle bus）组成，如图 1-2 所示。目前列车通信网络的国际主流为 TCN 网络，其他还包括基于 ARCNET 的网络和基于 HDLC 梯形拓扑的网络等。

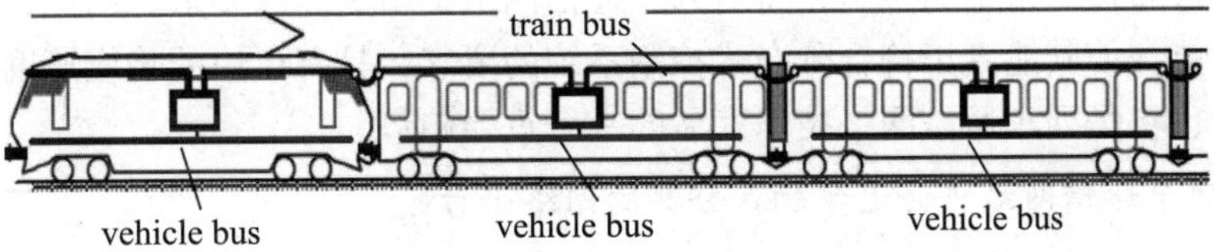

图 1-2　列车通信网络的双层结构

需要时可沿此线裁成活页

3. 列车通信网络的技术发展趋势

随着技术的不断发展和成熟，今后列车通信网络的选择将会比控制器的选择更为重要，其技术将得到更为广泛和深入的应用。但是，随着列车通信网络的应用范围不断扩大，用户对网络的开放性、性价比，以及开发和应用的多样性和灵活性等方面都提出了更高的要求。

由于各种控制网络都有其优缺点，所以目前还没有一种控制网络能很好地满足轨道交通用户的所有应用需求。列车通信网络是应用于列车环境下的一种特殊的计算机通信网络，通用的现场总线均可以在列车通信网络中找到合适的应用，但列车网络的性能也必将成为竞争的热点。可以预见，今后列车通信网络技术的发展将呈现以下趋势。

1）列车通信网络将呈现多元化的发展趋势

多元化发展的一个方面是有多种网络技术会在列车通信网络中得到运用。基于TCN 的网络技术是专为铁路应用而开发的，具有强实时性、高可靠性等特点，能满足铁路行业的特殊需求，因而在今后相当长的时间内仍将作为列车通信网络技术的主流，在高速动车组、城轨车辆等列车内得到广泛应用。其他通用网络技术在今后一段时间内也将在列车的运用上得到发展，特别是工业以太网（industrial ethernet）、CAN（controller area network，控制器局域网）总线等已经在列车通信网络运用中初见端倪。当然，通用网络要想在列车通信网络中得到运用，必须做适合列车运用条件的技术改进或改善，也不排除会有新的网络技术和通信协议出现，这些新型的列车通信网络应该在网络的安全性、可信性和可维护性方面有较大的提高。

多元化发展的另一个方面是现有的主流通信网络将和其他通用的通信网络共同发展，取长补短，并相互融合和组合。

2）列车通信网络性能的提高和优化

随着人们对列车运用要求的提高，人们希望列车通信系统信息处理的容量更大、速度更快、应用更可靠。根据这种要求，首先列车通信网络需要提高带宽，特别是对TCN 来说，可以适当提高数据传输的速率，以适应大数据流的传输需求；其次是根据列车通信网络安全性的要求，列车控制网络的系统结构将会有所发展和突破，特别是单元控制机的结构和组织会有较大的改变。以往的总线式结构将可能会被淘汰，取而代之以更紧凑的系统结构形式。欧洲的相关组织已经在这方面提出了研究课题，开展了研究和开发工作。

随着各种新型的控制方法和手段应用到列车控制策略中来，特别是分布控制概念的引入和分布控制系统的实施，将对列车通信网络提出更高的要求。因此，优化通信网络的性能，使其能真正符合分布式控制系统的要求，具有更快的响应速度和更高的可靠性，也将是列车通信网络技术发展的一个重要趋势。

3）列车通信网络将会逐步融入公共的网络平台

列车通信网络融入公共的网络平台（如因特网），是运输部门实现大系统闭环控制的必然要求。近年来，工业以太网技术正在工业自动化和过程控制市场上迅速发展，以太网技术已渗透到工业控制中，出现了现场总线网络技术与以太网、因特网等开放型网络技术的自然结合。随着基于网络的远程诊断与维护、旅客信息与舒适性支持等新的用户需求的提出，以太网不仅可以成为列车控制网络中的高层信息网络，而且有可能上下贯通，直接与下层车载控制设备相连，从而形成车辆控制与信息服务的新型宽带网络系统，实现控制网络与信息网络的有机融合。列车通信网络和公共网络平台的融合，将有利于各种新技术的应用，如云计算技术的应用。云计算技术的应用，将使列车运行控制及各个控制系统的故障诊断的性能得到根本性的改善，从而提高列车运行的可靠性和安全性。

值得注意的是，在实现列车通信网络与公共网络平台融合的过程中，尽管实现系统联网在技术方面比较容易实现，但需要解决的重要问题在于实现通信网络系统的安全性（security）。作为公共交通工具的控制系统，其安全性（即保证列车和旅客的安全）是第一位的。因此，列车通信网络系统必须具备很好的安全防范性能，当列车通信网络系统受到恶意攻击时，需要具有“自卫”能力和应急处理措施，从而保证列车的运行安全。

总之，列车通信网络技术是多种技术结合的产物，是多学科综合应用的结合体。

列车通信网络如同列车的神经，它的作用是实现各个子系统的状态数据、故障数据向中央控制单元 CCU 的传输，以及控制指令的下发。通信的实时性和可靠性是列车安全、稳定运行的前提。目前主流的通信方式为绞线式列车总线 WTB、多功能车辆总线 MVB 和以太网，其发展历程如下：

（1）标准化前，多种现场总线并存，缺乏统一标准。

（2）1999 年，WTB、MVB 成为主流，发布 IEC 61375 标准。

（3）2008 年，提出实时以太网技术，开始修订 IEC 61375 标准，增加以太骨干网 ETB 和以太编组网 ECN。

列车网络控制系统发展经历了硬线控制、微机化、网络化三个阶段，新一代全数字化列车集成控制系统已成为列车控制系统发展的第四阶段，列车通信网络发展趋势如图 1-3 所示。

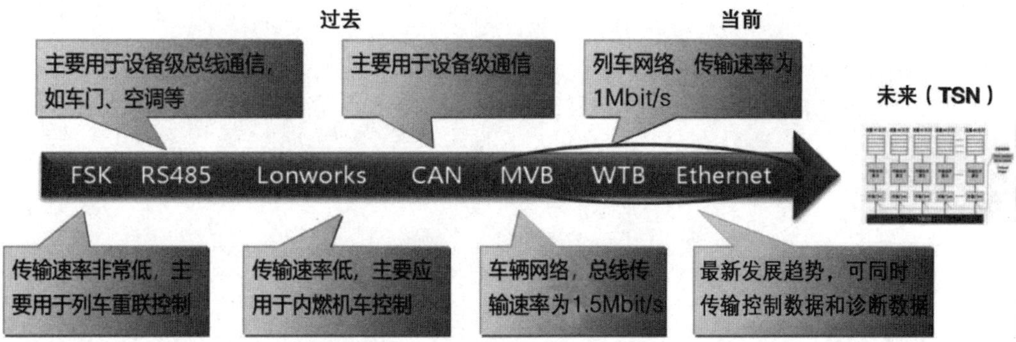

图 1-3 列车通信网络发展趋势

任务评价

项次	项目	要求	分值	得分
1	自学制作思维导图的知识	学生有自学笔记，会操作；教师评阅	40	
2	画出列车网络控制系统的发展历史与未来发展趋势的思维导图	以小组团队的形式完成任务，教师评分。一等 50 分，二等 35 分，三等 20 分	50	
3	简述列车控制网络的构成特点	学生在职教云上抢答习题，教师评阅	10	
合　计			100	

知识拓展

知识内容	相应的二维码
1. 国内外列车通信网络的发展历史	
2. 未来高速铁路体验	
3. 洲际列车	

任务1.2　动车组网络控制系统的任务与功能

学习目标

1. 素质目标

(1) 培养学生对轨道交通行业及相关专业的认同感。

(2) 使学生初步具备团队合作精神。

2. 知识目标

理解动车组网络控制系统的任务与功能。

3. 能力目标

会用思维导图展现动车组网络控制系统的任务与功能。

学习任务

理解并能画出动车组网络控制系统的任务与功能的思维导图。

任务实施

基于计算机技术和通信技术，现代列车普遍配置了基于网络的分布式计算机控制系统，具有对整列车的控制、监测、诊断等功能。

1. 动车组网络结构

通过列车总线或车辆总线与其他设备进行信息交互，紧急制动、车门开关等与列车行车安全有关的信号除外。

1）列车总线通信

通常情况下，列车总线跨接全列车连接 TCMS 自身设备，而作为 TCMS 列车总线节点的设备，由于需要实现列车总线通信功能和车辆总线通信功能，因此也被称为网关。TCMS 系统通过列车总线交互信息，使得 TCMS 主机可以获取列车各车载设备的相关信息。

2）车辆总线通信

车辆总线通常不跨越车辆，通过车辆总线将车辆内部的 TCMS 设备和各子系统控制器以串行通信方式将数字信号/模拟信号连接在一起，使得该车辆内的 TCMS 设备可以获得该车辆所有车载设备控制器的工作状态和故障状态。

3）信息分类

在列车网络控制系统中传输的信息分为以下 3 类：

(1) 重要度和实时性要求高的数据，即过程数据。包括列车内设备的状态变量

需要时可沿此线裁成活页

和控制变量，如传动轴速度、电机电流、制动力、司机命令等。

（2）重要度和实时性要求不高的数据，即消息数据。主要是一些非紧迫、冗长但不频繁发生的偶发性数据，如诊断、维护、客室信息等。

（3）管理 TCMS 网络的数据，即监视数据，负责网络设备的检测和监视，如设备的状态、中间和末端设备设定、设备的命名和消名等。

2. 总线管理

由于多个设备连接在同一总线上，因此需要总线管理器对总线上可以发送数据的设备何时发送数据进行控制，控制模式有两种：令牌传递模式和主从应答模式。

1）令牌传递模式

总线上各设备无主从之分，在各设备间传递一种特殊的数据帧，即令牌，同一时刻仅有一台设备可以持有令牌，持有令牌的设备有向总线上发送一次或固定次数数据的权利，在允许发送的次数用完之后，该设备在总线上将令牌传递至下一设备。

2）主从应答模式

总线上有一台或几台特殊的可以称为总线管理者的设备作为主设备，其他所有设备均为从设备，并且同一时刻仅有一台主设备为强主设备，其他主设备为弱主设备。只有强主设备可以发送主帧，主帧指定了应答设备的地址和帧类型，总线上所有设备均可收到主帧，之后仅有主帧中指定的设备可以进行应答。

3. 设备状态监视

TCMS 设备可获取各车载设备的工作状态，根据不同的需求按照不同的方式使用这些状态数据：将数据以图形或数字的方式在显示器上显示，供司机或维修人员查看，或将数据记录在 TCMS 内部的记录器中供后续分析使用。

4. 故障诊断

TCMS 可获取各车载设备发送的自身故障信息，按照不同的故障检测逻辑检测发生的故障，按照故障的严重程度进行故障分级，协助司机或维修人员进行工作。同时，还将故障发生和恢复的时刻进行记录，供后续查阅、分析使用。

5. 车载设备试验

TCMS 可通过总线向有试验功能的各车载设备发送试验指令，各车载设备自动进行相关试验后将结果反馈至 TCMS，通过比对预设的试验结果，可以方便地测试车载设备是否存在故障，同时也可通过某些特定的试验项目对列车的性能进行测试。

6. 与外部 PC 的服务接口

TCMS 须提供与外部 PC 的服务接口，该接口可实现 TCMS 软件升级、记录下载，某些 TCMS 还可通过该接口进行设备的在线调试。

7. 列车网络控制的任务

随着动车组的兴起，列车控制技术已从单台机车控制向列车网络控制方向发展。列车网络控制已成为高速列车、动车组的必备技术之一。列车网络控制的主要任务有：

（1）实现各动力车辆的重联控制。

（2）实现全列车辆（动车和拖车）所有由计算机控制的部件联网通信和资源共享。

（3）实现全列车辆的制动控制、自动门控制、轴温监测及空调控制等功能。

（4）完成全列车辆的自检及故障诊断决策。

上述作用由许多不同的计算机控制单元（以下简称智能节点）共同完成。从功能上讲，这些智能节点具有不同分工，可以相对独立地完成一定的功能，例如检测节点负责检测某些参数，控制节点负责控制某一部件等；从空间分布上讲，这些智能节点遍布于整列车上的不同位置，要将上述众多的智能节点组成一个网络控制系统，控制列车的正常运行，必然要求系统内部各节点之间能进行必要的信息交换。列车通信网络的主要任务和功能是：将分布于列车不同位置具有不同功能的智能节点以一定的规则用通信介质连接起来，形成信息通道，在一定的计算机软硬件的支持下，为连接于其上的节点提供稳定、可靠的通信服务，而且适应现代列车对控制、诊断等的要求。

任务评价

项次	项目	要求	分值	得分
1	画出动车组网络控制系统的任务与功能的思维导图	学生小组互评，教师总评	100	
合　计			100	

知识拓展

知识内容	相应的二维码
1. 动车组通信网络的任务与功能	
2. 动车组通信网络的构成与特点	

需要时可沿此线裁成活页

项目2

计算机网络技术

本项目主要介绍计算机网络技术的相关操作，分别是计算机网络基本配置的检测、计算机网络常用命令的使用、网络层相关操作、局域网相关操作和网络互联相关操作。掌握必要的网络知识和技能，为进一步学习动车组网络控制技术打下牢固的基础。

本项目的所有学习任务均在 Windows 10 操作系统环境下完成。

任务2.1　计算机网络基本配置的检测

任何一台计算机，若想连接网络，必须具备一些基本的条件，如硬件上必须安装一块网卡，操作系统中必须设置好 IP 地址、网关、DNS 服务器、子网掩码等。

（1）网卡的全称是网络接口卡，也称为网络适配器。网卡的主要作用是整理计算机上发往网络的数据，并在将其分解为适当大小的数据包之后向网络发送。每个网卡在制造商出厂时都会被编制唯一的编号，称为物理地址（或称为 MAC 地址）。MAC 地址用于网络设备识别、数据包路由、网络安全等。

（2）IP 地址就好比人的身份证号码，区别在于身份证号码是每个公民唯一的、终身不变的身份代码，而 IP 地址是用来唯一标识互联网上计算机的逻辑地址。如果没有 IP 地址，则计算机网络无法识别计算机，当然也就没法在计算机之间传递信息了。

（3）网关是计算机走出局域网的关口，一般来说对应路由器、交换机或者软件网关。网关就是一个内部沟通外部的代理，它并不对应某一具体硬件，很多硬件和软件都可以实现网关的功能。

（4）域名服务器（domain name server，DNS）的作用是把域名翻译成 IP 地址，域名是计算机的小名，方便记忆，但计算机网络只认识 IP 地址，所以需要 DNS 服务器在两者之间做一个转换。

(5) 子网掩码用来在局域网内部划分子网，以方便化整为零，分别管理。对于不了解这些知识的人来说，好像他的计算机不知道这些信息也能照常上网，但事实上那是因为相关的ISP（因特网服务提供方）使用了自动配置的手段，已经将其配置好了。但无论如何，了解计算机的网络配置信息，才是学习计算机网络的第一步。

学习目标

1. 素质目标

崇尚科学，养成遵守基本规则的习惯。

2. 知识目标

掌握计算机网络的基本组成。

3. 能力目标

具备检测网卡和查看计算机基本配置的能力。

学习任务

1. 计算机网络的基本组成。
2. 检测网卡和查看计算机的基本配置。

任务实施

1. 检测网卡

(1) 右击“我的电脑”，选择“管理”｜“计算机管理（本地）”，打开“设备管理器”窗口，如图2-1所示。

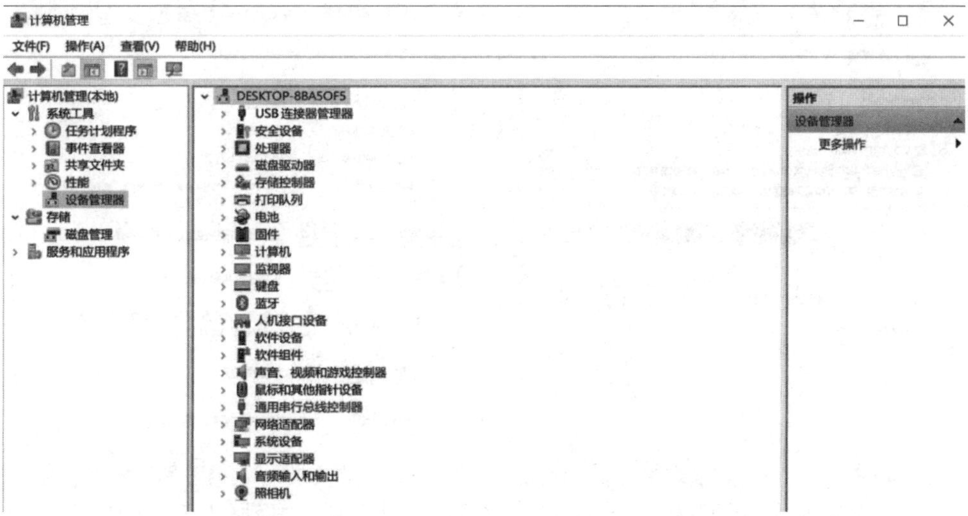

图2-1 “设备管理器”窗口

设备管理器提供了对本地计算机硬件的统一管理。对于处理器、键盘、蓝牙、人机接口设备、监视器、网络适配器、显示适配器等设备，在这里都可以看到它们的工作状态。

需要时可沿此线裁成活页

（2）双击“网络适配器”打开其下拉列表，双击相应的网络适配器，在弹出的网络适配器属性窗口中查看网卡是否工作正常。网卡工作状态显示如图 2-2 所示。在这一步中可以看到网卡的制造商，以及插到了哪一个 PCI 插槽上等信息。

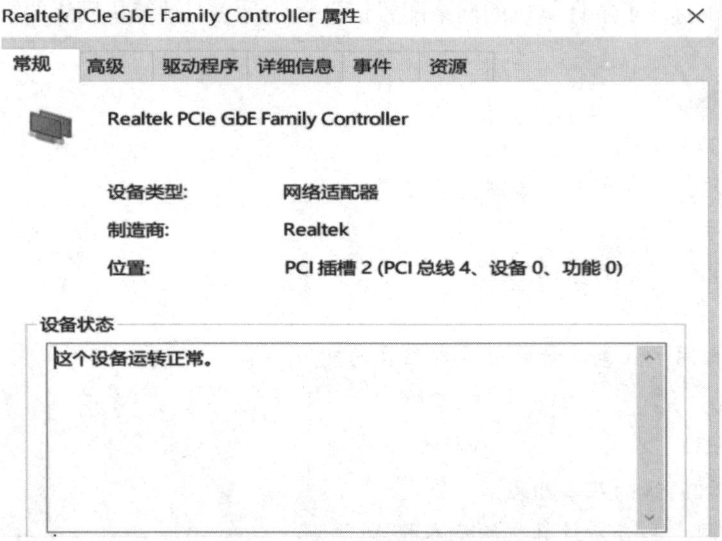

图 2-2　网卡工作状态显示

（3）如果网络适配器工作不正常，则打开“资源”选项卡（如图 2-3 所示），查看中断值和 I/O 范围是否与其他硬件冲突。若冲突，则更改网络适配器的中断值和 I/O 地址，避免冲突；若没有冲突，则打开“驱动程序”选项卡（如图 2-4 所示），重新配置相应的驱动程序。

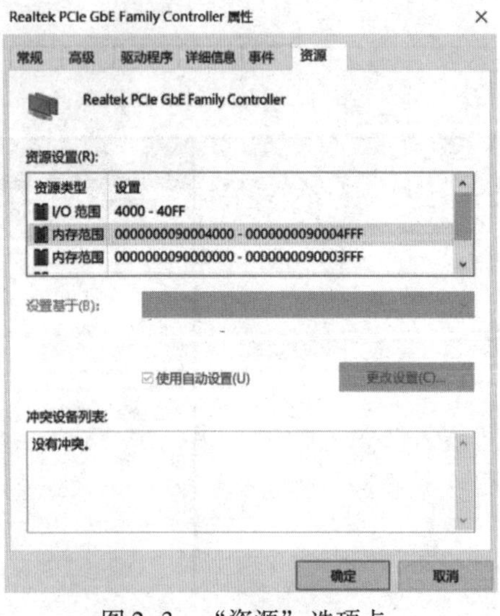

图 2-3　“资源”选项卡

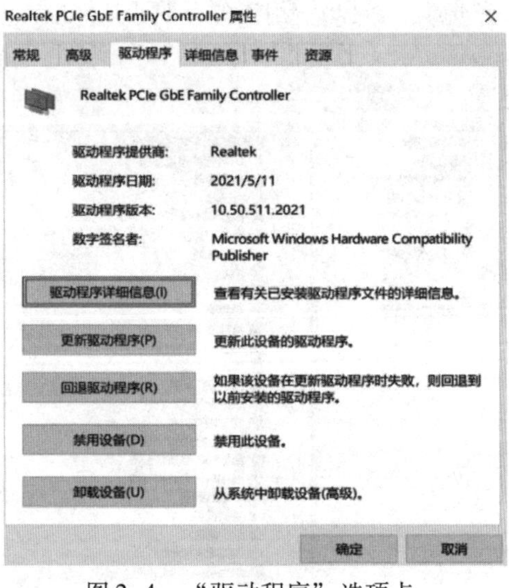

图 2-4　“驱动程序”选项卡

图 2-3 中，内存范围显示了网卡在内存中的常驻地址。中断 I/O 是 CPU 处理网卡信息的中断号，表示 CPU 在特殊情况下可以先中断所有其他业务，然后集中处理网卡信息。如有冲突，必须更改中断号。

2. 查看计算机基本配置

（1）单击“开始”|“设置”，打开“Windows 设置”窗口，单击“网络和 Internet”可看到网络状态，单击“属性”，可以查看本机网络基本配置，如图 2-5 所示。

IP 地址的设定：在“网络状态”窗口单击“更改适配器选项”，在“网络连接”窗口双击“以太网”或“WLAN”，再单击“属性”，可以查看安装的 TCP/IP 等协议。选择需要设置的 IP 项目，设置 IP 地址和子网掩码，如图 2-6 所示。

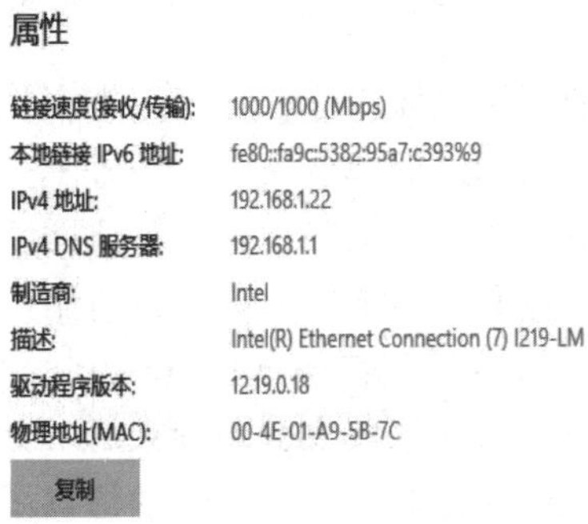

图 2-5　本机网络基本配置

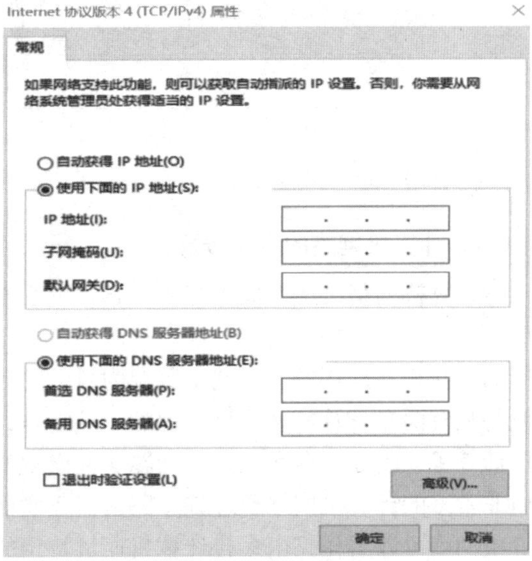

图 2-6　设置 IP 地址和子网掩码

（2）单击“开始”|“运行”，在打开的窗口中输入“cmd”命令，进入 DOS 命令窗口。本地计算机网络基本配置信息的 DOS 显示如图 2-7 所示。输入“ipconfig”命令，可以查看本机网卡的 IP 地址和子网掩码；输入“ipconfig/all”命令，可以查看更多的信息。

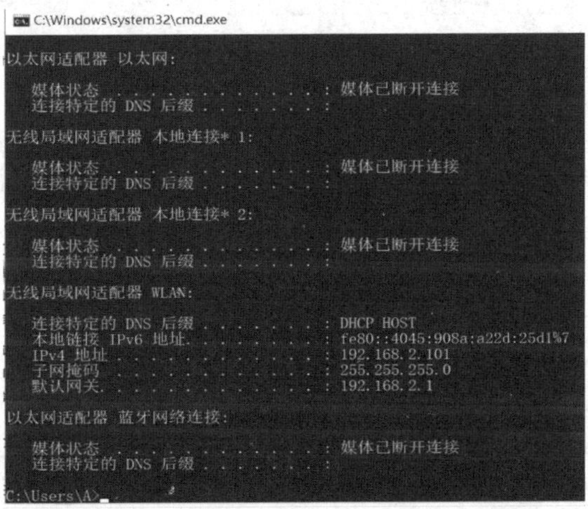

图 2-7　本地计算机网络基本配置信息的 DOS 显示

任务评价

项次	操作与技能	要求	分值	得分
1	网络的构成	学生能准确说出网络的构成要素，教师评价	20	
2	网卡检测	学生能快速、准确地检测网卡，教师评价	40	
3	查看计算机网络的基本配置	学生能掌握两种查看计算机网络基本配置的方法，教师评价	40	
合 计			100	

知识拓展

1. 计算机网络的基本概念

计算机网络已经发展到与大家日常生活密不可分的程度。无论你在任何地方，从事何种职业，几乎都离不开计算机网络。关于计算机网络的最简单定义是：地理上分散的一些相互连接的、以共享资源为目的的自主计算机的集合。最简单的计算机网络就是只有两台计算机和连接它们的一条链路，即两个节点和一条链路。因为没有第三台计算机，因此不存在交换的问题。最庞大的计算机网络就是因特网（Internet），它由非常多的计算机网络通过许多路由器互联而成。另外，从网络媒介的角度来看，计算机网络可以看作是由多台计算机通过特定的设备与软件连接起来的一种新的传播媒介。图 2-8 是某大厦计算机网络系统拓扑图。

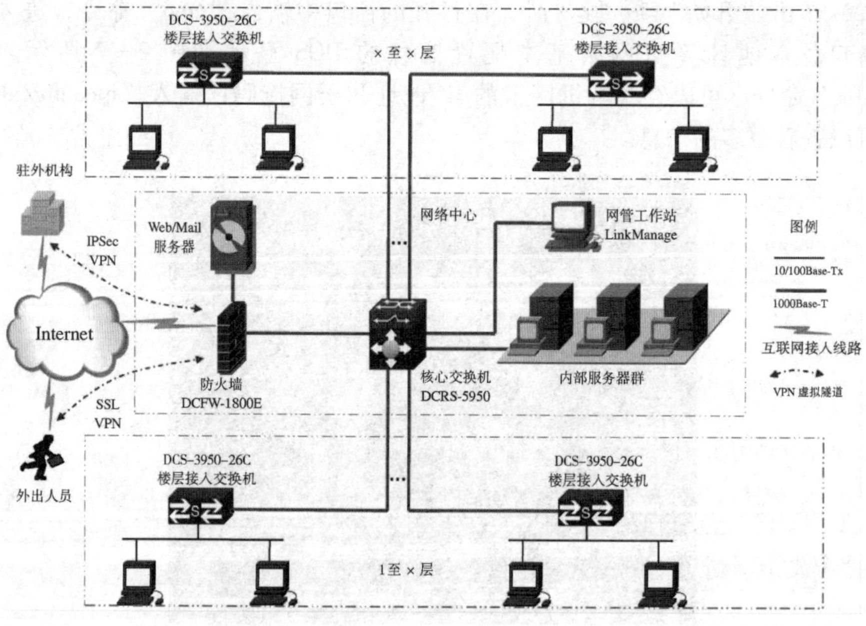

图 2-8　某大厦计算机网络系统拓扑图

2. 计算机网络的分类

计算机网络的分类方法有多种，其中最主要的是按网络传输技术和网络覆盖的地理范围分类。

1）按网络传输技术分类

（1）广播式网络。在广播式网络中，所有联网计算机都共享一个公共通信信道。当一台计算机利用共享通信信道发送报文分组时，所有其他的计算机都会“收听”到这个报文分组。发送的报文分组中带有目的地址与源地址，接收到该报文分组的计算机将检查报文分组的目的地址是否与本节点地址相同。如果报文分组的目的地址与本节点地址相同，则接收该报文分组，否则丢弃该报文分组。显然，在广播式网络中，发送的报文分组的目的地址可以有 3 类：单一节点地址、多节点地址与广播地址。

（2）点对点式网络。与广播式网络相反，在点对点式网络中，每条物理线路连接两台计算机。假如两台计算机之间没有直接连接的线路，那么它们之间的报文分组传输就要通过中间节点的接收、存储与转发进行，直至到达目的节点。由于连接多台计算机的线路结构可能是复杂的，因此从源节点到目的节点可能存在多条路由，决定报文分组从通信子网的源节点到目的节点的路由，需要有路由选择算法。采用分组存储转发机制还是路由选择机制，是点对点式网络与广播式网络的重要区别之一。

2）按网络覆盖的地理范围分类

计算机网络按照其覆盖的地理范围进行分类，可以很好地反映不同类型网络的技术特征。由于网络覆盖的地理范围不同，它们所采用的传输技术也就不同，因而形成了不同的网络技术特点与网络服务功能。按网络覆盖的地理范围划分，计算机网络可以分为以下 3 类：

（1）局域网（local area network，LAN）。局域网是指将有限范围内（如一个实验室、一幢大楼、一所校园）的各种计算机、终端与外部设备互联成网，一般有个人计算机局域网、大型计算设备群的后端局域网与存储区域局域网、高速办公室局域网、企业与学校的主干局域网。局域网按照采用的传输技术、应用范围和协议标准的不同可以分为共享局域网和交换局域网。局域网技术发展非常迅速，并且应用日益广泛，是计算机网络中最为活跃的领域之一。从局域网应用的角度看，局域网的技术特点主要表现在：局域网覆盖有限的地理范围，适用于机关、校园、工厂等有限范围内的计算机、终端与各类信息处理设备的联网；局域网提供高数据传输速率（10 Mb/s ~ 10 Gb/s）、低误码率的高质量数据传输环境。局域网一般属于同一个单位，易于建立、维护与扩展。

（2）城域网（metropolitan area network，MAN）。城市地区网络常简称为城域网。城域网是介于广域网与局域网之间的一种高速网络。设计城域网的目标是满足几十千米范围内的大量企业、机关、公司的多个局域网互联的需求，以实现大量用户之间的数据、语音、图形与视频等多种信息的传输功能。

（3）广域网（wide area network，WAN）。广域网覆盖的范围从几十千米到几千

需要时可沿此线裁成活页

千米，连接多个地区、城市和国家，或横跨几个洲，形成国际性的远程网络。它将分布在不同地区的计算机系统互联起来，达到资源共享的目的。广域网的通信子网主要使用分组交换技术，通信子网可以采用公用分组交换网、卫星通信网和无线分组网。

随着网络技术的发展，LAN 和 MAN 的界限越来越模糊，各种网络技术的统一已成为发展的趋势。

3. 计算机网络的组成

从计算机网络组成的角度看，典型的计算机网络按其逻辑功能可以分为资源子网和通信子网两部分。

1）资源子网

资源子网由拥有资源的主计算机、请求资源的用户终端、终端控制器、联网的外部设备，以及各种软件资源、信息资源等组成。

2）通信子网

通信子网按功能可以分为数据交换和数据传输两部分。通信子网由通信控制处理机、通信线路与其他通信设备组成。

4. 计算机网络的拓扑

常见的计算机网络拓扑结构有：总线、星形、环形、树状、网状、混合结构。它们中有的用于广播式网络，有的用于点对点式网络。

在总线拓扑结构中，使用单根传输线路（总线）作为传输介质，网络中的所有节点都要通过接口串接在总线上。网络中的每一个节点发送的信号都在总线中传送，并被网络上的其他节点所“收听”，但在任一时刻只能由一个节点使用总线传送信息，网络中的所有节点共享该总线的带宽和信道，因而总线的带宽成为网络的瓶颈，网络的效率也随着网络节点数目的增加而急剧下降。

在星形拓扑结构中，节点通过点对点通信线路与中心节点连接。中心节点控制全网的通信，任何两节点之间的通信都要通过中心节点。因此，星形拓扑结构简单，易于实现，便于管理，但网络的中心节点是全网可靠性的瓶颈，中心节点的故障可能造成全网瘫痪。

5. 计算机网络的用途

由于计算机网络具有共享资源、提供人际通信手段、提高通信可靠性、节省费用、便于扩充、分组负荷及协同处理等功能，使得它在工业、农业、交通运输、邮电通信、文化教育、商业、国防及科学研究等领域获得越来越广泛的应用。工厂、企业可利用网络来实现生产监测、过程控制、管理和辅助决策。铁路部门可利用网络来实现报表收集、运行管理和行车调度。邮电部门可利用网络来提供世界范围内快速而廉价的电子邮件、传真和 IP 电话服务。教育科研部门可利用网络的通信和资源共享功能来进行情报资料的检索、计算机辅助教育和计算机辅助设计、科技协作、虚拟会议及远程教育。计划部门可利用网络来实现普查、统计、综合、平衡和预测等。国防工程能利用网络来进行信息的快速收集、跟踪、控制与指挥。商用服务系统可利用网络实现制造企业、商店、银行和顾客间的自动电子销售转账服务或更广泛意义上的电子商务。

网络的一些典型应用有：办公自动化、电子邮件、电子公告与广告、IP 电话、在线游戏、网上交友与实时聊天、电子商务及商业应用、文件传输、网上教学与远程教育、万维网冲浪。

任务2.2 计算机网络常用命令的使用

你听说过 arp 命令、ping 命令、tracert 命令和 netstat 命令吗？它们有什么作用？你会在计算机上操作这些 DOS 命令吗？

子任务2.2.1 arp 命令的使用

学习目标

1. 素质目标

崇尚科学，养成自觉遵守规章制度的习惯。

2. 知识目标

掌握 arp 命令的作用；掌握 TCP/IP 参考模型。

3. 能力目标

会使用 arp 命令查询记录、添加记录和删除记录。

学习任务

1. 使用 arp 命令查询记录、添加记录和删除记录。
2. 了解 TCP/IP 参考模型。

任务实施

实施准备

Windows 操作系统本身带有多种网络命令，利用这些网络命令可以对网络进行简单的操作。需要注意的是，这些命令均是在 DOS 命令下执行的。网络中一台主机要和另一台主机进行通信，必须要知道目标主机的 MAC 地址。在局域网中，实际传输的是“帧”，帧里面有目标主机的物理地址（media access control，MAC）。这样，两台主机通过 MAC 地址直接通信。在城域网或广域网中，不同网络之间传输的是分组，分组里面有目标主机的 IP 地址，通过地址解析协议（address resolution protocol，ARP）获得目标主机的 MAC 地址。所谓“地址解析”，将一个高层地址映象另一个低层地址的过程。就是主机在发送帧前将目标主机的 IP 地址转换成目标主机的 MAC

地址。ARP 协议的基本功能就是通过目标设备的 IP 地址查询目标设备的 MAC 地址，以保证通信的顺利进行。

在本学习活动中，主要任务是学会使用 arp 命令。arp 命令的作用是显示和修改 IP 地址与物理地址之间的转换表。arp 缓存中包含一个或多个表，它们用于存储 IP 地址及其经过解析的以太网或令牌环网的物理地址，计算机上安装的每一个以太网或令牌环网的网络适配器都有自己单独的表。其调用方式如下：

（1）arp-a [inet_addr] [-N if_addr] [-v]

（2）arp-s inet_addr eth_addr [if_addr]

（3）arp-d inet_addr [if_addr]

每个参数的含义如下：

（1）inet_addr 代表指定主机的 IP 地址；if_addr 代表网卡的 IP 地址；-N if_addr 代表显示 if_addr 指定的网络接口的 arp 项；eth_addr 表示指定 MAC 地址（物理地址）；[ ] 表示可选项。

（2）-a 显示当前的 arp 信息，可以指定网络地址，不指定显示所有的表项。

（3）-v 在详细模式下显示当前 arp 项，所有无效项和环路接口上的项都显示。

（4）-d 删除由 inet_addr 指定的主机，可以使用 * 来删除所有主机。

（5）-s 添加主机，并将网络地址与物理地址相对应，这一项是永久生效的。

1. arp -a 命令的使用

按键盘上的 Windows+R 键，在打开的对话框中输入 cmd，单击“确定”按钮，即可见到命令提示符。在命令提示符中分别输入“arp -a”“arp -a 224. 0. 0. 252”“arp -a -v”并分别按 Enter 键（回车），自动在缓存中读取 IP 地址和 MAC 地址的对应关系表，如图 2-9～图 2-11 所示。注意：在格式“arp -a+IP 地址”中指定的接口 IP 地址 224. 0. 0. 252（如图 2-10 所示）为远程主机的 IP 地址，不是本机 IP 地址。

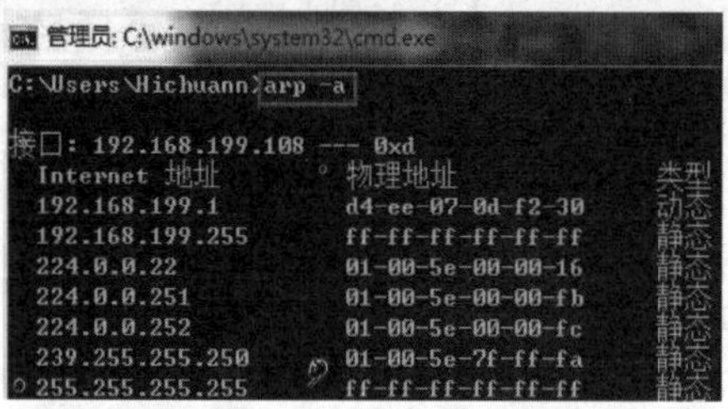

图 2-9 arp -a 命令使用效果

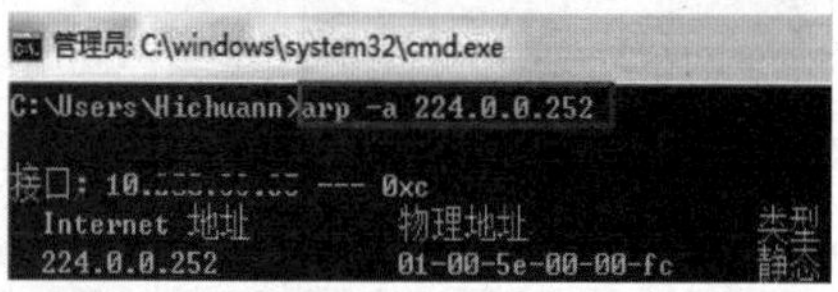

图 2-10 arp -a 224. 0. 0. 252 命令使用效果

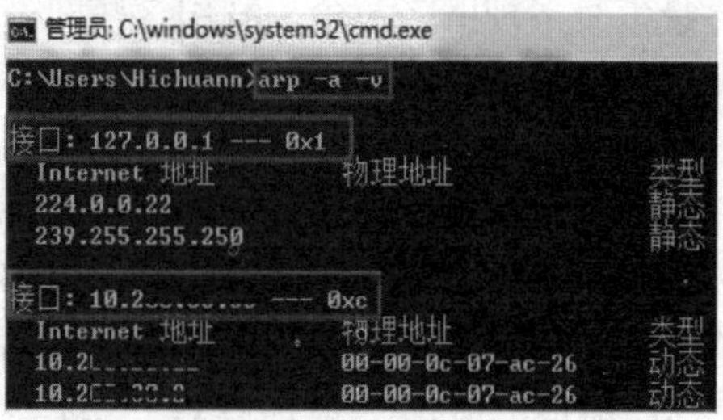

图 2-11 arp -a -v 命令使用效果

2. arp -s 命令的使用

当系统中 arp 缓存的项目很少或根本没有时，可以通过另一台计算机或路由器的 ping 命令添加（在后续的 ping 命令中介绍），所以需要通过 arp 命令查看 ARP 缓存的内容时，最好先 ping 此台计算机。也可以通过使用 arp -s 命令添加主机并将其 IP 地址和 MAC 地址相关联。当需要手动添加或绑定一条 arp 记录时，使用 arp -s 命令，其格式为：arp -s +IP 地址+MAC 地址，如图 2-12 所示，执行完成后无提示信息。再输入“arp -a”命令，可以看到刚刚添加的信息，状态为静态，如图 2-13 所示。

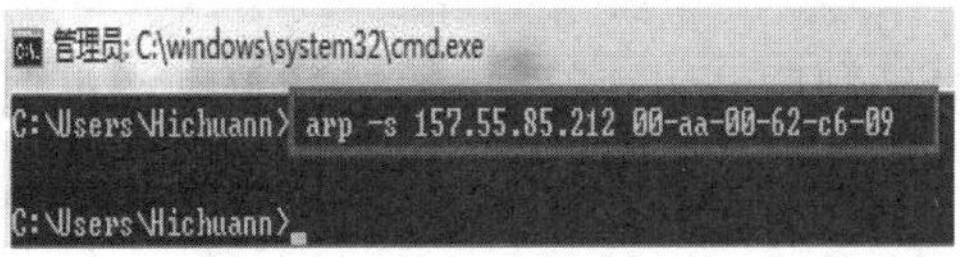

图 2-12 arp -s 命令的使用效果

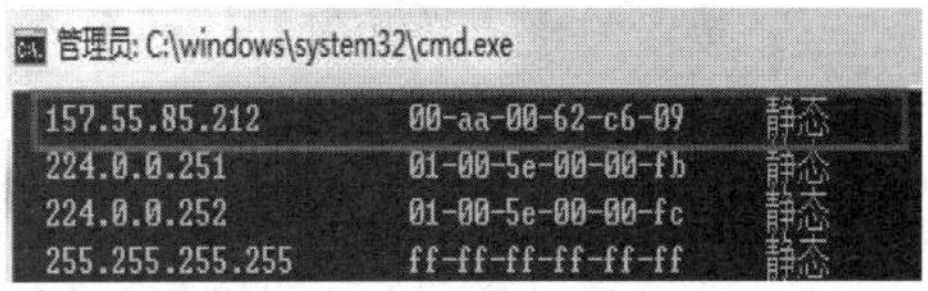

图 2-13 使用 arp -a 命令查看添加的记录

3. arp -d 命令的使用

arp -d 命令删除系统 ARP 缓存的 IP 地址和 MAC 地址的对应关系。在命令提示符中输入“arp -d”或“arp -d *”并回车，可以删除所有的 ARP 缓存信息。在命令提示符后输入“arp -d IP 地址”并回车，可以删除 IP 地址指定主机的 ARP 缓存信息。图 2-14 为删除前面添加的 157. 55. 85. 212 项后的效果图。

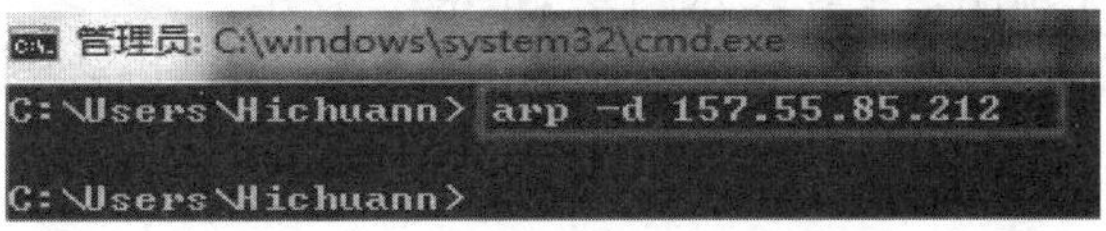

图 2-14 arp -d 命令使用效果

任务评价

项次	操作与技能	要求	分值	得分
1	简述 arp 命令的作用	学生在职教云上提交答案，教师评阅	30	
2	使用 arp 命令查询记录、添加记录和删除记录	学生以小组为单位，小组长检查组内成员的操作，授课教师检查各小组组长的操作	50	
3	简述 TCP/IP 协议的层次结构及特点	学生在职教云上提交答案，教师评阅	20	
合 计			100	

知识拓展

网络协议及分层

1. 网络协议

计算机网络是由多个互联的节点组成的，当网络中的节点相互通信时，每个节点都必须遵守一些事先约定好的规则。一个协议就是一组控制数据通信的规则。这些规则明确地规定了所交换数据的格式和时序。这些为网络数据交换而制定的规则、约定与标准被称为网络协议。正是由于有了网络协议，在网络中各种不同网络系统才能够连接起来，互相通信，实现资源共享。从这个意义上讲，“协议”是网络的本质。

网络协议具有以下三大要素。

1）协议的语义（做什么）问题

语义即解释比特流的每一部分的意义。它规定了需要发出何种控制信息，以及要完成的动作与做出的响应。例如报文，它由哪几部分组成，哪些部分用于控制数据，哪些部分是真正的通信内容，这就是协议的语义问题。

2）协议的语法（如何做）问题

协议的语法定义了通信双方的用户数据与控制信息的结构与格式，以及数据出现顺序的意义。

3）协议的时序（什么时候做）问题

时序是对事件实现顺序的详细说明，即何时进行通信、先做什么、后做什么、传送的速度等。

2. 协议的分层和接口

分层（layer）是人们处理复杂问题的基本方法。当人们遇到一个复杂问题的时候，通常习惯性地将其分解为若干个小问题，再一一进行处理。例如，对于邮政通信系统这样一个涉及全国乃至世界各地亿万人之间信件传送的复杂问题，解决方法如下：

（1）将总体要实现的很多功能分配在不同的层次中。

（2）每个层次要完成的服务及服务实现的过程都有明确规定。

（3）不同地区的系统分成相同的层次。

（4）不同系统的相同层次具有相同的功能。

（5）高层使用低层提供的服务时，并不需要知道低层服务的具体实现方法。

邮政通信系统使用的层次化体系结构与计算机网络的体系结构有很多相似之处，其实质是对复杂问题采取“分而治之”的结构化处理方法。层次化处理方法可以大大降低问题的处理难度，这正是网络研究中采用层次结构的直接动力。因此，层次是计算机网络体系结构中又一重要和基本的概念。

接口（interface）就是同一节点内、相邻层之间交换信息的连接点。例如，在邮政通信系统中，邮箱就是发信人与邮递员之间的接口。同一个节点的相邻层之间存在着有明确规定的接口，高层通过接口向低层提出服务请求，低层通过接口向高层提供服务。只要接口条件、低层功能不变，低层功能的具体实现方法与技术的变化不会影响整个系统的工作。

子任务 2.2.2　ping 命令的使用

学习目标

1. 素质目标

崇尚科学，养成自觉遵守规章制度的习惯。

2. 知识目标

理解互联网环境中 ping 命令的基本工作原理；熟悉 ping 命令的调用方式及参数含义；掌握网络协议的作用和分层的意义。

3. 能力目标

会根据 ping 命令的路由跟踪结果排查和诊断网络故障。

学习任务

用 ping 命令检测计算机网卡、局域网、网关及 DNS 服务器是否正常。

任务实施

1. 实施预备

ping 命令是一个十分强大的 TCP/IP 工具，它的作用主要为：

（1）检测网络的连通情况和分析网络速度。直接用 ping+IP 地址（或 ping+域名）来检测网络的连通情况，通过 ping 时延可以检测网络速度，其值越大，网络速度越慢。ping 命令基于 RR+ICMP 的原理实现路由探测，其探测过程是：由于互联网上的计算机通过 IP 分组或报文传递消息，源主机就封装并发送 ICMP Echo Request 报文给目标主机，如图 2-15 所示；ICMP Echo Request 报文每经过一跳路由器，会将该路由器的 IP 地址加入路由选项字段中，如图 2-16 所示；当 ICMP Echo Request 报文到达目标主机后，目标主机就返回 ICMP Echo Reply 报文给源主机，如图 2-17 所示；源主机根据返回的报文可以判断网络的连通情况。

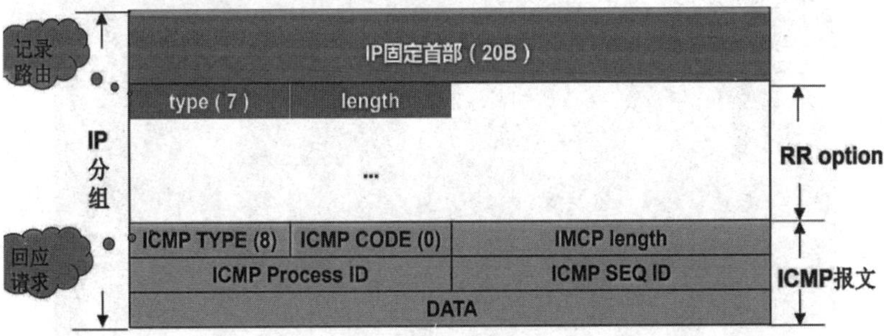

图 2-15　源主机发送的 ICMP Echo Request 报文

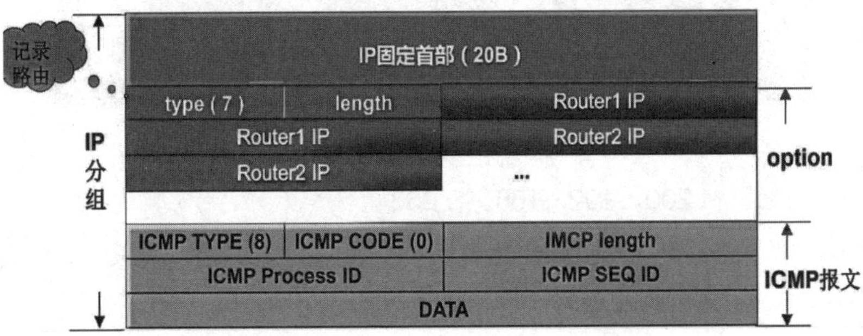

图 2-16　路由器的 IP 地址加入路由选项字段中

需要时可沿此线裁成活页

(2) 根据域名得到服务器 IP 地址。

(3) 根据 ping 命令返回的报文的生存时间值（time to live，TTL）来判断对方所使用的操作系统及数据包经过路由器的数量。

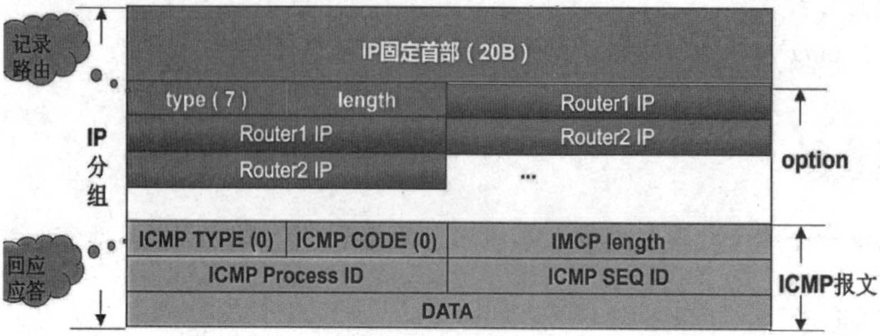

图 2-17　目标主机返回 ICMP Echo Reply 报文

ping 命令的调用方式及参数说明如图 2-18 所示，现举几个应用示例。

示例 1　ping　192. 168. 1. 253

这是最简单的命令形式，探测网络接口（192. 168. 1. 253）的连通性。

示例 2　ping　-n 10 192. 168. 1. 253

通常情况下，Windows 内的 ping 程序发送 4 个探测报文。参数 n 的作用是设定发送的探测报文的数目。这里发送 10 个报文。

```
用法: ping [-t] [-a] [-n count] [-l size] [-f] [-i TTL] [-v TOS]
            [-r count] [-s count] [[-j host-list] | [-k host-list]]
            [-w timeout] [-R] [-S srcaddr] [-c compartment] [-p]
            [-4] [-6] target_name

选项:
    -t             Ping 指定的主机，直到停止。
                   若要查看统计信息并继续操作，请键入 Ctrl+Break;
                   若要停止，请键入 Ctrl+C。
    -a             将地址解析为主机名。
    -n count       要发送的回显请求数。
    -l size        发送缓冲区大小。
    -f             在数据包中设置“不分段”标记(仅适用于 IPv4)。
    -i TTL         生存时间。
    -v TOS         服务类型(仅适用于 IPv4。该设置已被弃用，
                   对 IP 标头中的服务类型字段没有任何
                   影响)。
    -r count       记录计数跃点的路由(仅适用于 IPv4)。
    -s count       计数跃点的时间戳(仅适用于 IPv4)。
    -j host-list   与主机列表一起使用的松散源路由(仅适用于 IPv4)。
    -k host-list    与主机列表一起使用的严格源路由(仅适用于 IPv4)。
    -w timeout     等待每次回复的超时时间(毫秒)。
    -R             同样使用路由标头测试反向路由(仅适用于 IPv6)。
                   根据 RFC 5095，已弃用此路由标头。
                   如果使用此标头，某些系统可能丢弃
                   回显请求。
    -S srcaddr     要使用的源地址。
    -c compartment 路由隔离舱标识符。
    -p             Ping Hyper-V 网络虚拟化提供程序地址。
    -4             强制使用 IPv4。
    -6             强制使用 IPv6。
```

图 2-18　ping 命令的调用方式及参数说明

示例 3　ping　-l 200　192. 168. 1. 253

Windows 内的 ping 程序发出的探测数据大小通常为 32 字节。参数 L 可以重新指定报文数据的长度，最大不得超过 65 500，这里设定为 200。

示例4　ping -r 8　192.168.1.253

参数 r 表示 ping 程序将使用 IP 的记录路由选项来跟踪数据包的传输路径，其数值指明了选项中最多包含的路由器地址数目。参数 r 的数值最大不得超过9，这里设定为8。

2. 操作步骤

（1）使用 ping 命令探测本机地址，如图2-19所示。使用这种方法可以判断本地网卡是否正常工作。

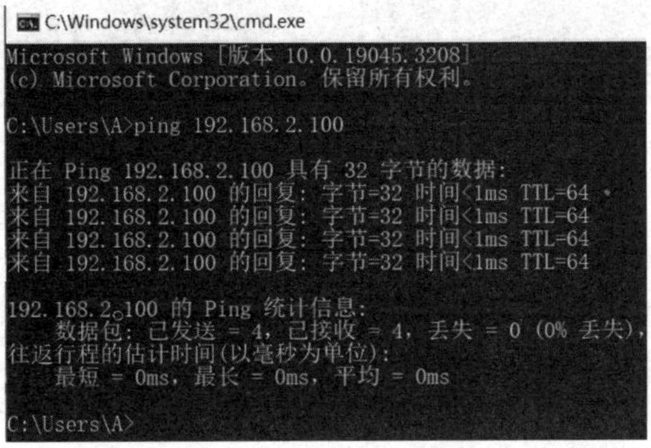

图2-19　使用 ping 命令探测本机地址

图2-19中，ping 命令发出了4个数据包，接收了4个数据包，丢失率为0%，所用时间都为0 ms，也就是在可以忽略不计的时间内完成了这个任务。

（2）检查相关网络配置。如果执行 ping 命令后显示内容为"请求超时"，且没有数据返回，如图2-20所示，则表明网卡安装或配置有问题。此时可将网线断开，再次执行此命令，如果显示正常，则说明本机使用的 IP 地址可能与另一台机器正在使用的 IP 地址重复了。如果仍然不正常，则表明本机网卡安装或配置有问题，需继续检查相关网络配置。

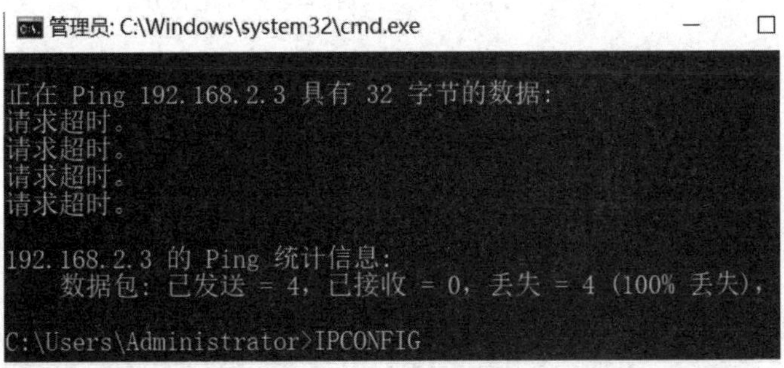

图2-20　没有数据返回

（3）使用 ping 命令探测 IP 地址为192.168.2.1的设备的连通性。192.168.2.1是本地局域网的网关，也就是出口路由器的位置。如果这段线路通畅，表示局域网内一切正常。如果这段线路不通畅，但是与局域网内其他机器能连通，表示网关故障。与网关的连通情况如图2-21所示。与网关保持连通是确保本地局域网正常运行的关键所在。

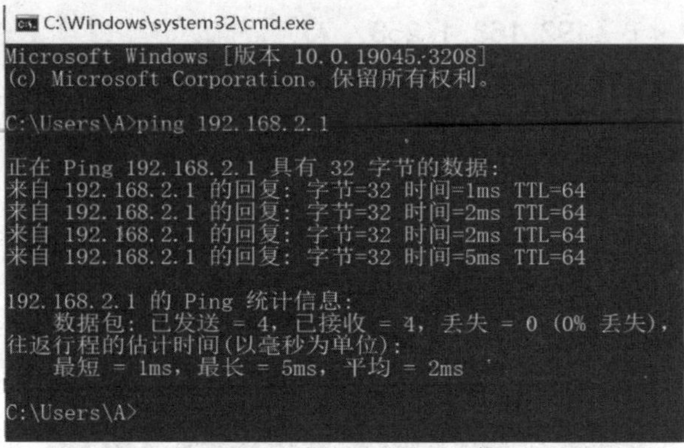

图 2-21　与网关的连通情况

（4）使用 ping 命令探测远程主机是否开启。如果能 ping 通，说明远程主机是开启的，也说明网关工作正常。使用 ping 命令探测远程主机是否开启如图 2-22 所示。从图 2-22 中可以看出，本机和 IP 地址为 14. 119. 104. 189 的设备之间是连通的。该 IP 地址与 www. baidu. com 的网址是连通的。这个信息不但表示本机与该主机连通，而且表示 DNS 服务器也是工作正常的。如果 ping 对方 IP 地址连通，但 ping 对方域名不通，则表示 DNS 服务器工作异常。

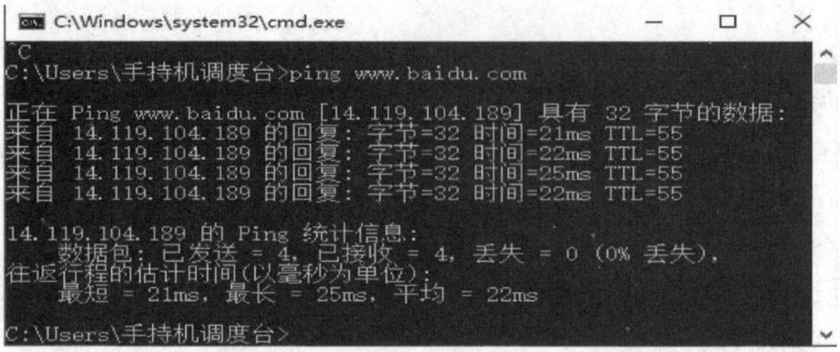

图 2-22　使用 ping 命令探测远程主机是否开启

（5）有时出于安全考虑，某些路由器或者防火墙过滤了 ping 命令，尽管 ping 不通，但是对方主机仍然是开启的。例如使用 ping 命令探测耶鲁大学网站的情况，如图 2-23 所示。

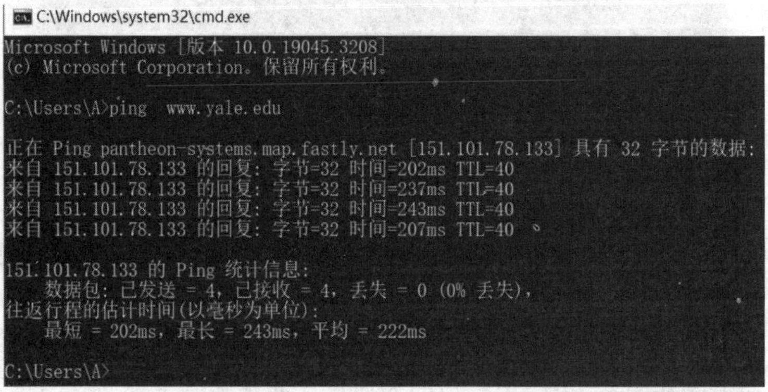

图 2-23　使用 ping 探测耶鲁大学网站的情况

（6）如果执行完 ping 命令的显示信息是“请求超时”，表示本地网关设置有误，数据包根本无法出去。由于网关配置不当，造成网络不通的情况如图 2-24 所示。

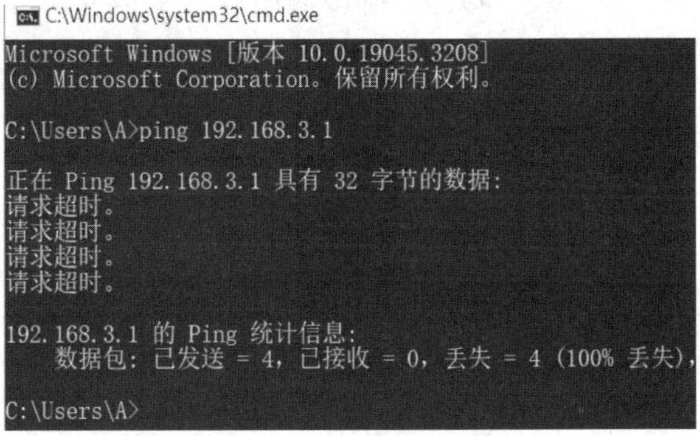

图 2-24　由于网关配置不当造成网络不通的情况

（7）ping 命令可以持续发包，也可以发送指定大小的数据包，这两种操作需要分别选用“-t”参数和“-l”参数。指定持续发包和发送指定大小的数据包如图 2-25 所示。

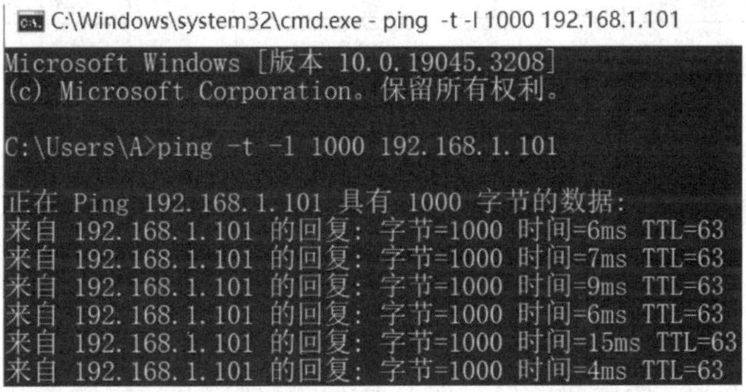

图 2-25　指定持续发包和发送指定大小的数据包

任务评价

项次	操作与技能	要求	分值	得分
1	简述 ping 命令的工作原理	学生在职教云上提交答案，教师评阅	20	
2	检查相关网络配置	学生在职教云上提交检查情况及解决方法，教师评阅	25	
3	简述 ping 命令的调用方式及参数意义	学生在职教云上提交答案，教师评阅	25	
4	简述网络协议的三大要素及协议分层的意义	学生在职教云上提交答案，教师评阅	30	
合　计			100	

知识拓展

网络数据传输过程

开放式系统互联参考模型 OSI/RM 将网络划分为物理层、数据链路层、网络层、传输层、会话层、表示层和应用层。图 2-26 给出了网络数据在节点 A 和节点 B 之间的传输过程。

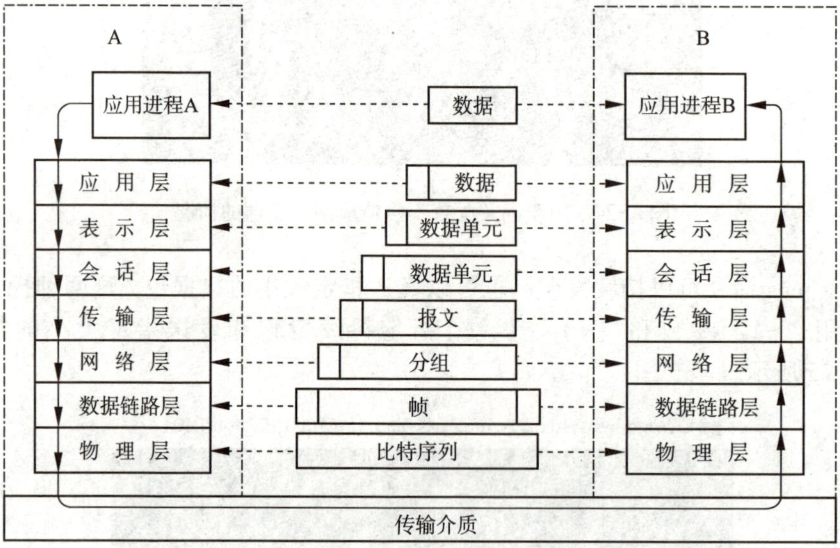

图 2-26　网络数据在节点 A 和节点 B 之间的传输过程

当应用进程 A 的数据传送到应用层时，应用层为数据加上本层控制报头后，组织成应用层的服务数据单元，然后再传输到表示层。

表示层接收到这个数据单元后，加上本层的控制报头，组成表示层的服务数据单元，再传送到会话层。以此类推，直到数据被传送到传输层。

传输层接收到这个数据单元后，加上本层的控制报头，包含端口号，就构成了传输层的服务数据单元，它被称为报文（message）。

当传输层的报文传送到网络层时，由于网络层数据单元的长度有限制，长报文在传输层将被分成多个较短的数据字段，再加上网络层的控制报头（包含 IP 地址），就构成了网络层的服务数据单元，它被称为分组（packet）。

当网络层的分组传送到数据链路层时，加上数据链路层的控制信息（包含 MAC 地址），就构成了数据链路层的服务数据单元，它被称为帧（frame）。

数据链路层的帧传送到物理层后，物理层将以比特序列的方式通过传输介质传送出去。当比特序列到达目标节点计算机 B 时，再从物理层依层上传，每层对各层的控制报头进行处理，将用户数据上交高层，最终将应用进程 A 的数据送给应用进程 B。

尽管应用进程 A 的数据在 OSI 环境中经过复杂的处理过程才能送达另一台计算机的应用进程 B，但对于每台计算机的应用进程来说，OSI 环境中数据流的复杂处理过程是透明的。应用进程 A 的数据好像是“直接”传送给应用进程 B，这就是开放系统在网络通信过程中最本质的作用。

子任务 2. 2. 3 tracert 命令的使用

学习目标

1. 素质目标

崇尚科学，具有团队合作精神。

2. 知识目标

理解互联网环境中 tracert 命令的基本工作原理；熟悉 tracert 命令的调用方式及参数含义。

3. 能力目标

能根据 tracert 命令的路由跟踪结果排查和诊断网络故障。

学习任务

1. 使用 tracert 命令探测本机和本地其他局域网计算机之间的路由情况。
2. 使用 tracert 命令探测本机和其他网关之间的路由情况。
3. 使用 tracert 命令探测本机和远程主机之间的路由情况。

任务实施

1. 实施预备

tracert（跟踪路由）是路由跟踪实用程序，用于确定 IP 数据包访问目标主机所经过的路径。这就好比乘坐公交车，需要确定到达指定目的地之前在哪些车站换乘，只是 tracert 获得的信息是数据包从当前计算机到达某台指定 IP 地址的计算机的过程中需经过哪些路由器。tracert 命令用 IP 数据包生存时间（TTL 值）和传递控制消息来确定从一台主机到网络上其他主机的路由，其命令格式如下：

tracert ［-d］［-h maximum_hops］［-j computer-list］［-w timeout］［-R］［-S srcaddr］［-4］［-6］target_name

其中，［］内为可选参数。主要参数的含义如下：

（1）-d 指定不将地址解析为计算机名。

（2）-h maximum_hops 指定搜索目标的最大跃点数。

（3）-j computer-list 指定沿 computer-list 的稀疏源路由。

（4）-w timeout 指定每次应答等待 timeout 的微秒数。

（5）target_name 指定目标计算机的名称。

互联网控制报文协议（internet control message protocol，ICMP）是 TCP/IP 协议簇的一个子协议，用于在 IP 主机、路由器之间传递控制消息。ICMP 的功能是检错而不是纠错。它将出错的报文返回给发送主机，发送方根据 ICMP 报文确定错误类型，改正错误后重发数据包。

tracert 命令向目标主机发送不同生存时间（TTL 值），ICMP 回应请求报文（类型为 8，代码为 0），tracert 探测程序确定到目标主机所经过的路由。其探测过程为：

（1）tracert 发出 TTL 值为 1 的 ICMP 数据报文（报文长度为 40 个字节，包括源地址、目标地址和发出时间标签，一般发 3 个数据包）。

（2）当到达路径上第一个路由器时，路由器会将 TTL 值减 1，此时若 TTL 值为 0，该路由器将此数据报文丢弃，向源地址返回一个选路超时的 ICMP 差错报文（数据报文的源地址、路由器的 IP 地址）。当 tracert 收到 ICMP 差错报文时就获得了这个路径上的第一个路由器的地址。

（3）tracert 再发送另一个 TTL 为 2 的数据报文，第一个路由器会将此数据报文转发给第二个路由器，此时 TTL 值减 1。当 TTL=0 时，第二个路由器返回一个超时通知，tracert 得到第二个路由器地址。tracert 每次发出数据报文时会将 TTL 值加 1，发现下一个路由器，直到到达目的地或确定不可到达为止。

（4）到达目标主机后，如果目标主机存在，目标主机并不返回超时报文，而是返回 ICMP 应答报文（类型为 0，代码为 0）。当 tracert 收到这个应答报文后，就知道目的地到达了。

数据报文经过 3 个路由器探测的过程如图 2-27 所示。

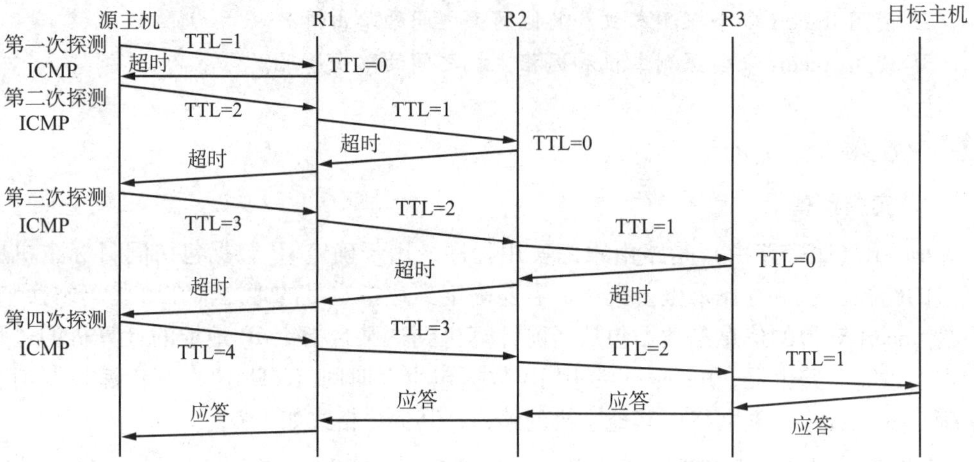

图 2-27　基于 TTL+ICMP 的路由探测

2. 操作步骤

（1）在“开始”菜单的命令框中输入 cmd，回车，弹出命令提示符窗口。或者，按下键盘上 Windows+R 组合键，弹出“运行”窗口，输入 cmd，回车。在 DOS 环境下，在命令提示符后面直接输入 tracert 命令，探测本机和本地其他局域网机器之间路由经历的节点情况，并利用 tracert 命令追踪网关，如图 2-28 所示。从图 2-28 中可以发现，从本机到网关 192. 168. 2. 1，中间只经历了一站，那一站是目标机器本身的 IP，说明这台计算机和目标机器之间的数据是直接发送过去的，中间未经过任何节点。

（2）使用 tracert 命令探测和其他网关（192.168.1.1）之间的路由情况，如图 2-29 所示。

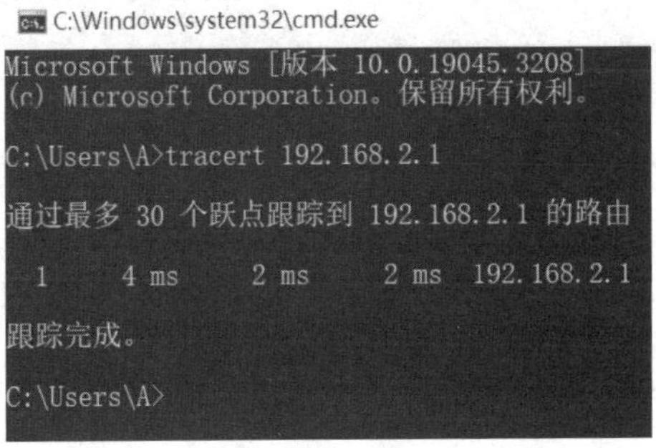

图 2-28　tracert 命令追踪本地网关

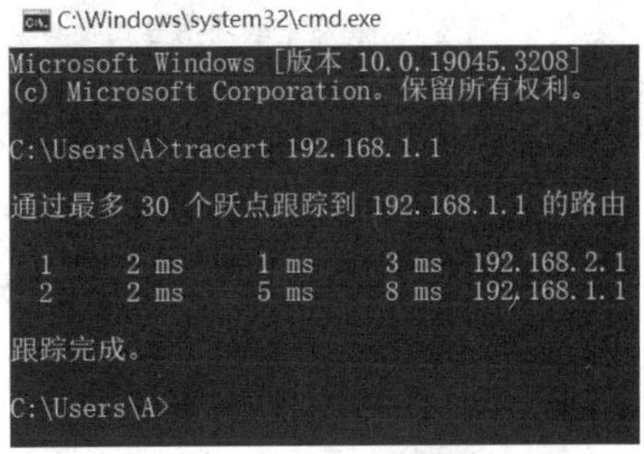

图 2-29　使用 tracert 探测其他网关

从图 2-29 中可以发现，ICMP 数据报文为了到达 192.168.1.1 这台机器，中间经过了 1 站。图 2-29 中，第一列表示的是跃点数。由于 tracert 命令每次探测一般发 3 个数据包，因此第二、三、四列分别表示的是这 3 个数据包对同一跃点的探测往返时间。第五列表示经过路由器的 IP 地址。显然在网段 2 中，划分了子网，子网所在的网关是 168。

（3）使用 tracert 命令探测本机与远程主机之间的路由情况。图 2-30 演示的是到达新浪站点的途经情况，这些途经节点就是前边所介绍的通信子网中的节点，是普通用户看不到的节点。

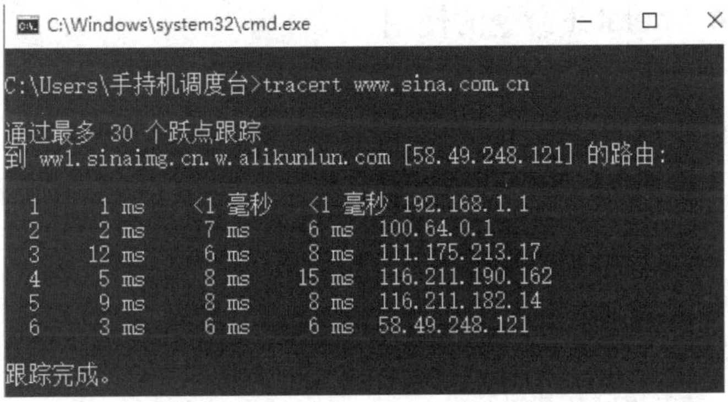

图 2-30　本机和新浪站点之间的通信状况

从图 2-30 中可以看出，为了到达 www.sina.com.cn，数据包从发送者的机器一共经历了 6 个中转节点，最终到达目的地。这 6 个中转节点就是交换机或者路由器的 IP 地址。结合相关的 IP 知识，请大家尝试追踪清华大学等站点并写下追踪结果。

任务评价

项次	操作与技能	要求	分值	得分
1	简述 tracert 命令的工作原理	学生职教云上完成答题，教师评阅	30	

需要时可沿此线裁成活页

续表

项次	操作与技能	要求	分值	得分
2	简述 tracert 命令的调用方式及参数含义	学生职教云上完成答题，教师评阅	30	
3	根据 tracert 命令的路由跟踪结果排查和诊断网络故障	学生职教云上提交截图，教师评阅	40	
合计			100	

知识拓展

1. 路由

路由是把信息从源计算机通过网络传递到目标计算机的行为。在传递过程中，至少会遇到一个中间节点。路由包含两个基本动作：确定最佳路径和通过网络沿最佳路径传递信息。路由的过程是通过相关的网络协议来完成的。

2. 路由器探测命令的使用

子任务 2.2.4　netstat 命令的使用

学习目标

会使用 netstat 命令了解本地网络的连接情况和统计网络的传输数据。

学习任务

1. 素质目标

崇尚科学，具有团队合作精神。

2. 知识目标

掌握 netstat 命令的作用；熟悉 netstat 命令的调用格式及参数含义。

3. 能力目标

会根据 netstat 命令的结果排查和诊断网络故障。

任务实施

1. 实施预备

大家上网的时候，为了自身计算机的安全，都会很想知道此刻谁和自己的计算机连接着。通过分析 TCP/IP 协议可知，在传输层有 TCP 和 UDP 两种协议负责数据包的传送。通过查看 TCP 和 UDP 的连接状况，可以知道到底是谁和我们的计算机正在连接，以及所连接的端口是什么。这个操作就是通过 netstat 命令来实现的。

netstat 命令是 DOS 命令，是一个监控 TCP/IP 网络的非常有用的工具，它可以显示路由表、实际的网络连接，以及每一个网络接口设备的状态信息。netstat 用于显示与 IP、TCP、UDP 和 ICMP 协议相关的统计数据，一般用于检验本机各端口的网络连接情况。

当计算机接收到的数据包出现少量错误时，TCP/IP 可以容忍，并能够自动重发数据包。但如果累计的出错数在所接收的 IP 数据包中占相当大的百分比，或者它的数目正迅速增加，那么就应该使用 netstat 查一查为什么会出现这些情况了。一般用 netstat -a 命令来显示所有连接的端口并用数字表示。netstat 命令格式如下：

netstat [-a] [-b] [-c] [-e] [-i] [-n] [-p] [-r] [-s] [-t] [-u] [-v]

主要参数的含义如下：

（1）-a 显示所有 socket，包括正在监听的。

（2）-b 显示在创建每个连接或侦听端口时涉及的可执行程序。

（3）-c 每隔 1 s 就重新显示一遍，直到用户中断它。

（4）-e 显示以太网统计信息。

（5）-i 显示所有网络接口的信息，格式同“ipconfig -e”。

（6）-n 以网络 IP 地址代替名称，显示出网络连接情形。

（7）-p 指定协议参数。

（8）-r 显示核心路由表，格式同“route -e”。

（9）-s 显示网络工作信息统计表。

（10）-t 显示 TCP 协议的连接情况。

（11）-u 显示 UDP 协议的连接情况。

（12）-v 显示正在进行的工作。

2. 操作步骤

（1）在命令行窗口输入 cmd，进入控制台窗口。输入 netstat -e 命令，以太网统计信息如图 2-31 所示。从图 2-31 中可以看到本机发送和接收的数据包字节数、丢弃和错误的数据包个数，以及多少未知协议的数据包。

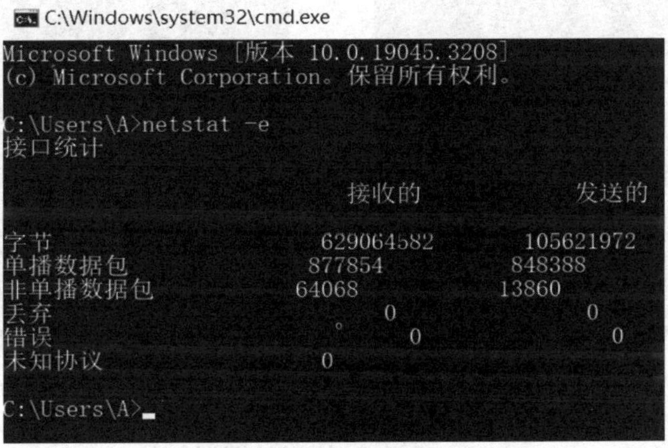

图 2-31　以太网统计信息

（2）使用 netstat -bv 可以查看本地主机哪个进程、哪个动态链接库参与了哪个链接。利用这个命令可以监控网络中当前的连接是由哪些程序或者动态链接库参与的，如图 2-32 所示。

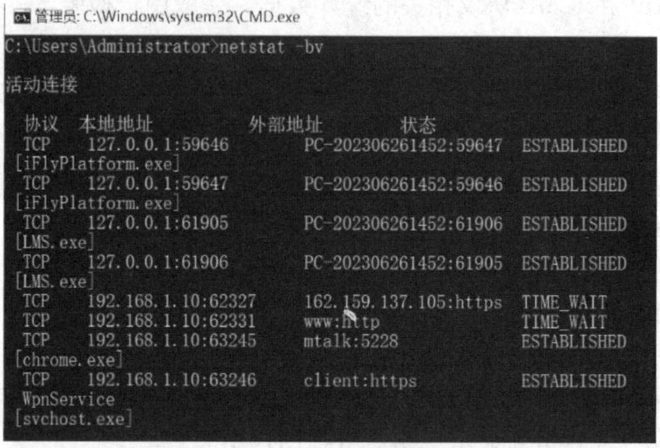

图 2-32　监控网络中当前的连接

如果怀疑某个可疑的黑客控制了本机，可以通过这个命令查看哪些连接调用了本机不明程序。如果发现一个 TCP 连接是本机一个不确定身份的程序发出的，那就要引起注意了。

（3）使用 netstat -ps 命令，统计本机各种协议的数据发送字节数，以了解本机网络中网络层的 IPv4/IPv6 的统计信息、ICMPv4/v6 的统计信息、IPv4/IPv6 的 TCP 统计信息和 IPv4/IPv6 的 UDP 统计信息。IPv4 统计信息如图 2-33 所示，ICMPv6 统计信息如图 2-34 所示。

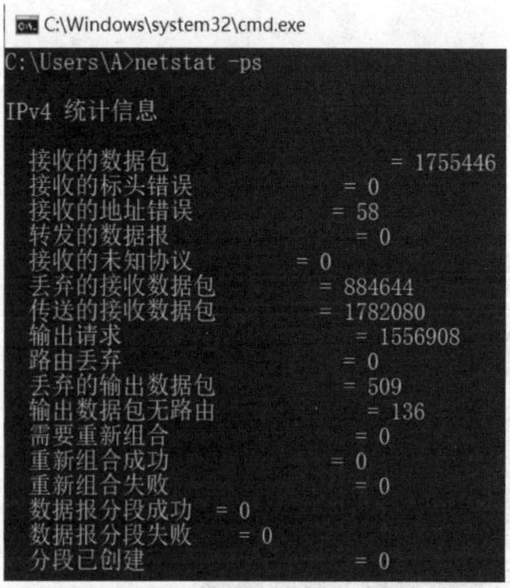

图 2-33　IPv4 统计信息

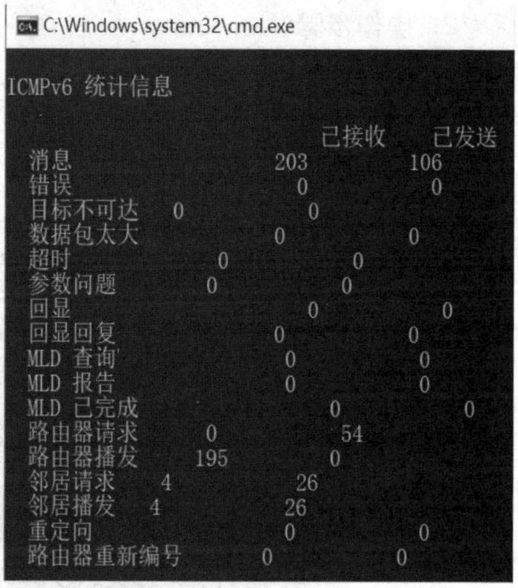

图 2-34　ICMPv6 统计信息

（4）输入“netstat -p tcp”查看 TCP 协议的连接情况，如图 2-35 所示。图 2-35

中第2列显示了本地主机名和端口号，第3列显示了外部地址和端口号，第四列显示了TCP连接状态。如果本地的端口号异常，或者出现了一些不熟悉的网络连接，就需要引起注意。TCP是因特网参考模型中的一个面向连接的提供可靠传输的传输层协议，UDP是因特网参考模型中的一个无连接的传输层协议。

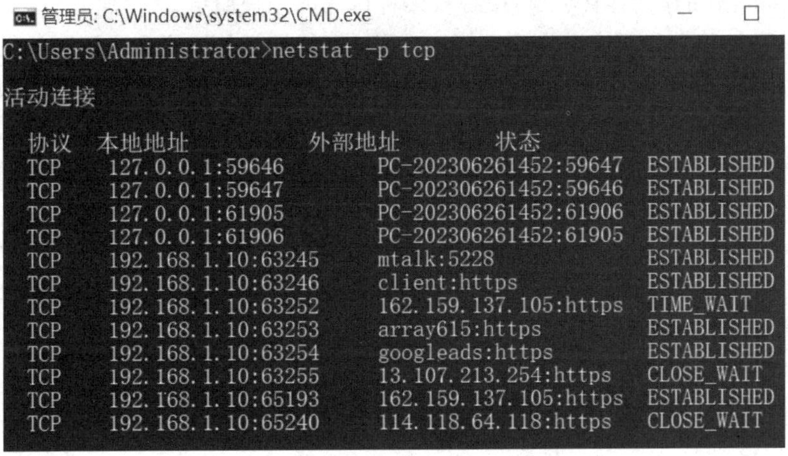

```
管理员: C:\Windows\system32\CMD.exe
C:\Users\Administrator>netstat -p tcp

活动连接

  协议  本地地址              外部地址              状态
  TCP    127.0.0.1:59646        PC-202306261452:59647  ESTABLISHED
  TCP    127.0.0.1:59647        PC-202306261452:59646  ESTABLISHED
  TCP    127.0.0.1:61905        PC-202306261452:61906  ESTABLISHED
  TCP    127.0.0.1:61906        PC-202306261452:61905  ESTABLISHED
  TCP    192.168.1.10:63245     mtalk:5228             ESTABLISHED
  TCP    192.168.1.10:63246     client:https           ESTABLISHED
  TCP    192.168.1.10:63252     162.159.137.105:https  TIME_WAIT
  TCP    192.168.1.10:63253     array615:https         ESTABLISHED
  TCP    192.168.1.10:63254     googleads:https        ESTABLISHED
  TCP    192.168.1.10:63255     13.107.213.254:https   CLOSE_WAIT
  TCP    192.168.1.10:65193     162.159.137.105:https  ESTABLISHED
  TCP    192.168.1.10:65240     114.118.64.118:https   CLOSE_WAIT
```

图2-35 TCP协议的连接情况

任务评价

项次	操作与技能	要求	分值	得分
1	netstat -e 命令的使用	学生在职教云上提交截图，教师评阅	25	
2	netstat -bv 命令的使用	学生在职教云上提交截图，教师评阅	25	
3	netstat -ps 命令的使用	学生在职教云上提交截图，教师评阅	25	
4	netstat -p 命令的使用	学生在职教云上提交截图，教师评阅	25	
合计			100	

知识拓展

TCP/IP 概述

TCP/IP是供已连接互联网的计算机进行通信的通信协议。虽然TCP/IP协议不是OSI标准，但它是目前最流行的商业化协议，并被公认是当前的工业标准或“事实上的标准”。在TCP/IP协议出现后，出现了TCP/IP参考模型。

Internet上的TCP/IP协议之所以能够迅速发展起来，不仅因为它是美国军方指定使用的协议，更重要的是它恰恰满足了世界范围内数据通信的需要。TCP/IP协议具有以下4个特点。

（1）开放的协议标准：可以免费使用，并且独立于特定的计算机硬件与操作

需要时可沿此线裁成活页

系统。

（2）独立于特定的网络硬件：可以运行在局域网、广域网中，更适用于互联网。

（3）统一的网络地址分配方案：使得整个 TCP/IP 设备在网络中具有唯一的地址。

（4）标准化的高层协议：可以提供多种可靠的用户服务。

TCP/IP 协议分 4 层，分别是网络接口层、网络层、传输层和应用层。网络接口层用于实现相邻计算机节点之间数据流的透明传送，尽可能屏蔽具体传输介质和物理设备的差异，通过网络接口层协议和控制规程，在不太可靠的物理链路上实现可靠的数据传输。网络层对数据包进行分组传送、路由选择和流量控制，主要用于实现端到端通信系统中间节点的路径选择。传输层管理两个节点之间的数据传输，在网络层通信网络建立的基础上，完成端到端通信链路的建立、维护和管理。应用层主要是为应用程序提供服务并规定应用程序中通信的相关细节，包括文件传输、电子邮件、远程登录等协议。

任务 2.3　网络层的操作

如何统一网络节点的地址表示方式并保证信息跨网传输是互联网面临的一大难题。显然，统一物理地址的表示方式是不可取的，因为物理地址表示方式是和每一种物理网络的具体特性联系在一起的。因此，互联网对各种物理网络地址的“统一”要在 IP 层完成，于是在用 TCP/IP 协议进行通信时，采用 IP 地址识别主机和路由器。在互联网中，所有终端和网络设备都必须设定正确的 IP 地址，否则根本无法实现正常的通信。

子任务 2.3.1　子网划分

学习目标

1. 素质目标

遵纪守法，崇德向善，具有良好的社会责任感和社会参与意识。

2. 知识目标

熟悉 IP 地址的相关知识；掌握子网划分技术。

3. 能力目标

在计算机网络环境下会设置主机的 IP 地址和子网掩码，会检测网络的连通性，能分析主机 IP 地址和子网掩码故障原因以及排除故障。

学习任务

本任务主要学习 IP 地址相关知识和子网划分技术，需要在网络环境下进行，至少需要两台个人计算机和一台交换机。子网划分效果如图 2-36 所示。

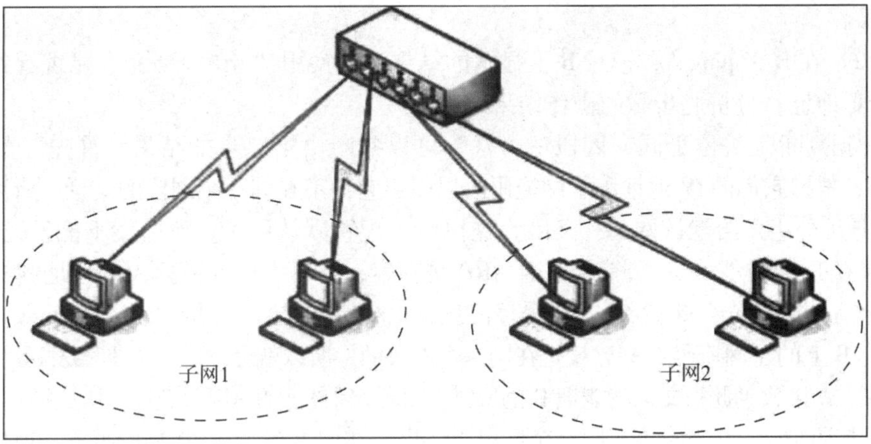

图 2-36 子网划分效果

任务实施

1. 设置主机的 IP 地址与子网掩码

A（1 号机）IP 地址：192. 168. 74. 163；子网掩码：255. 255. 248. 0。

B（2 号机）IP 地址：192. 168. 74. 9；子网掩码：255. 255. 248. 0。

A、B 两台主机均未设置默认网关。当 A 要跟 B 通信的时候，首先会把 B 的 IP 地址与自己的 IP 地址相“与”（若得到的结果相同，则在同一网段），如果在同一个网段，则以广播形式发送 ARP 请求报文。在同一网段的其他主机都能接收此报文，但只有 B 发现报文的 IP 地址与自己的 IP 地址相同，于是接收此报文，并向 A 发送 ARP 回应。中间不需要通过网关，所以设置为默认网关对此无影响。由于这个原因，尽管 A 与 B 之间没有默认网关，两者却可以正常通信，子网内连通测试如图 2-37 所示。在默认情况下，同一个网段内传送信息不需要经过网关。但是如果配置了子网掩码，情况就不一样了。

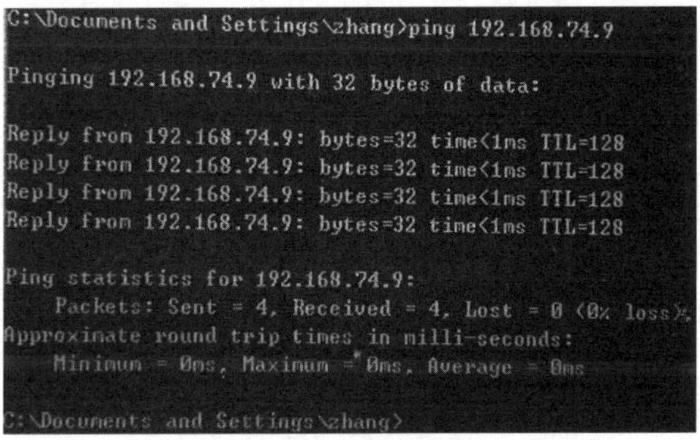

```
C:\Documents and Settings\zhang>ping 192.168.74.9

Pinging 192.168.74.9 with 32 bytes of data:

Reply from 192.168.74.9: bytes=32 time<1ms TTL=128
Reply from 192.168.74.9: bytes=32 time<1ms TTL=128
Reply from 192.168.74.9: bytes=32 time<1ms TTL=128
Reply from 192.168.74.9: bytes=32 time<1ms TTL=128

Ping statistics for 192.168.74.9:
    Packets: Sent = 4, Received = 4, Lost = 0 (0% loss),
Approximate round trip times in milli-seconds:
    Minimum = 0ms, Maximum = 0ms, Average = 0ms

C:\Documents and Settings\zhang>
```

图 2-37 子网内连通测试

2. 将 A 的子网掩码改为“255. 255. 255. 0”，其他设置保持不变

（1）用“arp -d”命令清除两台主机上的 ARP 表，然后在 A 上 ping B，记录 A 上显示的结果。观察用“arp -a”命令能否看到对方的 MAC 地址，分析此步骤的操

需要时可沿此线裁成活页

作结果。

（2）在 B 上 ping A，记录 B 上显示的结果，观察用“arp -a”命令能否看到对方的 MAC 地址，分析此步骤的操作结果。

根据判断是否位于同一网段的方法，可以判断出第二步的结果。首先，在 A 上 ping B，根据它们的 IP 地址和子网掩码可以得出它们不在同一个网段的结论，所以就会把 IP 地址分组发给默认网关；又因为这里没有配置默认网关，所以就不能发送信息。此时，在 B 上用“arp -a”命令查看 ARP 缓存表，是不能显示主机 A 的地址的（在运行命令前先执行 arp -d 清除 ARP 缓存信息，以免影响结果）。接着在 B 上 ping A，但是根据 B 上的子网掩码，A 与 B 是在同一个网段的，所以就会以广播的形式发送 ARP 请求报文，A 接收到此报文，就能把 B 的 IP 信息保存到自己的 ARP 缓存表中。由于根据 A 的子网掩码判断，B 与它不在同一个网段，所以无法向 B 发回 ARP 响应报文。所以，此时在 B 上能够用“arp -a”查看 A 的 IP 地址信息，但是在 A 上却不可以。不同子网主机的连通性测试如图 2-38 所示。由于子网掩码不一样，导致 A 和 B 处于两个不同的子网。A 和 B 之间的通信只有通过网关才能完成。这样的话，A 和 B 就被逻辑上隔离到两个网络中，用来保障内网安全，并且此时子网内部也不会把广播数据发送到对方子网中去。

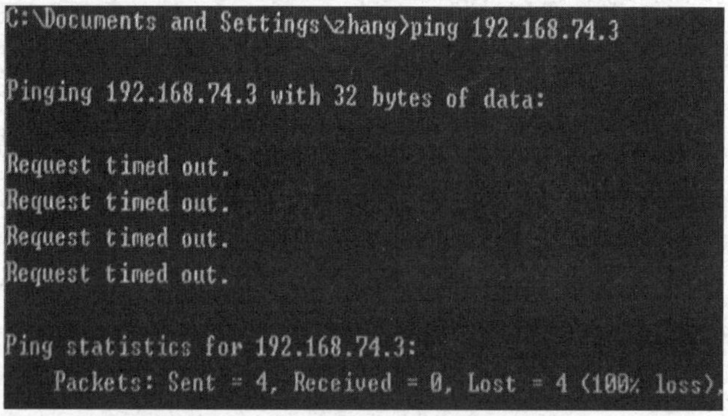

```
C:\Documents and Settings\zhang>ping 192.168.74.3

Pinging 192.168.74.3 with 32 bytes of data:

Request timed out.
Request timed out.
Request timed out.
Request timed out.

Ping statistics for 192.168.74.3:
    Packets: Sent = 4, Received = 0, Lost = 4 (100% loss),
```

图 2-38　不同子网主机的连通性测试

任务评价

项次	操作与技能	要求	分值	得分
1	同一子网内主机 IP 地址和子网掩码设置及连通测试	学生在职教云上提交操作截图，教师评阅	40	
2	不同子网内主机 IP 地址和子网掩码设置及连通测试	学生在职教云上提交操作截图，教师评阅	60	
合　计			100	

知识拓展

IP 及子网掩码

1. IP 数据包

首先来看一下 IP 数据包的格式，如表 2-1 所示。

表 2-1 IP 数据包的格式

<table>
<tr><td>版本（4）</td><td>首部长度（4）</td><td>优先级与服务类型（8）</td><td colspan="2">总长度（16）</td></tr>
<tr><td colspan="3">标识符（16）</td><td>标志（3）</td><td>段偏移量（13）</td></tr>
<tr><td colspan="2">TTL（8）</td><td>协议号（8）</td><td colspan="2">首部校验和（16）</td></tr>
<tr><td colspan="5">源 IP 地址（32）</td></tr>
<tr><td colspan="5">目标 IP 地址（32）</td></tr>
<tr><td colspan="5">可选项</td></tr>
<tr><td colspan="5">数据</td></tr>
</table>

各字段的含义如下：

1）版本（version）

该字段包含的是 IP 的版本号，4 b 长度。0100 表示版本为 4（IPv4），该版本形成于 20 世纪 80 年代早期。0110 表示版本为 6（IPv6）。现在无论是在局域网中还是在广域网中，IPv4 和 IPv6 都有使用。目前 IPv4 所面临的最大问题就是 IP 地址空间不足，IPv6 是 IPv4 的下一个版本，能解决 IP 地址缺乏的问题。

2）总长度（total length）

该字段用以指示整个 IP 数据包的长度，16 b 长度。最长为 65 535 个字节，包括报头和数据。

3）TTL（time to live）

该字段用于表示 IP 数据包的生命周期，8 b 长度。该字段包含的信息可以防止一个数据包在网络中无限循环地转发下去。TTL 指的是一个数据包在被抛弃前在网络中可以经历的最长周转时间，数据包在传送过程中经过的每一个路由器都会检查该字段中的值，当 TTL 的值为 0 时，该数据包将被丢弃，不再被转发。TTL 还可记录数据包通过路由器的数目，数据包每经过一个路由器，TTL 将减去 1。

4）源 IP 地址（source IP address）

该字段用于表示数据包的源地址，32 b 长度。这是一个网络地址，指的是发送数据包的设备的网络地址。

5）目标 IP 地址（destination IP address）

该字段用于表示数据包的目的地址，32 b 长度。这也是一个网络地址，但指的是接收节点的网络地址。

2. IP 地址

在网络层，使用一种具有层次结构的逻辑地址来标识一台主机，这个地址被称作 IP 地址。IP 地址是一个网络编码，它既可以是一台主机（服务器、客户机）的地址，也可以是路由器接口的地址。也就是说 IP 地址确定的是网络中的一个节点。如果一个路由器接口要进行 IP 路径查找，该接口必须配置 IP 地址。

IP 地址共 32 位，由 4 个 8 位的二进制数组成，每 8 位二进制数之间用点隔开。由于二进制数不便于记忆，可读性较差，所以通常都把二进制数转换成十进制数表示，其取值范围为 0～255，计算机会自动进行二者之间的转换。因此，一个 IP 地址通常用4个以点分开的十进制数来表示。例如，IP 地址 192.168.1.200（十进制表示）= 11000000.10101000.00000001.11001000（二进制表示）。

因特网上的每台主机（host）都有一个唯一的 IP 地址。网络世界的 IP 地址就像现实世界的住址一样：因为你要写信给一个人，你就需要知道他（她）的住址，这样邮递员才能把信送到。网络传送信息就好比邮递员传送邮件，它必须知道 IP 地址才能正确传输信息。

3. IP 地址分类

IP 地址由两部分组成：网络部分（netID）和主机部分（hostID）。网络部分用于标识不同的网络，主机部分用于标识同一个网络中不同的主机。

IP 地址的网络部分由 IANA（Internet Assigned Numbers Authority，因特网编号分配机构）统一分配，以保证 IP 地址的唯一性。为了便于分配和管理，IANA 将 IP 地址分为 A、B、C、D、E 共5类，每个类别的网络部分和主机部分都有相应的规则。目前在 Internet 上使用最多的 IP 地址是 A、B、C 这3类，IANA 根据组织的具体需求为其分配 A、B、C 类网络地址，具体主机的 IP 地址由得到各类网络地址的机构或组织自行决定如何分配。IP 地址的分类如图 2-39 所示。

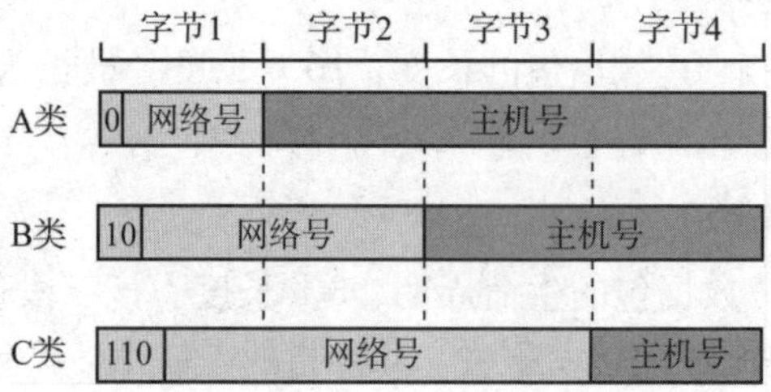

图 2-39　IP 地址的分类

1）A 类地址

在 A 类地址中规定第一个 8 位为网络部分，其余 3 个 8 位为主机部分，即 A 类地址为“网+主+主+主”。IP 地址的前几个比特位称为引导位，对 A 类地址来说，它的第一个 8 位的第1位是0。由于网络部分不能全为0，也不能全为1，全0表示本地网络，全1保留诊断用。因此，它的第一个 8 位的范围就是 00000001 ~ 01111111，换算成十进制就是 1 ~ 127，其中 127 是一个比较特殊的地址，用于本机测试的地址是 127.0.0.1。127.0.0.1 又称为本机回环地址，通常在本机上 ping 此地址来检查 TCP/IP 协议安装是否正确。凡是以 127 开头的 IP 地址都代表本机（除广播地址 127.255.255.255 外）。因此，A 类地址的有效网络范围为 1 ~ 126。全世界只有 126 个 A 类网络，每个 A 类网络可以拥有的主机数就是后面 24 位的组合，为 2^{24} 个。主机部分也不能全为 0 或全为 1，全 0 代表的是网络 ID，全 1 代表的是本子网的广播地址，因此每个 A 类网络拥有的最大主机数为 $2^{24}-2$。A 类地址适用于大型网络。

2）B 类地址

B 类地址中规定前两个 8 位为网络部分，后两个 8 位为主机部分，即 B 类地址为“网+网+主+主”。B 类地址中作为引导位的前两位必须是 10，因此它的网络部分的范围就是 10000000. 00000000 ~ 10111111. 11111111，其中第一个 8 位换算成十进制就是 128 ~ 191。B 类地址的有效网络范围就是网络部分中后 14 位的组合，为 2^{14} 个。每个 B 类地址拥有的最大主机数为 $2^{16}-2$。B 类地址适用于中等规模的网络。

3）C 类地址

C 类地址中规定前三个 8 位为网络部分，最后一个 8 位为主机部分，即 C 类地址为“网+网+网+主”。C 类地址中作为引导位的前 3 位必须是 110，因此它的网络部分的范围就是 11000000. 00000000. 00000000 ~ 11011111. 11111111. 11111111，其中第一个 8 位换算成十进制就是 192 ~ 223。每个 C 类地址拥有的最大主机数为 $2^{8}-2$。C 类地址适用于主机数量比较少的网络。

4. 子网掩码

在网络中不同主机之间通信的情况可以分为两种：同一个网段中两台主机之间相互通信和不同网段中两台主机之间相互通信。

为了区分这两种情况，进行通信的计算机需要获取远程主机 IP 地址的网络部分以作出判断：如果“源主机的网络地址=目标主机的网络地址”，则为相同网段主机之间的通信；如果“源主机的网络地址≠目标主机的网络地址”，则为不同网段主机之间的通信。

为获取远程主机 IP 地址中的网络地址信息，就需要借助子网掩码（net mask）。下面来看一下子网掩码的组成。与 IP 地址一样，子网掩码也是由 32 个二进制位组成的，对应 IP 地址的网络部分用 1 表示，对应 IP 地址的主机部分用 0 表示，通常也是用由 4 个点分开的十进制数表示。当为 IP 网络中的节点分配 IP 地址时，也要给出每个节点所使用的子网掩码。对 A、B、C 这 3 类地址来说，通常情况下都使用默认子网掩码。A 类地址的默认子网掩码是 255. 0. 0. 0；B 类地址的默认子网掩码是 255. 255. 0. 0；C 类地址的默认子网掩码是 255. 255. 255. 0。

有了子网掩码后，只要把 IP 地址和子网掩码做逻辑“与”运算，所得的结果就是 IP 地址的网络地址。可以把与运算看作是乘法运算。

给出 IP 地址 192. 168. 1. 189、子网掩码 255. 255. 255. 0，将 IP 地址和子网掩码进行“与”运算就可以计算出 IP 地址的网络 ID。子网掩码的工作过程如图 2-40 所示。

11000000	.	10101000	.	00000001	.	10111101	IP地址
11111111	.	11111111	.	11111111	.	00000000	子网掩码
11000000	.	10101000	.	00000001	.	00000000	二进制
192	.	168	.	1	.	0	十进制

图 2-40　子网掩码的工作过程

由此可见，子网掩码的作用就是获取主机 IP 地址的网络地址信息，用于区分主机通信的不同情况，由此选择不同的路径。

以上所讲的 IP 地址是没有划分子网的 IP 地址，因此可以用 A、B、C 类区分。但是有些 IP 地址不能简单地用 A、B、C 类来区分，因为它们使用了不规范的子网掩码，并且进行了子网划分。假设给定一个 B 类网络 172. 16. 0. 0，其标准的子网掩码为255.255.0.0，因此在这个B类网络中有效的主机地址范围为172.16.0.1～172.16.255.254，一共有65 534个。因此这个网络规模是比较大的，在网络中会充斥着大量广播包，而且这些广播包都要向同一个网络中的所有主机发送。为避免广播流量消耗过多的可用带宽，网络管理员就要想办法来减小广播域的规模，因此就需要划分子网来减小广播域的规模。

子任务2.3.2 思科模拟器Packet Tracer的使用

学习目标

1. 素质目标

勇于奋斗，乐观向上，有较强的集体意识和团队合作精神。

2. 知识目标

① 熟悉思科模拟器Packet Tracer的安装和使用方法。

② 掌握在软件的图形用户界面上直接使用拖曳方法建立网络拓扑，熟悉数据包在网络中传输的详细处理过程。

③ 掌握IOS（路由器操作系统）的配置及故障排查的方法。

3. 能力目标

① 熟练安装和使用思科模拟器Packet Tracer。

② 熟练配置IOS（路由器操作系统）的命令参数及排查诊断网络故障。

学习任务

1. 思科模拟器Packet Tracer的安装和使用。

2. 在软件的图形用户界面上直接使用拖曳方法建立网络拓扑，提供数据包在网络中传输的详细处理过程，观察网络实时运行情况。

3. 配置IOS（路由器操作系统）的命令参数及排查诊断网络故障。

任务实施

Packet Tracer是由思科科技有限公司发布的一个辅助学习工具，为思科网络课程的初学者去设计、配置网络及排除网络故障提供了网络模拟环境。利用Packet Tracer可以组建网络拓扑、扩展设备配置、模拟网络应用服务、观察网络实时运行情况。

操作步骤：

（1）从思科科技有限公司的官方中文网站下载Packet Tracer软件，安装软件，按照要求注册、登录。

（2）启动Packet Tracer，如图2-41所示，中间的白色区域为工作区，工作区上方是菜单栏和工具栏，工作区下方是网络设备、计算机、连接栏。

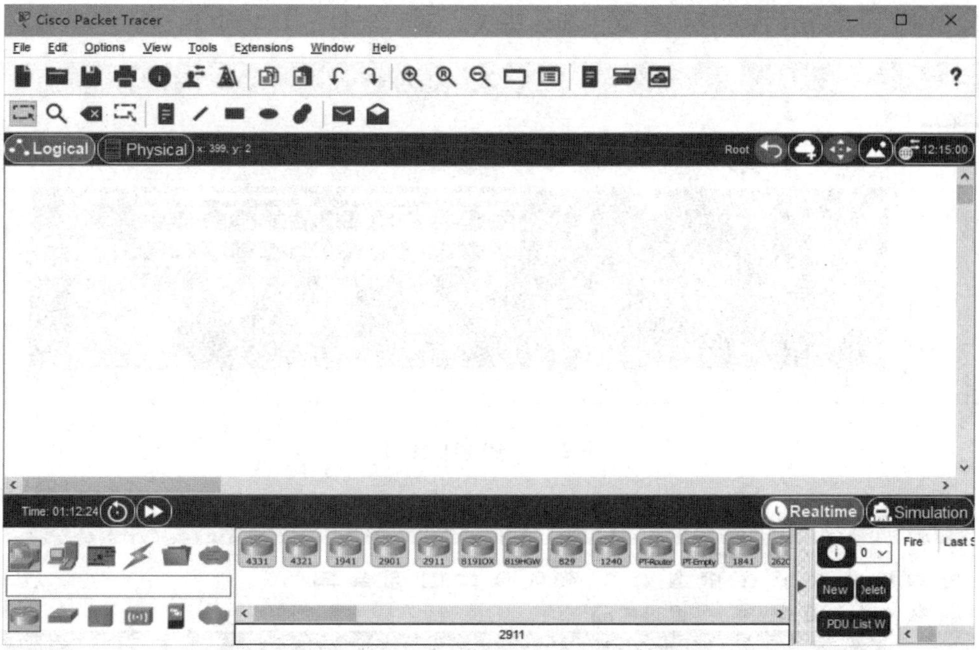

图 2-41　Packet Tracer 启动界面

（3）在设备栏内先找到设备大类别，然后从该类别的设备中寻找自己想要添加的设备。在操作中，先选择交换机（选择具体型号的思科交换机），然后拖动交换机到工作区，如图 2-42 所示。

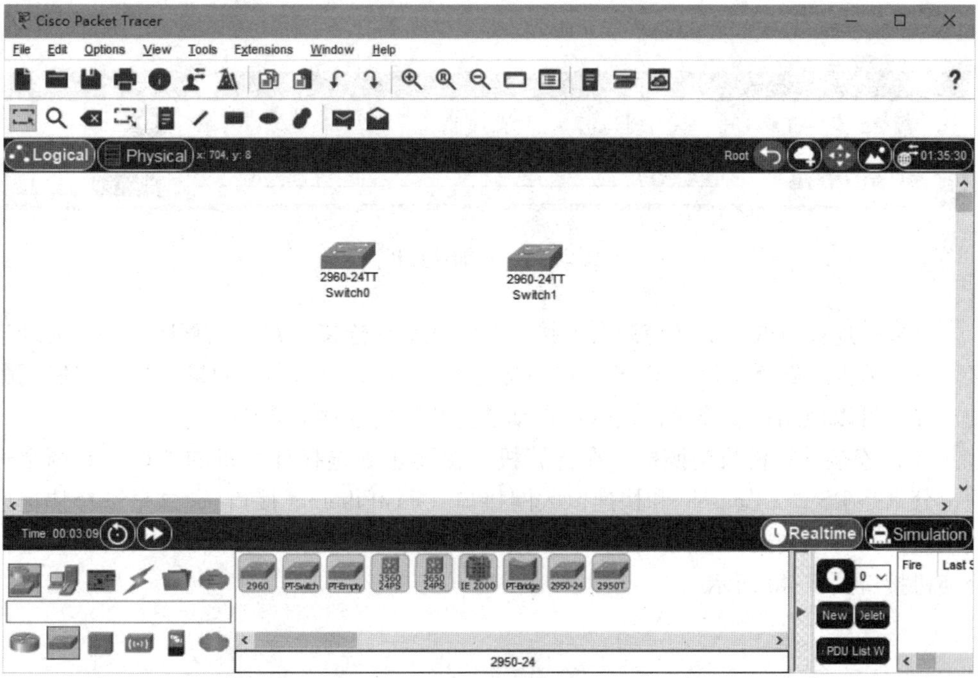

图 2-42　拖动交换机到工作区

需要时可沿此线裁成活页

（4）分别给工作区增加计算机和连接线，如图 2-43 ~ 图 2-46 所示。

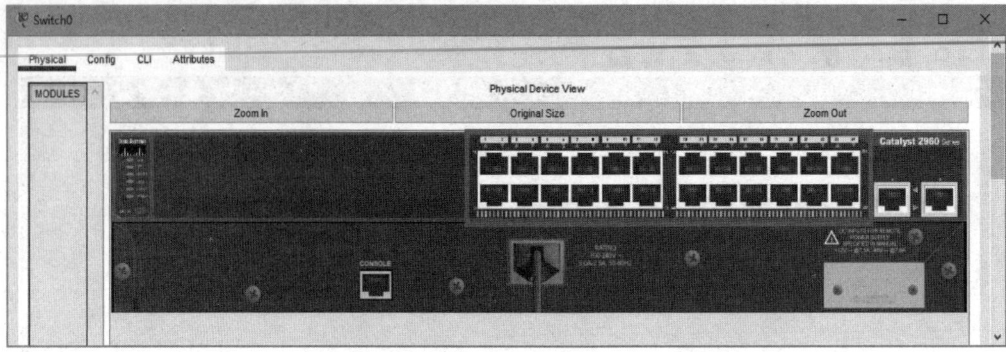

图 2-43　交换机接口

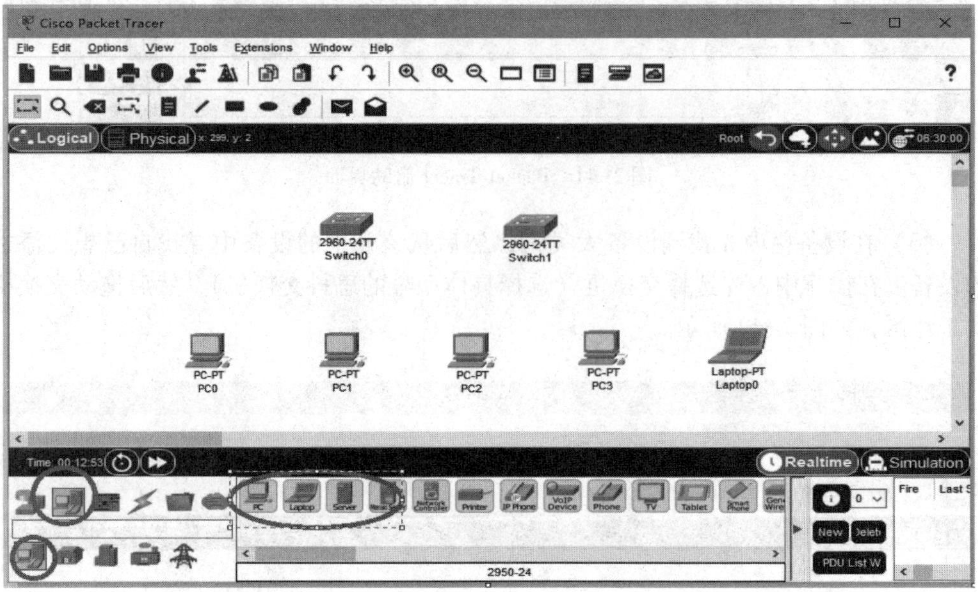

图 2-44　添加计算机

有多种连接方式，例如控制台连接、双绞线交叉连接、双绞线直连连接、光纤连接、串行数据线路连接设备 DCE 及串行数据终端设备 DTE 等。如果不能确定使用哪种连接，可以使用自动连接，让软件自动选择相应的连接方式。

（5）连接计算机与交换机。在计算机一侧要正确选择计算机的端口，有两个选项，分别是 RS 232 Console 和快速以太网接口（FastEthernet 接口），这里选择快速以太网接口。对于交换机一侧，选择一个接口。选择计算机接口如图 2-47 所示，选择交换机接口图 2-48 所示。

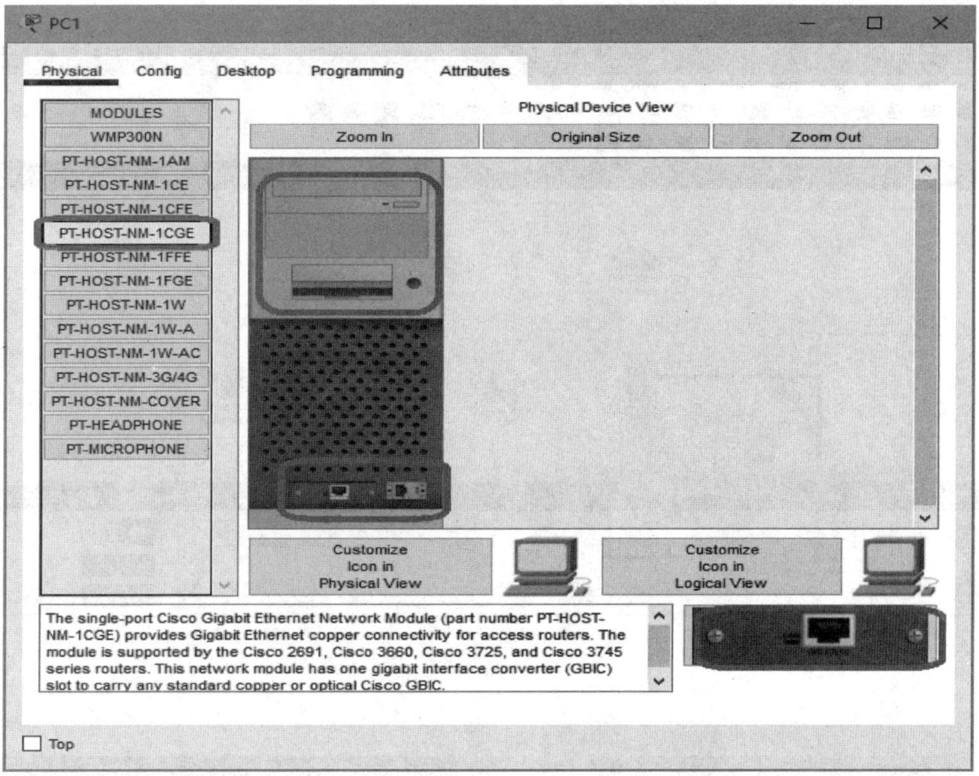

图2-45　计算机模块信息

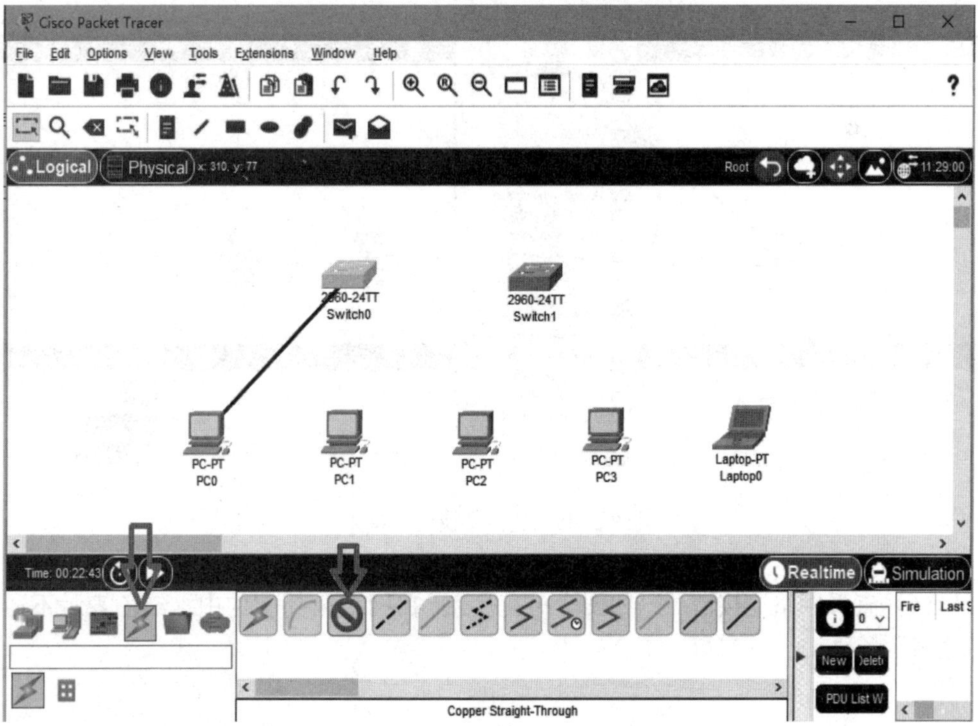

图2-46　添加连接线连接各个设备

需要时可沿此线裁成活页

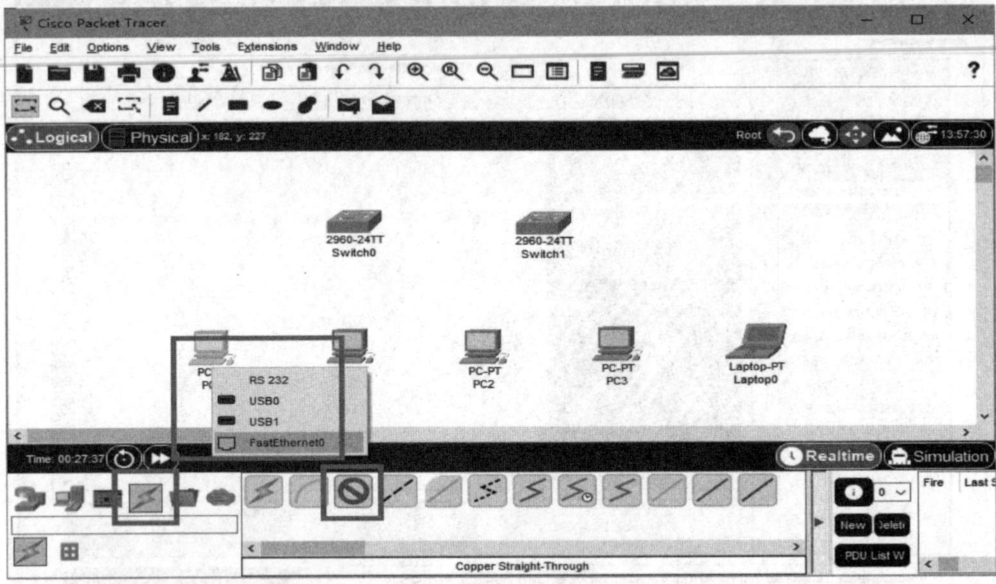

图 2-47　选择计算机接口 1

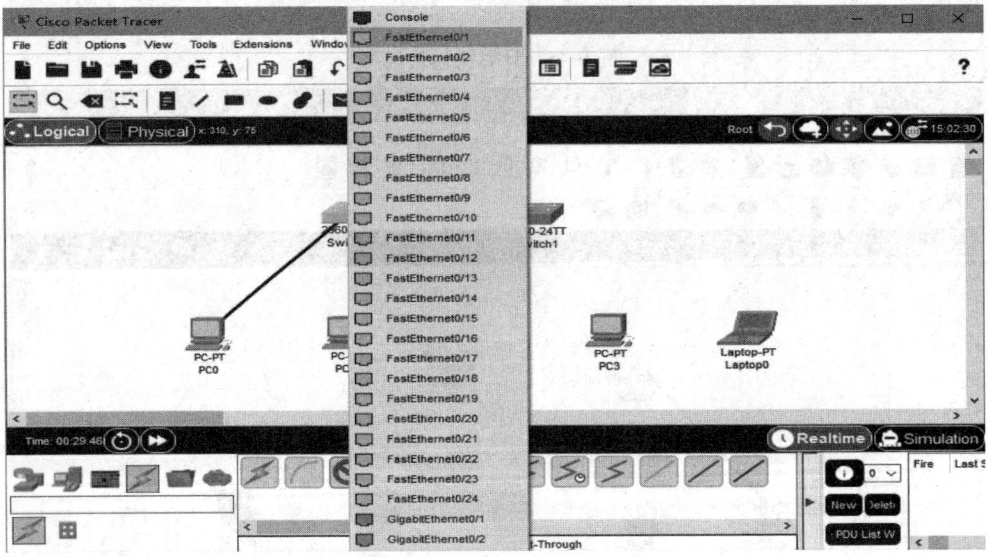

图 2-48　选择交换机接口 2

（6）查看网络连接情况，如图 2-49 所示。在网络拓扑结构中，红色表示不通，绿色表示畅通。

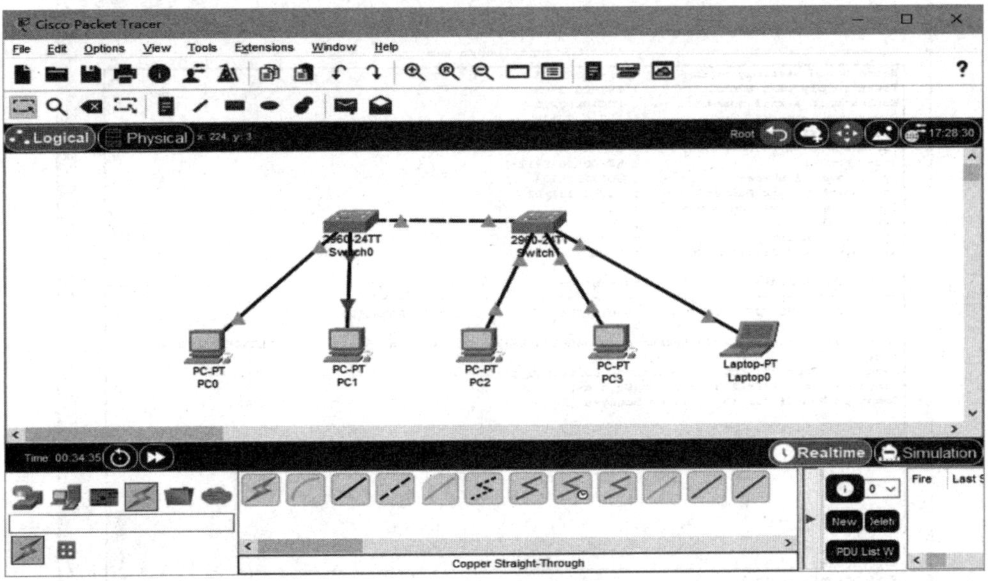

图 2-49　查看网络连接情况

（7）显示交换机的图形配置。交换机的图形配置和交换机的命令行显示分别如图 2-50 和图 2-51 所示。

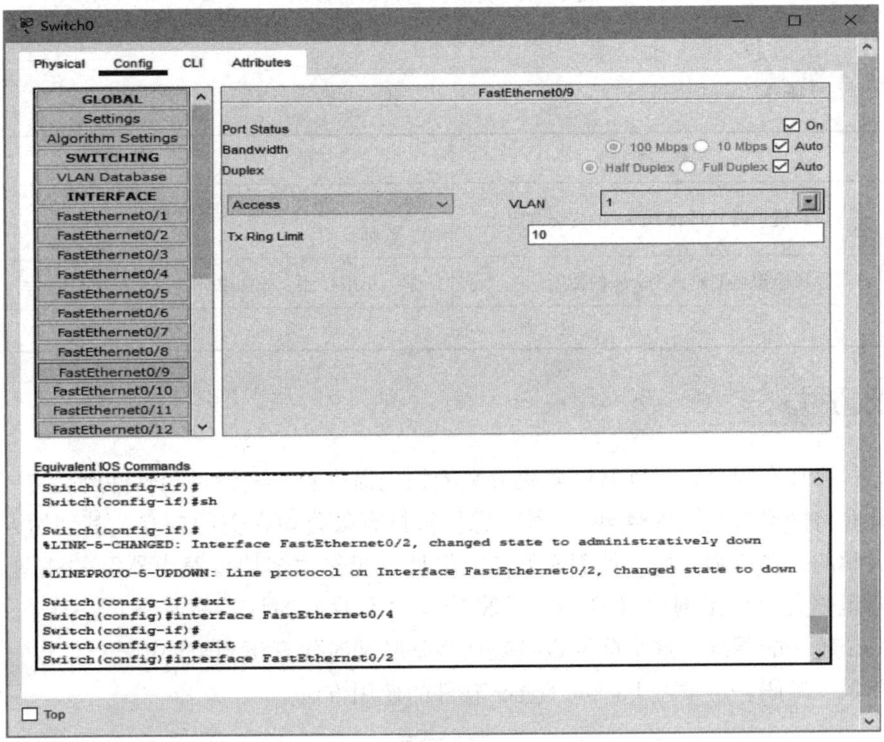

图 2-50　交换机的图形配置

需要时可沿此线裁成活页

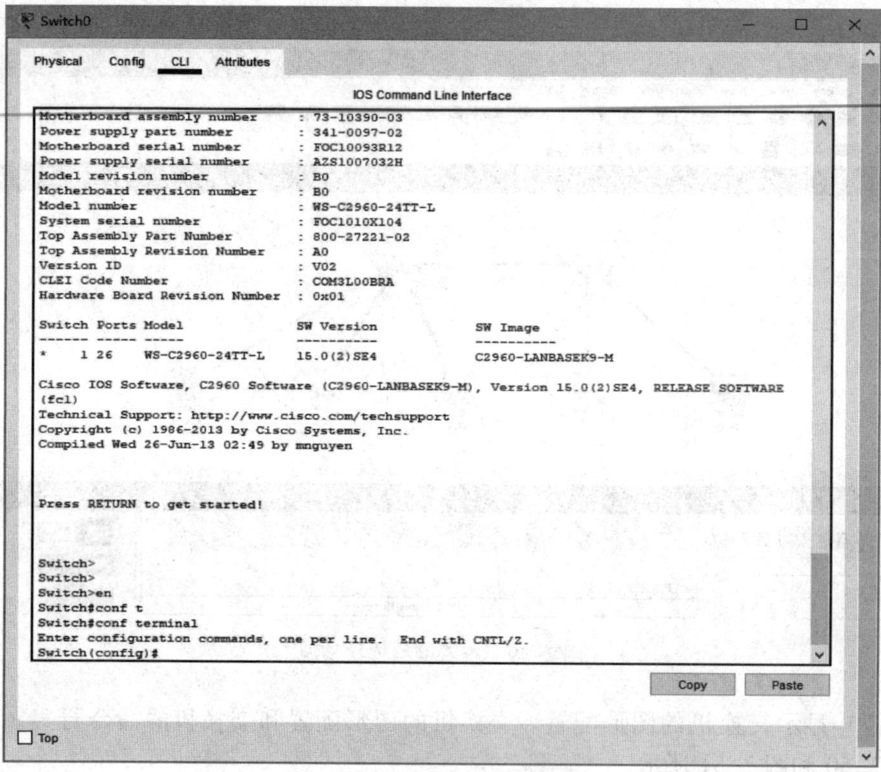

图 2-51 交换机的命令行显示

任务评价

项次	操作与技能	要求	分值	得分
1	思科模拟器 Packet Tracer 的安装和启动	学生在职教云上提交操作截图，教师评阅	40	
2	思科模拟器 Packet Tracer 的使用	学生小组互评，教师总评	60	
合 计			100	

知识拓展

思科科技有限公司是互联网解决方案的领先提供者，其设备和软件产品主要用于连接计算机网络系统。1984 年 12 月，思科科技有限公司在美国成立，其创始人是斯坦福大学的一对教师夫妇，他们夫妇二人设计了叫作“多协议路由器”的联网设备，用于斯坦福大学校园网络（SUNet），将校园内不兼容的计算机局域网整合在一起，组成一个统一的网络。这个联网设备被认为是联网时代真正到来的标志。

扫描二维码，可学习 Packet Tracer 软件的使用方法。

任务2.4 局域网的操作

计算机联网的一个主要目标就是要实现在不同计算机间的资源共享。资源共享的方式很多，可以通过U盘拷贝传递共享，可以通过邮件传递共享，可以通过QQ等点对点网络工具进行传递共享，也可以把文件放到FTP服务器上共享，但是在局域网内最简单的共享方式是设置文件共享。你会根据文件的具体使用情况设置文件的权限吗？

子任务2.4.1 局域网共享的使用

学习目标

1. 素质目标

崇尚科学，具有信息素养和创新思维。

2. 知识目标

掌握设置文件共享的不同方法。

3. 能力目标

会根据文件的具体使用情况设置文件的权限。

学习任务

局域网中文件共享分为文件简单共享和文件高级共享两种，二者的区别主要在于权限设置不同。本次学习任务的重点就是如何根据需要设置局域网共享文件夹。

任务实施

1. 简单共享操作

操作步骤：

(1) 在一个局域网中，将某台主机的一个文件夹设置成共享文件夹，使得网络上的其他计算机可以共享该资源。在本机中右击要共享的文件夹（如can文件夹），选择“属性”，打开“can属性”对话框，如图2-52所示。

(2) 在“can属性”对话框中单击“共享”标签，弹出如图2-53所示的“共享”选项卡。单击“共享”按钮，弹出如图2-54所示的“网络访问”对话框。在“网络访问”对话框中选择欲与其共享的用户，单击“共享”按钮即可完成简单的文件共享了。

图 2-52　简单共享一个文件夹

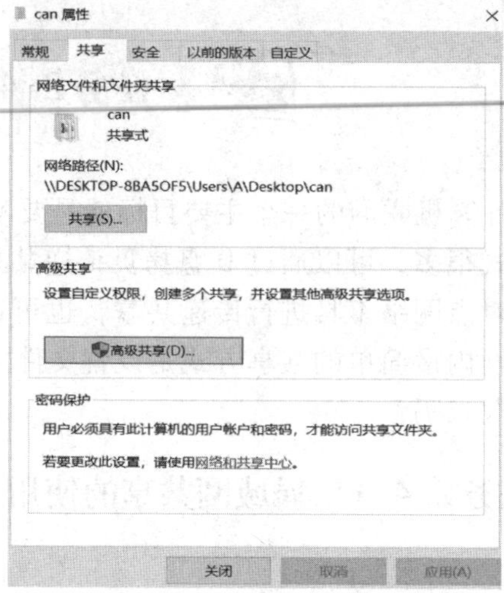

图 2-53　“共享”选项卡

（3）可以更改文件夹的共享名，此时其他网络用户对这个文件夹只有“只读”权限，不能修改文件。如果允许网络用户修改本机的文件，需要在“更改设置”选项中更改设置。

2. 高级共享操作

操作步骤：

（1）在本机中右击需要共享的文件夹（如 can 文件夹），在弹出的快捷菜单中选择“属性”，打开“can 属性”对话框，如图 2-52 所示。

（2）在“can 属性”对话框中单击“共享”标签，打开“共享”选项卡，然后单击“高级共享”打开“高级共享”对话框，如图 2-53 所示。

（3）在“高级共享”对话框中，勾选“共享此文件夹”复选框，如图 2-55 所示，在这里还可以更改共享名、添加注释、设定用户数限制及权限等。

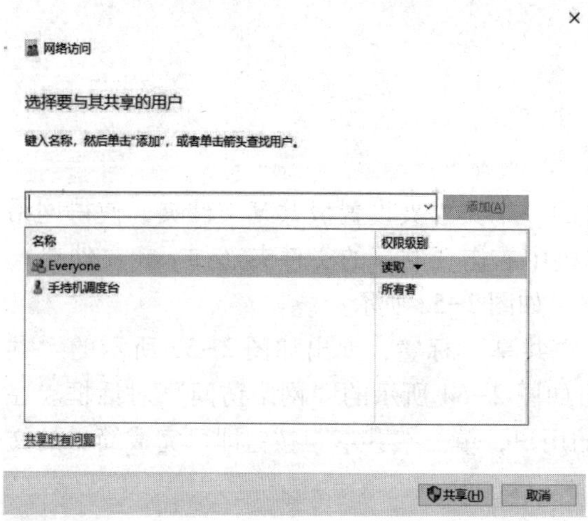

图 2-54　选择共享文件夹的用户

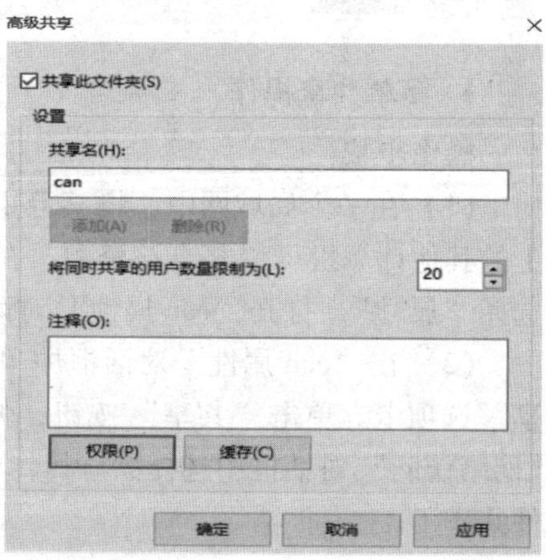

图 2-55　高级共享文件的设置

3. 映射网络驱动器

操作步骤：

（1）在 Windows 10 操作系统桌面上右击“网络”或“此电脑”，选择“映射网络驱动器”，打开如图 2-56 所示的对话框。驱动器盘符可以更改，也可以保留默认。

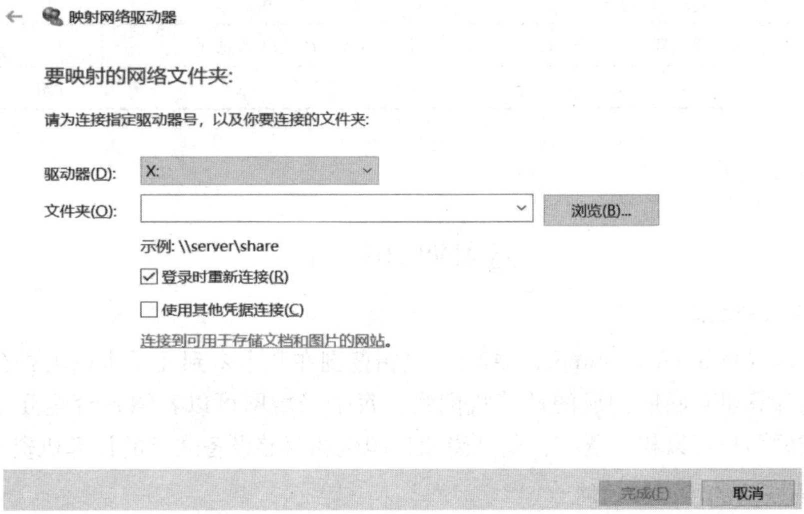

图 2-56　映射网络驱动器

（2）单击“浏览”按钮出现“浏览文件夹”对话框，找到希望共享的文件夹，将共享资源直接映射到主机中，以后在主机的资源管理器中就可以直接打开了。

（3）选择共享文件夹后，单击“完成”按钮，如图 2-57 所示。等驱动器上出现共享盘符后，在本机就可以像浏览本机的文件夹一样浏览网络上共享的文件夹了。

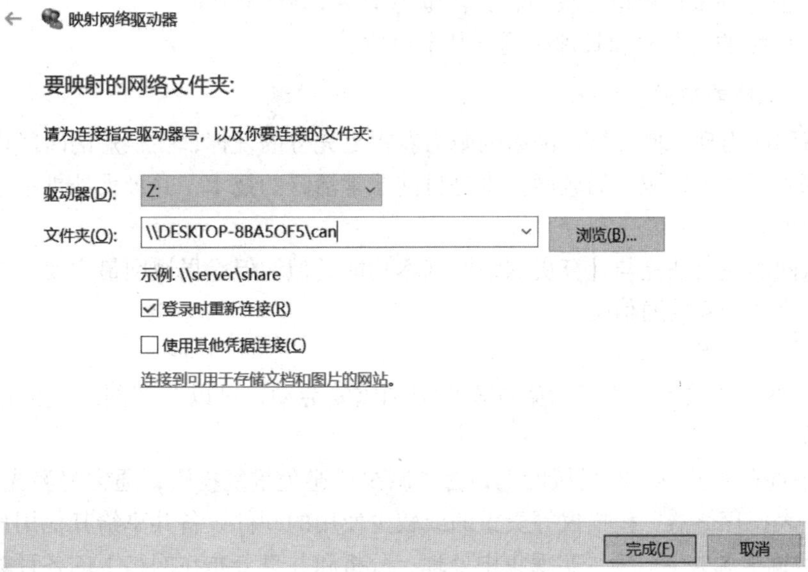

图 2-57　设定要映射的网络文件夹

需要时可沿此线裁成活页

任务评价

项次	操作与技能	要求	分值	得分
1	文件夹的简单共享操作	小组互评，教师总评	20	
2	文件夹的高级共享操作	小组互评，教师总评	40	
3	映射网络驱动器	小组互评，教师总评	40	
合　计			100	

知识拓展

局域网的相关知识

1. 局域网定义

局域网（local area network，LAN），是指范围在几十米到几千米内的办公楼群或校园内的计算机互联所构成的计算机网络，每个局域网可以容纳几台至几千台计算机。局域网用户可以相互通信，共享诸如打印机和存储设备之类的计算机资源。

2. 局域网的特点和功能

1）局域网的特点

局域网是结构复杂程度最低的计算机网络，是在同一地点上通过网络连在一起的一组计算机。局域网的特点如下：

（1）网络所覆盖的地理范围比较小。通常不超过几十千米，甚至只在一幢建筑或一个房间内。

（2）信息的传输速率比较高，其范围为 10～1 000 Mb/s。

（3）网络的经营权和管理权属于某个单位。

2）局域网的功能

局域网的出现，使计算机网络的威力获得更充分的发挥，在很短的时间内计算机网络就深入到各个领域。局域网技术是目前非常活跃的技术，并极大地推进了信息化社会的发展。

局域网的主要功能与计算机网络的基本功能类似，但是局域网最主要的功能是实现资源共享和相互的通信交往。

（1）资源共享。

① 软件资源共享。为了避免重复投资和重复劳动，可以共享网络上的系统软件和应用软件。

② 硬件资源共享。在局域网上，为了减少或避免重复投资，通常将激光打印机、绘图仪、大型存储器、扫描仪等贵重的或较少使用的硬件设备共享给其他用户。

③ 数据资源共享。为了实现集中处理、分析和共享分布在网络上的各计算机用户的数据，一般可以建立分布式数据库；同时，网络用户也可以共享网络内的大型数据库。

（2）通信交往。

① 数据、文件的传输。局域网最主要功能就是数据和文件的传输，它是实现办公自动化的主要途径。

② 电子邮件。局域网电子邮局可以提供局域网内的电子邮件服务，它使得无纸办公成为可能。

③ 视频会议。使用局域网，可以召开在线视频会议。

子任务2.4.2　交换机的配置和使用

学习目标

1. 素质目标

崇尚科学，具有信息素养和创新思维。

2. 知识目标

掌握网络拓扑的搭建方法；熟悉网络设备及其电缆类型；熟悉常用交换机的配置命令；掌握网络连通性的测试方法。

3. 能力目标

熟练使用 Packet Tracer 模拟工具；能快速搭建网络拓扑；熟练配置和使用交换机；能测试网络连通性并排除故障。

学习任务

Packet Tracer 是一款优秀的网络设备模拟器，在该软件中操作跟在真实环境中操作基本一样。本次学习任务的重点是学习交换机的配置和使用，要求学生掌握交换机的端口 IP 地址和网关的设置方法。本次学习任务的交换机实验操作界面如图 2-58 所示。

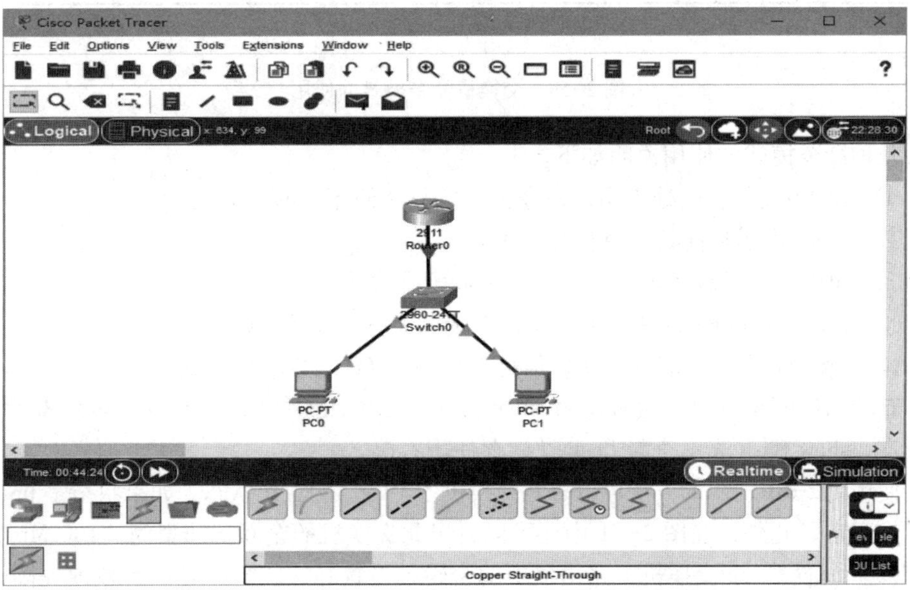

图 2-58　交换机实验操作界面

需要时可沿此线裁成活页

任务实施

操作步骤：

（1）使用交换机命令模式，如图 2-59 所示。

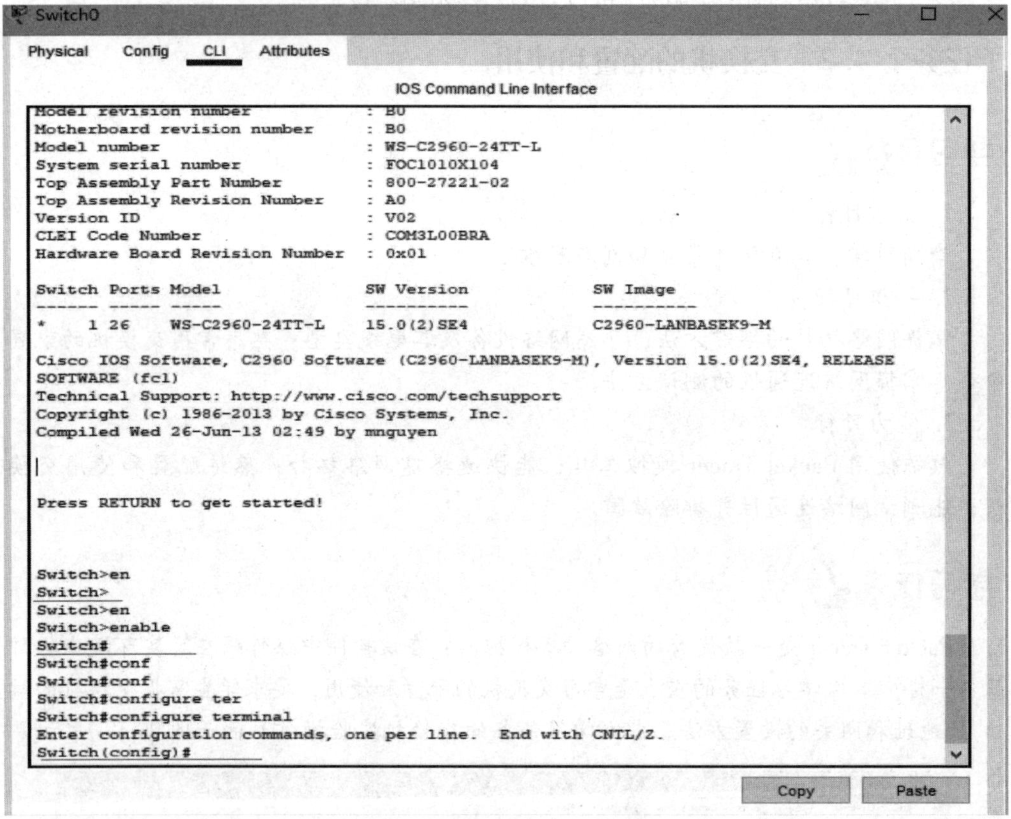

图 2-59 交换机命令模式的使用

几种命令模式的使用说明如下。

① switch>表示目前处于用户命令模式，只能使用一些查看命令。

② switch#表示目前处于特权命令模式。

③ switch（config）#表示目前处于全局配置模式。

④ switch（config-if）#表示目前处于端口配置命令模式。

（2）查看 IOS 版本信息和端口信息，如图 2-60、图 2-61 所示。

查看当前配量状况，通常使用 show（sh）命令，例如 show version 表示查看 IOS 的版本，show flash 表示查看 flash 及内存使用状况。

使用图 2-61 所示的方法可以查看交换机各个端口的工作状态。如果状态是 up，表示工作正常。此外，在图 2-61 中还可以看出此交换机的全双工速率为“100 Mb/s”。

（3）设置 Cisco 交换机、路由器中的密码。设置好这些密码可以有效地提高设备的安全性。交换机密码设置如图 2-62 所示。

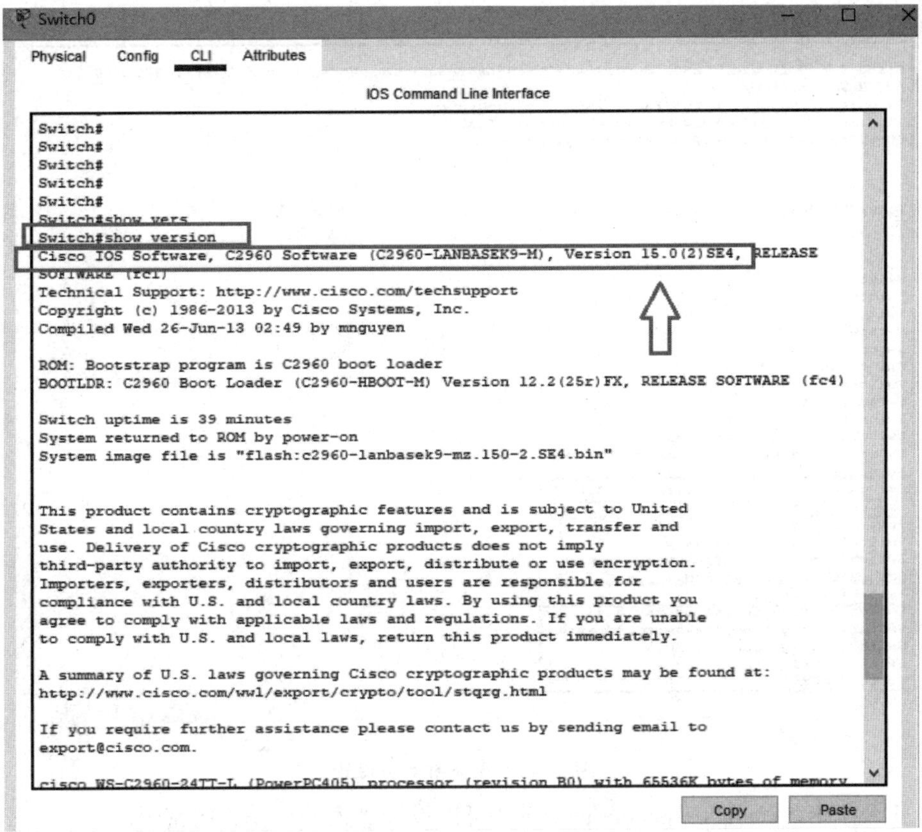

图 2-60　查看 IOS 版本信息

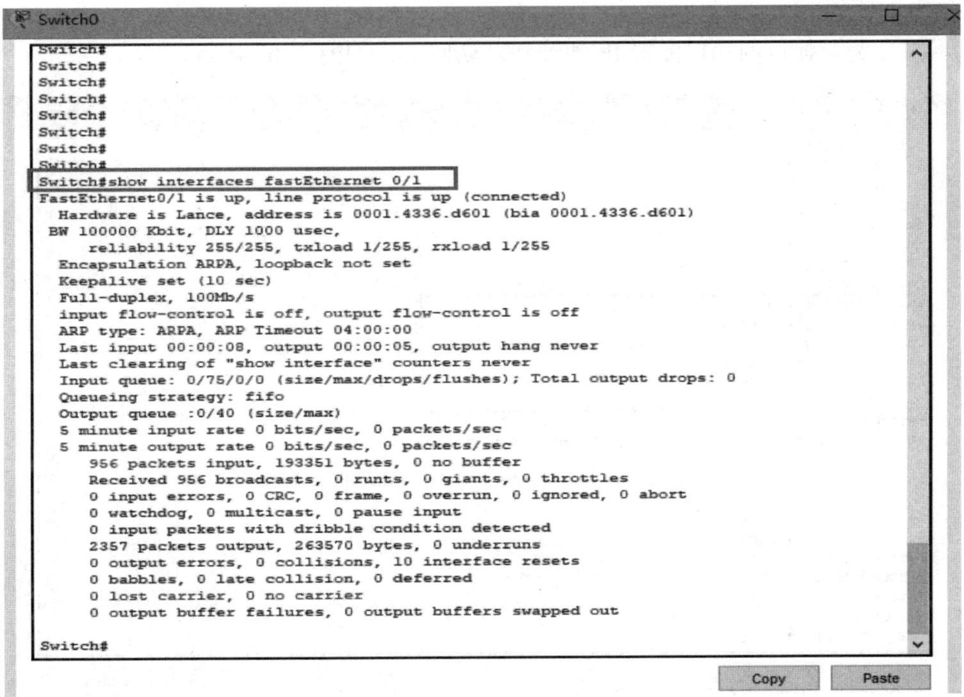

图 2-61　查看端口信息

需要时可沿此线裁成活页

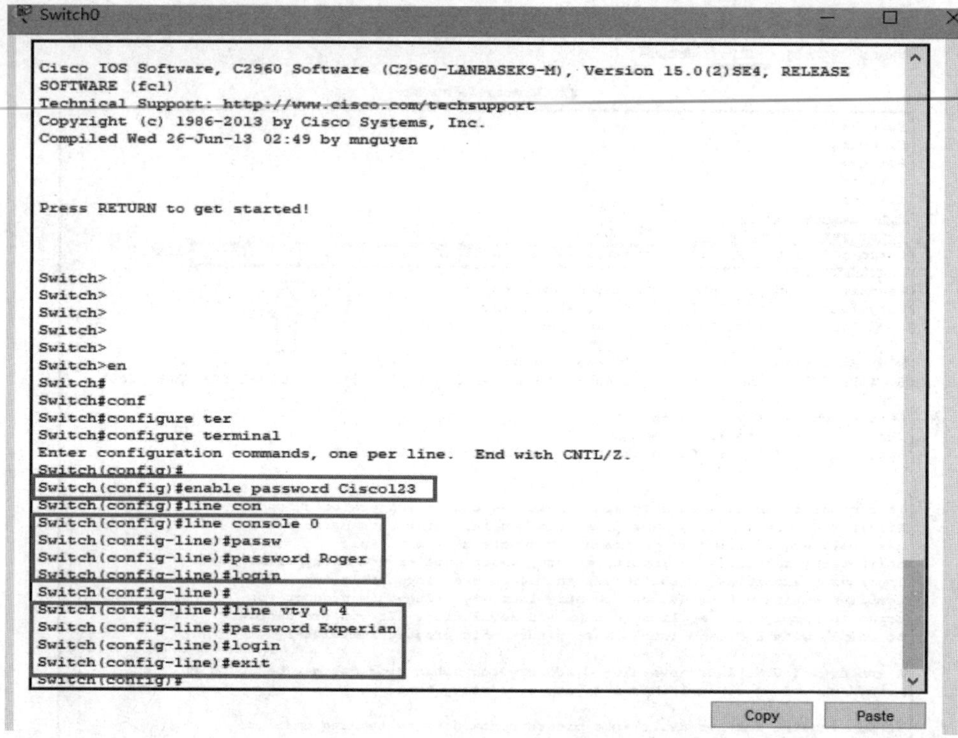

图 2-62　交换机密码设置

① switch（config）#enable password 可以设置进入特权模式的密码。

② switch（config-line）可以设置通过 console 端口连接设备及 telnet 远程登录时所需要的密码。

（4）为交换机的端口配置 IP 地址和默认网关，如图 2-63 所示。

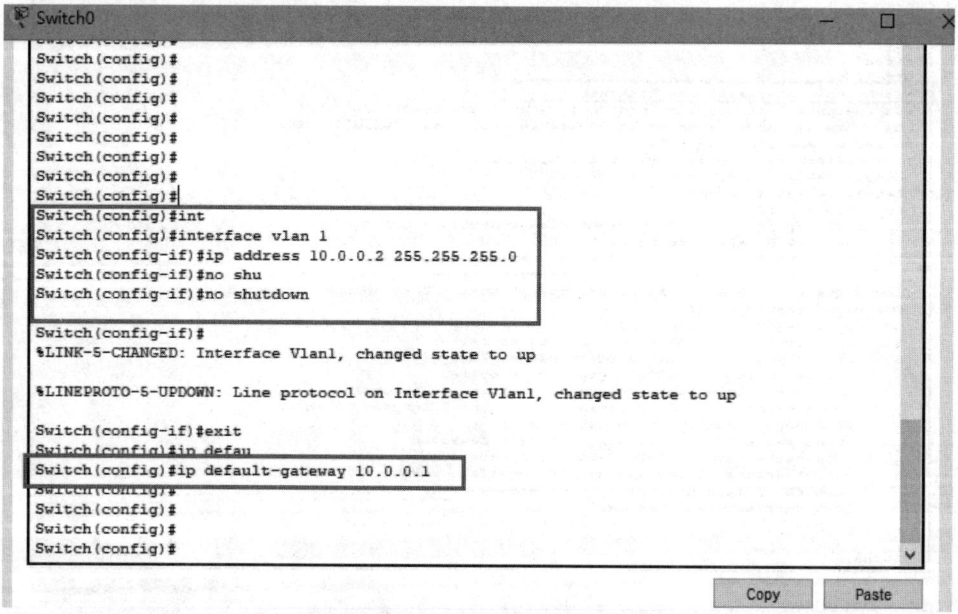

图 2-63　设置 IP 地址和默认网关

（5）选择图2-58中的两台计算机PC0和PC1，分别设置它们的IP地址、子网掩码、默认网关等信息，如图2-64和图2-65所示。在计算机PC0中用ping命令查询计算机PC1，以验证交换机的连通性，如图2-66所示。

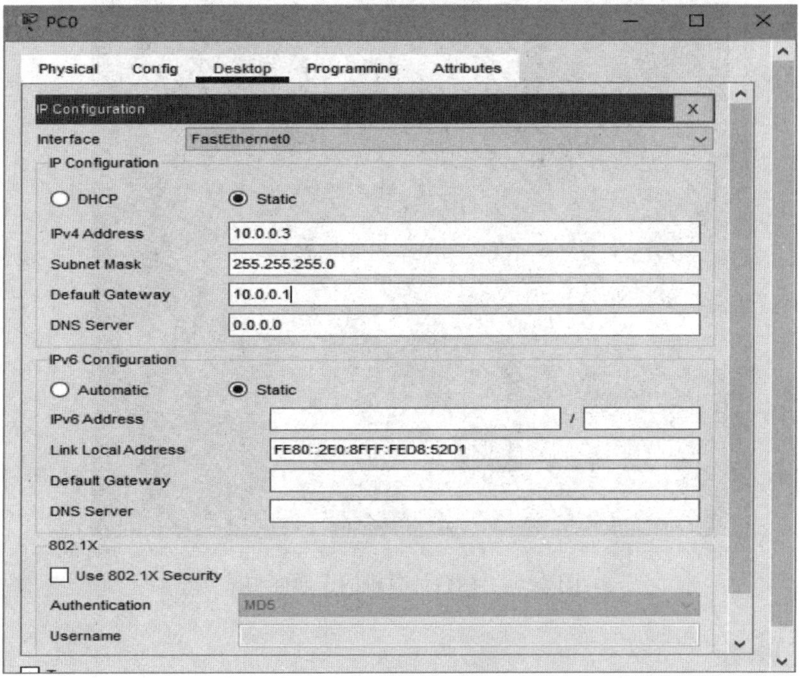

图2-64　计算机PC0的设置

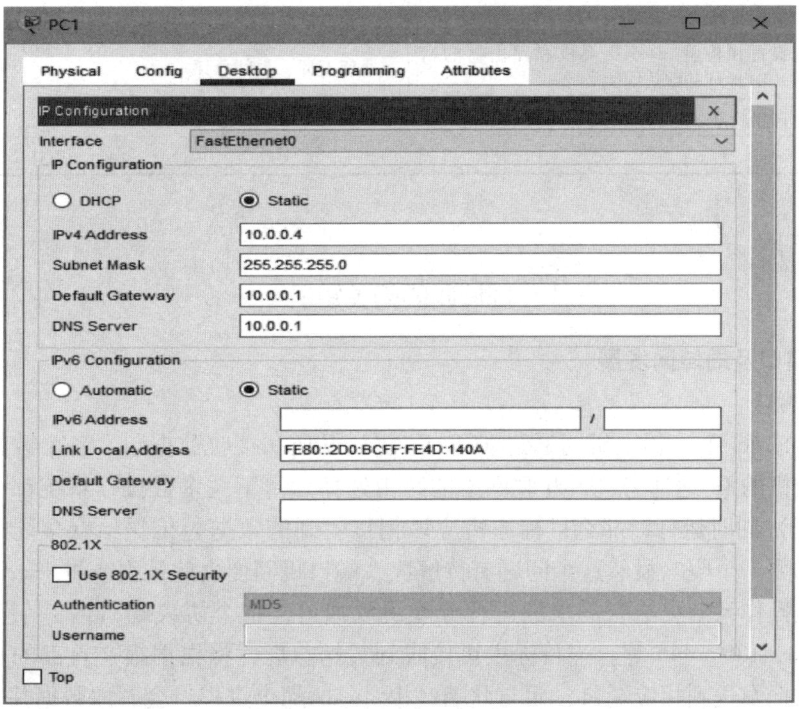

图2-65　计算机PC1的设置

图 2-66 两台计算机的连通性测试

任务评价

项次	操作与技能	要求	分值	得分
1	交换机命令模式操作	小组互评，教师总评	50	
2	设置和检验 Cisco 交换机和路由器的密码、IP 地址和默认网关	小组互评，教师总评	25	
3	网络连通性测试，排除故障	小组互评，教师总评	25	
合 计			100	

知识拓展

局域网的相关知识

1. 端口及局域网发展

1）端口

在 Internet 上，各主机间通过 TCP/IP 协议发送和接收数据包，各个数据包根据其目标主机的 IP 地址来进行互联网中的路由选择。由于大多数操作系统都支持多程序（进程）同时运行，那么目标主机应该把接收到的数据包传送给众多同时运行的进程中的哪一个呢？显然这个问题有待解决，端口机制便由此被引入进来。

本地操作系统会给有需求的进程分配协议端口，每个协议端口由一个正整数标识，如 80、139、445 等。当目标主机接收到数据包后，将根据报文首部的目标端口号，把数据发送到相应端口，而与此端口相对应的那个进程将会领取数据并等待下一组数据的到来。

端口其实就是队列，操作系统为各个进程分配了不同的队列，数据包按照目的端口被推入相应的队列中，等待被进程取用。在极特殊的情况下，这个队列也有可能溢出，不过操作系统允许各进程指定和调整自己队列的大小。不仅接收数据包的进程需要开启它自己的端口，发送数据包的进程也需要开启端口。这样，数据包中将会标识源端口，以便接收方顺利地回传数据包到这个端口。

2）传统以太网

以太网（Ethernet）出现于20世纪70年代早期，是最早的局域网，也是现有局域网采用的最通用的通信协议标准。Ethernet是一种传输速率为10 Mb/s的常用的局域网（LAN）标准。以太网是发展成熟的、基于标准化的、价格适中的产品，并且得到业界几乎所有经销商的支持。

以太网是由美国Xerox公司和斯坦福大学联合开发并于1975年提出的，其功能是把办公室、工作站与昂贵的计算机资源连接起来，以便能从工作站上分享计算机资源和其他硬件设备。后来经Xerox公司、Intel公司、DEC公司协作联合研制，于1980年9月正式联合公布了Ethernet的物理层和数据链路层的详细技术规范。1983年IEEE 802委员会公布的802.3局域网络协议（CSMA/CD），基本上和Ethernet技术规范一致，于是Ethernet技术规范成为世界上第一个局域网的工业标准。

3）高速局域网

随着微型计算机的高速发展，局域网也得到了迅猛的发展。大型数据库、多媒体技术与网络互联技术的广泛应用，对局域网的性能要求越来越高。为了适应信息化高速发展的要求，目前的局域网正向着高速、交换与虚拟局域网的方向发展。20世纪90年代以来，高速局域网已成为网络应用中的热点话题之一。

（1）快速以太网。

快速以太网是在传统以太网基础上发展起来的，它不仅保留了与以太网相同的帧格式，而且还保留了用于以太网的载波监听、多路接入、碰撞检测CSMA/CD介质访问控制方式。1995年初，IEEE正式通过100Base-T为802.3u标准，但比传统以太网快10倍。

（2）千兆位以太网。

千兆位以太网是IEEE 802.3标准的扩展，它在保持与以太网和快速以太网设备兼容的同时，提供了1 000 Mb/s的数据宽带。千兆位以太网为交换机到交换机和交换机到节点工作站的连接提供了新的全双工操作模式，还为采用中继器和CSMA/CD共享连接提供了半双工操作模式。

（3）万兆位以太网。

万兆位以太网是一种高速有线局域网，与千兆位以太网相比，万兆位以太网有以下特点：①速率提高了10倍；②可以采用单模光纤，使传输距离超过40 km，也可以采用多模光纤，使传输距离达到65～300 km；③帧格式与10 Mb/s、100 Mb/s和1 Gb/s以太网完全相同，并保留了IEEE 802.3标准规定的最小和最大帧长，使得它们仍然能与较低速率的以太网通信；④只在全双工方式工作，没有信道的争用问题，不使用带有冲突检测的载波侦听多路存取CSMA/CD协议；⑤增加了广域网接口

需要时可沿此线裁成活页

子层 WIS，可实现与同步数字体系 SDH 的无缝连接；⑥适用于各种网络结构；⑦采用 64B/66B 的线路编码。

2. 虚拟局域网、无线局域网与 VPN 虚拟专网

1）虚拟局域网

虚拟局域网（virtual local area network，VLAN）是一种将局域网设备从逻辑上划分成一个个网段，从而实现虚拟工作组的数据交换技术。VLAN 技术的出现，使得管理员根据实际应用需求，把同一物理局域网内的不同用户逻辑地划分成不同的广播域，每一个 VLAN 都包含一组有着相同需求的计算机工作站，与物理上形成的 LAN 有着相同的属性。由于它是从逻辑上划分，而不是从物理上划分，所以同一个 VLAN 内的各个工作站不需要设置在同一个物理范围中，即这些工作站可以位于不同物理 LAN 网段。由 VLAN 的特点可知，一个 VLAN 内部的广播和单播流量都不会转发到其他 VLAN 中，因而有助于控制流量、减少设备投资、简化网络管理、提高网络的安全性。

2）无线局域网

无线局域网（wireless local area network，WLAN）是工作于 2.5 GHz 或 5 GHz 频段，以无线方式构成的局域网，它利用射频（radio frequency，RF）技术取代旧式的双绞线，使得用户能够利用其简单的存取架构，达到“信息随身化、便利走天下”的理想境界，是相当便利的数据传输系统。

3）VPN 虚拟专网

虚拟专网（virtual private network，VPN）指的是在公用网络上建立专用网络。之所以称其为虚拟网，主要是因为整个 VPN 网络的任意两个节点之间并没有传统专网所需的端到端的物理链路，其连接是通过架构在公用网络服务商所提供的网络平台（如 Internet、ATM、Frame Relay 等）之上的逻辑网络进行的，用户数据在逻辑链路中可安全传输。实际上，VPN 就是利用加密技术在公用网络上封装出一个数据通信隧道，既能保证数据传输的安全性，又有经济性。

任务 2.5 网络互联相关操作

网络已经深入到生活的各个方面，它给人们提供了各种各样的服务，如浏览网页、在线聊天、网络游戏、购物等。这些服务都是通过在通信线路中传输数据包实现的。那么，在错综复杂的网络中，数据包是如何转发的呢？它们依据什么方式选择传输线路？又通过什么方式精确地将数据包传送给相应的计算机？

子任务 2.5.1 各类主机的 IP 地址寻找

学习目标

1. 素质目标

崇尚科学，具有信息素养和创新思维。

2. 知识目标

掌握 IP 地址分类的知识。

3. 能力目标

在网络上熟练寻找各类 IP 地址；用 ping 命令探测这些 IP 地址是否存在。

学习任务

任务：寻找 A、B、C 三类 IP 地址的域名服务器，并用 ping 命令验证所找的服务器是否属于指定类型的 IP 地址。

A 类 IP 地址在数字上的特征是，第一个数字在 1 ~ 126 之间。A 类 IP 地址仅有 126 个，属于稀缺资源，只有大型机构才能分配到 A 类地址。

各类 IP 地址的第一位的字节特征为：

（1）A 类：0 ~ 127，0xxx（第一位是 0）。

（2）B 类：128 ~ 191，10xx（以 10 开头）。

（3）C 类：192 ~ 223，110x（以 110 开头）。

（4）D 类：224 ~ 239，1110（以 1110 开头）。

例如，清华大学的 IP 地址 116.111.4.120 是 A 类地址（因为最高 8 位的“116”在 0 ~ 127 之间），北京大学的 IP 地址 162.105.129.11 是 B 类地址，另一所大学的 IP 地址 202.204.24.35 就属于 C 类地址。麻省理工学院的 IP 地址为 A 类地址，如图 2-67 所示。大家可以使用 ping 命令确定一下麻省理工学院的 IP 地址是 18.9.22.169。

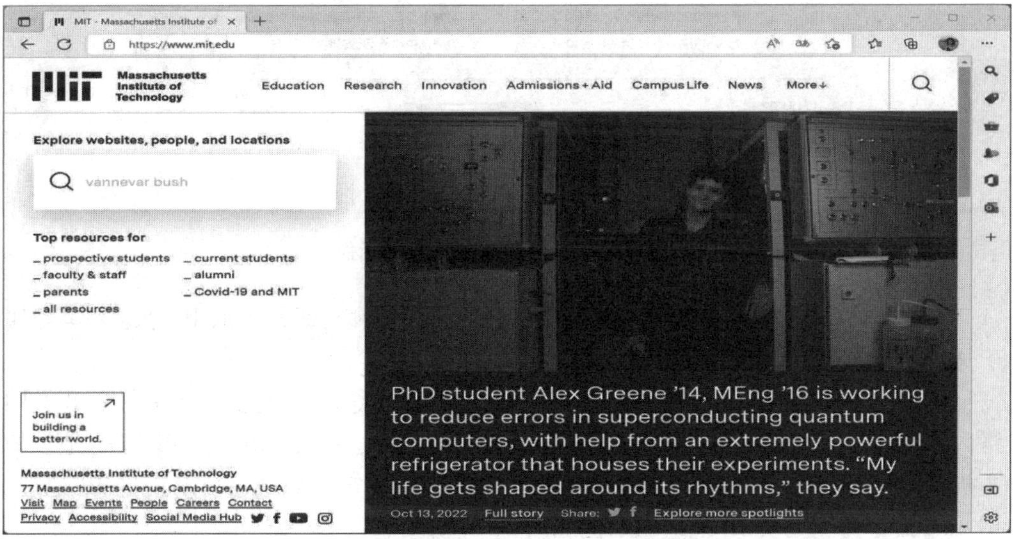

图 2-67 麻省理工学院的 A 类 IP 地址

任务实施

操作步骤：

（1）寻找 A 类 IP 地址的主机，并且用 ping 命令探测这个主机是否存在。用 ping

需要时可沿此线裁成活页

命令探测 A 类 IP 地址的存在性和 A 类 IP 地址站点的示例如图 2-68、图 2-69 所示。

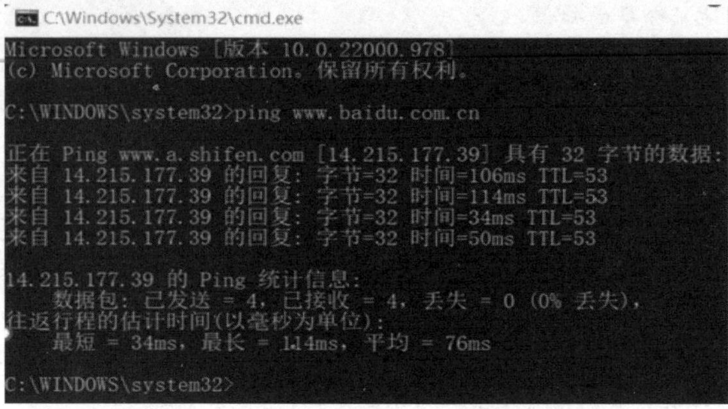

图 2-68　用 ping 命令探测 A 类 IP 地址的存在性示例

图 2-69　A 类 IP 地址站点的示例

A 类 IP 地址大部分在美国。美国早期分配给高校和科研机构的 IP 地址基本都属于 A 类地址。

（2）寻找 B 类 IP 地址的主机。B 类 IP 地址比 A 类 IP 地址多，但是每个 B 类网络内部所能够容纳的主机数量却比 A 类 IP 地址少很多。下面找出几个 B 类 IP 地址的主机，并且用 ping 命令确认它是否存在，最好是 ping 知名的域名所对应的 IP 地址。用 ping 命令探测 B 类 IP 地址的示例如图 2-70 所示。

（3）寻找 C 类 IP 地址的主机。C 类 IP 地址最多，但是每个 C 类网络仅能容纳 254 台主机。用 ping 命令探测 C 类 IP 地址的示例如图 2-71 所示。

```
C:\Windows\system32\cmd.exe
Microsoft Windows [版本 10.0.19045.3208]
(c) Microsoft Corporation。保留所有权利。

C:\Users\A>ping www.fmprc.gov.cn

正在 Ping www.fmprc.gov.cn.wswebpic.com [139.215.225.125] 具有 32 字节的数据:
来自 139.215.225.125 的回复: 字节=32 时间=57ms TTL=46
来自 139.215.225.125 的回复: 字节=32 时间=49ms TTL=46
来自 139.215.225.125 的回复: 字节=32 时间=47ms TTL=46
来自 139.215.225.125 的回复: 字节=32 时间=52ms TTL=46

139.215.225.125 的 Ping 统计信息:
    数据包: 已发送 = 4，已接收 = 4，丢失 = 0 (0% 丢失)，
往返行程的估计时间(以毫秒为单位):
    最短 = 47ms，最长 = 57ms，平均 = 51ms

C:\Users\A>
```

图2-70　用 ping 命令探测 B 类 IP 地址的示例

```
C:\Windows\system32\cmd.exe
Microsoft Windows [版本 10.0.19045.3208]
(c) Microsoft Corporation。保留所有权利。

C:\Users\A>ping 192.168.1.101

正在 Ping 192.168.1.101 具有 32 字节的数据:
来自 192.168.1.101 的回复: 字节=32 时间=2ms TTL=63
来自 192.168.1.101 的回复: 字节=32 时间=8ms TTL=63
来自 192.168.1.101 的回复: 字节=32 时间=2ms TTL=63
来自 192.168.1.101 的回复: 字节=32 时间=7ms TTL=63

192.168.1.101 的 Ping 统计信息:
    数据包: 已发送 = 4，已接收 = 4，丢失 = 0 (0% 丢失)，
往返行程的估计时间(以毫秒为单位):
    最短 = 2ms，最长 = 8ms，平均 = 4ms

C:\Users\A>
```

图2-71　用 ping 命令探测 C 类 IP 地址的示例

任务评价

项次	操作与技能	要求	分值	得分
1	寻找 A 类 IP 地址的主机，并且用 ping 命令探测这个主机的存在性	学生小组互评，教师总评	30	
2	寻找 B 类 IP 地址的主机，并且用 ping 命令探测这个主机的存在性	学生小组互评，教师总评	30	
3	寻找 C 类 IP 地址的主机，并且用 ping 命令探测这个主机的存在性	学生小组互评，教师总评	40	
合　计			100	

知识拓展

1. 网络互联

1）网络互联相关术语

在网络系统集成中，互连、互联、互通、互操作是具有不同内涵的术语。

（1）互连（interconnection）：是指物理上的连接，两个网络之间至少有一条在物理上连接的线路，它为两个网络的数据交换提供了物理基础和可能性，但并不能保证两个网络一定能够进行数据交换，因为这还要取决于两个网络的通信协议是不是相互兼容。

（2）互联（internetworking）：是指网络在物理和逻辑上尤其是逻辑上的连接。

（3）互通（intercommunication）：是指两个网络之间可以交换数据。

（4）互操作（interoperatability）：是指网络中不同计算机系统之间具有透明地访问对方资源的能力。

显然，互连、互联、互通、互操作表示了四层含义。互连和互联是基础，互通是手段，互操作是网络互联的目的。

2）网络互联应用

在很多情况下，我们需要将多个局域网互联起来。下面列举几个主要的应用场合。

（1）延长局域网的网络长度。

所有局域网都有一个共同的特点，那就是网络长度的物理限制，如10Base-5以太网的一个电缆段的最大长度为500 m，而10Base-2以太网的一个电缆段的最大长度只有185 m。当局域网覆盖的范围超过一个电缆段所能支持的距离时，必须延长网络长度，这时，可以通过网络互联技术，使用一种网络连接设备（如中继器）将多个局域网电缆段连接起来，以达到延长网络长度的目的；还可以采用网线延长，使用更长的网线连接设备以延长局域网的覆盖范围。

（2）提高网络效率和网络性能。

在共享式局域网中，其特点是共享带宽。为了提高共享式局域网的网络效率和网络性能，常把大网络分割为网段，然后通过网络互联技术，利用网桥或路由器等网间互联设备把这些网段连成一个大网。其结果不但可以提高网络效率和网络性能，而且还能使网络便于管理。

（3）建立一个完整的校园网或企业网。

一个校园或一个企业需要将个人计算机、工作站、大型计算机或小型计算机联结成局域网，而不同的部门可能采用不同的网络技术，而且这些部门的地理位置分布也比较分散。这些部门可能分布在同一栋楼内，也可能分布在几栋楼内，而且不同的楼宇有可能相距很远。在这种情况下，借助网络互联技术，可以将分散的局域网建成一个完整的校园网或企业网。

（4）实现更大范围的资源共享和信息交流。

在许多新的网络应用中（如远程教学、MIS 管理、电子图书馆等），需要更大范围的资源共享和信息交流，因此需要将不同单位的局域网互联起来。

（5）实现全球范围的信息交流和资源共享。

计算机领域的最大热点之一是 Internet，Internet 对人类的工作与生活产生了巨大的影响。Internet 上具有极为丰富的资源，深深地吸引着人们。为了共享 Internet 的资源，实现全世界范围的信息交流，许多国家或地区与 Internet 实现互联。

2. 广域网及数字用户线路

1）广域网相关技术

广域网是一种用来实现不同地区的局域网的互连，可提供不同地区、城市和国家之间的计算机通信的远程计算机网。它是近 30 年来计算机技术与通信技术高速发展、相互促进、相互渗透而逐渐融为一体的结果。特别是 20 世纪 80 年代以来，ISO（国际标准化组织）公布了 OSI（开放系统连接）参考模型，提供了计算机网络通信协议的结构和标准层次划分，使不同计算机的互联网络有了一个公认的协议标准；其次，计算机的高速发展，促进了 LAN 的标准化，使它成为连接 WAN 的一个可靠的基本组成部分。此外，远程用户需求的增加，跨省、跨国企业的兴起，都是促使广域网继续发展的重要动力。WAN 不仅在地理范围上超越城市、省界、国界、洲界，形成世界范围的计算机互联网络，而且在各种远程通信手段上有许多大的变化，如除了原有的电话网外，已有分组数据交换网、数字数据网、帧中继网，以及集话音、图像、数据等于一体的 ISDN 网、无线分组数据通信网等；在技术上也有许多突破，如互联设备的快速发展、多路复用技术和交换技术的发展，特别是 ATM（异步传输方式）交换技术的日益成熟，为广域网解决传输带宽这个瓶颈问题展现了美好的前景。

2）公共交换电话网

公共交换电话网（public switched telephone network，PSTN）简称电话网，它是公用通信网络中的基础网，通信区域覆盖全国。利用电话网进行远程通信，是投资少、见效快、实现大范围数字通信最便捷的方法。利用现有的电话网，只要在计算机或终端设备接入电话网的前端安装调制解调器，将数字数据信号变换成模拟信号进入电话交换网即可。

按电话使用范围不同，电话网可分为本地电话网、国内长途电话网和国际长途电话网。本地电话网是指在一个长途编号区范围内所建立的电话网，由端局、汇接局、局间中继线、长途中继线，以及用户线、电话机组成。国内长途电话网是指国内提供不同编号区用户间的长途电话业务和接入国际长途电话业务的电话网，网中各城市都设有一个或多个长途电话局，各长途电话局间由各级长途电话网连接起来。国际长途电话网是指将世界各国的电话网相互连接起来进行国际通话的电话网。

3）数字数据网

数字数据网（digital data network，DDN）是由数字传输电路和相应的数字交叉复用设备组成的数字信号传输网络，它主要向用户提供端到端的数字型数据传输信道，既可用于计算机远程通信，也可传送数字化传真、数字语音、图像等各种数字业务，这与在模拟信道上通过调制解调器来实现数据传输有很大的区别。因为现有通信网的

需要时可沿此线裁成活页

模拟信道主要是为传输语音信号而设置的，通信速率低，所以它可靠性差，很难满足日益增长的计算机通信用户和其他数字传输用户的需求。

DDN 的优点主要有：①DDN 专线速率为 64 kb/s ~ 2.048 Mb/s，它传输质量高，时延小，不受外界环境的影响，速率稳定不变，误码率极低；②安全路由器可过滤大部分非法访问，用户也可设置防火墙，提高安全性；③网络整体接入，使局域网用户可共享互联网资源；④专线用户可免费得到多个合法 IP 地址及免费子域名；⑤信息发布用户可建立自己的 Web 站点，向全世界发布信息；⑥用户可构筑自己的 Intranet，建立自己的 E-mail 系统、信息应用系统等。

4）综合业务数字网

综合业务数字网（integrated services digital network，ISDN）是在用户—网络接口（UNI）间建立数字连接，可提供多种电信业务的综合业务网，它是以综合数字网（integrated digital network，IDN）为基础发展起来的通信网。IDN 是由电话网改造成的能传输和交换数字信号的数字网，而 ISDN 不仅要利用 IDN 的数字交换功能进行数字传输，而且还在用户终端之间实现端到端的双向数字传输，各种信息源的电信业务（电话、传真、数据、图像）采用一个共同的接口，综合在同一网络内进行传输和处理，并可在不同的业务终端之间实现通信。

5）数字用户线

数字用户线（xDSL）是 DSL（digital subscriber line）的统称，包括 HDSL、SDSL、VDSL、ADSL、RADSL 等，它采用的是以铜电话线为传输介质的点对点传输技术。

在 xDSL 中，“x”代表着不同种类的数字用户线，各种技术的不同之处主要是信号的传输速率和距离不同，还有对称和非对称的区别。例如，ADSL 为网络提供速率从 32 kb/s 到 8.192 Mb/s 的上行流量和从 32 kb/s 到 1.088 Mb/s 的下行流量，同时在同一根线上可以提供仿真语音电话服务，其特点是利用一对双绞线传输。

3. 网络互联设备

网络互联设备是指用于连接不同网络或子网络的设备。下面介绍常见的网络互联设备。

1）中继器

中继器（repeater）又叫转发器，是在局域网中为了扩展在数据工作站之间的传输范围或互连两个网段而再生信号的设备，是用于局域网互联的最简单的设备。这种设备工作在 TCP/IP 的物理层，具有信号放大再生之类的功能，只能连接使用相同媒体访问控制方法和相同数据传输速率的局域网。中继器在执行信号放大功能时不需要任何智能或算法，只是将来自一侧的信号转发到另一侧（当为双口中继器时）或将来自一侧的信号转发到多个端口。

2）网桥

网桥（bridge）像一个聪明的中继器，是一种在数据链路层实现中继，用于连接两个或更多个局域网的网络互连设备。当局域网上的用户日益增多、工作站数日益增加时，局域网上的信息量也将随之增加，从而可能引起局域网性能下降。在这种情况下，必须将网络进行分段，以减少每段网络上的用户量和信息量。网桥能将一个较大的局域网分割成多个网段，或者将两个以上的局域网互联为一个逻辑局域网。

3）交换机

交换机（switch）是计算机网络中执行统计式多路复用和分组交换的装置。它连接多个网络设备，可以通过 MAC 地址学习和转发数据包，提供高速的数据交换和连接效率。

4）路由器

路由器（router）是工作在网络层、建立通过一个或多个计算机网络的通路并转发分组的功能单元。随着网络规模的扩大，特别是形成大规模广域网环境时，网桥在路径选择、拥塞控制及网络管理方面远远不能满足要求，路由器则加强了这些方面的功能。

路由器在网络层对信息分组进行存储转发，因而能获得更多的网际信息，能选择更佳的路径。路由器了解整个网络的拓扑结构，可以根据转接延时、网络拥塞、传输费用以及源目的站之间的距离来选择最佳路径。

5）网关

网关（gateway）又称为协议转换器。它作用在 OSI 参考模型的第 4 ~7 层，即传输层到应用层。网关的基本功能是实现不同网络协议的互联，也就是说，网关是用于高层协议转换的网间连接器。网关可以描述为“不相同的网络系统互相连接时所用的设备或节点”。

网关的主要功能是进行报文格式转换、地址映射、网络协议转换和原语连接转换等，完成传输层及其以上各层的协议转换。网关分传输网关和应用程序网关两种。传输网关是在传输层连接两个网络的网关，应用程序网关是在应用层连接两部分应用程序的网关。因为应用程序网关用于实现不同应用系统之间的数据转换，所以它一般只适合于某种特定的应用系统的协议转换。应用程序网关可以是一个专用设备，也可以用计算机作为硬件平台，由软件实现网关的功能。

6）防火墙

防火墙（firewall）由软件和硬件设备组合而成，是设置在两个或多个网络之间的安全防护系统，用于监控和控制网络数据流量，保护网络免受未经授权的访问和网络威胁。

7）负载均衡器

负载均衡器（load balancer）是用于平衡网络流量和分发负载的设备，它将网络流量分发到多个服务器或处理节点，以确保资源的均衡利用和提高网络性能。

8）VPN

VPN 是在公用网络上建立的专用通信网络设备，用于建立安全的远程连接和虚拟专用网络。它通过加密通道连接远程用户或分支机构到主网络，实现远程访问和数据加密传输。

需要时可沿此线裁成活页

子任务2.5.2 路由器的配置和使用

学习目标

1. 素质目标

崇尚科学，具有信息素养和团队协作精神。

2. 知识目标

熟悉网络设备及其电缆类型；熟悉常用的路由器接口配置命令；掌握IOS命令的基本操作方法。

3. 能力目标

熟练使用Packet Tracer模拟工具，能够排查诊断网络故障。

学习任务

1. 路由器的配置和使用

有两种方法进入路由器配置界面：一种方法是利用个人计算机通过Consoles端口连接到路由器。打开桌面上的Packet Tracer，出现命令行界面，在命令提示符后面输入配置命令就可以进行配置。另一种方法是右击路由器，在弹出的窗口中打开CLI标签，进入命令行界面，直接输入命令进行配置。

1）路由器名称和密码配置

设置路由器名称和访问密码的步骤为：

(1) 输入enable命令，进入特权模式。

(2) 输入config t命令，进入配置模式。

(3) 输入hostname命令，设置或修改路由器命名。

(4) 输入enable *******，设置特权密码，其中*号代表设置的密码。

(5) 输入exit或者按Ctrl+Z快捷键，退出配置模式。

2）接口地址分配与配置

设置接口地址的步骤为：

(1) 输入config t命令，进入配置模式。

(2) 输入interface ****** 命令，进入接口配置模式，其中*号代表接口号。

(3) 输入ip addr *** ***，设置接口的IP地址和子网掩码，其中*号代表IP地址和子网掩码。

(4) 输入no shutdown，启动或激活接口。

(5) 输入exit或者按Ctrl+Z快捷键，退出配置模式。

3）路由协议选择与配置

设置路由协议的步骤为：

(1) 输入config t命令，进入配置模式。

(2) 输入router *** 命令，设置路由器上运行的路由选择协议，比如router rip。

(3) 输入多条network ****** 命令，指定路由器的直连网络。其中，*号代表网络 IP 地址。

(4) 输入 exit 或者按 Ctrl+Z 快捷键，退出配置模式。

也可以手工配置静态路由，其步骤为：

(1) 输入 config t 命令，进入配置模式。

(2) 输入命令：ip route 目的地址 子网掩码 下一跳地址。比如，如果想要添加一条到达特定主机 10.10.5.2 的静态路由，可以输入命令：ip route 10.10.5.2 255.255.255.255 10.10.3.2。

(3) 输入 exit 或者按 Ctrl+Z 快捷键，退出配置模式。

4) 广域网接口参数配置

设置广域网传输参数的步骤为：

(1) 在配置模式下，输入 interface ****** 命令，进入接口配置模式，其中 * 号代表接口号。

(2) 输入 encapsulation **** 命令，设置封装协议，例如 encapsulation hdlc。

(3) 输入 bandwidth **** 命令，设置接口带宽，其中 * 号代表带宽值。

(4) 对于点对点链路，还需为一端的路由器输入 clock rate **** 命令，设置同步时钟频率，其中 * 号代表同步时钟频率。

(5) 输入 exit 或者按 Ctrl+Z 快捷键，退出配置模式。

2. 网络连通性测试

测试网络的连通性时，可以直接运行 PC 模拟桌面上 DOS 命令，执行 ping 命令，测试任意两台主机之间的连通性；也可以在路由器的特权模式下输入 show ip route 命令去查看路由表中包含的路由信息。如果所有路由器中都有到达所有子网的可达有效路由，就可以基本确定网络是连通的。

本学习任务中单个路由器的配置和使用效果如图 2-72 所示。

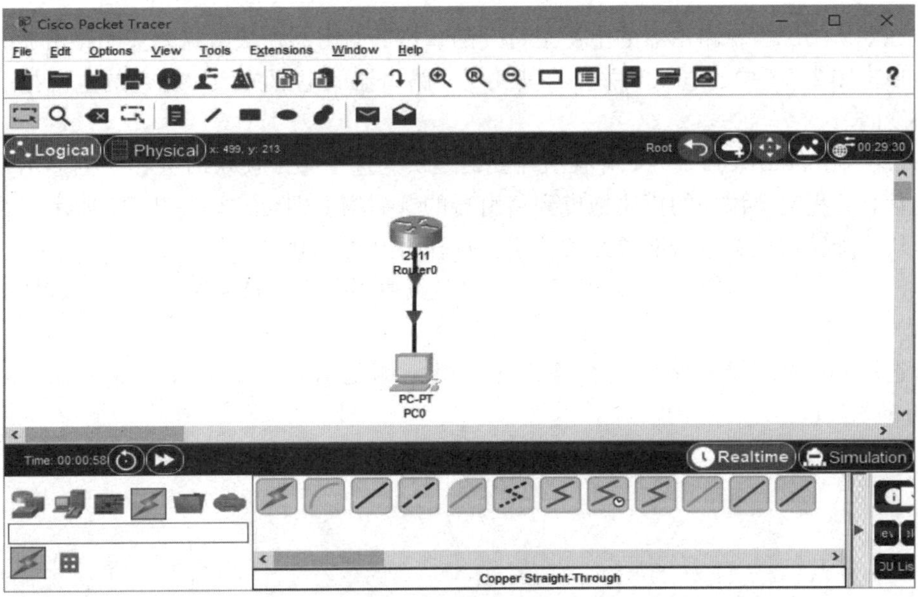

图 2-72 单个路由器的配置和使用效果

需要时可沿此线裁成活页

任务实施

1. 路由器的配置和使用

（1）添加一个模块化的路由器，单击 Packet Tracer 工作区中刚添加的路由器，在弹出的配置窗口上添加一些模块（MODULES）。路由器模块添加如图 2-73 所示。

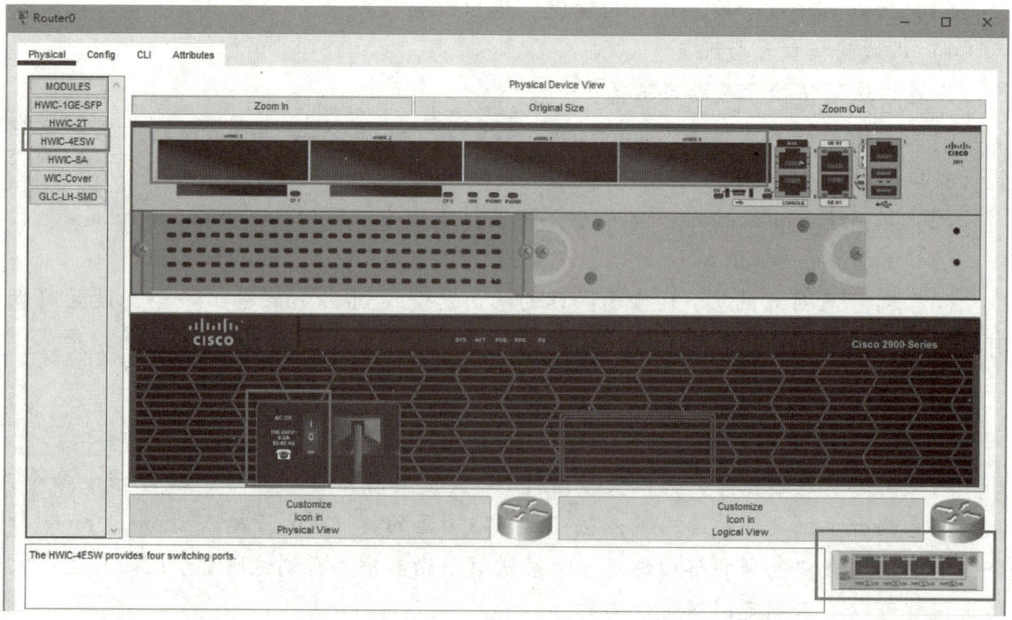

图 2-73　路由器模块添加

在默认情况下，路由器的电源是打开的，添加路由器模块时需要关闭路由器的电源。单击图 2-73 中的电源开关，将其关闭，路由器的电源关闭后绿色的电源指示灯也将变暗。

（2）在“MODULES”下寻找所需要的模块，选中某个模块时会在下方显示该模块的信息，把需要添加的模块拖曳到路由器的空插槽上即可，如图 2-74 所示。路由器模块添加完成后，单击电源开关按钮，打开路由器的电源。

（3）添加一台计算机，其 RS-232 接口与路由器的 Consoles 端口相连，如图 2-75 所示。

选择 Consoles 线和路由器相连，计算机一侧是 RS-232 接口，路由器一侧是 Consoles 端口。

（4）选择计算机终端工具，连接路由器，如图 2-76、图 2-77 所示。

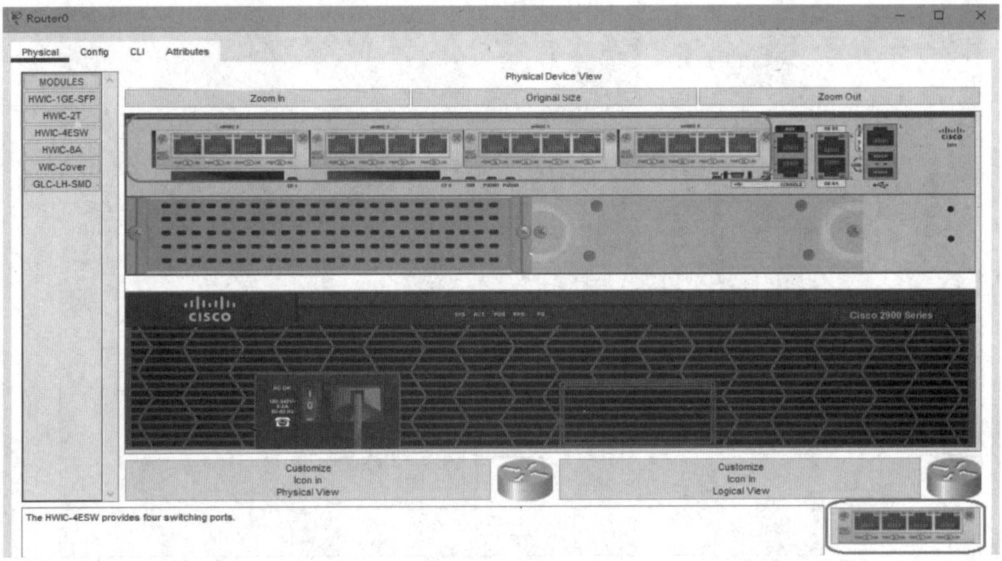

图 2-74　拖曳路由器模块到路由器的空插槽上

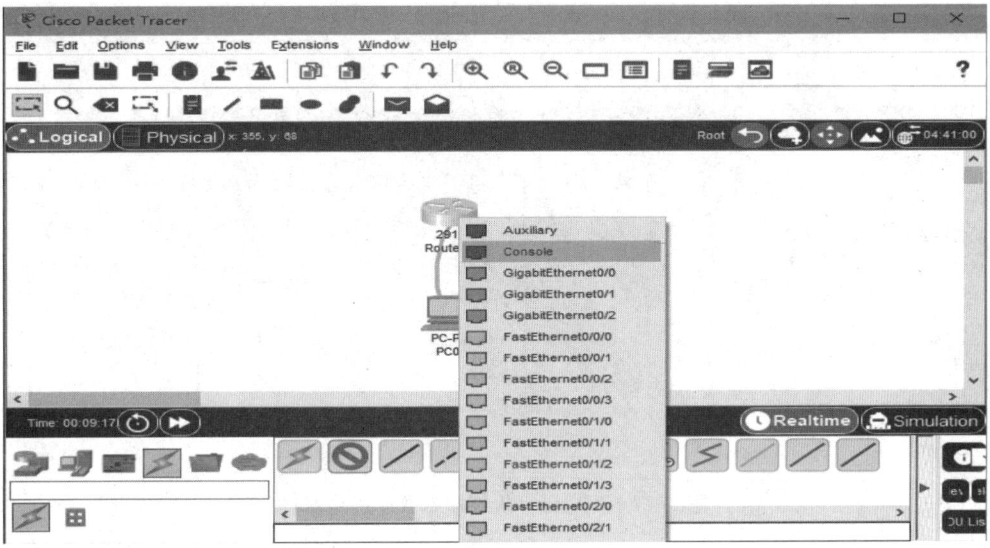

图 2-75　计算机和路由器相连

需要时可沿此线裁成活页

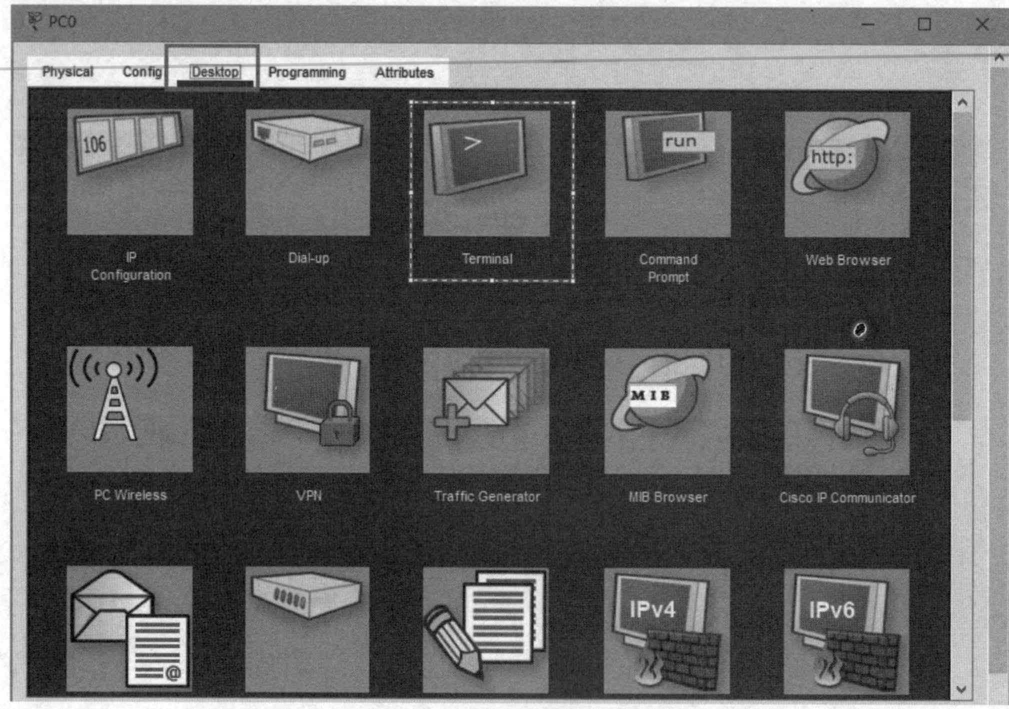

图 2-76 选择计算机终端工具

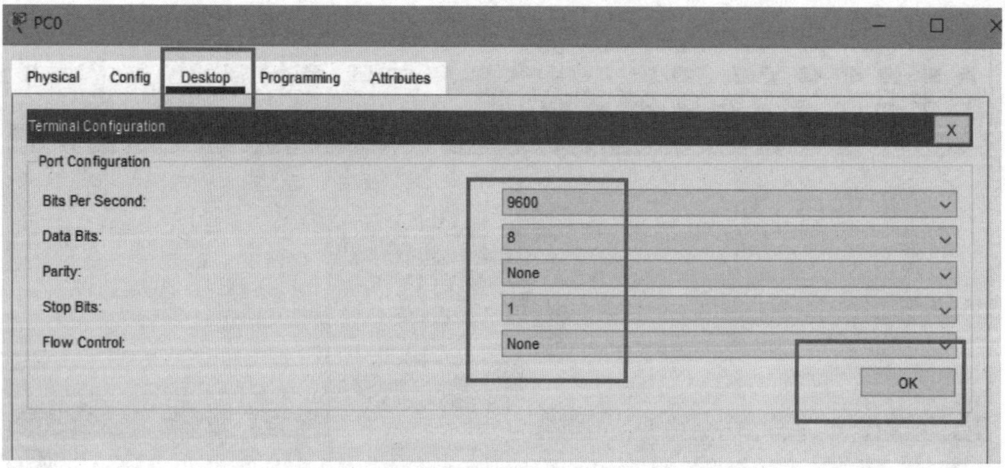

图 2-77 配置计算机终端参数连接路由器

（5）路由器配置成功，实训环境已搭建完成，如图 2-78 所示。

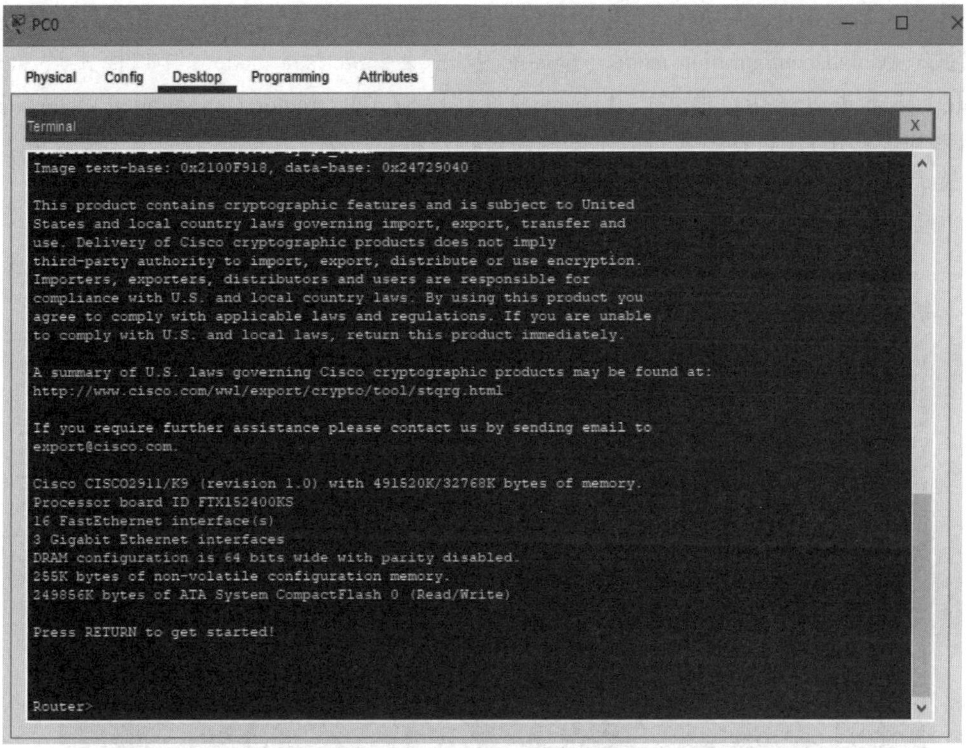

图 2-78　实训环境已搭建完成

2. 路由器的命令模式与密码

（1）路由器的命令模式配置如图 2-79 所示。

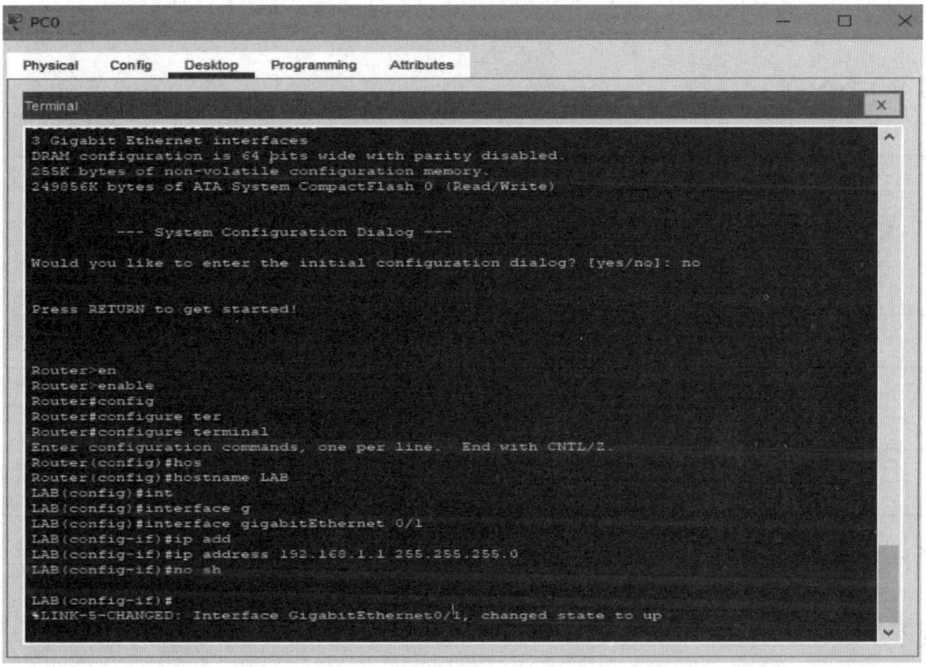

图 2-79　路由器命令模式配置

需要时可沿此线裁成活页

路由器的命令模式有以下几种：user mode（用户模式）、privileged mode（特权模式）、global configuration mode（全局配置模式）、interface mode（接口模式）、sub-interface mode（子接口模式）、line mode（线路模式）、router configuration mode（路由器配置模式）。每种模式对应不同的命令提示符。

（2）配置登录路由器的 Consoles 模式密码，如图 2-80 所示。

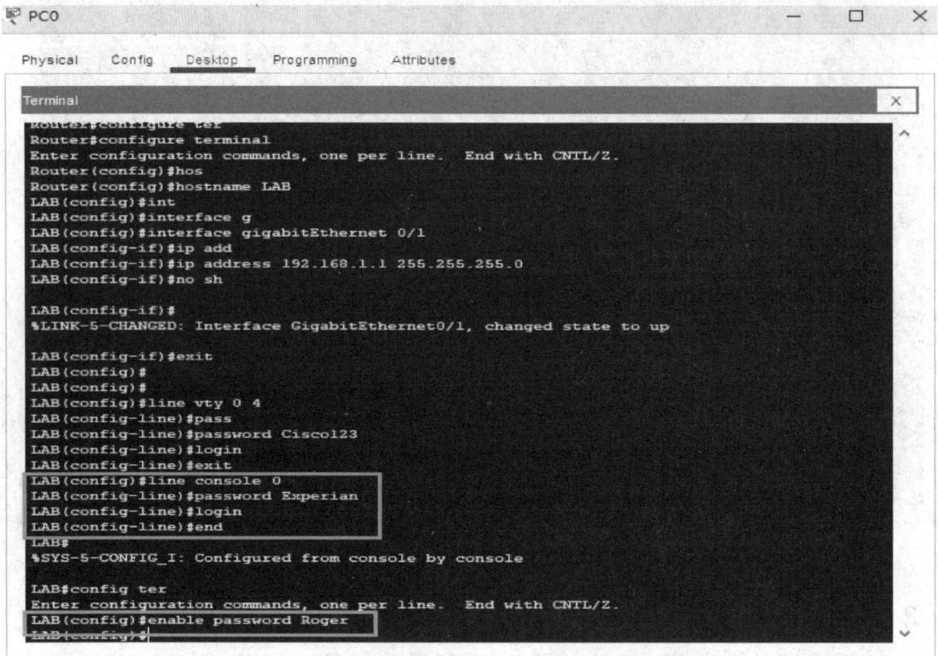

图 2-80　配置登录路由器的 Consoles 模式密码

任务评价

项次	操作与技能	要求	分值	得分
1	路由器的配置和使用	小组互评，教师总评	50	
2	网络故障诊断与排除	小组互评，教师总评	50	
合　计			100	

知识拓展

知识拓展内容	相应的二维码
1. 搭建网络拓扑	

续表

知识拓展内容	相应的二维码
2. 路由器配置-1	
3. 路由器配置-2	
4. 网络连通性验证	
5. 模拟网络环境下的路由探测	

需要时可沿此线裁成活页

项目3

动车组通信网络协议

协议即规则，网络协议是动车组网络的重要组成部分，本项目主要学习 HDLC、TCN、ARCNET 和 CAN 四种协议，以及 TCN 智能诊断仪的操作与检测技能。

任务 3.1　高级数据链路控制 HDLC 协议

学习目标

1. 素质目标

勇于奋斗，乐观向上，具有自我管理能力。

2. 知识目标

掌握 HDLC 协议的基本配置；熟悉 HDLC 的帧结构、帧类型和功能。

3. 能力目标

能以画图方式描述 HDLC 操作规程。

学习任务

学习 HDLC 协议的基本配置、HDLC 的帧结构、帧类型和功能，以及 HDLC 操作规程。

任务实施

高级数据链路控制协议（high-level data link control，HDLC）是由国际标准化组织根据 IBM 公司的 SDLC 协议扩充开发而成的，这是一种数据链路层控制协议，适用于点到点链路和多点链路。它不仅是一种用于同步传输的协议，也是其他许多重要的数据链路层控制协议的基础。HDLC 协议因具有较高的数据传输可靠性和有效性而得到了广泛的应用。

1. HDLC 协议的基本配置

HDLC 协议定义了三种类型的站、两种链路配置和三种数据传输方式。

1）站

HDLC 协议中的站有以下 3 种类型：

(1)主站，负责控制链路的操作，它发出的帧称为“命令”。

(2)从站，在主站的控制下进行操作，它发出的帧称为“响应”；主站与链路上的每个从站都分别维持一个逻辑链路。

(3)复合站，具有主站和从站的特性，既可发送命令，又可发送响应。

2）链路结构

HDLC 的链路结构如图 3-1 所示。HDLC 的链路有两种，一种是非平衡结构，由一个主站和一个或多个从站组成，支持全双工和半双工传输，如图 3-1(a)和图 3-1(b)所示；另一种是平衡结构，由两个复合站组成，支持全双工和半双工传输，如图 3-1(c)所示。

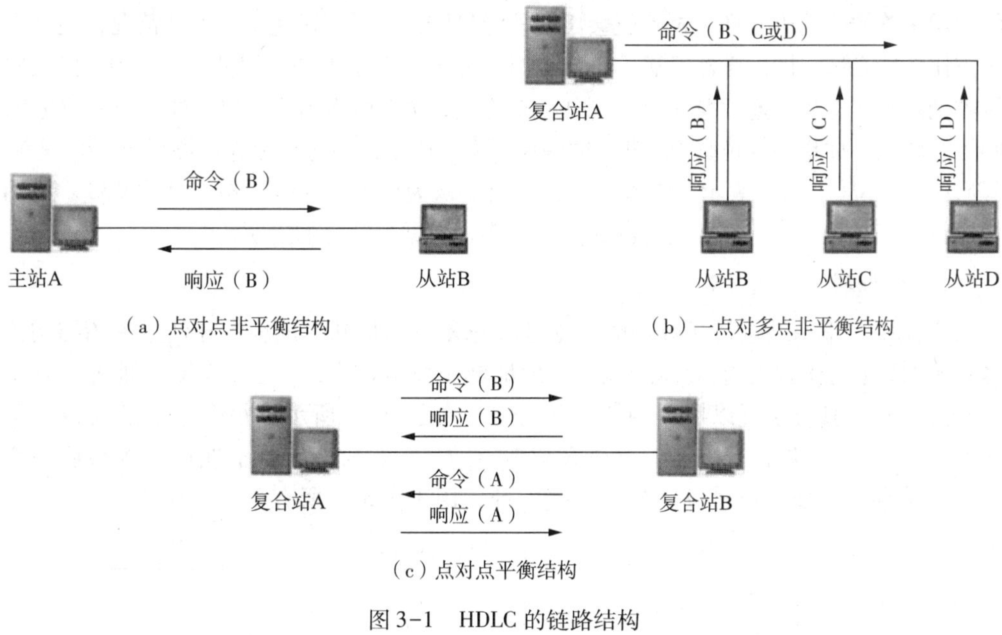

图 3-1 HDLC 的链路结构

3）传输模式

HDLC 的传输模式有以下 3 种：

(1)正常响应模式（normal response mode，NRM），用于非平衡结构，由主站发送命令对从站的数据传送进行初始化，从站发送数据作为对该命令的响应。

需要时可沿此线裁成活页

(2)异步平衡模式（asynchronous balanced mode，ABM），用于平衡结构，任何一个复合站都可以开始传输而不必得到另一个复合站的允许。

(3)异步响应模式（asynchronous response mode，ARM），用于非平衡结构，从站不必得到主站的允许即可进行初始化传输，但主站仍然负责链路的初始化、纠错和断开逻辑链路等。

2. HDLC 的帧结构

HDLC 采用同步传输方式，所有的传输都以帧为基本单位，而所有的数据和控制信息的交换也都采用同一种帧格式。HDLC 的帧结构如图 3-2 所示。

标识域	地址域	控制域	信息域	FCS	标识域
8位	8位（可扩展）	8或16位	可变	16或32位	8位

图 3-2　HDLC 的帧结构

1）标识域

标识域以唯一的标识“01111110”在帧的两端起定界作用。同一标识既可作为前一帧的结束标志，也可作为下一帧的开始标志。在用户网络接口两侧，接收器一直在搜索标识序列，以确定帧的界限，达到与帧的同步。由于帧开始标志和结束标志使用的是专门指明的控制字符，因此，所传输的数据中的任何 8 位的组合一定不允许和用作帧定界的控制字符的位编码一样，否则就会出现帧定界错误。为了避免出现上述情况，通常采用零比特填充法，即发送器发送信息数据时，在连续 5 个 1 的后面插入一个 0。接收器接收到开始标志后，连续监视位流，并检查连续 5 个 1 后面的那一位，如果那一位是 0，则把它删除；如果那一位是 1，其后的一位是 0，则接收到的是标志；如果这一位是 1，其后面的一位也是 1，表示是错误序列，接收器认为出现了异常，拒绝接收此帧。采用零比特填充法就可传送任意组合的比特流，实现数据链路层的透明传输。

2）地址域

在使用非平衡结构传送数据时，地址域总是表示从站的地址；在使用平衡结构传送数据时，地址域表示响应站的地址。地址域一般是 8 位，可寻址 256 个地址。若事先经过协商，其长度可以扩展到 7 位的倍数，如图 3-3 所示。每个字节的最低位可以设置为 1 或 0，0 表示该字节后还有其他字节，1 表示该字节是地址域的最后一个字节。单字节地址“11111111”是广播地址，用于主站向所有从站广播帧。

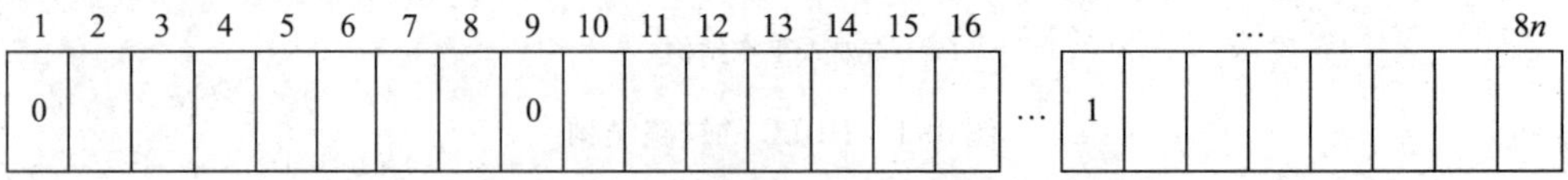

图 3-3　扩展的地址域格式

3）控制域

HDLC 定义了 3 种帧，它们具有不同的控制域格式。

(1）信息帧（简称 I 帧）含有发送给用户的数据。流量控制和差错控制数据也可以由信息帧捎带。

（2）监控帧（简称S帧）实施自动重传请求机制，用于信息帧没有捎带控制数据的情况。

（3）无编号帧（简称U帧）提供补充的链路控制功能。

图3-4为8位控制域的字段及位定义，控制域的第1或2位表示帧的类型，其他位则组成不同的子域。其中，N(S)为发送顺序号；N(R)为接收顺序号；S1、S2为监督功能位；M1～M5为无编号功能位；P/F为轮询/终止位。

控制字段位	1	2	3	4	5	6	7	8
I帧	0	N（S）			P/F	N（R）		
S帧	1	0	S1	S2	P/F	N（R）		
U帧	1	1	M1	M2	P/F	M3	M4	M5

图3-4　8位控制域的字段及位定义

使用设置模式命令可以扩展控制域，使S帧和I帧可用7位作为顺序号，图3-5为扩展的16位控制域的结构。U帧的控制域一般都是8位。

	1	2	3	4	5	6	7	8	9	10	11	12	13	14	15	16
信息帧	0	N（S）							P/F	N（R）						
监控帧	I	0	S1	S2	0	0	0	0	P/F	N（R）						

图3-5　扩展的16位控制域的结构

4）信息域

只有I帧和某些U帧中才有信息域。信息域中封装的是需要传送的数据。域中可以包含任何位流，但必须是字节的整数倍。信息域的最大信息长度不超过256字节。

5）FCS域

FCS用于检测差错。HDLC差错校验是对整个帧的内容做CRC循环冗余校验，但计算时不包含帧标志和按零比特填充法插入的所有“0”在内。CRC生成多项式常用16位CRC-CCITT码或32位CRC-32码。

3. HDLC的帧类型和功能

HDLC有信息帧（I帧）、监控帧（S帧）和无编号帧（U帧）3种不同类型的帧，各类帧中控制字段的格式及位定义如图3-4所示。

1）信息帧

信息帧用于传送有效信息或数据，以控制字段第1位为“0”来标志。信息帧控制字段中的N(S)表示本站当前发送的帧序号，发送方可以不必等待确认而连续发送多帧。N(R)表示本站期望接收到对方站的下一个帧的序号，如N(R)为2即表示本站下一帧要接收2号帧，换言之，2号帧前的各帧都已正确接收到。N(S)和N(R)均为3位二进制编码，可取值0～7。

控制字段中第5位是P/F位，即轮询/终止（poll/final）位。当P/F位用于命令帧（由主站发出）时起轮询的作用，即当该位为“1”时要求被轮询的从站给出响应，此时P/F位称为轮询位（或P位）；当P/F位用于响应帧（由从站发出）时称为终止位（或F位），即当其为“1”时表示接收方确认的结束。P/F位的具体功能如下：

（1）轮询位P的功能。

在正常响应模式（NRM）下，带P=1的命令帧表示请求从站响应。例如主站可以通过P=1的I帧或S帧来请求从站传送I帧。从站不能异步自发地传送I帧。

在异步响应模式（ARM）下，从站可以异步传送I帧，主站利用“P=1”的命令帧请求从站尽快发出带有“F=1”的响应帧，即强迫从站做出应答。

（2）终止位F的功能。

在NRM方式下，从站将最后一个响应帧的F置“1”，表示结束发送，然后从站停止发送，直到从站再次收到主站发送来的“P=1”的命令帧时才开始下一次的发送。

在ARM方式下，从站仅在响应“P=1”的命令帧的应答帧时将F置“1”，但从站并不停止发送。也就是说，别的响应帧可跟在“F=1”的响应帧之后进行传送，将F置“1”的响应帧并不表示从站传送结束。

（3）P/F位的成对性。

P=1的命令帧和F=1的响应帧总是成对出现的，即有一个P=1的命令帧必然有一个F=1的响应帧与之对应。一条链路上，在给定的时间内只可能有一个P=1命令帧是未确认的。利用P/F位的成对性，N(R)可以较早地检出I帧的顺序是否出错。

2）监控帧

监控帧用于差错控制和流量控制，通常简称S帧。S帧以控制字段的第1、2位为“10”来标识。它不带信息字段，所以没有发送序号N(S)，但是有一个接收序号N(R)，用来对收到的信息帧进行确认。S帧控制字段的第3、4位表示S帧的类型，S帧类型编码的名称和功能如图3-6所示。

控制字段中S帧位编码								名　称	功　能
1	2	3	4	5	6	7	8		
1	0	S1	S2	P/F	N（R）				
1	0	0	0	0/1	N（R）			RR(receive ready)接收准备	准备接收下一帧，确认序号为N(R)-1及以前的各帧
1	0	1	0	0/1	N（R）			RNR(receive not ready)接收未就绪	暂停接收下一帧，确认序号为N(R)-1及以前的各帧
1	0	0	1	0/1	N（R）			REJ(reject)拒绝	从N(R)起的所有帧都被拒绝，确认序号为N(R)-1及以前的各帧
1	0	1	1	0/1	N（R）			SREJ(selective reject)选择拒绝	只拒绝序号为N(R)的帧，确认序号为N(R)-1及以前的各帧

图3-6　S帧类型编码的名称和功能

（1）接收准备（RR）。

主站可以使用 RR 型 S 帧来轮询从站，即希望从站传输编号为 N(R)的 I 帧，若存在这样的帧便可进行传输；从站也可用 RR 型 S 帧来做响应，表示从站期望接收的下一帧的编号是 N(R)。如果一个站原先用 RNR 表示处于忙状态，那么它可以用 RR 命令表示本站现在已经可以接收数据了。RR 型 S 帧可用于所有类型的链路。

（2）接收未就绪(RNR)。

表示编号小于 N(R)的 I 帧已经被正确接收，但目前正处于忙状态，尚未准备接收编号为 N(R)的 I 帧，这可用来对链路流量进行控制。RNR 型 S 帧可用于所有类型的链路。

（3）拒绝接收（REJ）。

主站或从站发送用以要求发送方对从编号为 N(R)开始的帧及其以后所有的帧进行重发，同时说明 N(R)以前的 I 帧已被正确接收。REJ 型 S 帧仅用于全双工通信。

（4）选择拒绝（SREJ）。

接收端检测出编号为 N(R)的帧出现差错，要求发送方发送编号为 N(R)的单个 I 帧，并说明其他编号的 I 帧已全部确认。SREJ 型 S 帧仅用于全双工通信。

3）*无编号帧*

无编号帧因其控制字段中不包含编号 N(S)和 N(R)而得名，简称 U 帧。U 帧用于提供链路的建立、拆除及多种控制功能，这些控制功能用 5 个位来定义。HDLC 无编号帧的名称和功能如图 3-7 所示。

控制字段中U帧位编码								命　令	响　应
1	2	3	4	5	6	7	8		
1	1	M1	M2	P/F	M3	M4	M5		
1	1	0	0	*	0	0	0	UI无编号信息	UI无编号信息
1	1	0	0	*	0	0	1	SNRM置正常应答方式	—
1	1	0	0	*	0	1	0	DISC断链	RD请求断链应答
1	1	0	0	*	1	0	0	UP无编号轮询	—
1	1	0	0	*	1	1	0	—	UA无编号确认
1	1	0	0	*	1	1	1	TEST测试	TEST测试
1	1	1	0	*	0	0	0	SIM置初始化方式	RIM请求初始化
1	1	1	0	*	0	0	1	FRMR帧拒绝	FRMR帧拒绝
1	1	1	1	*	0	0	0	SARM置异步应答方式	DM断链方式应答
1	1	1	1	*	0	0	1	RSET重置	—
1	1	1	1	*	0	1	0	SARME置扩充的异步应答方式	—
1	1	1	1	*	0	1	1	SNRME置扩充的正常应答方式	—
1	1	1	1	*	1	0	0	SABM置异步平衡方式	—
1	1	1	1	*	1	0	1	XID交换标志	XID交换标志
1	1	1	1	*	1	1	0	SABME置扩充的异步平衡方式	—

图 3-7　HDLC 无编号帧的名称和功能

(1) 方式设置命令 (SNRM、SARM、SABM)。

SNRM 把从站置为正常应答方式，SARM 把从站置为异步应答方式，SABM 把复合站置为异步平衡方式。

(2) 扩充方式设置命令 (SNRME、SARME、SABME)。

扩充方式的控制字段为 2 个字节，SNRME 把从站置为扩充的正常应答方式，SARME 把从站置为扩充的异步应答方式，SABME 把复合站置为扩充的异步平衡方式。

(3) 断链命令 (DISC)。

用于终止已建立的各种操作方式。当一个主站或复合站要断开链路时发送一个 DISC 命令，它所期待的回答是 UA。该命令的接收端收到该命令后进入断链方式，在此方式下仅能接收置初始化方式命令。

(4) 无编号确认 (UA)。

收到无编号命令后的确认响应。

(5) 断链方式应答 (DM)。

用于对置初始化方式命令的否定应答。

(6) 置初始化方式命令 (SIM)。

用于重新进行链路初始化。当收到 UA 应答后，初始化操作完成。

(7) 请求初始化 (RIM)。

RIM 由从站发送，用于催促主站发送 SIM 命令。当不能执行一个置初始化方式命令所要求的功能时，从站可以使用 RIM 响应，主站应随后发送一个 SIM 命令对链路进行初始化。

(8) 请求断链应答 (RD)。

请求主站把链路置成断开状态，随后应该发送 DISC 命令。

(9) 交换标志命令 (XID)。

用于请求一个站的标志或特征，应答也是 XID。

(10) 无编号信息 (UI)。

在初始化方式下，两个站用无编号信息帧 UI 交换数据和命令。

(11) 帧拒绝 (FRMR)。

接收端通知发送端收到了一个错误的帧，该帧不符合协议规则。

(12) 无编号轮询帧 (UP)。

探询一个站或同时探询多个站。

(13) 重置命令 (RSET)。

在数据传送过程中，复合站用它来重新初始化链路上一个方向上的数据流，设置发送序号。这时接收站也应该重新设置接收序号。

(14) 测试命令 (TEST)。

实现对数据链路控制的基本测试，应答也用 TEST。

4. HDLC 操作规程

HDLC 数据传输分为 3 个阶段：数据链路建立、数据传送和数据链路拆除。

1）数据链路建立

用来探询点到点链路是否处于激活状态的报文被称为Keepalive报文。HDLC设备以轮询时间间隔为周期，向链路上发送Keepalive消息，如果5个周期内无法收到对方发出的Keepalive消息，HDLC设备就认为该链路不可用。同一链路两端设备的轮询时间间隔应设为相同的值。一旦确认链路可用，就开始从逻辑上建立数据链路。

在正常响应模式（NRM）下，数据链路的建立过程如图3-8所示。其中，图3-8(a)为一个主站和一个从站相连的点到点的物理结构。由主站A对从站B发出SNRM命令帧设置从站工作方式，P=1表示主站发送的是命令；从站收到命令帧后发送UA帧确认，F=1表示是从站发出的响应，这时数据链路建立完毕。图3-8(b)为一个主站和多个从站的一点到多点的物理结构。

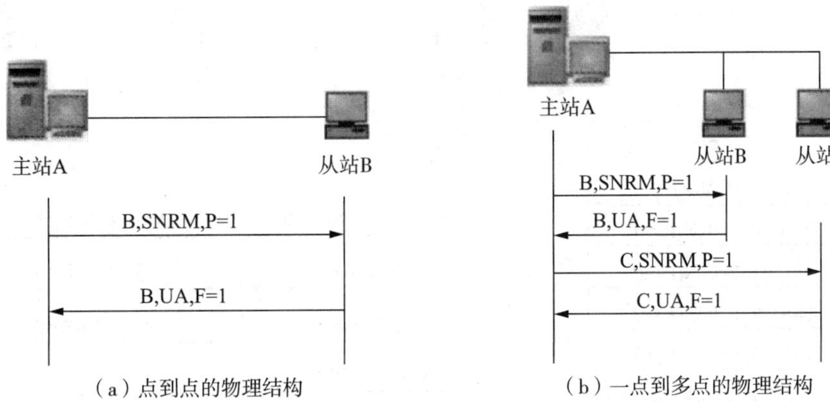

图3-8　NRM数据链路的建立过程

在异步响应模式（ARM）下，首先由主站对从站发出SARM命令帧，以设置从站ARM工作方式，从站收到命令帧后发送UA帧完成数据链路的建立。

在异步平衡模式（ABM）下，数据链路的建立相对自由，由一方复合站向对方发出SABM命令帧，以设置其ABM工作方式，对方收到命令帧后发送UA帧确认，即完成数据链路的建立。

2）数据传输

当数据链路按照不同工作方式建立起来以后，就可以在链路上进行数据传输，不同的链路工作方式有着不同的信息传输过程。

（1）正常响应模式（NRM）半双工方式传输。

NRM半双工方式传输数据如图3-9所示，其中给出了一个具体实例。在链路建立完毕后，主站发送RR命令帧表示准备好接收数据，P=1表示允许从站发送数据。从站接收RR帧命令后，开始发送信息帧。主站在接收了4个帧后，发送RR命令表示对前4帧的确认，并告知从站可继续发送数据。从站在最后一个帧内置F=1，表示数据发送完毕。如果是主站发送数据给从站，在主站接收到UA响应后就可以发送信息帧了。

需要时可沿此线裁成活页

（2）正常响应模式（NRM）全双工方式传输。

NRM 全双工方式传输数据如图 3-10 所示，其中给出了一个具体实例。链路建立后主站在送出第一个帧时，P=1 表示允许从站同时发送信息帧，这就实现了双向同时数据传输。两站在传输信息帧的同时，也完成了对已接收的信息帧的确认。

（3）异步平衡模式（ARM）半双工方式传输。

ARM 半双工方式传输数据如图 3-11 所示，其中给出了一个具体实例。首先由复合站 A 发一个 P=1 的 SABM 帧，B 站以一个 F=1 的 UA 帧响应，完成链路的建立。接着 A 站向 B 站发送了编号为 0、1 的两个信息帧，并让 N(S)=1 帧中的 P=1，请求 B 站响应并发送信息，B 站用 F=1 的 RR 帧应答，确认收到两个信息帧，随后 B 站向 A 站发送信息帧。

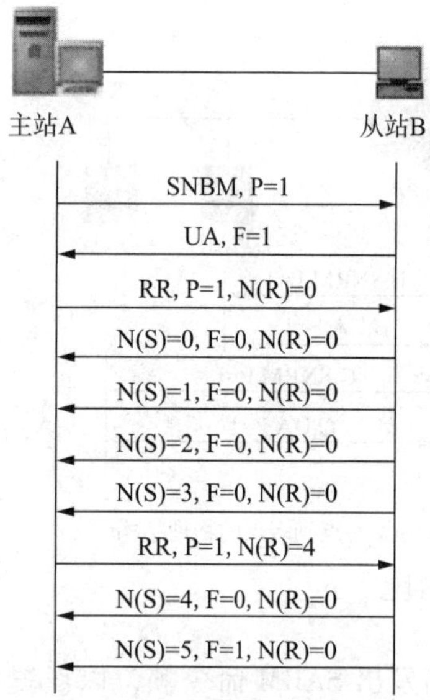

图 3-9　NRM 半双工方式传输数据

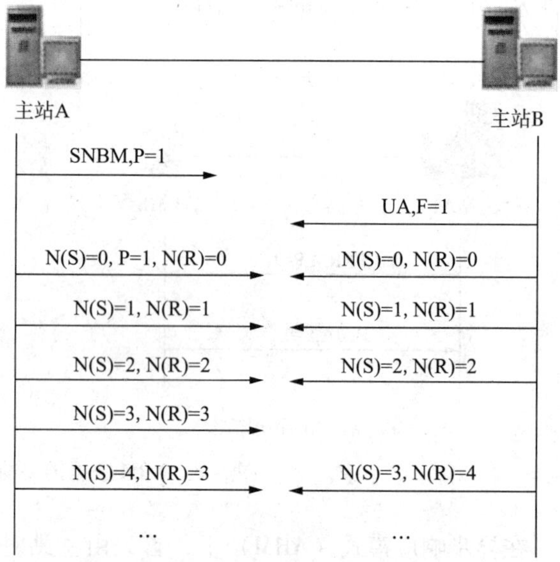

图 3-10　NRM 全双工方式传输数据

（4）异步平衡模式（ARM）全双工方式传输。

图 3-12 给出了一个 ARM 全双工方式的具体实例。链路建立成功后，A 站和 B 站可以同时发送信息帧并确认已接收信息帧，在没有数据发送时，发送 RR 命令或通过响应来确认所接收的信息帧。

3）数据链路拆除

数据传输完毕，必须有一个拆除数据链路阶段，以释放链路资源。正常响应模式（NRM）下数据链路的拆除过程如图 3-13 所示，当数据通信完毕后，A 站向 B 站发出断链命令 DISC。当 B 站用 UA 响应后，数据链路随即拆除。图 3-13(a)为点到点链路的拆除过程；图 3-13(b)为一点到多点链路的拆除过程。

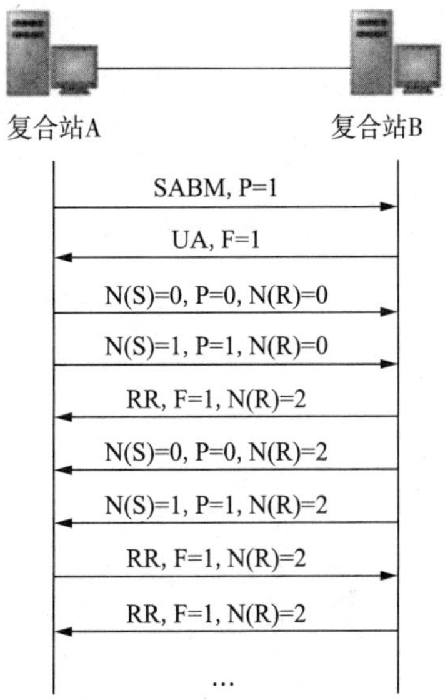

图 3-11　ARM 半双工方式传输数据

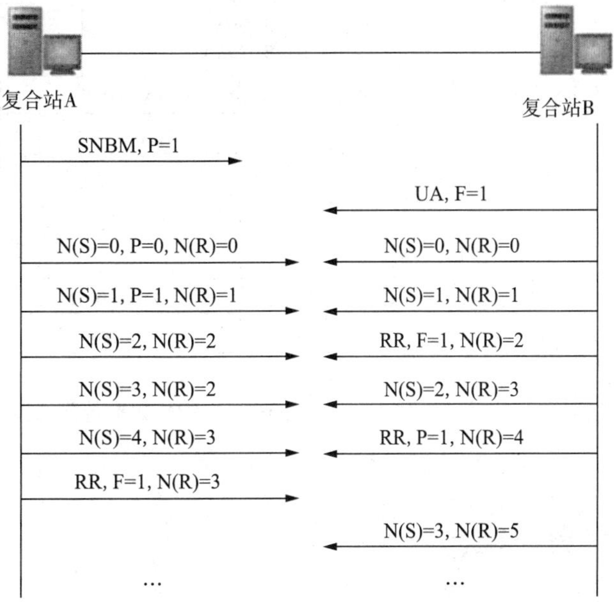

图 3-12　ARM 全双工方式传输数据

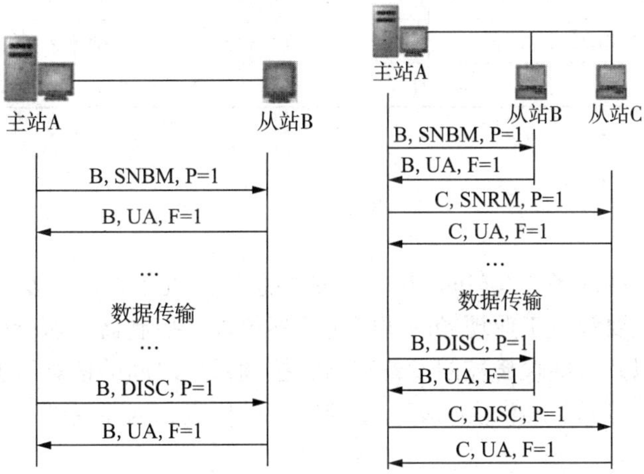

（a）点到点链路的拆除过程　（b）一点到多点链路的拆除过程

图 3-13　NRM 数据链路的拆除过程

异步响应模式（ARM）数据链路的拆除过程与 NRM 方式一致，不再赘述。

异步平衡模式（ABM）数据链路的拆除过程如图 3-14 所示。由于现在两个站平等，所以任何一个站均可在数据传送完毕后提出数据链路拆除要求（即发出 DISC 命令）。在对方用 UA 响应后，链路的拆除过程就结束了。图 3-14 中是 B 站发出拆除链路命令，要 A 站响应，因此这时 B 站发出的断链命令的地址字段中应写入 A 站地址。

需要时可沿此线裁成活页

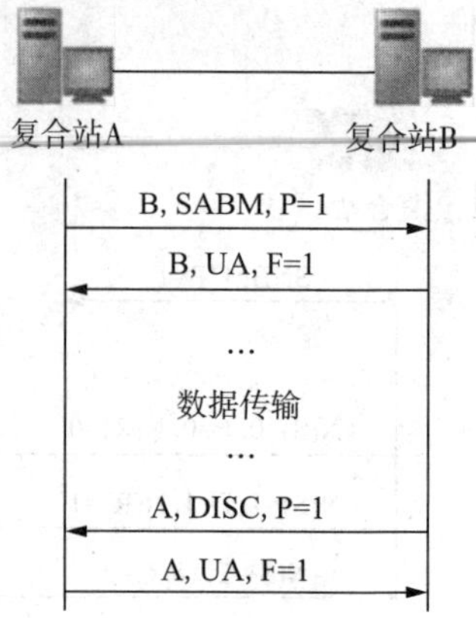

图 3-14 ABM 数据链路的拆除过程

任务评价

项次	简答题	要求	分值	得分
1	简述 HDLC 协议的基本配置	学生在职教云上答题，教师评阅	10	
2	简述 HDLC 的帧结构、帧类型和功能	学生在职教云上答题，教师评阅	30	
3	画图并简述 HDLC 操作规程	学生在职教云上答题，教师评阅	60	
合　计			100	

知识拓展

列车网络是一种现场总线(field bus)。现场总线是近年来迅速发展起来的一种工业数据总线，它主要解决工业现场的智能化仪器仪表、控制器、执行机构等现场设备间的数字通信，以及这些现场控制设备和高级控制系统之间的信息传递问题。由于现场总线具有简单、可靠、经济实用等一系列突出的优点，因而受到了标准团体和计算机厂商的高度重视。

1. 现场总线的基本术语

1）总线与总线段

从广义来说，总线就是计算机中各部件之间按特定协议控制数据传输的逻辑和由一条或多条导线构成的共用通路，是遵循同一技术规范的连接与操作方式。一组设备通过总线连在一起称为“总线段”（bus segment）。可以通过总线段相互连接，把多个总线段连接成一个网络系统。

2）总线主设备

可在总线上发起信息传输的设备叫作“总线主设备”（bus master）。也就是说，主设备具备在总线上主动发起通信的能力，又称命令者。

3）总线从设备

不能在总线上主动发起信息传输，只能对总线信息进行接收、查询或响应主设备的设备称为总线从设备(bus slaver)。

4）控制信号

总线上的控制信号通常有3种类型。一类控制信号控制连在总线上的设备，让它们进行所规定的操作，如设备清零、初始化、启动和停止等。另一类控制信号用于改变总线的操作方式，如改变数据流的方向、选择数据字段的宽度和字节等。第三类控制信号用于说明地址和数据的含义：对于地址，可用于指定某一地址空间，或表示出现了广播操作；对于数据，可用于指定数据能否转译成辅助地址或命令。

5）总线协议

“总线协议”(bus protocol)是管理主、从设备使用总线的一套规则。这是一套事先规定的、必须共同遵守的规约。

2. 现场总线操作的基本内容

1）总线操作

总线上命令者与响应者之间的“连接→数据传送→断开”这一操作序列称为一次总线事务(transaction)，或者叫作一次总线操作。当某一命令者与一个或多个响应者连接上以后，就可以开始数据的读写操作。读(read)数据操作是读来自响应者的数据；写(write)数据操作是命令者写数据。

2）通信请求

通信请求是由总线上某一设备向另一设备发出请求信号，要求后者给予注意并进行某种服务。

3）寻址

寻址过程是命令者与一个或多个响应者建立起联系的一种总线操作。通常有以下3种寻址方式：

(1）物理寻址。

用于选择某一总线段上某一特定位置的从设备作为响应者。由于大多数从设备都包含有多个寄存器，因此物理寻址常常为辅助寻址，用以选择响应者的特定寄存器或某一功能。

(2）逻辑寻址。

用于指定存储单元的某一个通用区，而并不考虑这些存储单元在设备中的物理分布。采用逻辑寻址时，从设备监测总线上的地址信号，看其是否与分配给它的逻辑地址相符，如果相符，它就成为响应者。物理寻址与逻辑寻址的区别在于前者是选择与位置有关的设备，而后者是选择与位置无关的设备。

(3）广播寻址。

广播寻址用于选择多个响应者。命令者把地址信息放在总线上，从设备将总线上的地址信息与其内部的有效地址进行比较，如果相符，则将该从设备被连至相应地址(connnect)。能使多个从设备连上的地址称为广播地址(broadcast addresses)。

需要时可沿此线裁成活页

命令者为了确保所选的全部从设备都能响应，系统需要有适应这种操作的定时机构或机制。

4）总线仲裁

总线在传送信息的操作过程中有可能会发生冲突。为解决这种冲突，就需进行总线占有权的仲裁(arbitration)。

5）总线定时

总线操作用定时(timing)信号进行同步。定时信号用于指明总线上的数据和地址在什么时刻是有效的。

6）出错检测

在总线上传送信息时会因噪声和串扰而出错，因此在高性能的总线中一般设有出错码产生和校验机构，以实现传送过程的出错检测。

7）容错

当设备在总线上传送信息出错时，如何减少出错对系统的影响，提高系统的重配置能力，也就是容错能力，是十分重要的。

8）多段总线操作

上面所讨论的是单段总线操作，即在一个总线段内，某一时间只有一个命令者与一个或多个响应者进行总线操作。在一些总线标准中，允许多个段互连，组成段互连总线系统。在这种系统中能实现多段并行操作，提高了系统的性能。

3. 现场总线与计算机局域网的区别

1）功能不同

现场总线连接的是自动化设备和智能仪表设备，实时性好；局域网连接的是计算机和信息设备，交互性好。

2）实现方式不同

现场总线采用各种通信介质，实现成本低；局域网需要专用电缆，实现成本高。

3）面向对象不同

现场总线面向过程控制，可传输控制信息；局域网面向计算机和信息设备，主要是传输数据。

任务 3.2　列车通信网络 TCN 协议

当你乘用高速铁路列车出行时，沿途的如画风景扑面而来，让人不禁感叹中国高速动车组平稳、安全地行驶给旅客带来的美好享受。其实是动车组的列车通信网络 TCN 保证了列车安全行驶。你知道 TCN 协议吗？我们一起去了解 TCN 协议吧！

子任务3.2.1 TCN协议

学习目标

1. 素质目标

践行社会主义核心价值观，使学生具有深厚的爱国情感和民族自豪感，具备创新意识。

2. 知识目标

掌握列车通信网络TCN的结构体系；理解TCN实时协议的原理；熟悉TCN的网络管理功能。

3. 能力目标

会简述TCN实时协议的原理和网络管理功能。

学习任务

列车通信网络TCN的结构体系；TCN实时协议的原理；TCN的网络管理。

任务实施

1. TCN的结构体系

TCN于1999年6月正式成为国际标准，即IEC 61735。该标准对列车通信网络的总体结构、连接各车辆的列车总线、连接车辆内部各智能设备的车辆总线及过程数据等内容进行了详细的规定。TCN由总体结构、实时传输协议、列车总线、车辆总线和网络管理五部分构成，具有车辆控制、诊断和旅客信息服务等功能。

图3-15是绞线式列车总线（wired train bus，WTB）和多功能车辆总线（multifunction vehicle bus，MVB）的基本模型，也是在列车内应用的标准组合，WTB和MVB都采用实时传输协议（real-time transport protocol，RTP），负责提供车辆内或车辆间的应用通信。

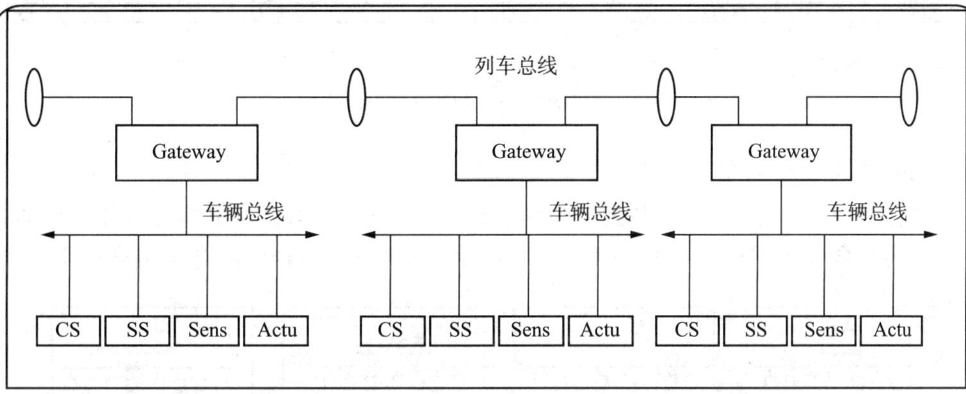

Gateway—列车、车辆总线网关；CS—主站；SS—从站；Sens—智能传感器；Actu—智能执行器

图3-15 列车总线和车辆总线的基本模型

需要时可沿此线裁成活页

1）TCN 的应用组态

TCN 在列车上有 3 种基本组态，即自动编组列车（open trains）、固定编组列车（closed trains）和混合编组列车（multiple unit trains）。

（1）自动编组列车。

自动编组列车的每节车厢都是独立的，可以实现任意编组，因而自动编组列车具有开放性的组态。例如，国际铁路联盟（International Union of Railwoys，UIC）所定义的列车就是自动编组列车，这种列车也是 TCN 标准制订时的基本对象。自动编组列车以 WTB 作为标准的列车总线，它最多支持 32 个 WTB 节点，每节机车或车辆可有 1 个或多个 WTB 节点，也可以没有 WTB 节点。每个 WTB 节点可以没有车辆总线，也可以连接 1 个或 2 个 MVB 车辆总线，还可以连接其他形式的车辆总线。每个 WTB 节点最多可连接 15 个车辆总线。自动编组列车组态示意图如图 3-16 所示。

0 节点（导车）　0 车辆总线　1 车辆总线　2 车辆总线

图 3-16　自动编组列车组态示意图

（2）固定编组列车。

固定编组列车表示该列车的编组是不可随意改变的，其车辆间的连接方式是永久性或半永久性的。例如，地铁列车和动车组一般就属于固定编组列车。在固定编组列车上，列车总线可以采用 WTB 总线或 MVB 总线，而车辆总线可以采用 MVB 总线，也可采用其他形式的通信总线。固定编组列车组态示意图如图 3-17 所示。

1 车辆总线　0 车辆总线

图 3-17　固定编组列车组态示意图

（3）混合编组列车。

混合编组列车是指多个固定编组单元组合起来，或是固定编组单元与部分自动编组的车辆组合起来的列车。图 3-18 是两个固定编组单元组合的混合编组列车组态。

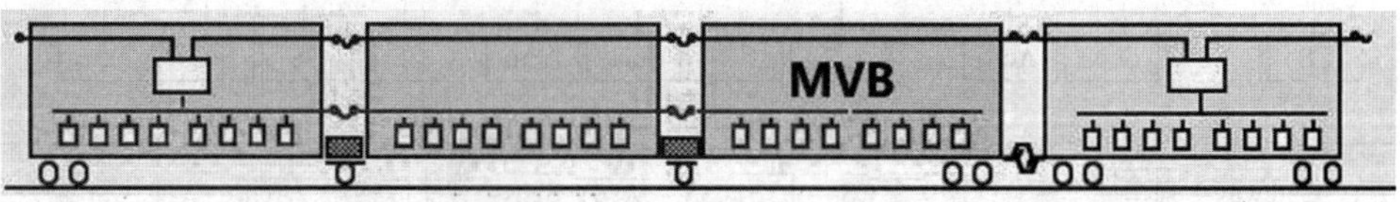

1 车辆总线　非标准的 MVB

图 3-18　混合编组列车组态示例

混合编组列车中的列车总线可以根据列车编组运用的具体情况来选择。当两个固定编组单元需经常连接和解连时，可使用 WTB 作为标准的列车总线；若二者不需要经常连接和解连，也可以用 MVB 作为列车总线；当采用固定编组单元与部分自动编组的车辆组态时，则需要用 WTB 作为列车总线。混合编组列车中车辆总线可以采用 MVB 总线或其他通信总线。

根据上述列车编组的组态，TCN 标准能够适用于所有的列车组态，可部分使用，也可整体使用。TCN 标准的运用方式有以下 4 种状况：

① 列车总线为 WTB，车辆总线为 MVB。

② 有列车总线 WTB 而没有车辆总线，或 WTB 与非 MVB 的车辆总线连用。

③ 有车辆总线 MVB 而没有列车总线，或 MVB 与非 WTB 的列车总线连用。

④ 实时通信协议用于其他非 WTB 或非 MVB 的总线。

2）TCN 设备

在 TCN 协议中，将连接到一个或多个总线上的部件定义为设备（devices），如图 3-19 所示。

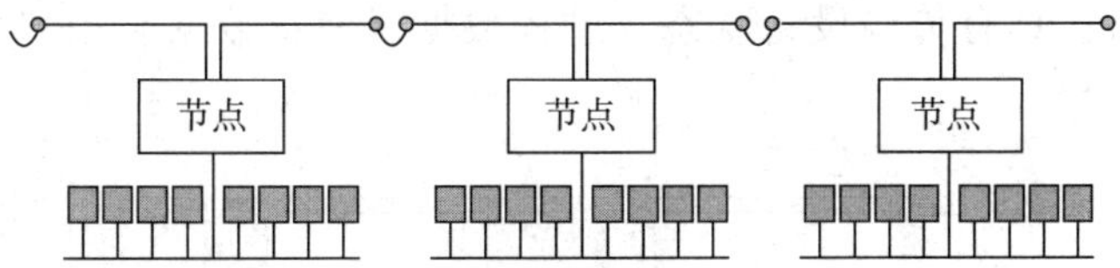

图 3-19　TCN 设备示意图

（1）列车总线设备。

列车总线上连接的设备称为 WTB 节点（node）。WTB 节点还可以作为连接 2 条或 2 条以上总线的协议转换器（网关）。列车总线节点中能主动发起通信过程的设备称为主节点或主设备（master），其余的设备称为从节点或从设备（slave）。列车总线上可以有多个主设备，但在任何时刻总线上只能有一个总线主（总线管理器）。总线主可以在主设备之间转移，在应用中可以根据需要在特定的时间或特定的条件下进行总线主转移。

（2）车辆总线设备。

车辆总线 MVB 上的设备也称作 MVB 设备，按功能分为六类，分别称为 0 ~ 5 类设备。

① 0 类设备：主要是一些特殊设备，例如中继器（重复器）和星形耦合器，它们不参与或以其他方式（如通过其他协议）参与应用的数据交换。

② 1 类设备：具有传输设备状态和过程数据功能，运行完全由总线控制器支配。如图 3-20 所示。

需要时可沿此线裁成活页

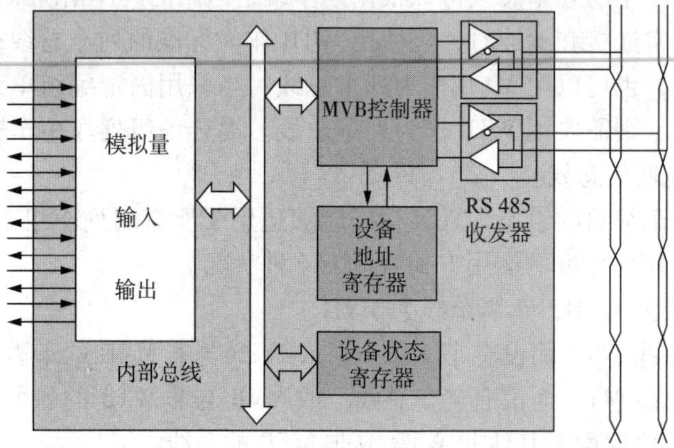

图 3-20　1 类设备内部结构图

③ 2 类设备：具有传输设备状态、过程数据和消息数据的功能，是一种配有应用处理器的智能输入输出设备，但用户不可编程。

④ 3 类设备：具有传输设备状态、过程数据、消息数据和用户可编程的功能。如图 3-21 所示。

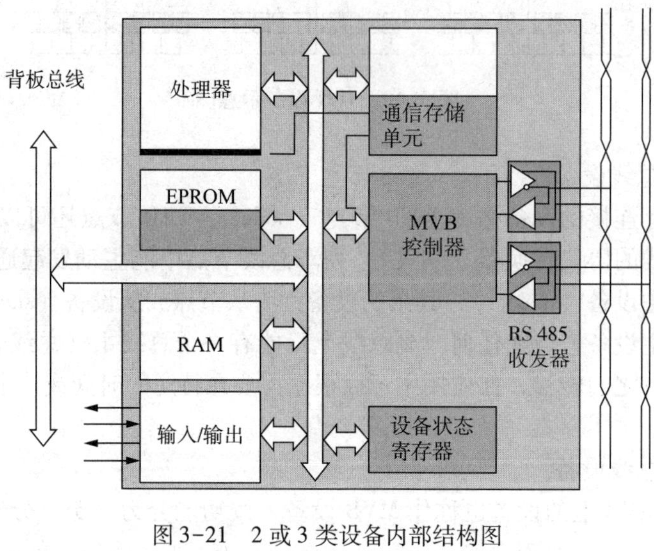

图 3-21　2 或 3 类设备内部结构图

⑤ 4 类设备：具有传输设备状态、过程数据、消息数据和总线管理的功能，还具有用户可编程的功能。

⑥ 5 类设备：具有传输设备状态、过程数据、消息数据和 TCN 网关功能，还具有总线管理器功能。带有总线管理器性能的网关可使 WTB 总线和 MVB 总线较好地同步。MVB 设备的性能与设备分类如表 3-1 所示。

表 3-1　MVB 设备的性能与设备分类

性能	性能说明	设备类别
设备状态	设备被轮询时能够发送出其设备状态	1~5
过程数据	设备被轮询时能够发送和接收过程数据	1~5
消息数据	设备被轮询时能够发送和接收消息数据。此性能说明设备能够执行实时协议，且在设备当中有一个网络管理代理者	2~5
用户可编程	用户程序可下载至此设备中。此性能说明设备具有传输消息数据性能	3~5
总线管理器	设备能够成为总线主。此性能说明设备具有传输消息数据、过程数据和设备状态的性能，并能够读取其他设备的设备状态	4~5
TCN 网关	设备能够访问至少一条另外的总线（MVB 总线或其他总线）。此性能表明设备具有传输设备状态、过程数据和消息数据的性能，并且只要至少有两条总线同时遵守实时传输协议	5

（3）设备地址。

总线上的设备使用设备地址（address）来进行标识。MVB 设备地址为 12 位，WTB 设备地址为 8 位，其中第 6 位为节点地址。连接几种总线的设备对每种总线可有不同的设备地址；某些特殊设备，如中继器，仅参与物理层，因而没有设备地址。设备地址主要用于总线上消息数据（message）的传送。另外，WTB 在开始组网时（运行一个“初运行”程序），需要设备地址进行节点的定位。

总线上的设备（除 0 类设备外）还具有一个或多个不受特定设备约束的地址，即逻辑地址（端口号），WTB 和 MVB 在进行过程数据（procedure data）通信时，都使用逻辑地址（端口号）作为源地址或宿地址，因此，逻辑地址也可被称为过程数据地址。

3）冗余与容错

TCN 协议支持多种冗余方式（主要是传输介质冗余和设备冗余）和容错。

（1）传输介质冗余。

WTB 总线和 MVB 总线的传输介质（双绞线）都是冗余结构。双绞线都采用 A、B 两对线，总线上的每个设备都与这两对线分别连接。运行时，设备或节点同时在两对线上发送信息，但只能在其中的一对线上接收信息。设备可以随机地在 2 对双绞线中的任何一对上接收信息，TCN 协议支持设备按照一种规则来回切换接收电缆。若设备在侦听时发现其中一对双绞线的信号发生故障，则可以固定使用另外的一对双绞线进行工作。当然，这种状态必须向主设备报告。

（2）设备冗余。

设备冗余主要是 WTB 主设备和 MVB 的总线管理器的冗余。TCN 协议要求在一条总线上至少有两个或两个以上的设备具有成为总线主的能力。在 WTB 总线和 MVB 总线的工作过程中，总是在不断地进行总线主转移（如果能够转移的话），以避免由于总线主设备的故障使得整个网络陷于瘫痪。如图 3-22 所示，在 MVB 上，总线主权由交互的总线管理器来行使，在 WTB 上，当总线主故障时，任何节点均可行使总线主权。

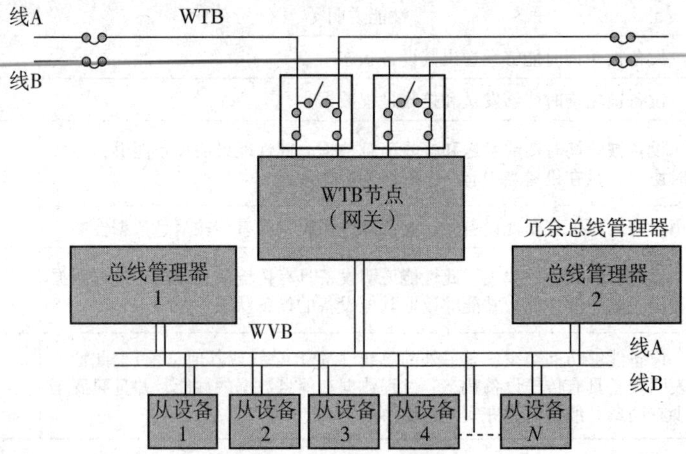

图 3-22　TCN 的冗余

（3）容错。

TCN 协议的容错主要是指在出现故障时，功能单元继续执行所要求功能的能力。由于过程数据是周期性地广播发送（周期时间为 ms 级），因此，对于其中个别的一次性数据错误，很快就会被下次的数据覆盖，不会影响系统的运行。消息数据的传输是点对点的传输，TCN 协议定义了数据传输过程中的重发机制，如 WTB 总线采用的是遵循 HDLC 规范定义的数据重发机制。TCN 协议还允许 WTB 设备切换，在切换时，消息改变路径，发送到当前在线的单元。通过一次初运行，备用的 WTB 节点接管故障节点的功能，如图 3-23 所示。

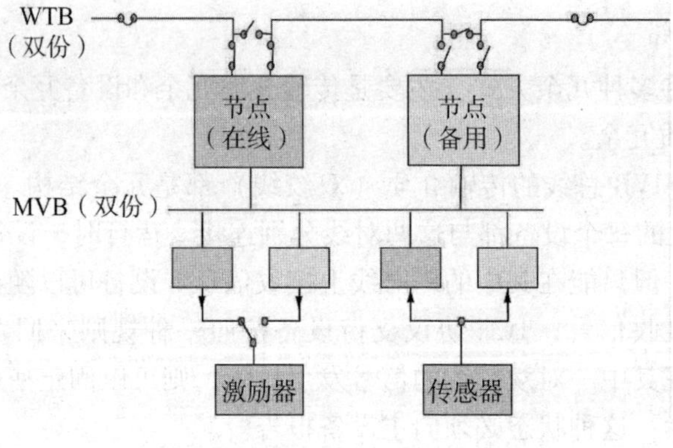

图 3-23　TCN 协议的容错机制

2. TCN 的实时传输协议

实时传输协议（RTP）是一个应用与另一个应用能在列车通信网络上可靠准确通信所遵循的准则。这些应用可能位于车辆内或车辆间。为此，RTP 使用网关来连接不同的总线，提供过程变量和消息两类通信服务。如图 3-24 为不同车辆间的应用通信。

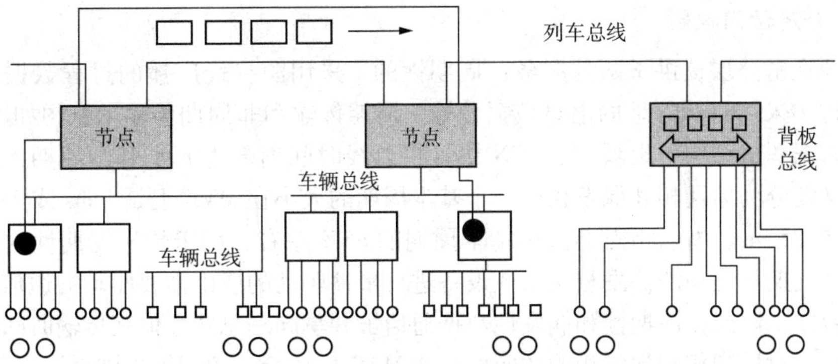

图 3-24 不同车辆间的应用通信

根据通信网上所传输数据的性质和实时性的要求，把通信网上的数据分为三类：过程数据、消息数据和监视数据。如图 3-25 所示。通信网采用不同的方式来传输这三类数据。过程数据是那些短而紧迫、传输时间确定和有界的数据，把列车运行的控制命令和运行状态信息定义为过程数据，如速度、电动机电流、操作员的命令等，过程数据的传输是实时的，即其传输时延必须在确定的时限内，否则会导致错误的结果。在实际运用中，通常以轮询式和源寻址的广播数据方式周期性地传输过程数据。消息数据是那些非紧迫的但可能冗长的信息，把诊断维护信息、显示信息和服务功能定义为消息数据，如诊断或旅客信息等，消息的长度在几个字节到几千个字节之间，是非实时的，其传输时延必须短，但允许变化。在实际运用中，通常以按需求和目的寻址的数据包方式非周期性地传输消息数据。监视数据是在监视设备状态、检测沉寂设备、总线主权转移、总线初运行时在通信网中传递的数据。在实际运用中，通常利用变量传送过程数据，利用事件驱动方式传输消息数据。

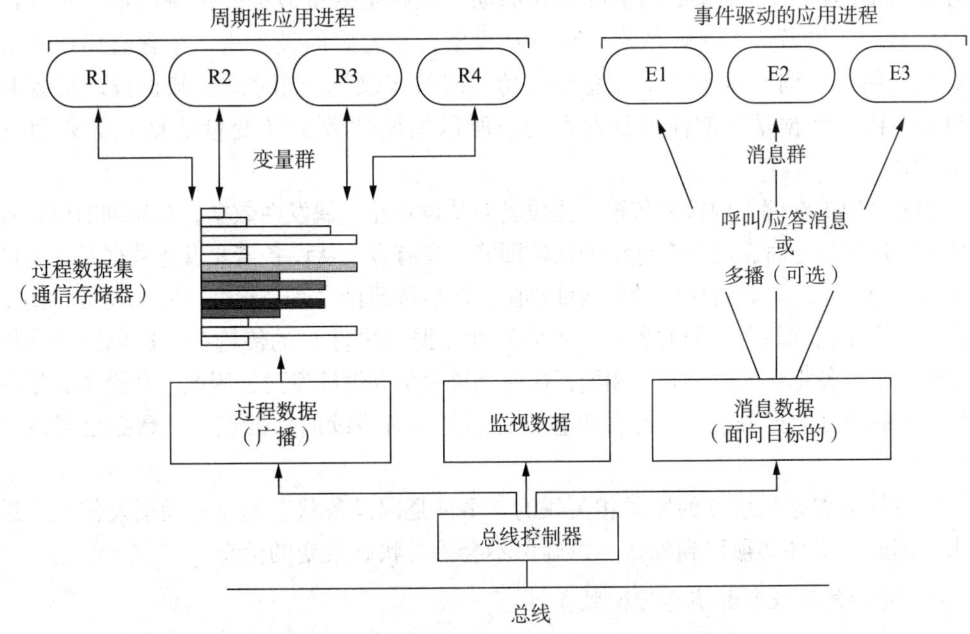

图 3-25 总线上传输的三类数据

1）介质访问控制

TCN 在链路层提供了两种服务：周期性的、采用源寻址广播的过程数据传输和按需传送、采用目标寻址的消息数据传输。周期传输和非周期传输示意图如图 3-26 所示。根据图的结构可以看到，TCN 协议将总线时间划分为 n 个基本周期，每个基本周期又划分为周期相和偶发相。一个基本周期的大小在 MVB 上是 1 ms 或 2 ms，在 WTB 上是 25 ms。周期相固定占用基本周期的 65% 左右，用于传送周期性的过程数据。两个周期相之间的偶发相用来让设备进行事件驱动的或由需要驱动的通信，即传送消息数据。因此，周期性和偶发性数据通信虽共享同一总线，但在传输时间上是完全分开的。对周期相和偶发相的访问由总线 MAC 层执行。访问策略则由更高层决定，周期性数据的轮询周期和偶发性数据的轮询优先级策略取决于应用。

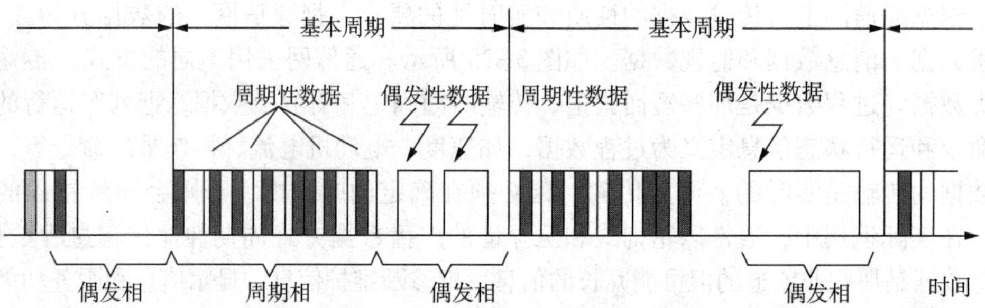

图 3-26　周期传输和非周期传输示意图

在周期性介质访问周期性数据时，其在总线的周期相是以一个基本周期的 $2n$ 倍（$n=0,1,2,\cdots,10$）为循环周期，该循环周期称为数据的特征周期。TCN 协议定义变量数据均为周期性数据，因此每个变量在运用中均需定义其特征周期，而运用中各个变量的最大特征周期则被称为宏周期，也就是变量数据的传输周期。在周期相内，总线主设备运用主帧依次轮询各从设备，被轮到的设备用一个含有周期性数据的从帧回答轮询（这种格式在总线初始化时被定义），同时该从帧也被广播到其他设备，因为数据是周期性重复发送的，所以周期性数据（变量数据）无须目标设备确认。

偶发性数据在偶发内按需传输。主设备对从设备轮询偶发性数据，被轮询的设备若有偶发性数据发送时，用带有标识的从帧回答。在有多个从设备需要发送数据时，主设备根据应用确定的策略将这些设备地址排队，然后按照排序逐个轮询这些从设备，偶发相的时间不能超越基本周期的界限。若偶发性数据（事件）的传输在一次偶发相内传输不完，主设备将在下一个偶发相期再次轮询该设备并继续发送，因此，从设备必须将比较长的偶发性数据分包，并在数据包内标示是否有后续的数据包或该数据已经发送完毕。

偶发性数据是与事件的发送相关联的，事件是因设备状态的改变而引发信息发送需求。因此，事件必须得到确认，以确保不会丢失状态改变的信息。

2）变量传输服务和消息传输服务

从应用层来看，TCN 协议提供了两种与总线无关的独立的应用服务，即为过程数据服务的变量传输服务和为消息数据服务的消息传输服务。TCN 提供的两种传输服务如图 3-27 所示。

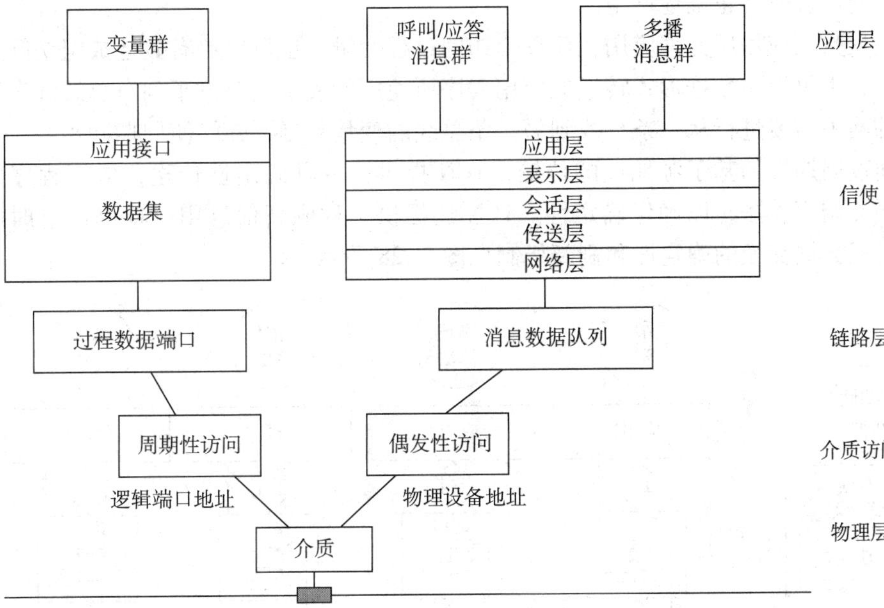

图 3-27　TCN 提供的两种传输服务

（1）变量传输服务。

过程变量是表示物理过程状态的量，通常被用于对过程的监视、控制和命令。过程变量的传输时间必须短而确定。实时传输协议（RTP）用于过程变量服务的协议是紧凑高效的，只包含三个层次：物理层、链路层和应用层。链路层处理端口和通信缓存的操作，完成协议的大部分工作。应用层处理过程变量的访问。

过程数据通信模式类似于生产者——用户模型，即源设备（生产者）向多个宿设备（用户）周期性传输其过程数据（产品）。过程数据由其逻辑地址（端口地址）区分，这种传输方式被称为源寻址的传输方式。

每个过程数据在源设备中有一个对应缓冲区，称为源端口；在每个宿设备中也有一个对应的缓冲区，称为宿端口。一个过程数据可以有多个宿端口，但只能有一个源端口，其逻辑地址由其源端口的端口号来标识，宿端口的端口号与发送数据的源端口的端口号相同；主设备用过程数据的端口号来请求有数据发送的源端口发送数据，接收该端口号的设备将数据存入其宿端口，并覆盖原来的数据。

一个数据集包含过程变量值和检查位，但不包含地址。每个过程变量由它相对于数据集起始地址的偏移量来标识。数据集的格式被预先确定，以供所有的总线成员使用。数据集存储在一个共享的通信存储器中，通信存储器可以分别由上位机和协议控制器独立地进行访问。从应用的角度来看，过程变量如同存放在一个分布式数据库中，不同设备中的应用可以同时访问它们。设备中的通信存储器实现了一个分布式数据库（部分或全部）的本地副本，而该副本是由总线传输数据来不断刷新的。

因为过程变量周期性地通过总线来发送，所以在数据偶然丢失或错误的情况下不

需要时可沿此线裁成活页

需要重传。为了对付持续的错误，总线控制器为每个端口配置了一个计数器，这个计数器表示在多久以前端口被刷新。此外，也可以随同每个过程变量发送一个校验变量以保证变量及时、正确地产生。

过程数据应用层允许应用程序逐个访问过程变量，也可以更有效地成组访问过程变量。它也可以将数据形式转换成应用程序所使用的表示法。位于列车总线和车辆总线间的网关需要进行从一条总线到另一条总线的变量复制，并能使周期同步。

通过周期性的基于源地址的传输，TCN 提供了一种确定性传送，应用程序应该采用循环调度算法，以确保确定性。TCN 还提供一种刷新信息用以检测出过时的数据。过程数据交换的确定性和刷新机制如图 3-28 所示。

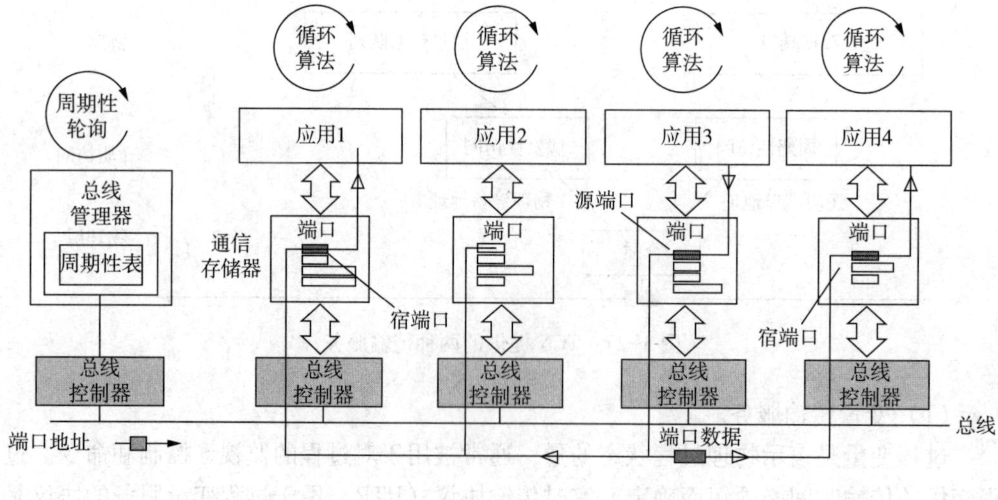

图 3-28　TCN 传输的确定性和刷新机制

（2）消息传输服务。

消息数据为应用程序提供消息服务。消息是在请求发送的前提下传送可能冗长但不频繁的数据项，如有必要，数据项可被拆分成若干小包。RTP 中用于消息服务的协议架构符合 OSI 的 7 层参考模型，包括：消息数据链路层接口（LMI），用于选择包在网络中传送路径的网络层，提供流量控制和差错恢复的传送层，配对呼叫消息和应答消息的对话层和消息的应用层接口（AMI）。

链路层处理数据在总线上的传输。消息数据作为偶发性数据按需传输，其传输延时随总线的负载变化而变化，所以消息数据是没有实时性保证的。消息数据传输方式是目标寻址的。数据从源（original）设备发向宿（final）设备或同一总线上的所有其他设备。总线上的每个设备需要有两个队列，分别用来接收和发送消息数据。

网络层处理分组的传输。由于一个应用程序并不需要了解其对方是驻留在同一总线、同一站，还是在网络的其他任何地方，也能使应用程序之间通过列车通信网络“透明”地交换消息。消息长度不确定，可从几个字节到几千个字节，因此消息采用分组的方式传输，长的消息在源设备中被分割成短的分组，依次发送，每个分组带有标识其源和目标的全部地址，在目标设备中分组再被合并成原来的消息。

消息有两种网络地址空间，均使用16位标识。图3-29是这两种16位网络地址的示意图，其中16位的第一位用于标识用户地址或系统地址，“0”标识为用户地址标识，“1”为系统地址。

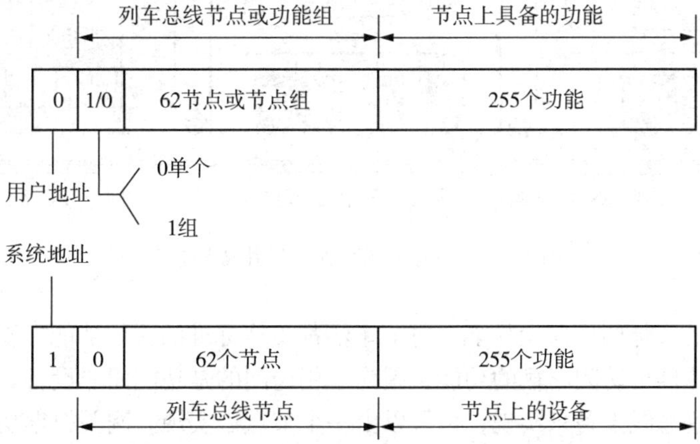

图3-29 网络地址的示意图

① 用户地址。用户地址是一种功能标识，用于标识不同的功能。用户地址中的高7位标识节点地址或节点组地址。例如，列车中的牵引功能包含有多个节点（车辆），地址中的低8位标识功能，共定义了255个功能。车辆的一种功能可以由车内多个设备共同完成，而一个设备也可同时支持多种功能。应用不需要知道一个功能位于何处，因而不用寻址设备，而只需要有寻址功能。这种寻址方式更好地适应了车辆和设备的多样性。

② 系统地址。系统地址用于在网络管理中区分不同的站（station），也就是具有通信能力的设备。这是一种物理地址。系统地址在网络中是唯一的，即网络上每个通信设备的地址是唯一的。地址中的高7位标识列车总线上的节点，低8位标识该节点上的设备（通信站）。如图3-29所示。

列车总线中各节点的网络层需要为分组确定其路由，因此，需要具有这两种地址空间的转换功能。在节点的网络层中必须设置一个功能地址映射到设备地址的功能目录和一个节点映射到通信站（设备）的站目录。

传输层为消息传输服务提供端到端的可靠连接。传输层负责数据传输和错误检测，负责将应用层传输的数据进行分段，并将数据段交给网络层进行传输。

会话层为应用程序提供远程调用服务。应用程序在客户机/服务器基础上通信。一个会话包含两个消息：一个是由客户机发出的呼叫消息；另一个是响应该呼叫，由远程服务器发出的应答消息。

表示层没有特定的协议，因为所有消息数据都按标准的格式传输。

消息传输协议的网络层、传输层和会话层被安排在一个任务内运行。这个任务被称为信使。应用程序通过应用接口使用信使的消息服务。

一个定义好的接口可确保应用程序的编写独立于通信系统。消息数据交换和应用程序接口如图3-30所示。

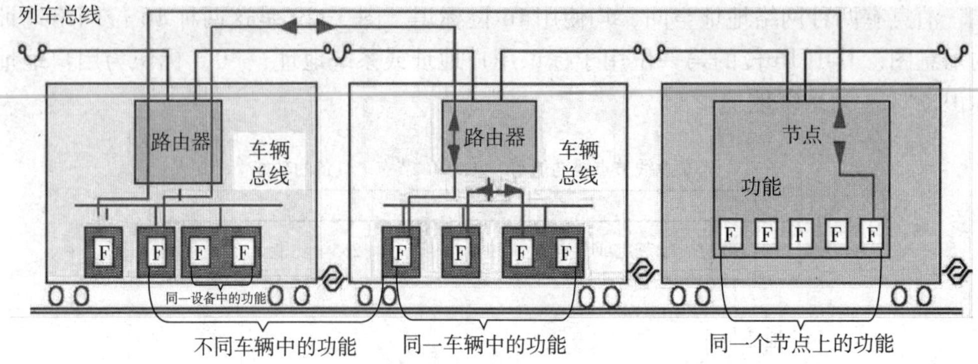

图 3-30 消息数据交换和应用程序接口

交换信息的实体叫作应用功能。每节车辆都支持标准的应用功能。不用了解其内部结构，列车总线即可访问车辆的功能，因为应用访问的是功能而非设备。功能既可以由一个或几个车辆总线设备来实现，也可以由一个节点来实现。网关根据功能目录推断出设备并路由消息到提供该功能的设备。需求驱动的消息数据通信如图 3-31 所示。

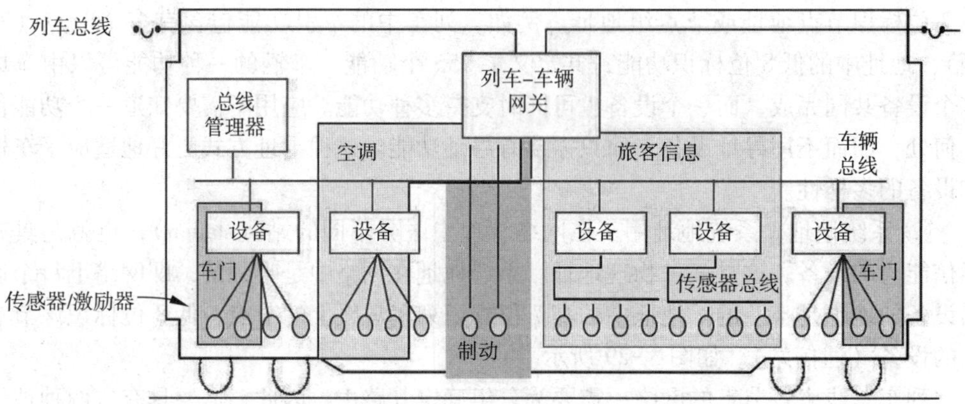

图 3-31 需求驱动的消息数据通信

3）变量数据

RTP 协议对变量数据做了严格的定义，所有在网络中运用的变量数据必须符合 RTP 的定义，以便应用层辨识。RTP 为变量定义了一个唯一的标识——变量名 PV_Name，变量名包含 6 个内容：变量存储的通信存储器号、变量的端口地址、变量在数据集中的位偏移量、变量类型、变量长度和该变量的校验变量的位偏移量。在变量名中，虽然存储器号、端口地址和位偏移量已经可以唯一地确定一个变量，但变量类型和变量长度运用有助于数据在网络和应用之间的转换。

① 变量存储的通信存储器号（traffic store ID）。由于协议允许每个设备可以有 16 个用于通信的存储器，存储器号用于标识 16 个存储器中的某一个。

② 端口地址（port address）。端口地址即变量所在端口的逻辑地址。

③ 位偏移址（offset）。变量在数据集中的位置距离数据集起始位的位偏移量，

位偏移量可以确定变量在数据集中的位置。

④ 变量类型（variable type）。RTP 协议定义了 16 种类型的变量数据，变量类型如表 3-2 所示。

表 3-2　变量类型

类型号（F_code）	数据类型	类型号（F_code）	数据类型
0	布尔型（BOOLEAN）	8	双极型（BIPOLAR）
1	非等价型（ANTI VALENT）	9	单级型（UNIPOLAR）
2	BCD 型或字段（ENUM）	10	双极型（BIPOLAR）
3	保留	11	无符号型数组（ARRAY OF UNSIGNED）
4	位集合（BITSET）	12	整型数组（ARRAY OF INTEGER）
5	无符号型（UNSIGNED）或字段（ENUM）	13	无符号型数组（ARRAY OF UNSIGNED）
6	整型（INTEGER）	14	整型数组（ARRAY OF INTEGER）
7	字符型（CHARACTER）或字节型数组（ARRAY OF WORD）	15	字节型数组（ARRAY OF WORD）

⑤ 变量长度（variable size）。变量长度用来确定变量数据的数据位，因此必须与变量类型同时使用。变量数据位数是变量长度的 16 倍。当变量长度是 0 时，变量数据位数在 16 位以下。

⑥ 校验变量的位偏移量（check offset）。如果一个变量具有其自身的校验变量，该参数标识这个校验变量所在数据集中的位置。

3. TCN 的网络管理

TCN 的网络管理如图 3-32 所示。TCMS 制定了一系列服务，用于列车通信网的试运行、测试、运营和维护。所有服务都是通过代理进程得到执行的。

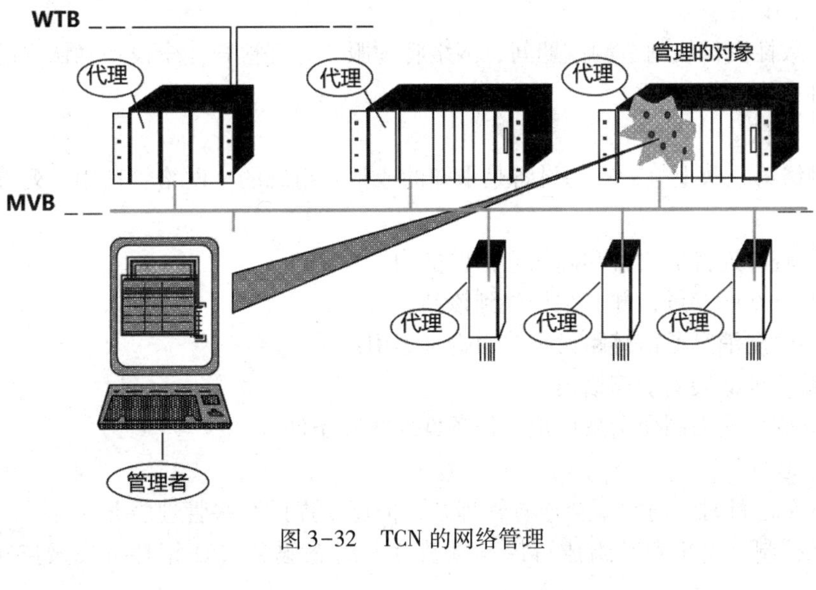

图 3-32　TCN 的网络管理

需要时可沿此线裁成活页

1）管理功能

列车网络管理主要完成站的管理和控制，站的故障监测、配置管理、性能管理及图形界面显示。

（1）网络测试。

网络测试就是对整个列车通信网的网络性能、网络软件、网络设备进行检查，其用途是：①了解网络工作情况和性能；②预防性维护；③故障定位；④恢复或改造后的验证。

（2）配置管理。

配置管理功能主要体现在列车初运行期间和网络正常运行期间。在列车通信网上电后，列车进行初运行。此时，网络管理者对列车的节点地址、方向、列车拓扑及路由目录等进行配置，确保整个列车通信网能进入正常工作状态。在列车通信网络正常运行情况下，配置管理可以改变网络配置，使网络在实际使用中具有相当大的灵活性、可扩充性和容错能力。网络的配置管理一般需在网络管理员的干预下才能完成。

（3）性能管理。

性能管理功能的主要目的是提供衡量网络通信有效性的手段，通过收集一些统计信息，然后通过对收集到的统计信息进行分析处理，来评估网络节点通信的有效性。

（4）故障管理。

列车通信网的网络故障管理十分重要。故障管理主要是对网络硬件故障、软件故障和总线进行管理。保证网络软件正确性和可靠性以及硬件电路的正确性、可靠性和电磁兼容性，这样才能保证网络在正常条件下正常工作。

2）管理阶段

列车网络管理提供一组服务，它们支持四个管理阶段：测试、调试、运行和维护。

（1）测试。

在一致性测试或制造测试期间，网络管理服务允许检查一个设备确认它的能力及强制某种操作。

（2）调试。

当网络第一次上电，它的设备是未知的或是未组态的。网络管理用下列方法使网络投入工作：

① 探查所连接的设备和确认它们的能力。

② 组态站的参量，并下载程序到该站。

③ 为建立消息通信链路设定路由选择索引。

④ 给管理器装周期扫描表。

⑤ 读变量或强制变量来模拟工作条件或故障条件。

（3）运行。

当列车运行时，通常不会连有管理站，但还是提供某些管理服务。

组态控制：由于列车组成可以频繁改变，组态服务（如拓扑分发及路由选择）

对所有应用都是有用的。

性能监视：集中在各个站的网络负荷统计，允许检测网络瓶颈及和谐程度或是检测网络缺陷。

出错监视：非正常的出错率揭示设计缺陷、损坏或处理出错，告知设备连接和解连。

（4）维护。

读出运行期间出错统计和记录的累计，以确认设备的故障。

任务评价

项次	简答题	要求	分值	得分
1	简述 TCN 的结构体系	小组互评，教师总评	50	
2	简述 TCN 的实时传输协议原理	小组互评，教师总评	50	
合　计			100	

知识拓展

符合 TCN 标准的设备产品

在 TCN 标准正式颁布前后，国际上一些主要的铁路机车车辆及设备制造企业，如 Adtranz（Bombardier）、Siemens 和 Firema-Ercole Marelli 等相继推出了大量符合 TCN 标准的设备产品；其他一些专门生产配件的企业，如瑞士的 Duagon、捷克的 UniControl 等公司也推出了符合 TCN 标准的通信器件和设备。国际上 TCN 成功应用的项目很多，如英国的 BRClass92 列车、瑞典的斯德哥尔摩地铁列车、德国的 LRV 列车和 ET423 列车、瑞士的 IC2000 列车等，以及我国的 CRH 动车组、和谐号大功率电力机车及北京、上海、广州等多个城市的地铁列车。采用 TCN 标准的列车通信网络已成为轨道交通列车上运用最广泛的列车通信网络。

子任务 3.2.2　绞线式列车总线 WTB

学习目标

1. 素质目标

具有质量意识、安全意识。

2. 知识目标

熟悉 WTB 在单线或双线配置中的物理介质；熟悉 WTB 信号表示和冗余处理；掌握 WTB 帧和报文的格式及定时原理；理解并掌握 WTB 初运行过程及作用。

需要时可沿此线裁成活页

3. 能力目标

能够画出 WTB 帧结构图；能够简述 WTB 初运行过程及作用。

学习任务

WTB 在单线或双线配置中的物理介质；WTB 信号表示和冗余处理；WTB 帧和报文的格式及定时；WTB 初运行过程及作用。

任务实施

1999 年 6 月，TCN 标准（IEC 61375）正式成为国际标准。该标准将通信网络分成用于连接各节车辆可动态编组的列车级通信网络 WTB（绞线式列车总线）和用于连接车辆内固定设备的车辆通信网络 MVB（多功能车辆总线）。其中 WTB 总线由 3 种类型的电缆段组成：①沿车辆走的干线电缆（连贯的车辆只有一根干线电缆）；②连接不同车辆干线电缆的跨接电缆；③为到达各节点而对干线电缆进行延伸的扩展电缆。WTB 主要用于在经常改变其编组的列车中连接各节车辆的串行数据总线，其通信速率为 1 Mb/s，以专用屏蔽双绞线电缆为介质，无需中继器即可传输 860 m，最多可连接 32 个节点。为了提高可用性，WTB 采用了介质冗余原则，在各节车辆的每一侧各有一根电缆，如图 3-33 所示。数据在两条介质上同时发送，仲裁逻辑根据载波检测信号在两路接收信号间做出选择。为适应频繁改变其组成的列车组，WTB 被设计成通过手插式跨接电缆或自动连接器来实现车辆之间的互连。

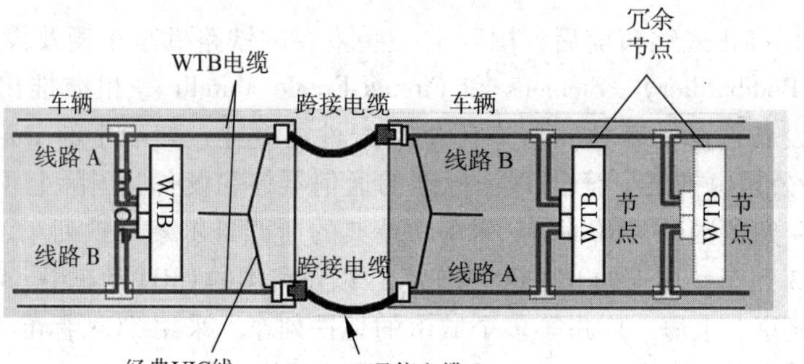

图 3-33　WTB 的冗余布线

1. WTB 参考模型

WTB 参考模型如图 3-34 所示。WTB 涉及以下 7 个方面的内容：

（1）在单线或双线配置中的物理介质。

（2）信号表示和冗余处理。

（3）帧和报文的格式及定时。

（4）总线通信的组织。

（5）主权分配和节点命名。

（6）节点或线路故障情况下的恢复过程。

（7）链路层接口和层管理接口。

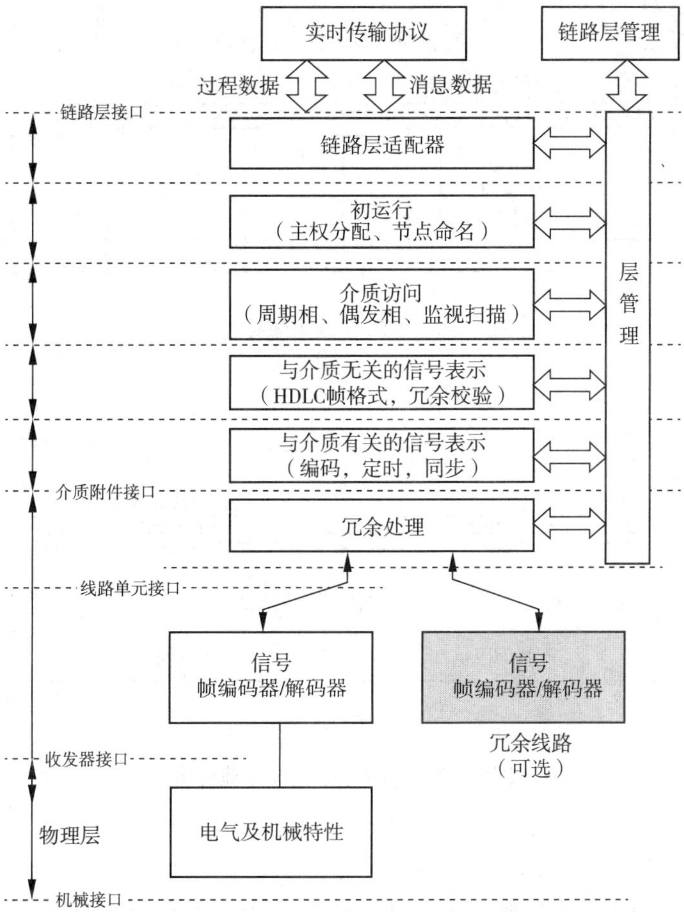

图 3-34　WTB 参考模型

2. 在单线或双线配置中的物理介质

WTB 的传输介质由列车中各节车辆内的干线电缆通过跨接电缆手动连接，或通过连接器自动连接而成。WTB 节点直接连接到干线电缆或经扩展电缆连接，没有分支反射的问题。正常工作时，每个节点都插入到干线电缆中，并连接两个总线段。中间节点将与其连接的两个总线段连接起来，无线路终端器。端节点使与其连接的两个总线段保持断开，使一个总线段朝向线路中间，另一个总线段朝向线路开路的一端，线路开路端接终端器。WTB 的拓扑结构如图 3-35 所示。另外还要求干线电缆接地屏蔽如图 3-36 和图 3-37 所示。

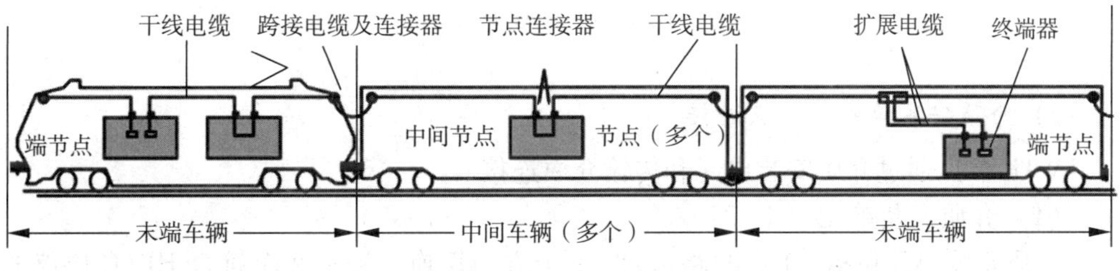

图 3-35　WTB 的拓扑结构

需要时可沿此线裁成活页

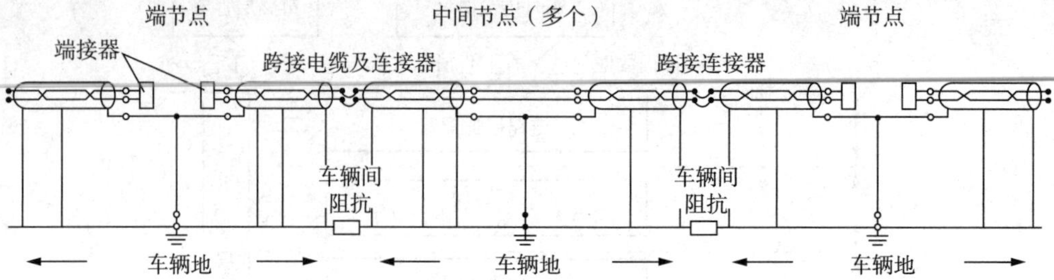

图 3-36　WTB 干线电缆接地屏蔽

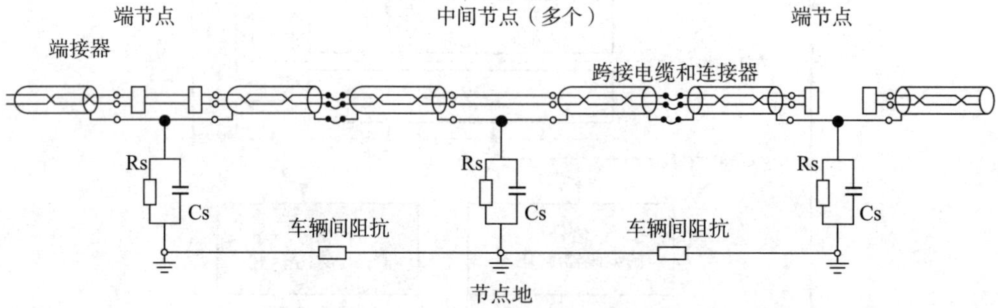

图 3-37　WTB 干线电缆浮地屏蔽

1）车辆方向

节点的方向对于左右的确认是非常关键的，应遵循以下约定：车辆的一个末端为末端 1，另一个末端为末端 2；节点的 Direction_1（方向 1）连向末端 1，Direction_2（方向 2）连向末端 2；如果 Direction_1 指向北，则车辆的西侧命名为 A 侧，东侧命名为 B 侧；节点 A 和 B 的命名遵循所在车辆的同样约定。车辆方向如图 3-38 所示。

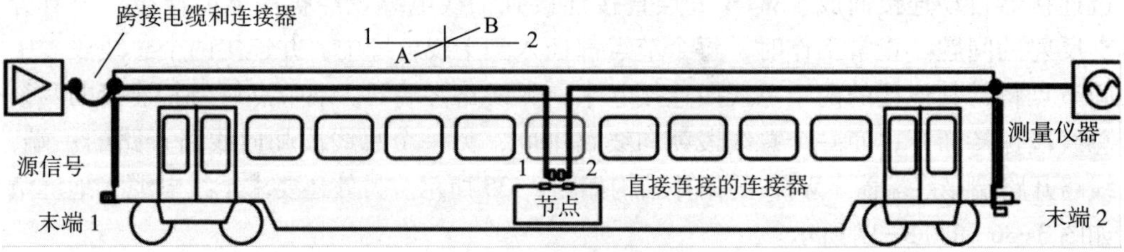

图 3-38　车辆方向

2）介质安装单元与节点连接

WTB 节点通过介质安装单元和传输介质连接。

（1）介质安装单元。

介质安装单元包括：1 个线路单元、1 个方向切换开关和 2 个符合 HDLC 协议的数据通道。线路单元内有两套一样的收发器，每套对应一个方向。收发器由曼彻斯特编/解码器、线路驱动/接收器和隔离变压器等组成。

介质安装单元中有一个总线开关和两套端接器。总线开关用于连接或断开两个方向上的线路，当其断开时端接器开关闭合，将两个端接器接在两端线路的末端，此时介质安装单元处于端节点状态；当总线开关闭合时两个方向的线路连接在一起，端接器开关断开，此时介质安装单元处于中间节点状态。

每套收发器各连接一个独立的HDLC数据通道，一个称为主通道，另一个称为辅助通道，HDLC数据通道和收发器之间有方向切换开关，可使主通道和辅助通道交换连接的方向。介质安装单元的结构如图3-39所示。

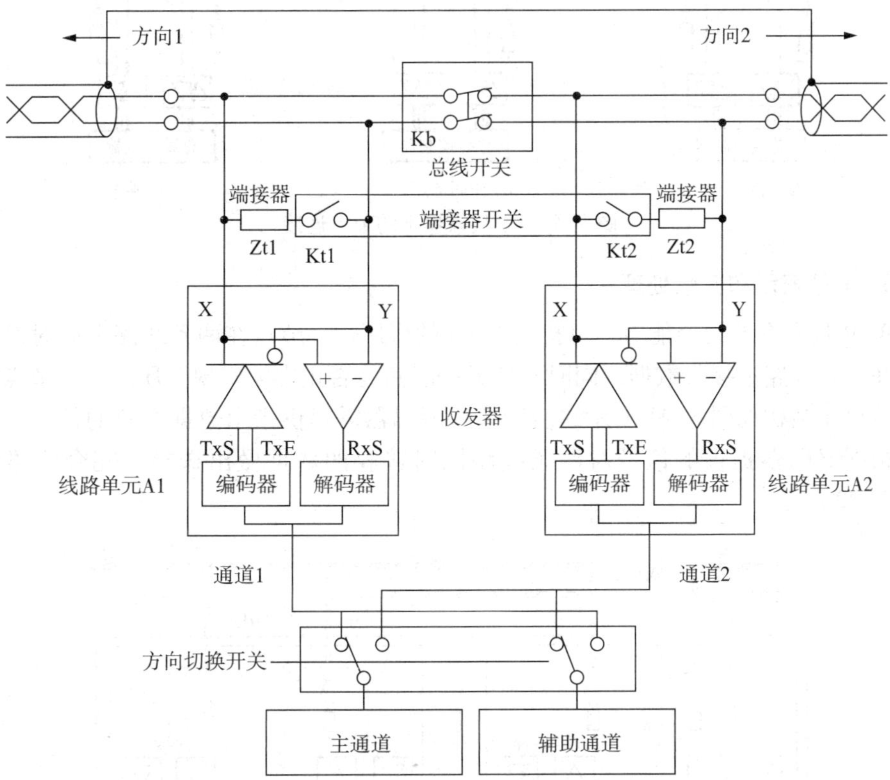

图3-39　介质安装单元的结构

（2）节点连接。

节点应被插入WTB电缆，每个节点与两个总线段相连，如果为中间节点，则此节点应使连接它的两个总线段具有电气连续性。如果为端节点，则此节点通过一个端接器终止连接它的总线段。端节点可通过它们的总线段独立地进行发送或接收，而中间节点则只有一个收发器使能。常规操作下的节点连接如图3-40所示。

需要时可沿此线裁成活页

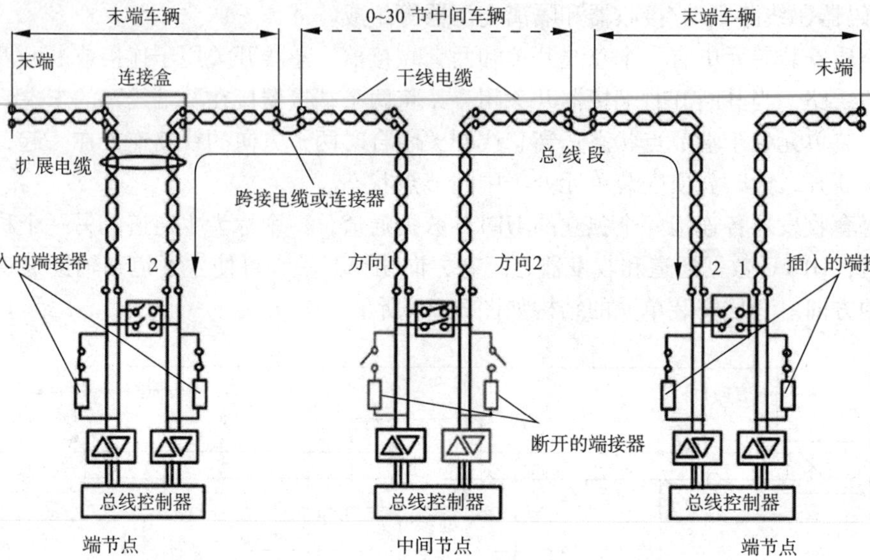

图 3-40　常规操作下的节点连接

3. 信号表示和冗余处理

WTB 具有介质冗余能力，可提高 WTB 的可用性，节点在两条线路上同时发送数据，在一条线路上接收数据，同时监视另一线路是否正常。实现介质冗余的节点其介质安装单元结构如图 3-41 所示，曼彻斯特解码器需提供指示数据有效的信号，仲裁逻辑根据解码器提供的信号对两条线路同时接收的数据做出选择。冗余线路设备如图 3-42 所示。

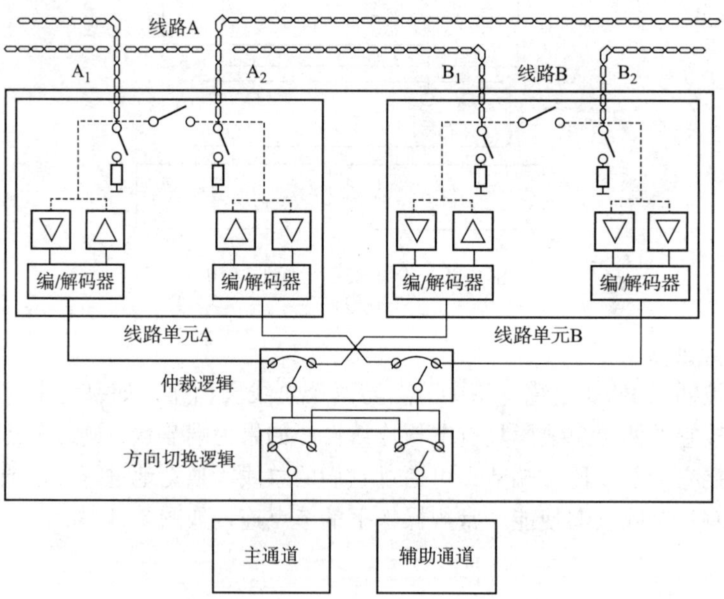

图 3-41　冗余线路单元

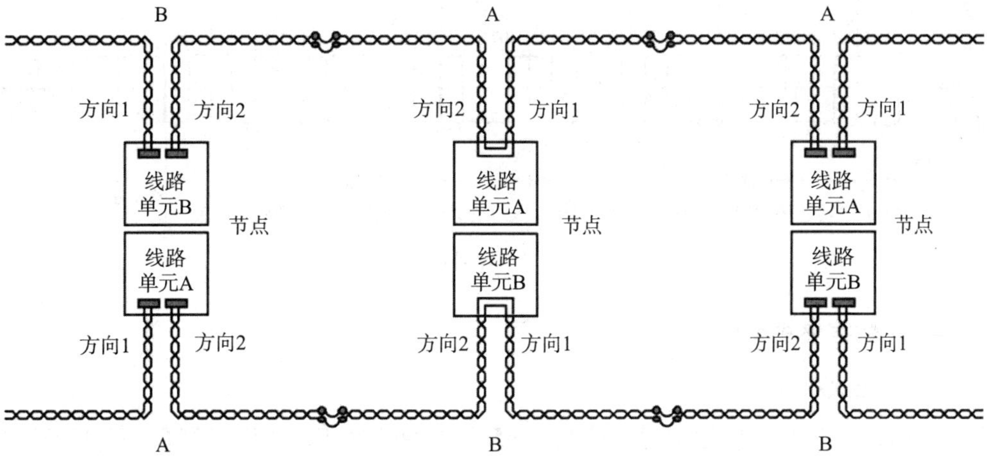

图 3-42　冗余线路设备

1）冗余线路单元遵循原则

（1）设计用于冗余连接的介质安装单元应通过独立的线路单元与线路 A 和线路 B 连接。

（2）应用于两个线路单元的节点设置应相同（末端设置或中间设置）。

（3）应保证一条线路断开时，另一条线路正常操作。

2）编码和解码

WTB 采用曼彻斯特编码发送和接收数据，信号在每一数据位码元中间时刻跳变，上升沿表示逻辑“1”，下降沿表示逻辑“0”，如图 3-43 所示，1.0BT 表示传输 1 个比特时间，0.5BT 表示传输 0.5 个比特时间。为确保接收同步，在每个传送的帧头部附加 16～32 位长度的前导码；在帧尾 HDLC 结束标志后附加结束分隔符。为提高接收的灵敏度，WTB 标准推荐使用一种统计数字信号处理器（statistical digital signal processor，SDSP）处理接收信号，它可将接收灵敏度提高 30 dB。

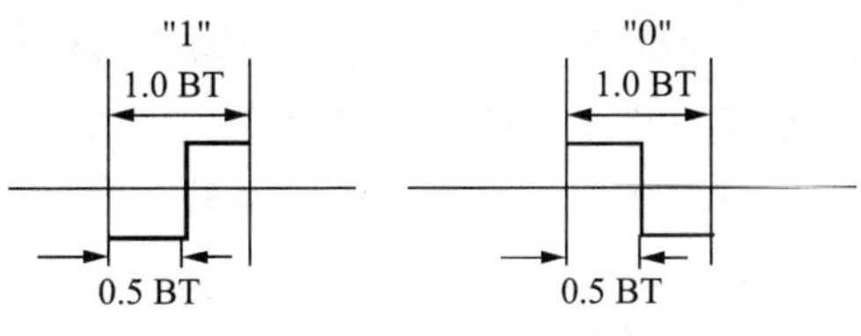

图 3-43　曼彻斯特编码

假定发送或接收的信号为二进制数字，信号没有偏置电平，在线路空闲时，接收的电平信号未定义。节点在进入空闲状态前，帧信号应作为以前导码开始、以终止分界符结束的正、负电平序列传送。WTB 编码和解码如图 3-44 所示。帧头由电平为“1”的起始位“S”开始，随后是若干个（“0”“1”）位对，最后一位是“1”。HDLC 标志符是“01111110”。帧由终止分界符结束，维持 2.0BT 宽的正电平，在正电平后附加了一个 2.0BT 宽的负电平，最后回到空闲状态。

需要时可沿此线裁成活页

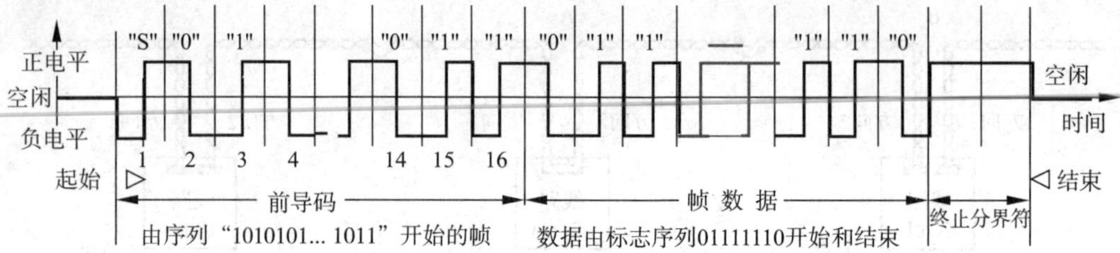

图 3-44 WTB 编码和解码

4. 帧数据格式和报文定时

1) 帧数据格式

WTB 上所有传输的数据都遵循图 3-45 所示的帧格式，该格式符合 ISO 13239 中的 HDLC 标准。

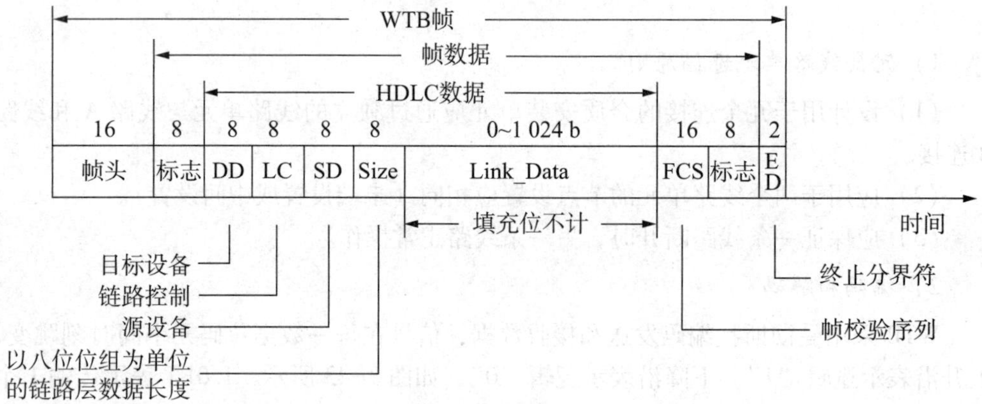

图 3-45 帧数据格式

为保证解码器的同步性，在帧头处设置了 16 ~ 32 位的前导码，默认长度为 16 位。帧头从电平值为“1”的起始位“S”开始。前导码由曼彻斯特编码器生成和译码器除去。帧头之后有两个标志字段，都用 8 位标志符“01111110”来界定帧数据的开始和结束。图中 HDLC 数据第一个 8 位的 DD 字段表示目标设备（destination device）地址，是接收数据帧的节点地址；第二个 8 位的 LC 字段表示链路控制信息（link control），标识链路控制的帧类型，如主帧、从帧、命令、响应等；第三个 8 位的 SD 字段表示源设备（source device）地址，是发送帧的节点地址；第四个 8 位的 Size 字段表示链路数据个数，即传输链路数据（link_data）有多少个比特。link_data 字段表示传输的数据，每个帧最多传输 1 024 b 的数据。HDLC 数据之后 16 位的帧校验序列（frame check sequence）是发送节点发给接收节点的检验码，接收节点用于检测接收的数据是否正确。最后 2 位的 ED 字段为 WTB 帧结束分界符（end delimiter），它由曼彻斯特编码器生成和解码器除去。

如表 3-3 所示，对于不同类型的 WTB 帧其链路控制字段有不同的编码。链路控制字段允许被轮询的节点通过 4 个位发送偶发性传送请求、状态改变或初运行状态的信号。

①“A 位”：attention，请求发送消息数据。

②"C 位"：change，节点状态改变。

③"I 位"：inhabit，初运行禁止。

④"RI 位"：remote inhibit，远程初运行禁止。

表 3-3　WTB 帧链路控制字段编码

数据类型	帧类型	编码							
过程数据	过程数据请求帧/响应帧	M	0	A	C	I	0	0	0
消息数据	消息数据请求帧/响应帧	M	0	A	C	I	1	1	1
监视数据	检测请求帧/响应帧	M	1	0	0	0	0	0	0
	状态请求帧/响应帧	M	1	0	RI	0	0	0	1
	置中间状态请求帧/响应帧	M	1	0	0	0	0	1	0
	置端状态请求帧/响应帧	M	1	0	0	0	0	1	1
	消名请求帧	M	1	0	0	0	1	0	0
	命名请求帧/响应帧	M	1	0	0	0	1	0	1
	拓扑请求帧/响应帧	M	1	0	0	0	1	1	0
	存在请求帧/响应帧	M	1	0	RI	I	1	1	1

WTB 使用了 3 种手段来保证数据的完整性：第一，利用曼彻斯特编码器提高了检错能力；第二，采用 16 位的 CRC 标准校验序列，提供高强度的错误检测；第三，链路层数据长度校验功能比较该域和实际接收到的链路层数据字节数，将两值不相等的帧丢弃，从而提高检测帧同步错误的能力。

2）报文定时

WTB 每个总线段都在一个主节点的控制下进行通信，主节点自主发送请求帧，从节点只有在收到主节点的请求帧时才能发送数据。WTB 的每次数据传输都以一对帧形式完成。主节点通过发送一个包含请求的主帧，在一个从节点与其他一个或几个从节点之间建立通信链路，被主帧选中的从节点以包含其要发送数据的从帧响应主帧。主帧与从帧之间有明确的定时关系，这样一对包含相关的请求帧-主帧和响应帧-从帧的组合被称为报文（telegram）。WTB 报文由总线主设备发送的一个主帧和总线上目标设备响应此主帧发送的从帧组成。WTB 有 3 种类型报文：过程数据报文、消息数据报文和监视数据报文。报文如图 3-46 所示。

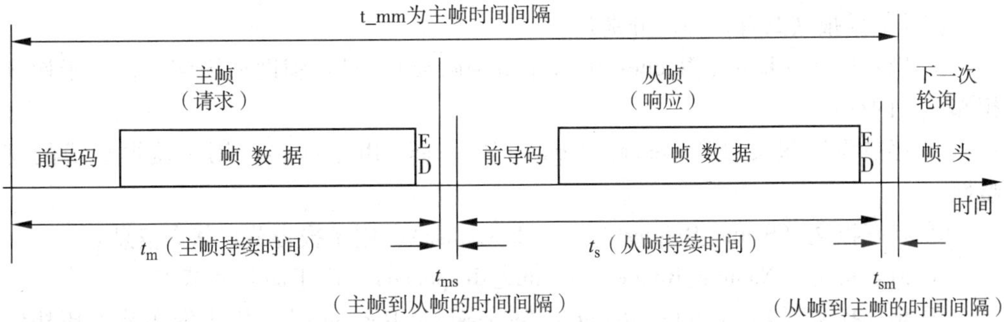

图 3-46　WTB 报文

（1）过程数据报文。

主设备将通过发送一个过程数据请求帧请求另外一个节点（或它自己）发送过程数据，或发送过程数据至某个节点（可选），被寻址的节点将用一个过程数据响应帧响应它，同时广播给其他所有节点。过程数据报文可使用末端设定，通常用于更新分布式过程数据库。过程数据报文如图 3-47 所示。

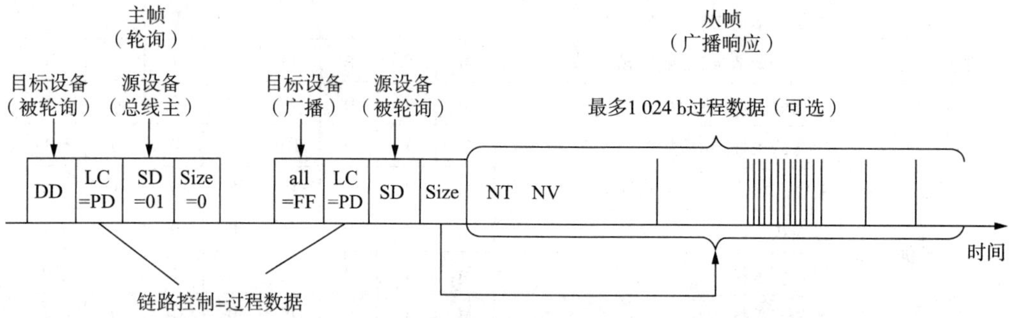

图 3-47　过程数据报文

（2）消息数据报文。

主设备将用消息数据请求帧请求其他节点（或它自己）发送消息数据，被寻址的节点用消息数据响应帧响应，目的地址为单个节点地址或广播地址。消息数据报文用于消息的传送，如图 3-48 所示。

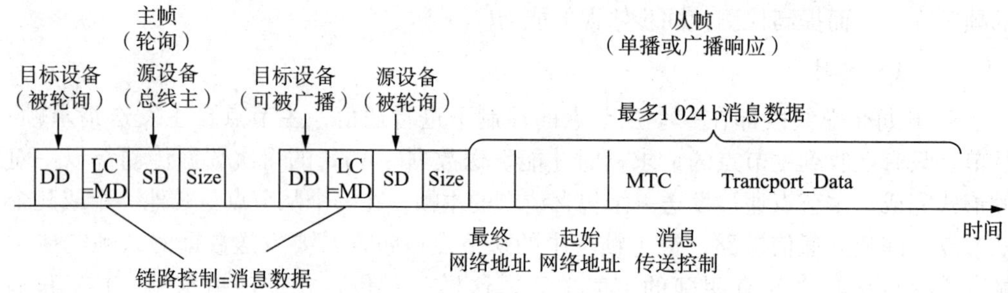

图 3-48　消息数据报文

（3）监视数据报文。

监视数据报文用于总线监视和初运行，如图 3-49 所示。

监控数据报文共有八种，分别是：

① 检测报文（Detect_Request/Detect_Response），只在辅助通道使用，用于检测相邻节点的存在。

② 存在检测报文（Presence_Request/Presence_Response），用于监视总线的完整性。

③ 状态报文（Status_Request/Status_Response），用于报告节点状态信息。

④ 命名报文（Naming_Request/Naming_Response），用于命名从节点。

⑤ 拓扑报文（Topography_Request/Topography_Response），用于发布节点拓扑信息和初运行数据。

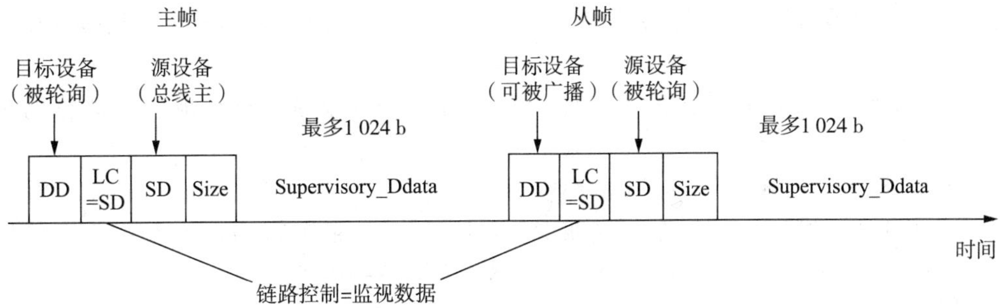

图 3-49　监视数据报文

⑥ 置中间状态报文（SetInt_Request/SetInt_Response），用于将从节点置为中间设置状态。

⑦ 置端状态报文（Setend_Request/Setend_Response），用于将从节点置为端设置状态。

⑧ 消名报文（Unname_Request，无响应），用于将已命名的节点置为未命名状态。

在收到主设备帧后，从设备总是以同种类型的帧应答。监视数据报文在主帧和从帧中均可以传输数据。

5. WTB 的介质访问控制

WTB 的介质访问控制方式为主/从控制方式，即总线上唯一的主节点控制介质的访问，所有其他节点为从节点，只在收到主节点请求时才能发送数据，主节点将总线带宽以 25. 0 ms 为基本周期进行分配，基本周期又被分为周期相和偶发相。周期相用于传输实时过程数据，每帧过程数据中可包含多个相同传输周期的变量。每个基本周期开始是周期相，在此期间主节点按在初运行过程中生成的周期列表依次请求各发送过程数据的节点向总线广播其过程数据，想要发送消息数据的节点还在其数据中发送一个请求标志，主节点将记录此请求。偶发相位于周期相后，在此期间主节点向请求发送消息数据的节点依次发送传送请求，收到请求的节点把要发送的消息数据发向目的节点。这种介质访问控制方式可保证实时变量传输的确定性。

实时变量的最大传输延时只与总线的基本周期有关，而与总线负载情况无关。在过程数据和消息数据之间，主节点还发送一些监视数据以请求监控总线状态。主节点在总线初运行期间记录各从节点的节点周期和过程数据长度，然后根据这些信息生成周期性数据的轮询次序。各从节点的节点周期是由各自的应用预先定义的，为基本周期的 $2n$ 倍($0 \leqslant n \leqslant 7$)，周期最长的节点周期被称为总线的宏周期。当节点数增多时，总线的周期相变长，而偶发相缩短。这保证了过程数据传输延时的确定性，但可能导致消息数据没有足够的带宽可用，使消息数据的传输延时增加。主节点将在宏周期内各基本周期的周期相长度尽量平均化，使过程数据负载均衡。如果宏周期内周期相的平均占用时间大于基本周期的 60%，主节点使周期最长的节点的周期依次加倍，直到满足这个标准为止。

为了保证总线的完整性，主节点在每个基本周期内交替检查两个端节点的存在，

需要时可沿此线裁成活页

总线上的所有节点都监视端节点是否存在，同时也监视是否有额外的节点连接到端节点上。

主设备节点负责介质访问，其他所有节点都是从设备，只在被主设备轮询时响应。

常规操作中，主设备实施循环操作。它把总线动作分配到若干基本周期（basic_periods）中去完成。基本周期由一个周期相（periodic phase）和一个偶发相（sporadic phase）组成。WTB 周期和数据传输如图 3-50 所示。

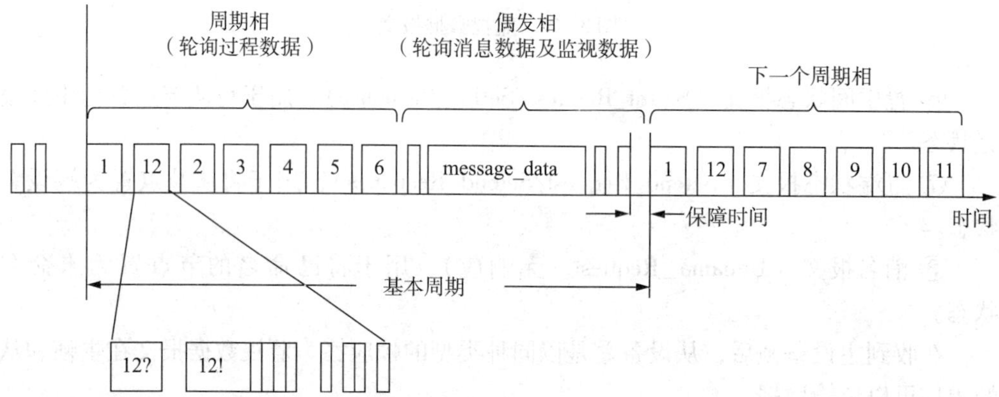

图 3-50　WTB 周期和数据传输

为保证过程数据确定、及时地发送，主设备按事先定义的间隔（即节点的特征周期）轮询各节点以获取周期性数据（periodic_data）。在两个周期相之间的固定时间内，主设备轮询从设备以获取偶发性数据：消息数据和监视数据。

当组成改变时，每个节点向主设备声明自己要求在哪个周期被轮询。主设备据此为节点建立轮询策略。

基本周期固定为 25 ms，带有紧急过程数据的节点可以请求每个基本周期被轮询一次（图 3-50 中给出了牵引车厢的节点 1 和节点 12），不带紧急过程数据的节点（如车厢）以特征周期被轮询。特征周期的长度是基本周期的整数倍。

车厢数量增加时，周期相延长而偶发相缩短。这样做可以使周期性数据的发送时延与车厢的数目无关，消息数据则相反。

应用程序负责确保足够的时间用于偶发数据。例如，如果主设备每 25 ms 轮询 10 个节点，轮询一个设备的时间是 1 ms，那么剩余的 15 ms 用于偶发数据。如果节点的数量增加到 20 个，仅剩下 5 ms 用于偶发数据，这可能太短。

对于偶发数据，主设备只能顺序轮询从设备。为了缩短搜索时间，从设备在被轮询时发出有偶发数据要发送的信号。主设备接着在周期相后再次轮询该从设备，获取偶发数据。这种方法只适用于节点较少的情况，而在支持较多个（不超过 4 096 个）设备的 MVB 上，利用仲裁机制快速找到需要发送消息数据的节点。

在每个基本周期中，主设备检测组成部分的完整性（列车缩短或失效）和纯粹性（列车变长增加的附加节点），并轮询端节点。如果端节点本身就是主设备，主设备仍然轮询自己并响应自己，以便让其他节点检查到它的存在。

6. WTB 初运行

每当列车组成发生变化时，特别是车辆编组或解编组时，总线主设备重新配置总线，构建 WTB 的新网络拓扑，这个过程称为初运行。初运行过程中，所有的节点将各自电缆段进行电气连接，形成两端带终端连接器的单一总线；每个节点收到一个标识其相对于总线主的位置和方向的唯一地址，并通知总线主它的特征周期和节点描述符；每个节点均接收一个称为构形的描述符，该描述符显示其他节点的地址、位置和描述符。初运行完成后各节点可获得列车拓扑、车辆的型号种类和车辆动力学特性等信息。

总线主节点控制 WTB 初运行。按照节点能否具有行使总线主身份的能力，WTB 节点被分为三个级别：强节点、弱节点和从节点。

（1）强节点（strong node）。强节点是应用过程中被指派的节点，每个段只能有一个强节点来控制。行使总线主身份的强节点被称为强主节点（strong master），在一个编组中通常只存在一个强主节点。

（2）弱节点（weak node）。弱节点为应用程序允许其在任何可能的时候成为总线主节点的节点。行使总线主身份的弱节点被称为弱主节点（weak master）。在一个编组中应用程序可指定几个或所有节点为弱节点，通过执行初运行和指定另一节点为总线主来克服原总线主故障。

（3）从节点（slave node）。从节点为应用程序不允许其在任何时候成为总线主节点的节点。

总线上的主节点是由一个在总线上运行的仲裁机制来确定的，该仲裁过程保证总线仅被唯一的主节点控制。

WTB 初运行时给每一个节点分配一个地址。从主设备开始，主设备地址为 01。主设备定义方向 1 为“底部”，方向 2 为“顶部”。在方向 1 上从地址 63 开始降序排列从设备节点地址，该方向最后被命名的节点是底部节点。在方向 2 上从地址 02 开始升序排列从设备节点地址，该方向最后被命名的节点是顶部节点。主设备最多可以命名 62 个节点。WTB 初运行的地址分配如图 3-51 所示。

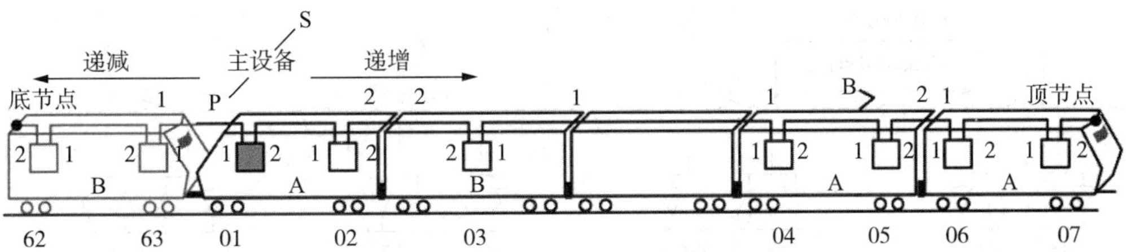

图 3-51　WTB 初运行的地址分配

初运行开始时，总线上除主节点外的各节点均处于未命名状态，节点地址均为一个专用的未命名地址“7FH”，介质安装单元为端节点状态。系统上电后只有主节点开始运行，其余节点均处于等待状态。主节点首先向其左、右两个方向探测是否存在节点，如果两个方向均有节点存在，主节点确认本身为中间节点；若只有一个方向存在节点，则主节点为端节点，然后主节点向存在节点的一个方向进行节点命名。其命名过程如下：

（1）主节点向已命名的仍为端节点的节点发送状态请求帧。

（2）状态请求帧使该端节点在其辅助通道发送检测请求帧，未命名的节点以检测响应帧向该端节点指示其存在。

（3）端节点以状态响应帧通知主节点：未命名节点存在。

（4）主节点向端节点发设置中间状态请求帧，端节点收到后将自身设置为中间状态，闭合其总线开关，然后以设置中间状态响应帧响应主节点。

（5）当未命名节点成为新的端节点时，可被主节点自动连接访问。主节点向其发送命名请求帧，赋予未命名节点新的节点地址。未命名节点接受命名，并以被授予的命名响应帧应答。

主节点每次在一个方向命名一个节点后，在另一方向上重复上述步骤（1）~（5），直到在两个方向上均没有未命名节点存在。其初运行过程如图3-52~图3-56所示。

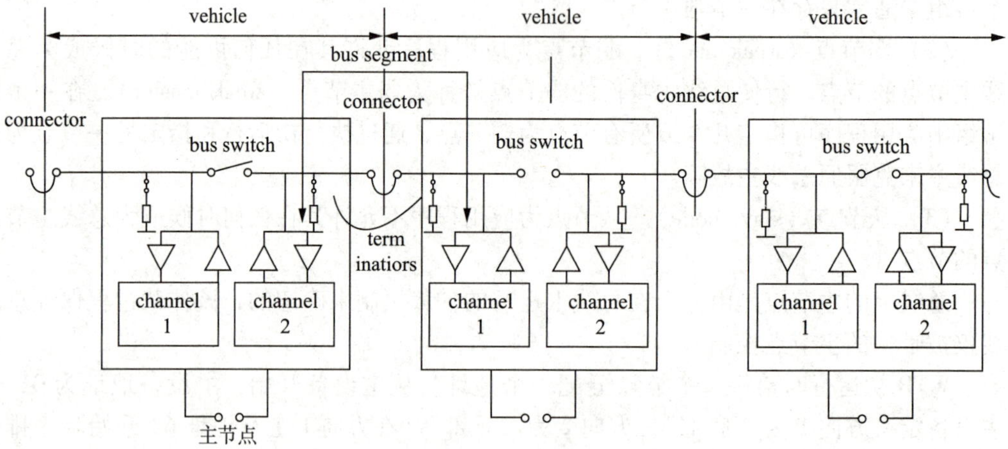

图3-52 列车初运行的基本电路

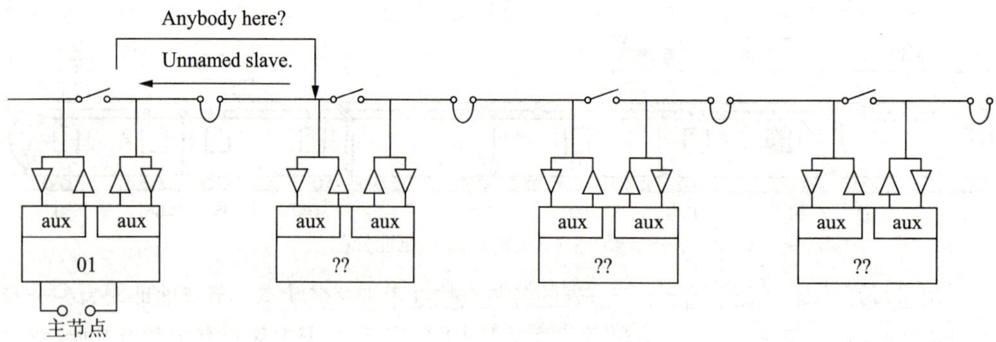

图3-53 节点01检测另一未命名的节点

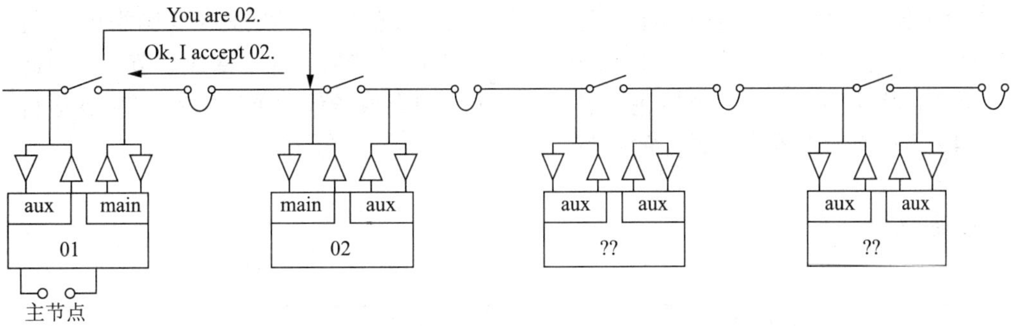

图 3-54 节点 01 给节点 02 命名

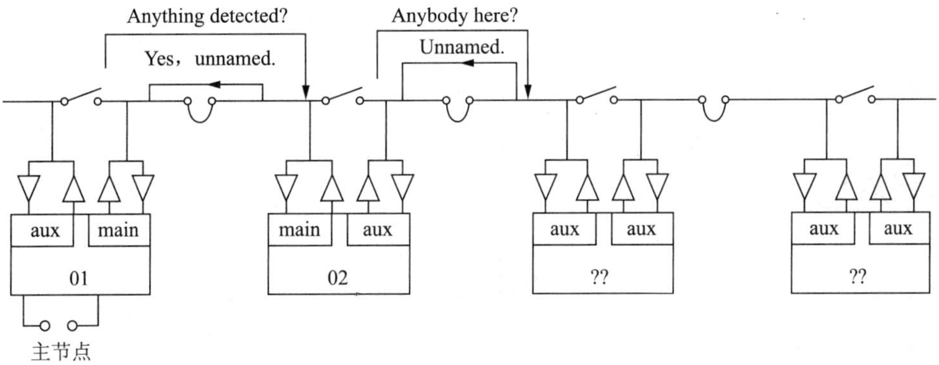

图 3-55 节点 02 检测另一节点，并向节点 01 报告

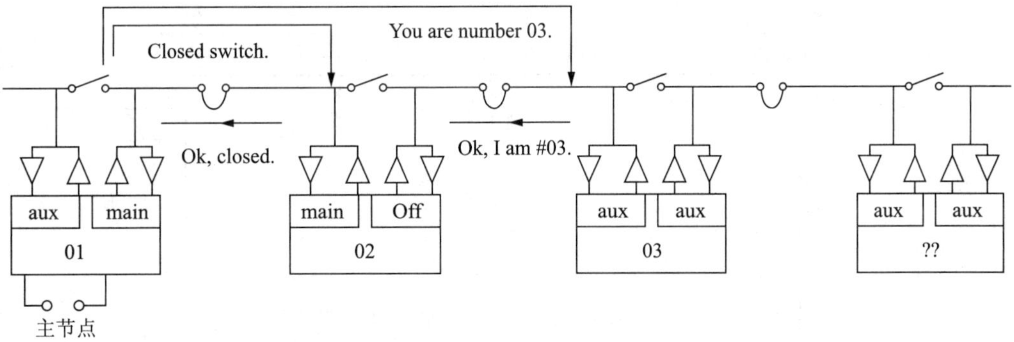

图 3-56 节点 02 拖延总线

主节点命名全部节点后就进入拓扑发布状态。主节点先根据命名过程中收集的各节点的节点周期和过程数据长度，计算和生成新的周期性访问次序表和各节点的节点周期，然后将各节点的节点周期和其他拓扑信息用拓扑请求帧分别发布到各节点。各节点以拓扑响应应答，其中包含各自的初运行数据（如 UIC 定义的初运行数据）。

拓扑发布完成后，主节点控制总线进入常规运行期，过程数据和消息数据可以开始传输。实际上初运行过程相当复杂，因为必须考虑编组的变化、主/从节点的失效和各种可能的错误和例外等。另外，初运行过程不仅关注各节点的正确编号和标识，而且需要关注低功率休眠模式（用于在蓄电池供电时防止蓄电池过放电）与正常模式间的转换。为了在总线中断或主节点故障的情况下可以快速恢复网络的运行，WTB设有主节点的冗余机制，即每个节点都可以在一定的条件下变成主节点。因此，在需要切换主节点时，只要备用节点满足成为主节点的条件，重新启动WTB初运行，备用节点就能自动获得主节点的身份。

任务评价

项次	画图题或简答题	要求	分值	得分
1	画出WTB参考模型	学生在职教云上答题，教师评阅	40	
2	简述WTB初运行过程	学生在职教云上答题，教师评阅	60	
合　计			100	

知识拓展

WTB初运行

1. 节点状态结构

节点状态结构如图3-57所示。

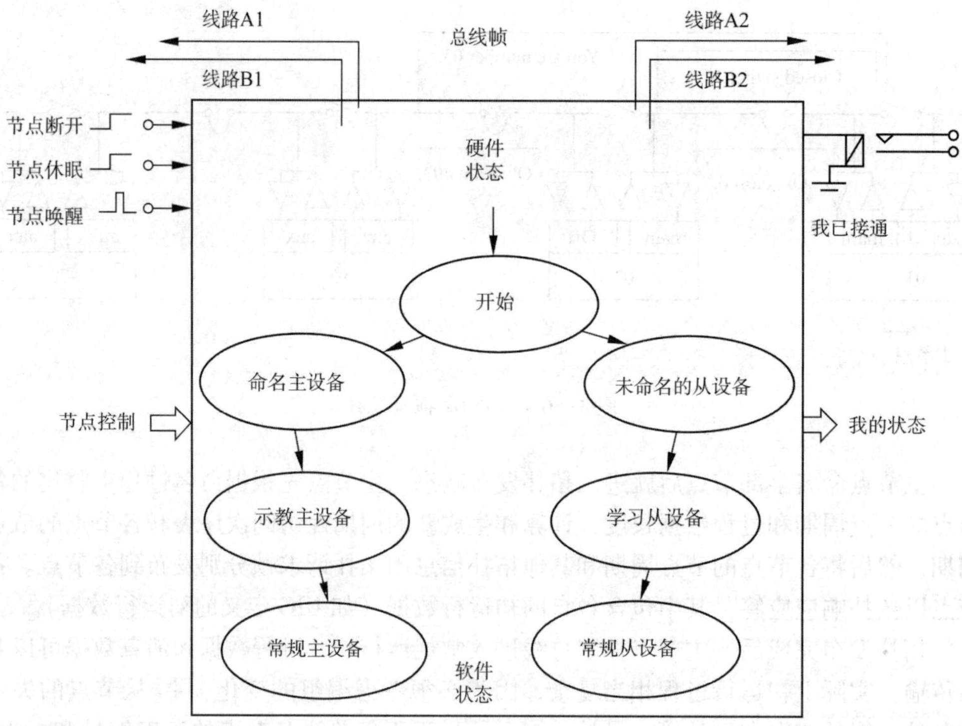

图3-57　节点状态结构

2. 初运行的决定

端节点向主设备报告一个未命名节点时，主设备将决定初运行是否可能。例如，列车速度高于5 km/h时，应用程序可能禁止初运行。为此所有节点在被轮询过程数据的过程中，会有规则地告知主节点它们应用程序的决定，只要一个节点不同意，初运行就会被禁止。之后主设备会在存在请求帧中重发节点的决定。

如果所有节点都允许初运行，主设备会停止常规运行，执行一个初运行。图3-58为一个典型常规运行时的命名，总线上所有节点均被命名。节点01是主设备，主设备作为端节点被画出，它也可以是一个中间节点。两个端节点采用端设置，总线开关打开，端接器被插入并且辅助信道被激活。中间节点采用中间设置。总线开关关闭，端接器被去除，辅助信道被禁用（图3-58中的空白三角形）。它们的主信道（图3-56中的黑色三角形）指向主设备。主设备在主信道上为过程数据和消息数据轮询节点。

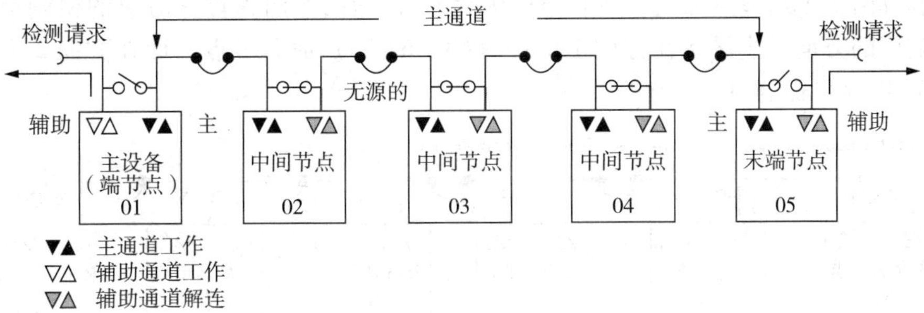

图3-58 常规运行时已命名节点的组成

3. 消名

在进行新一次的初运行之前，主设备先对它控制下的所有节点消名，并与未命名节点一道重新命名。为此，主设备连续三次对组中所有其他节点广播消名请求帧。已被消名请求帧明确消名的节点，在中断总线前先进入末端设定并等待一定时间，等待时间采用最高的超时，以防止它在被命名期间以弱主身份出现。在末端设定中，主设备把自己设定为“孤主”状态。所有节点都发送取消命名信号给各自相应的应用程序。

4. 未命名节点的检测和命名

主设备在每个基本周期用存在请求帧轮询一个端节点，端节点用存在应答帧响应，另一个端节点在下一个基本周期被轮询。如果主设备自身是端节点，那么它仍发送存在请求帧给自己，并以存在应答帧响应，因此其他所有节点都可以监视它的存在。如果末端节点接收不到检测响应帧，则在存在响应帧中报告“没有发现”。否则，以存在响应帧通知主设备存在未命名的节点。检测未命名节点过程如图3-59所示。

对于图中的组成，一个附加、未命名的节点7F被连接。当两个端节点实现通电连接后，通信就被建立起来了。未命名的节点7F收到一个来自端节点05的检测请求，它以一个检测应答帧回应，表示它是一个未命名节点。端节点 05 接收到这个检测应答帧后用存在应答帧发送一个表明有未命名节点出现的信号给主设备。

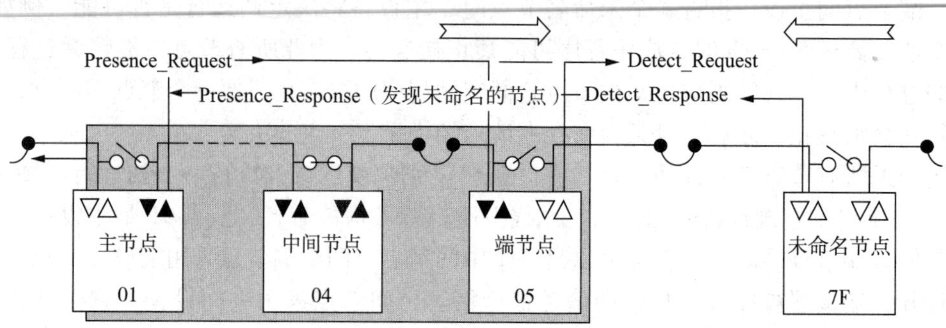

图 3-59　未命名节点的检测

为给节点命名，主设备交替地在每个方向上发送检测请求帧。主设备交替地在方向 1 和方向 2 上给节点命名（如图 3-60 所示），起始方向为首先对它的检测请求帧进行响应的方向。主设备在方向 1 降序（63、62 等）命名节点，而在方向 2 上升序（2、3、4 等）命名节点。

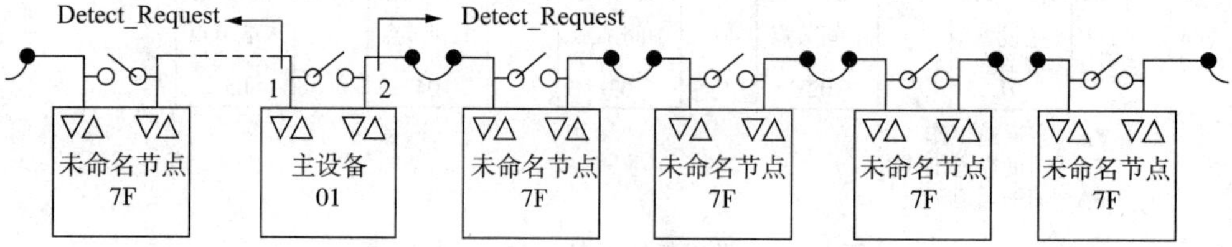

图 3-60　未命名的节点

每个节点命名的方案都一样。图 3-61 给出了一个未命名节点如何加入一个已命名的组的方法。

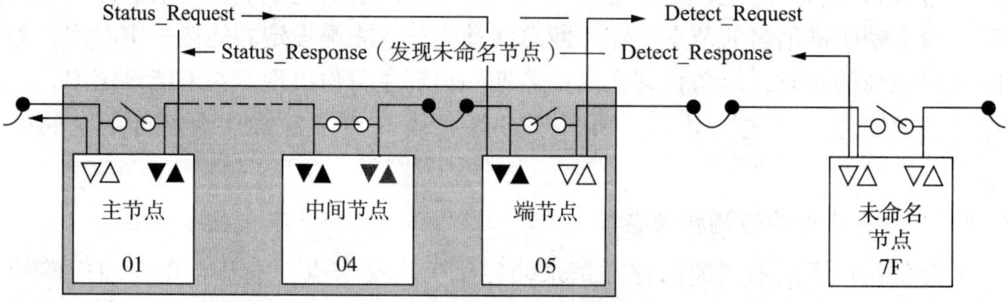

图 3-61　节点状态和检测

主设备发送一个状态请求帧（Status_Request）给端节点 05，端节点 05 就发送一个检测请求帧，未命名节点以检测应答帧响应。在状态应答帧（Status_Response）中，端节点 05 向主设备报告一个未命名节点的存在。然后主设备用设置中间节点请求帧（SetInt_Request）切换节点 05 为中间节点，端节点 05 靠一个设置中间节点应答帧（SetInt_Response）以及关闭总线开关来回复请求帧，如图 3-61 所示。

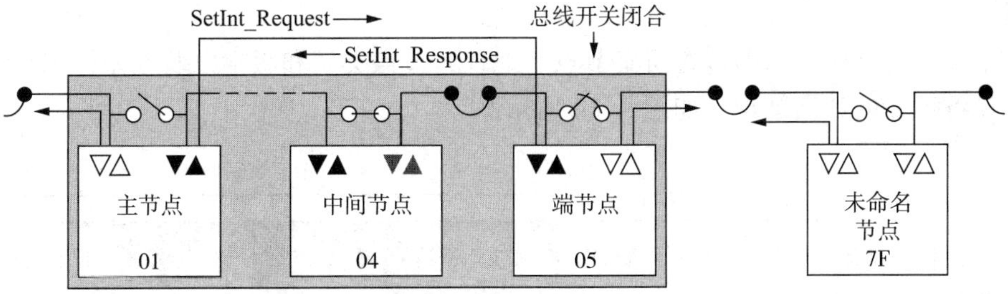

图 3-62 设置中间节点

主设备现在能直接访问未命名节点，并发送一个命名请求帧（Naming_Request），以分配地址“06”给新节点，该节点以一个命名应答帧（Naming_Response）确认命名，如图 3-63 所示。

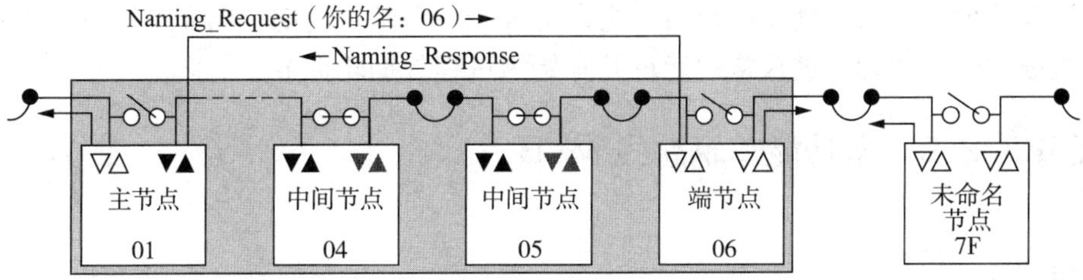

图 3-63 节点命名

先前未命名的节点成为组成中新的端节点，它关闭自己的辅助信道，并在主设备方向上接通主信道。在允许信道交换的时间段后，主设备发送一个状态请求帧给节点 06，新的端节点以状态应答帧应答。该应答帧包含新命名节点类型和版本的节点描述符、过程数据的帧尺寸和期望的轮询周期等信息。

状态请求帧也使端节点发送检测请求帧给开放的端，以检测更多节点，如端节点 05 的情况。如果状态应答帧报告有额外的节点，主设备发送一个设置中间节点请求以设置端节点 06 为中间节点，并命名下一个节点为 07。

每个附加节点的加入要求有以下 4 个报文：

（1）Status_Request/Slatus_Response；

（2）Detect_Request/Detect_Response；

（3）SetInt_Request/SetInt_Response；

（4）Naming_Request/Naming_Response。

每个报文占用 250 ms，从端设置到中间设置的切换要求等待 10 ms。在这期间总线不能使用。继电器关闭时间决定着命名间隔时间。因为主设备每 25 ms 命名一个节点，因此命名 32 个节点需 800 ms。每次在一个方向上命名一个节点后，主设备在相反方向上用状态请求帧与它命名的许多节点通信。状态请求帧可能又向主设备报告反方向上更多的节点。

5. 构形发布

当端节点在连续三次收到状态请求帧均未报告有更多的节点时，主设备将关闭初运行。主设备计算新的周期列表，并基于各节点期望的周期和帧尺寸来计算各节点的特征周期。

主设备建立构形，即包含所有节点、地址、节点类型和版本以及唯一标识初运行的主设备拓扑的数据结构，如图 3-64 所示。

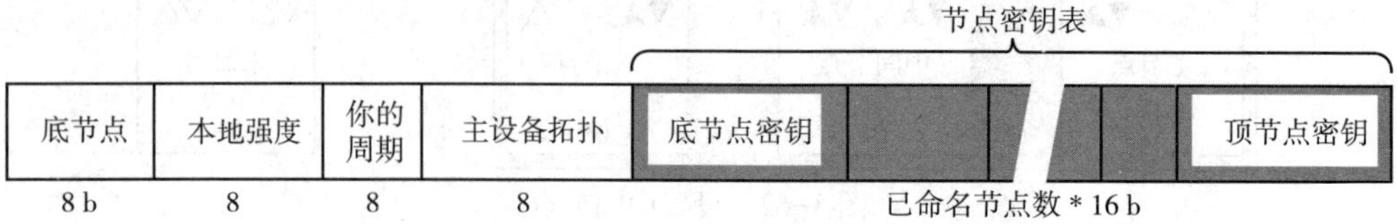

图 3-64　节点构形

然后主设备通过构形请求帧（Topography_Request）给每个从设备发布构形，每个从设备以构形应答帧（Topograph_Response）答复请求帧。

所有从设备确认收到新构形后，主设备等待一个基本周期，以允许所有节点更新过程数据，然后主设备进入常规运行并开始为过程数据轮询节点。

子任务 3.2.3　多功能车辆总线 MVB

学习目标

1. 素质目标

具有质量意识、安全意识。

2. 知识目标

掌握 MVB 的基本概念；熟悉 MVB 的传输介质；掌握 MVB 帧和报文的格式与定时原理；掌握 MVB 通信的组织原理；理解并掌握 MVB 主权分配与总线管理原理。

3. 能力目标

能够画出 MVB 帧结构图；能够简述 MVB 介质控制方式；能够简述 MVB 主权分配与总线管理原理。

学习任务

MVB 的传输介质；MVB 的基本概念；MVB 帧和报文的格式与定时原理；MVB 通信的组织原理；MVB 主权分配与总线管理原理。

任务实施

MVB 是一种主要用于有互操作性和互换性要求的互连设备之间的串行数据通信总线，它可以将一个车厢内或一个编组内的可编程设备互连，并可直接连接传感器和执行机构，为车厢内各设备功能的自动实现、信息传送、资源共享，以及各设备之间的合理配合提供了可靠、顺畅的交换通道，如图 3-65 所示。MVB 支持最多 4 096 个设备，其中有 256 个是能参与消息传送的站。

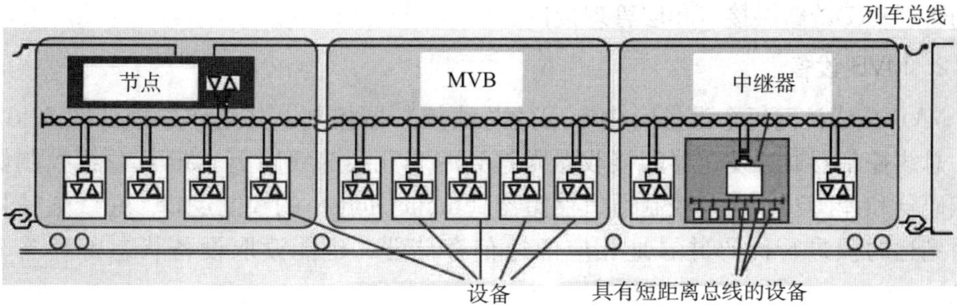

图 3-65 多功能车辆总线 MVB

1. MVB 参考模型

MVB 参考模型如图 3-66 所示，它涉及 7 个方面内容：①物理层，即单线结构和双线结构的物理传输介质；②信号产生和冗余处理；③被传送的帧和报文的编码与定时、同步；④总线通信的组织，包括链路控制、帧格式和内容；⑤主权的分配；⑥总

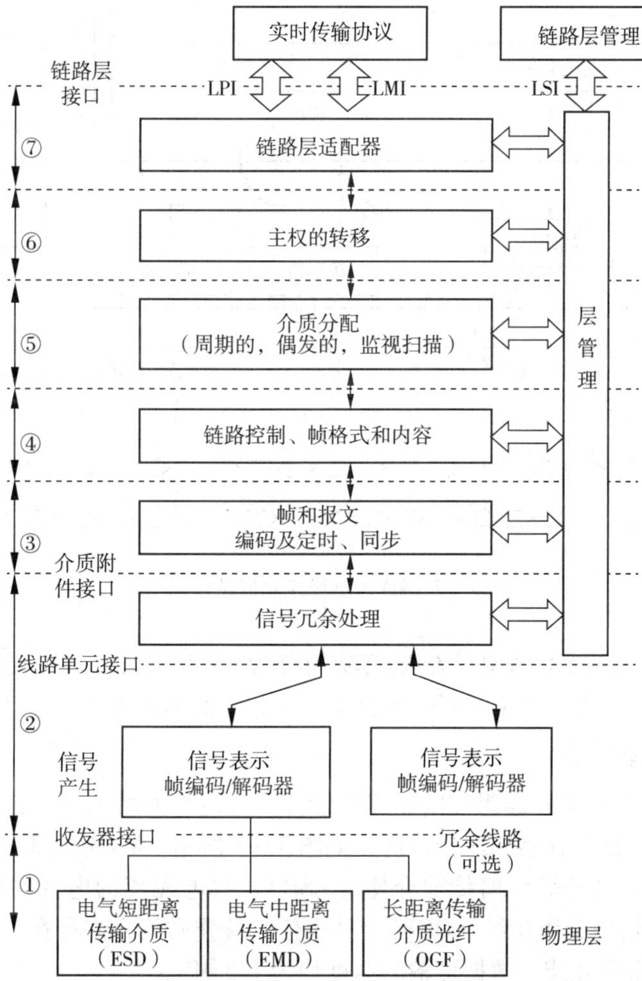

图 3-66 MVB 参考模型

需要时可沿此线裁成活页

线的管理；⑦链路层接口和层管理接口。

2. MVB 设备

MVB 总线访问每个设备时由专用的总线控制器控制，其工作原理如图 3-67 所示。总线控制器通过发送器和接收器附挂到两个冗余的线路上。MVB 总线控制器包含编码器和译码器，以及控制通信存储器（traffic store）的控制逻辑。总线通信控制器对到达的帧进行译码并寻址相应的通信存储器，也能读取设备状态寄存器上的信息。

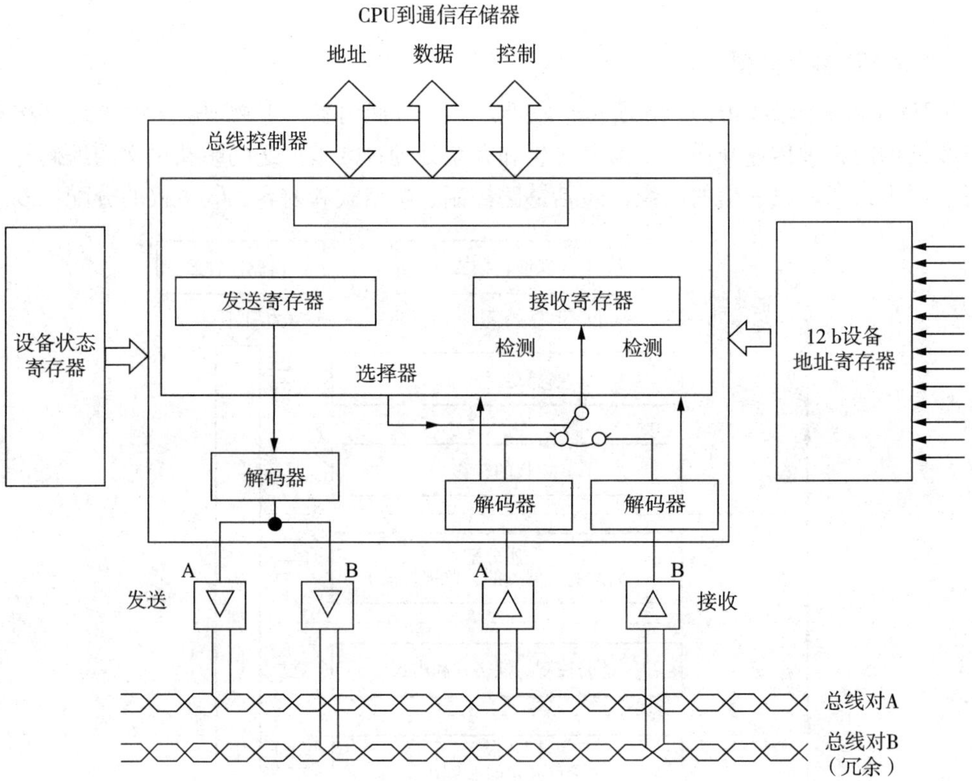

图 3-67　MVB 总线控制器结构图

连接在 MVB 总线上的设备，根据其功能分为 0 ~ 5 六类，每一类都有各自的用途。由于在前面子任务 3.2.1 的任务中已学习了，在此不再赘述。

3. MVB 的传输介质

在 MVB 中，根据列车编组和实际使用情况，有时需要增加新的控制功能，扩充新的节点，采用总线拓扑结构比较合适，如图 3-68 所示。MVB 可以支持 3 种物理介质：没有电隔离的电气短距离传输介质（ESD）、有电隔离的电气中距离传输介质（EMD）、长距离传输介质光纤（OGF）。其中任一种介质均允许存在多个总线段，段与段之间通过中继器互连。数据传输的速度均为 1.5 Mb/s。

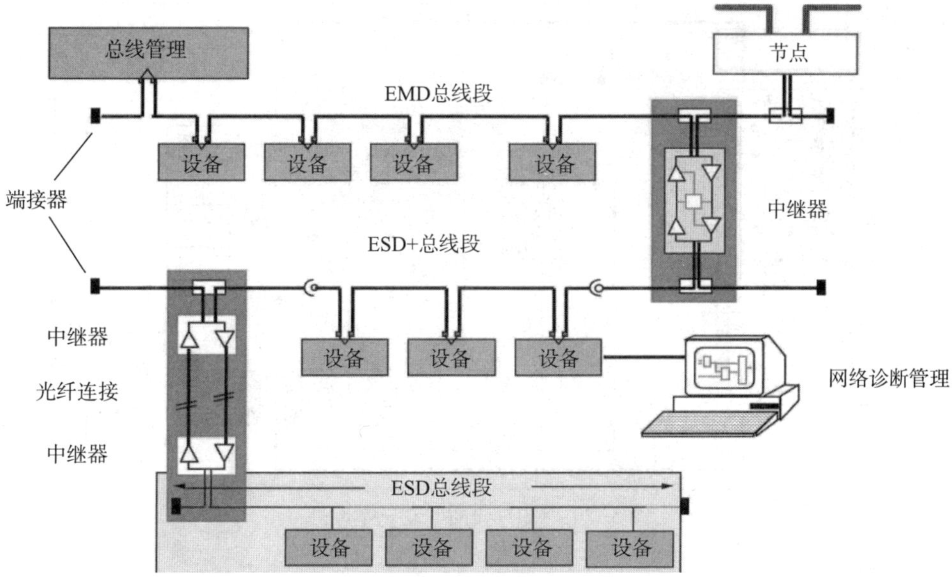

图 3-68 MVB 的拓扑结构

1）传输介质 ESD

ESD 通过一对具有良好屏蔽的双绞线连接通信设备，不需要进行电隔离，使用基于 RS 485 标准的差动信号传输具有附加的偏置电压。ESD 规范允许在不使用中继器的情况下，在 20 m（总线段长度）的距离内连接 32 个设备（一个段内），但实际传输距离和所支持设备的数量受限于电缆、连接器和设备所引起的传输波形的失真，同时还受限于接地和屏蔽的质量。ESD 主要应用于一个控制柜内各个节点之间的 MVB 通信，在这种条件下可以不使用等电位导体。ESD 也可以应用在一个有限的空间，如司机室内，等电位导体可以使用，也可以不使用，但如果使用等电位导体，则总线段长度可以达到 200 m，如图 3-69 和图 3-70 所示。

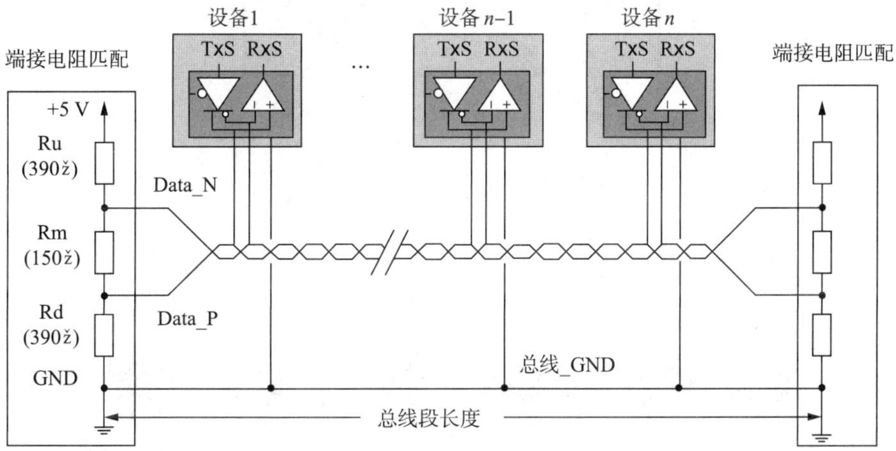

图 3-69 传输介质 ESD

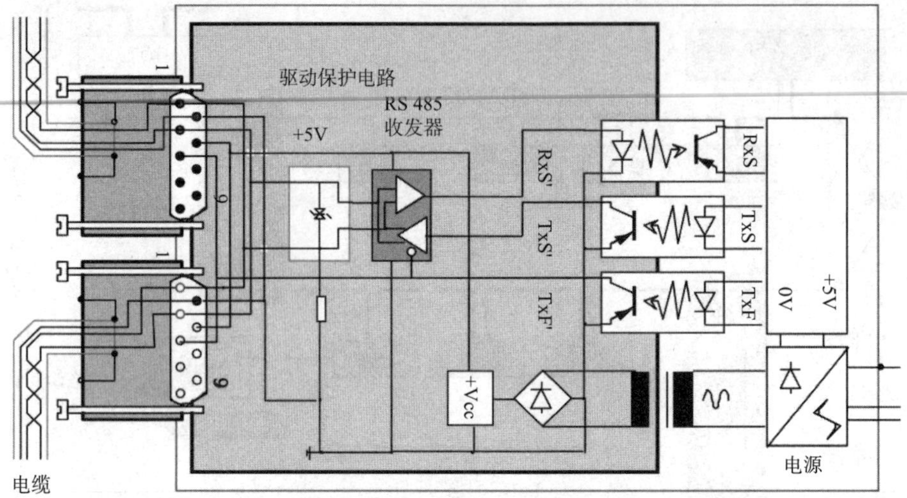

图 3-70　ESD+介质驱动基本原理

2）EMD

EMD 通过屏蔽的绞线电缆连接设备，采用变压器或其他隔离方式，按差动方式传送，可提高抗共模干扰的能力。EMD 允许在 200 m 的距离内连接 32 个设备（无中继器）。类似于 ESD，实际距离和支持设备的数量亦受限于电缆、连接器和设备所引起的传输波形失真，同时也受限于通信系统的接地质量。EMD 的连接采用菊花链方式，因而能获得比较小的电缆残段，如图 3-71 和图 3-72 所示。

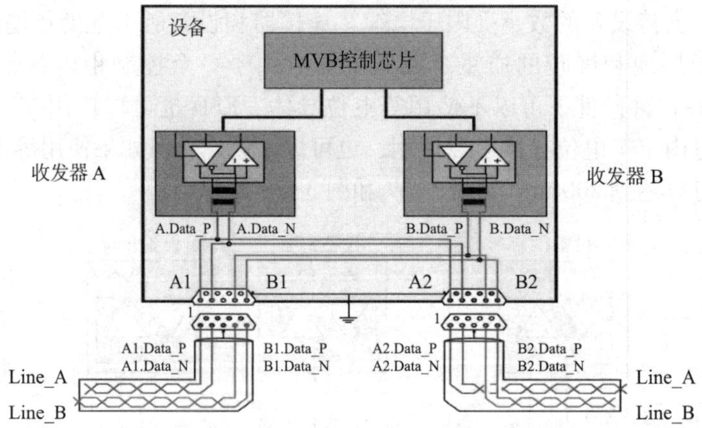

图 3-71　EMD 介质驱动基本原理

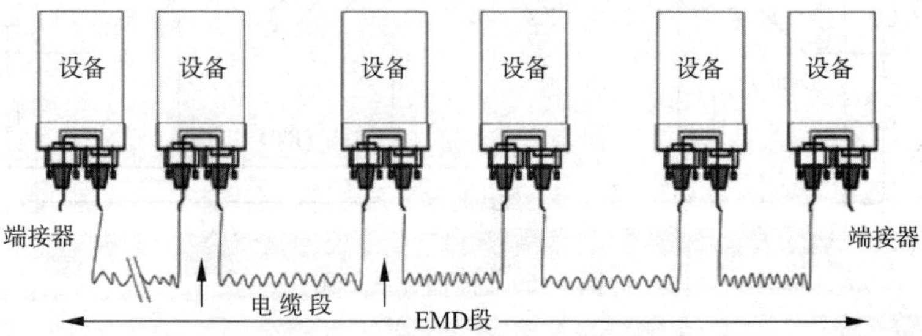

图 3-72　EMD 的“菊花链”式连接

3）OGF

OGF 由一对构成全双工点对点的光纤组成，用有源或无源的星形耦合器把几条光链路互连起来，构成星形拓扑总线光纤段，通过中继器连接到电气段上，设备之间的距离可达 2 000 m。以光纤作为物理介质时，线路上传送的是光信号，通信设备需要配置光电转换装置。由于 OGF 传输方式只能用于点对点的通信，所以 OGF 传输方式下的拓扑结构必须是星形。由于光纤传输有很多优点，如传输速率高、误码率低、抗电磁干扰能力强、损耗小及绝缘性好等，并且车厢内的光纤接头只在维修时才需要插拔，所以车厢内也比较干净，油灰、水汽污染程度也较低，所以采用光纤很合适提高列车通信网络的传输频率和扩大信息传输量，如图 3-73 所示。

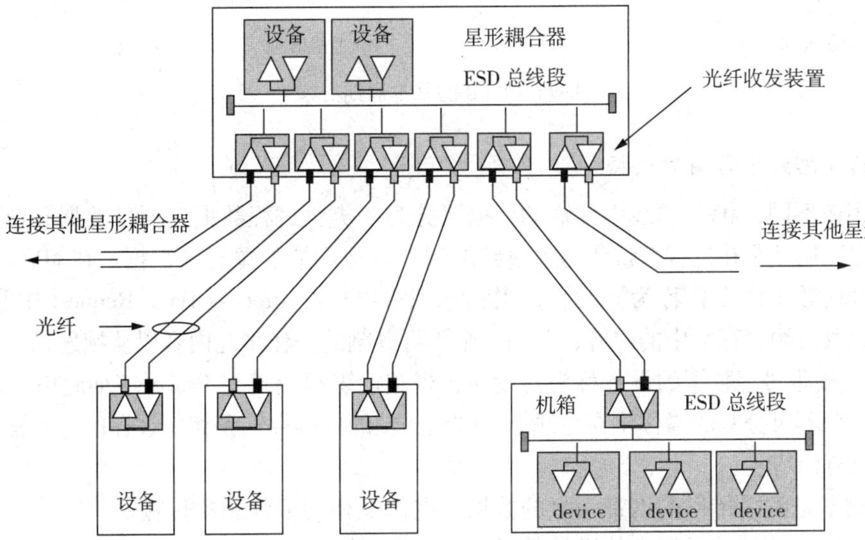

图 3-73　OGF 介质驱动基本原理

随着 MVB 技术的不断发展，ESD 和 OGF 已减少采用，目前主要采用 EMD，也有采用 ESD+的。目前，EMD 可以分为“庞巴迪”式和“西门子”式，它们两者有较大的区别。ESD 和 EMD 的 MAU 基本相同，都采用 9 芯的 D 型插座。两个 D 型插座一进一出，构成了“菊花链”式连接方式。ESD 允许采用总线连接。

4. MVB 总线的基本概念

1）总线设备

依据对总线发送数据的权力，总线设备可划分为 3 类：总线主、备用主和从设备。

（1）总线主就是在总线上主动地向各从设备发送信息的设备，它可以给某个从设备发送权，以使该从设备在有限时间内发送一个从设备帧。

（2）备用主是总线主的冗余设备，为保证网络的可靠性和可用性，其功能和性能与总线主相同。

（3）从设备是指从总线上接收信息或向总线发出信息以响应主设备请求（也称轮询）的设备。

需要时可沿此线裁成活页

2）MVB 总线活动周期

总线活动被分为若干周期，最短的为基本周期。基本周期由周期相（传输过程数据）和偶发相（传输消息数据和监视数据）组成。一个宏周期中包含的基本周期数叫宏循环，宏周期中基本周期之间用保护相分隔。如图 3-74 所示。

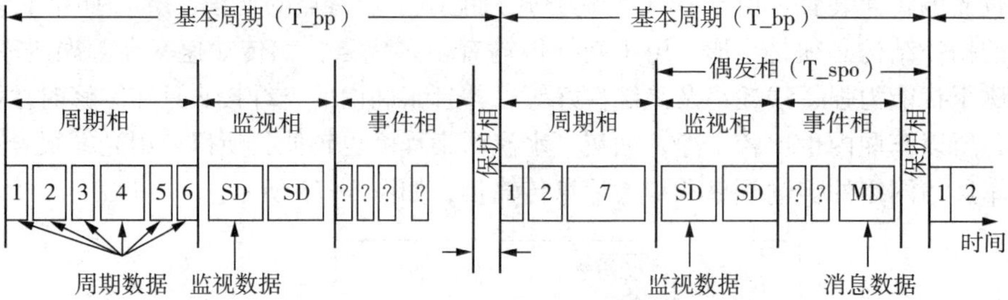

图 3-74　MVB 的基本周期

3）MVB 总线中传输的数据

按照用途不同，MVB 总线中传输的数据可分为 3 类：过程数据、消息数据和监视数据。过程数据就是在过程变量传送中链路层周期性地广播的源寻址数据。在 MVB 总线上发送过程数据的设备称为源设备，当其标识符出现在 Process Data_Request 中时，该设备应读取其源缓存区中的内容，并用一个不可分割的操作将此内容以从帧发送。在 MVB 总线上接收过程数据的设备称为宿设备，当其标识符出现在 Process Data_Request 中时，用一个不可分割的操作将在总线上接收到的帧的内容存储到相应缓存区，并覆盖掉缓存区已有内容。

消息数据是按需传送的携带消息的数据，在偶发相的事件相中传输。

监视数据是监视链路层上传送的数据，如 MVB 的仲裁及 WTB 初运行，在偶发相的监视相中传输。

5. 被传送的帧和报文的格式与定时

MVB 有两种帧格式，一种是只能由总线主设备发送的主设备帧，简称主帧；另一种是为响应主帧而由从设备发送的从设备帧，简称从帧。

1）MVB 的信号编码

除了数字符“0”和“1”用曼彻斯特编码外，MVB 的信号编码还有非数字符编码 NH 和 NL。一个“NH”的编码在整个位单元为高（HIGH）；一个“NL”的编码在整个位单元为低（LOW）。如图 3-75 所示。

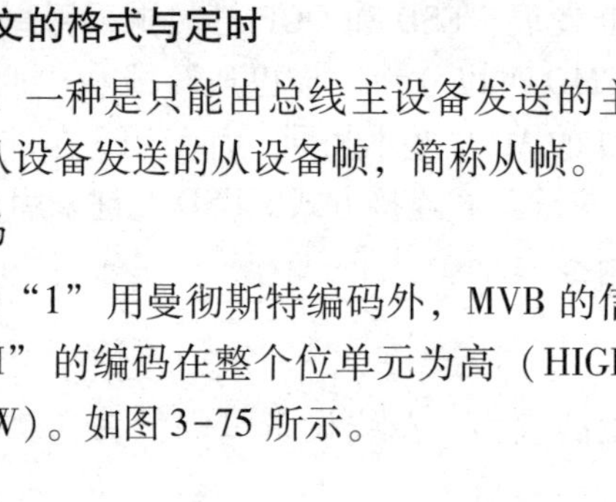

图 3-75　非数字符编码 NH 和 NL

2）主帧序列

主帧以一个起始分界符 MSD（master start delimiter）作为帧头，这个分界符称为主起始分界符，它的序列为：{起始位，NH，NL,"0"，NH，NL,"0","0","0"}，如图3-76所示。

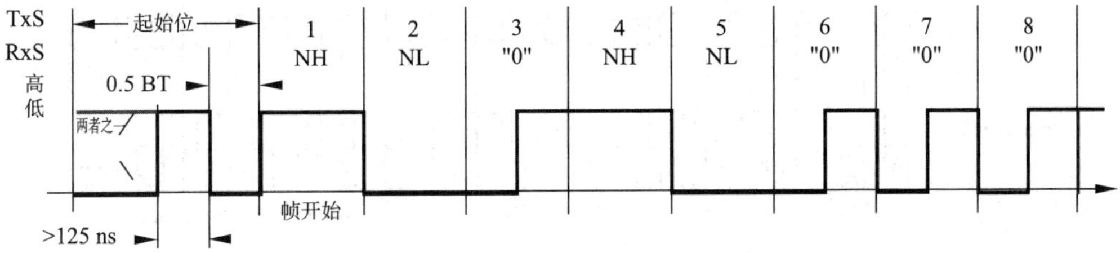

图3-76　主帧序列

3）从帧序列

从帧以一个起始分界符 SSD（slave start delimiter）作为帧头，这个分界符称为从起始分界符，它的序列为{起始位,"1","1","1"，NL，NH,"1"，NL，NH}，如图3-77所示。

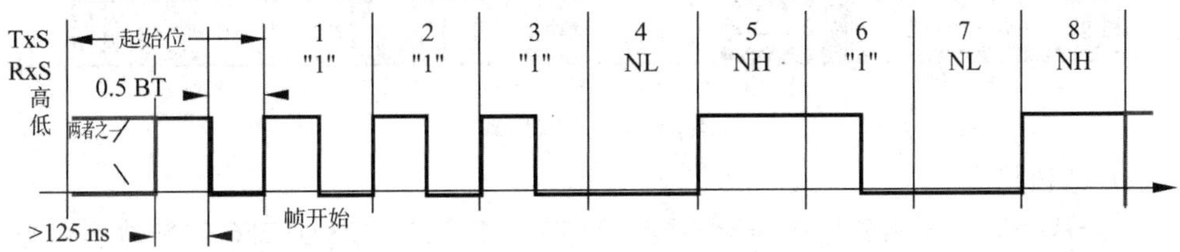

图3-77　从帧序列

MVB 中 MAC 帧的格式由分界符、帧数据和校验序列组成。分界符用于帧同步，解码器通过对分界符的解码，可检测出正确的信号极性。帧的分界符包括起始分界符和结束分界符。MVB 的传输介质不同，其添加的结束分界符就不一样。当介质为 ESD 时，添加一个“NL”编码，然后停止数据发送，如图3-78所示；当介质为 EMD 时，在“NL”编码之后再添加一个“NH”编码，然后停止数据发送，如图3-79所示；当介质为光纤时，添加一个“NL”编码，然后停止数据发送。

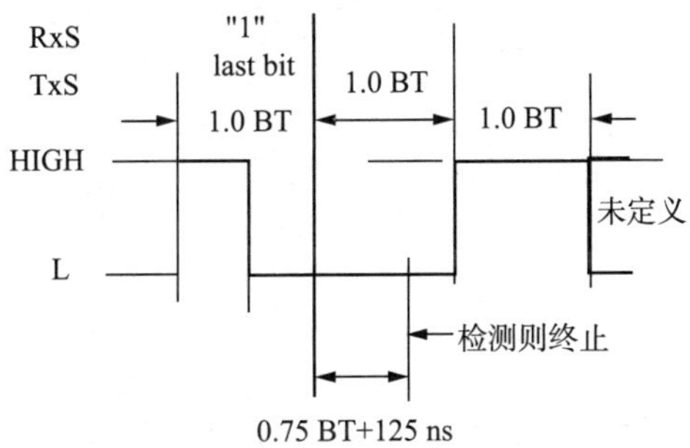

图3-78　ESD 结束分界符编码图

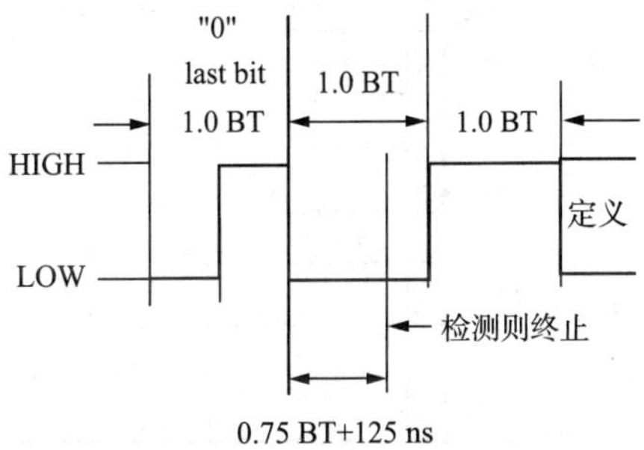

图3-79　EMD 结束分界符编码图

帧数据由 LLC 层定义和封装，长度为16～256位。校验序列可保证数据尽可能地可靠、传输正确。

需要时可沿此线裁成活页

MVB 信号传输如图 3-80 所示，在时钟信号的控制下，每一帧信号以 9-bit 帧 start delimiter（源定界符）打头，中间若干位数据，以 8-bit check sequence（校验序列）结束。

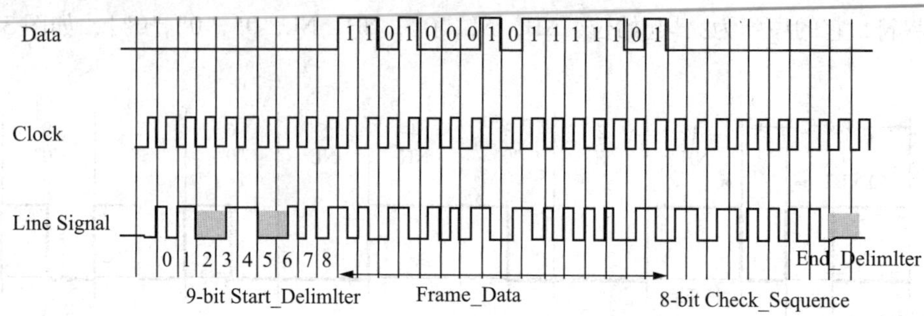

图 3-80 MVB 信号传输

4）主帧格式

一个主帧以主起始分界符开始，其后为 16 位帧数据，接着为 8 位校验序列，如图 3-81 所示。

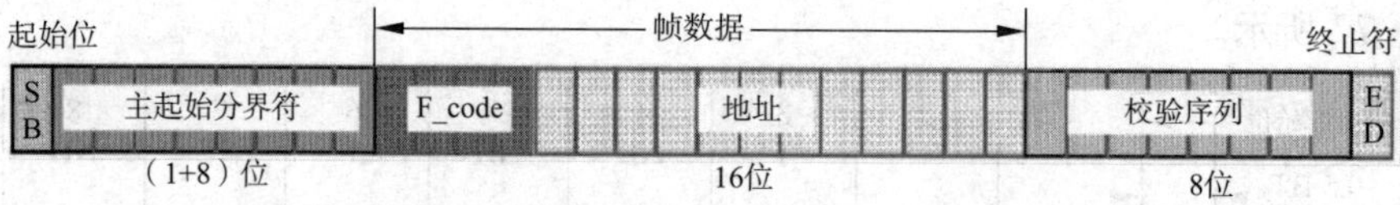

图 3-81 主帧格式

5）从帧格式

一个从帧以从起始分界符开始，接着为 16、32、64、128 或 256 位帧数据。当帧数据只有 16 或 32 位时将一个 8 位的校验序列附加其后；当帧数是 64 位、128 位或 256 位时，在每一个 64 位数据后添加一个 8 位的校验序列 CS，把数据块划分为若干小数据块并分别校验（检测），有利于提高数据块检错的效率，还可以减少因数据出错需重传的数据量，以更好地满足数据传输的实时性要求。如图 3-82 所示。

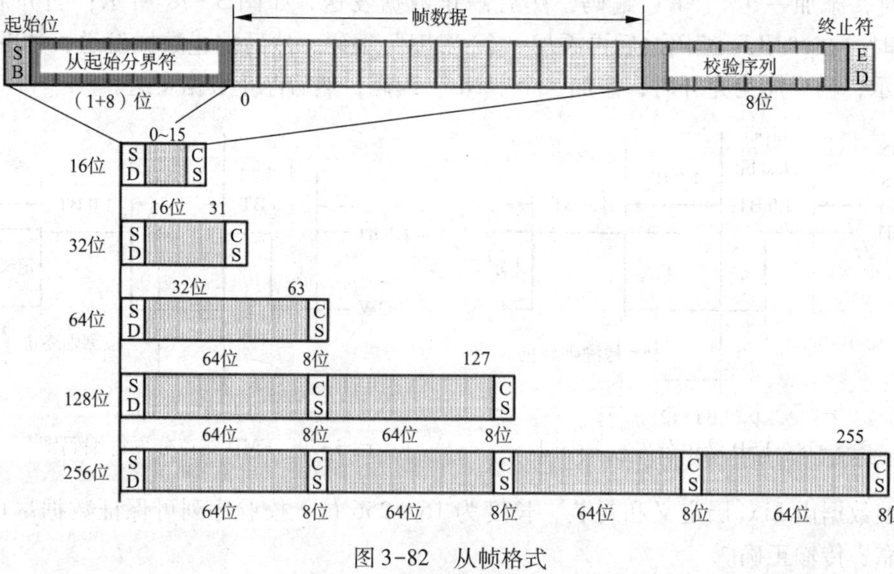

图 3-82 从帧格式

6）帧传输

报文由主帧以及为响应此主帧而送出的从帧组成，如图3-83所示。报文有过程数据报文、消息数据报文和监视数据报文3种类型，一共有16种报文，由主设备中的F_code码区分，如表3-4所示。

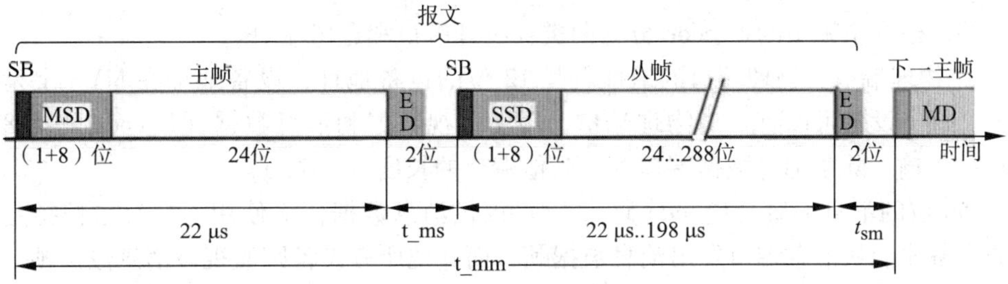

图3-83　MVB报文

表3-4　MVB的16种报文

F_code（功能码）	报文类型
0	16位过程数据请求帧
1	32位过程数据请求帧
2	64位过程数据请求帧
3	128位过程数据请求帧
4	256位过程数据请求帧
5	（保留）
6	（保留）
7	（保留）
8	主设备权传送请求帧
9	总体事件请求帧
10	（保留）
11	（保留）
12	256位消息数据请求帧
13	组事件请求帧
14	单事件请求帧
15	设备状态请求帧

6. 端口

总线上主设备在发出主帧后，源设备应在2~6内响应此主帧并发送数据响应帧，而数据响应帧应在发送之前准备好，为此，设备需将数据放在一个寄存器中，这个寄存器称为端口。通过总线管理器进行寻址和译码，同时把从总线上接收的数据放入相应的端口。端口本质上是一种共享的内存结构，是一种非队列的数据结构，并且能够同时被应用层和网络层进行访问，也就是说对端口写入新的数据将覆盖原来的数据，对端口进行的读操作不会改变端口中的数据。每个设备都有大量端口，根据功能配置分为源端口和宿端口。

总线上一个给定的端口地址只能有一个源端口，但可以有多个宿端口，即源设备发送的从帧数据可以被多个宿设备接收。

（1）源端口（source port）：提供过程数据响应帧的端口。当其端口地址与过程数据请求帧中一致时，包含该源端口的设备应读取该端口中的数据，并用一个不可分割的操作将该端口中数据发送到从帧中。

（2）宿端口（sink port）：用于接收过程响应帧的端口。当其端口地址与过程数据请求帧中一致时，应用一个不可分割的操作将在总线上接收到过程响应帧的数据存储到该端口中，并覆盖先前内容。

端口根据主帧中的 F_code 分为两类：物理端口和逻辑端口。

① 物理端口。物理端口的地址就是 12 位的设备地址，设备地址在 MVB 上是唯一的。每个设备可以有 8 个物理端口，用于监视数据和消息数据（F_code 码为 8 ~ 15）的传输。除了消息数据端口外，其他端口的长度都为 16 位。

256 位的消息端口（F_code 码为 12）仅供消息数据传输使用。只有主帧指定地址的设备才能从消息端口发出消息数据帧，而其他所有设备则监视该消息数据帧。若其固有的设备地址在消息数据的报文中出现，则接收该帧。与其他端口相比，消息端口的内容不会被覆盖，因为消息端口在以前的内容未取走时，拒绝接收新的数据帧。

物理端口的数据存放在通信存储器的消息数据区域，此外，消息队列（附属于物理消息端口）也可以放在通信存储器中。

② 逻辑端口。逻辑端口用于过程变量的传输。每个逻辑端口都有一个 12 位的逻辑地址。逻辑地址在 MVB 上与设备不是唯一对应的。每一个设备可以有若干个逻辑端口，最多为 256 个。在配置阶段，分别将它们设置为源端口和宿端口，其大小根据过程数据集的长度可以设置为 16 位、32 位、64 位、128 位或 256 位。逻辑端口的数据存放在通信存储器的过程数据区域。如图 3-84 所示。

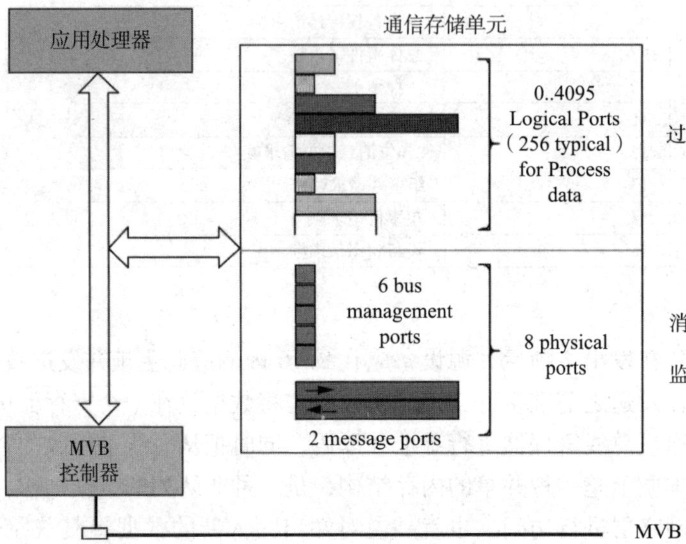

图 3-84　MVB 的端口与通信存储单元

7. MVB 的介质访问控制

1）总线通信的组织

MVB 的介质访问控制采用主—从控制方式，即由单个主设备控制，该设备是能发送主设备帧（Master_Frames）的唯一设备，所有其他的设备都是从设备（它们不能自发发送信息）。在持续几秒钟的一轮期间，可能有几个设备能够成为主设备（如总线管理器，Bus_Administrators），但一次只能有一个成为主设备。主设备可位于总线的任意位置。如图3-85所示，主设备按照某种预定顺序（策略）对端口进行周期性的轮询（polling）。

主设备将一个轮回周期划分为固定的时间片，这个时间片称为“基本周期”。如图3-86所示，一个基本周期又分为4个相：①周期相：主设备在此时域轮询周期数据；②监视相：主设备利用该相进行设备扫描和主权转移；③事件相：主设备在此时域进行事件查询；④保护相：作为提供下一周期相的开始。

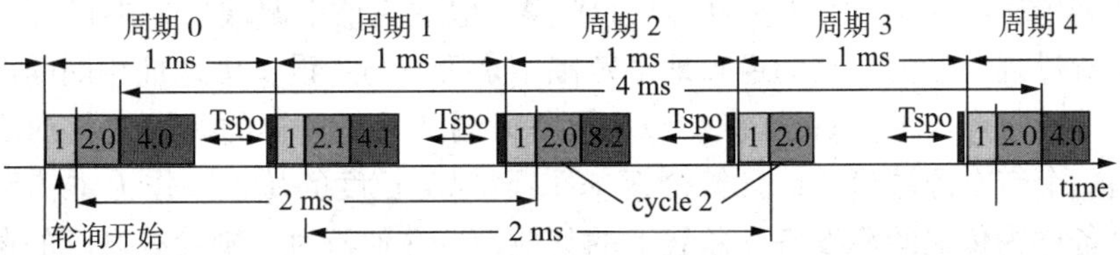

图3-85　主设备周期性轮询

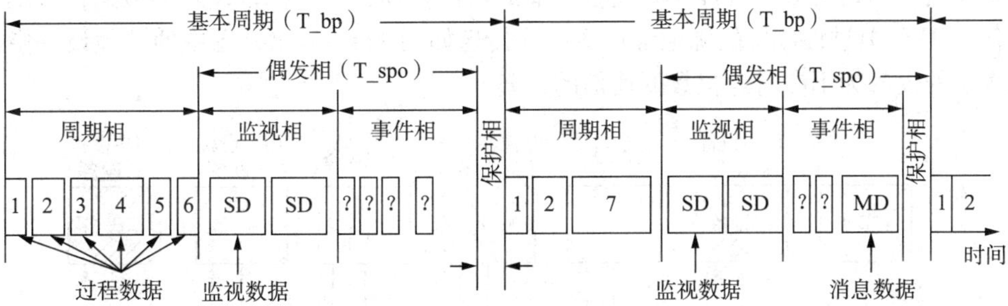

图3-86　MVB的基本周期

介质访问控制MAC子层控制着收发器的工作，采用特定的算法来控制何时允许网络实体传送数据信号，以达到共享通信信道而不发生冲突的目的。在MVB中，由总线管理器控制介质访问，总线上可以有多个总线管理器，但在一定时间内，只能由一个总线管理器控制总线，这个“定时间”称为一个轮换。根据RTP协议，MVB周期相留给过程数据传输，在这段时间里，主设备根据周期表以固定的顺序和时间间隔发送由RTP协议定义的主帧序列，以实现过程数据传输。偶发相预留给事件相的仲裁和消息的传送、扫描设备状态和控制权的转移。主设备在偶发相期间周期性地询问所有与之相连的设备是否有数据传输。组合这两种总线分配方法，能最佳地与数据传输要求相匹配。在任何情况下，由正在工作的总线管理器决定哪些设备可以传输数据。

2）寻址

寻址（addressing）是网络通信实体用来区分网络设备的一种操作。根据MVB上地址性质的不同，MVB有两类寻址操作：一类是逻辑寻址，另一类是物理寻址。

逻辑寻址采用12位的逻辑地址，用于过程数据的传输。每个参与过程数据通信的设备都具有一组逻辑地址，分为源端口地址和宿端口地址。主帧寻址的对象是源端口地址（源端口号）；过程数据传输（从帧）寻址的对象是宿端口地址（宿端口号）。根据寻址宿端口的数量，从帧寻址又可以分为广播寻址、多播寻址和端口寻址。

广播寻址的对象是总线上的所有端口，即总线上所有被定义接收该源端口数据的宿端口，这是 MVB 过程数据传输采用的主要方式。多播寻址的对象是多个宿端口，这些宿端口被定义接收该源端口号发送的过程数据。端口寻址的对象仅为被指定的宿端口。

MVB 的过程数据主要采用源地址的广播方式进行传输。主设备通过发送一个请求过程数据传送的主帧，其 F_code 码为 0 ~4、地址为请求源端口的端口号，所有从设备在监听过程中检测自己的逻辑地址范围中是否有与主设备中地址相同的源端口地址，并且端口长度与 F_code 相符。若从设备检测到具有这样的源端口，则该设备向总线广播一个带有源端口地址且符合 F_code 码规定长度的从帧，作为主帧请求的响应。该设备称为传输的源设备。总线上的其他设备在侦听时，则检查自己的逻辑地址范围中是否有与主帧中出现的源地址相同且端口长度符合 F_code 码的宿端口号。如果存在这样的宿端口，就接收源设备广播的从设备帧，并且称该设备为数据传输的宿设备。MVB 中过程数据的源地址广播方式传送如图 3-87 所示，图中的其他设备空白框表示的设备为不参与过程数据通信的设备。

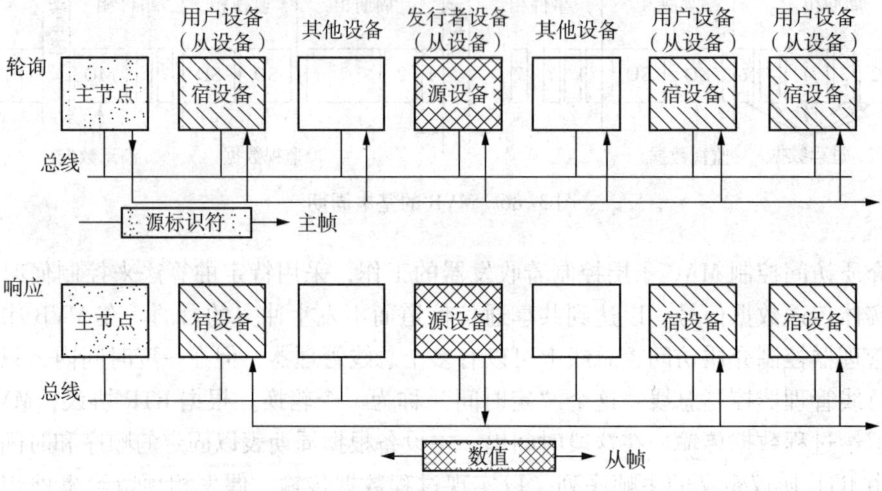

图 3-87　MVB 中过程数据的源地址广播方式传送示意图

MVB 中的每个设备（除不参加通信的重复器设备外）由其唯一的 12 位设备地址（device address）标识，但一般要求具有消息数据通信能力的设备最好使用小于 256 位的地址，以便在地址搜索时减少仲裁时间。

主设备通过发送 F_code 为 12 的主帧来请求传送消息数据，被寻址的从设备发送一个消息数据予以响应。消息数据的传送除了特殊定义外，一般是点到点的通信，即在从帧中，带有目标地址和源地址。主设备未寻址的设备，若它自身的设备地址为从设备中的目标地址，就接收响应的消息数据帧。

当主设备向从设备请求管理数据时，与主帧中地址匹配的设备按功能码的不同而以不同的从帧作为响应，从而构成管理数据报文。

8. 主权的分配与总线管理

1）设备状态字

MVB 中设备状态字决定了主权的分配。如图 3-88 所示，设备状态字由能力字段、特殊类字段和公共标志字段组成。

0	1	2	3	4	5	6	7	8	9	10	11	12	13	14	15
SP	BA	GW	MD	T	T	T	T	LAT	RLD	SSD	SDD	ERD	FRC	DNR	SER
能力				特殊类				公共标志							

图 3-88 设备状态字

（1）能力字段。

第 0～3 位为能力字段，定义了设备的基本能力：

① SP 位：置“0”表示有设备状态和过程数据能力，置“1”表示为特殊设备，此时其余 3 位无特殊要求。

② BA 位：置“1”表示为总线管理器能力。

③ GW 位：置“1”表示为网关能力。

④ MD 位：置“1”表示为消息数据能力。

（2）特殊类字段。

第 4～7 位为特殊类字段，它取决于能力字段。它区分了 4 个特殊字段：1 类设备、具有消息数据性能的设备、具有总线管理器性能的设备和具有网关性能的设备。例如，如果是 1 类设备，特殊字段应为“0000”，同时公共标志字段中的 SER=0(不预留服务可能)，FRC=0(无强制可能)。如果是总线主，一个具有总线管理器能力的设备，应将 BA 位置“1”，并设置特殊类字段中的 4 个数据位如下：第 4 位置“AX1”，周期扫描表中“实现密钥”的次最低有效位；第 5 位置“AX0”，周期扫描表中“实现密钥”的最低有效位；第 6 位置“ACT”，当设备将被实现并成为主设备状态时被置位；第 7 位置 MAS，当设备为当前主设备状态时被置位。

（3）公共标志字段。

第 8～15 位为公共标志字段，各位功能描述如下：

第 8 位 LAT：线路 A 被信任。如果此报文的主帧是在线路 A 上收到，则应被置位；如果是从线路 B 上收到，则清零。

第 9 位 RLD：冗余线被干扰。如果监视线被干扰，则应被置位。

第 10 位 SSD：某些系统干扰。当任何端口的宿时间监视被触发时被置位，当所有配置端口工作正常时复位。

第 11 位 SDD：某些设备干扰。出现设备故障时（例如 ROM 或 RAM 出现校验和错误）或设备外部故障时（例如传感器损坏）被置位，故障消除后被复位。

第 12 位 ERD：扩展应答延时。当 T_ignore>T_reply_def 时被置位，否则被清零。

第 13 位 FRC：被强制的设备。如果有任何端口被强加了一个强制值，则应被置位；当连接到 MVB 上的所有端口处于非强制状态时清零。

需要时可沿此线裁成活页

第 14 位 DNR：设备未准备好。当设备未运行（示例应用程序未运行）但总线上操作正常时被置位，在设备可操作时清零。

第 15 位 SER：系统保留。当设备为专用而保留时被置位，当设备专用被撤销或因超时而终止时被复位。

2）总线管理

MVB 主设备在不同的状态下总线有不同的管理机制，主要有以下 4 种状态。

（1）“备用主设备”状态。

在此状态下，总线管理器并不行使主设备权力。在暂停时间 T_standby 内没有收到主帧，或在收到它能够响应的当前主设备移交的主权并能够对它响应（即总线管理器被“实现”）的情况下，它将进入“常规主设备”状态。

（2）“常规主设备”状态。

在此状态下，总线管理器行使主设备权力（它执行周期轮询、事件查询和设备扫描）。如果它检测到一个不是它自身发送的主帧，则总线管理器将认为出现主设备碰撞并返回到“备用主设备”状态。在轮询结束或收到一个“辞职”命令之后，总线管理器将进入“寻找下一个”状态。

（3）“寻找下一个”状态。

在此状态下，总线管理器会在它的总线管理器列表上获取被提议的主设备的地址并查询它的设备状态。在如下的设备状态声明中，被提议的主设备是一个有效的总线管理器：①它具有总线管理器性能（BA = 1）；②它已配置（ACT = 1）；③它含有一个等于或比当前主设备大于 1 的实现索引（模为 4）。

总线管理器先给自身发送一个主权转移请求，然后再将此请求发送到有效的总线管理器，并进入到“临时主设备”状态。否则，总线管理器将返回到“常规主设备”状态，并在下一巡回中尝试总线管理器列表中的下一个总线管理器。

（4）“临时主设备”状态。

在此状态下，总线管理器期待从下一个总线管理器返回的主权转移响应。当它收到一个（接受或拒绝）响应或等待超时时，总线管理器进入到“备用主设备”状态。如果从其他总线管理器上返回的响应是“拒绝”，则总线管理器报告有错误产生。

任务评价

项次	简答题	要求	分值	得分
1	简述 MVB 的传输介质类型及特点	学生在职教云上答题，教师评阅	20	
2	简要说明 MVB 的 3 类总线设备基本概念	学生在职教云上答题，教师评阅	20	
3	简要说明 MVB 通信的组织原理	学生在职教云上答题，教师评阅	30	
4	简述 MVB 主权分配与总线管理原理	学生在职教云上答题，教师评阅	30	
合　计			100	

知识拓展

1. MVB 的概述

MVB 的概述如表 3-5 所示。

表 3-5　MVB 的概述

拓扑结构	总线型（电的），星形（无纤）	
介圈（可自由选择）	电气短距离 ESD/ESD+	双绞线，基于 RS-485
	电气中距离 EMD	双绞屏蔽线，变压器耦合
	光玻璃纤维 OGF	200～240 pum 光纤及星形耦合器
长度	电气短距离	20 m，每段最多 32 个设备
	电气中距离	200 m，每段最多 32 个设备
	光玻璃纤维	2 000 m
物理冗余	冗余物理介质（同步发现）	
编码方式	曼彻斯特编码，9 位帧起始分界符	
信号速率	1.5 Mb/s	
地址空间	12 位设备地址（0～255 留给有发送消息数据能力的设备） 过程数据的 12 位逻辑地址	
物理寻址	单播或广播	
帧长度（有效数据）	16，32，64，128，256 位	
完整性	每 64 位带 8 位 CRC 检验码，主帧和从帧采用不同的帧起始分界符以防同步错位，接收时间窗口的监视	
介质分配	由中央总线主分配	
通信	过程数据（周期性）、消息数据（非周期性）、监视数据（非周期性）	
主权转移	总线主权用令牌传送，几个总线管理器可依次成为总线主	
总线主冗余（可选）	冗余的总线管理器作为备份	
链路层服务	链路过程数据接口	源寻址数据的广播
	链路消息数据接口	报文
	链路监视接口	链路层管理

2. WTB 与 MVB 的比较

WTB 与 MVB 的比较如表 3-6 所示。

表 3-6　WTB 与 MVB 比较

特性	WTB	MVB
拓扑	开式总线，860 m	端结式总线，200 m（2 000 m）
配置	自动配置	固定，预先配置
对称性	左/右，前/后识别	无方向
寻址	相对于主节点	绝对（物理或逻辑）

续表

特性	WTB	MVB
初运行	每次编组改变时	在设备安装时
节点数	32，每个车辆一个（或两个）	在同一个车辆中，32 个
介质	屏蔽双绞线（UIC，电缆）	240 μm 光纤或屏蔽双绞线
连接器	4×sub-D	光纤：ST；STP：2×sub-D
冗余	线路总是冗余的	线路可协调为冗余/非冗余
毛数据率	1.0 Mb/s	1.5 Mb/s
汉明距离	4	4（使用光纤时为 8）
介质访问	周期相（n×25 ms）和偶发相	周期相（n×1 ms）和偶发相
主权	初运行时选择主设备	固定主设备，预先配置
链路控制	源寻址的广播	源寻址的广播
设备级别	智能节点	智能和简单设备

任务 3.3 ARCNET 总线协议

ARCNET 现场总线是 CRH2 型动车组网络控制系统中列车级网络采用的现场总线。它有什么优点呢？现在我们一起去学习 ARCNET 现场总线的知识。

学习目标

1. 素质目标

崇尚宪法、遵纪守法、崇德向善、诚实守信，履行道德准则和行为规范。

2. 知识目标

了解 ARCNET 电气接口；理解并掌握 ARCNET 链路层协议；熟悉 ARCNET 帧结构和数据传输过程。

3. 能力目标

能够画出 ARCNET 帧结构图并说明各类帧的作用；能够简述 ARCNET 链路层协议及数据传输过程。

学习任务

1. ARCNET 电气接口。
2. ARCNET 链路层协议。
3. ARCNET 帧结构。
4. ARCNET 数据传输过程。

任务实施

1. ARCNET 网络简介

ARCNET（attached resource computer NET）是典型的令牌总线网络，1999 年成为

美国国家标准 ANSI/ATA-878.1。从 OSI 参考模型来看，它提供了网络的物理层和数据链路层服务，目前仍具有较广泛的应用领域。ARCNET 推荐使用 RG-62 同轴电缆，设备与总线的连接通过 T 形连接器，该连接器的顶部与电缆相连，底部与网卡相连，电缆两端必须用 93a 的电阻终端。ARCNET 也可使用双绞线和光纤作为介质，ARCNET 对双绞线性能要求比较低，一般的电源双绞线都可以使用。在使用光纤电缆时，新型的 ARCNETPlus 传输速率可以从原来的 2.5 Mb/s 增加到 100 Mb/s。ARCNET 环形总线如图 3-89 所示。

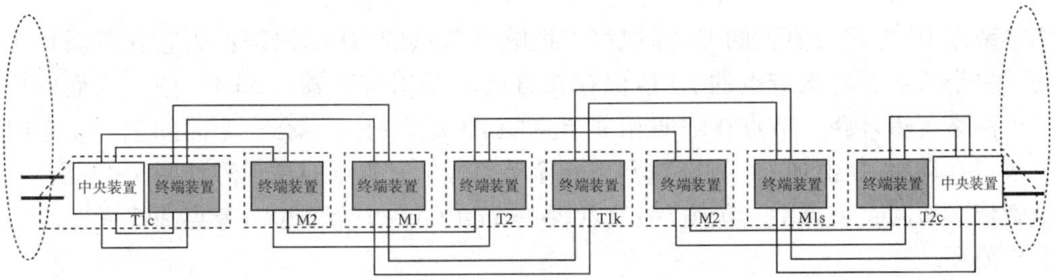

图 3-89　ARCNET 环形总线

2. ARCNET 电气接口

ARCNET 电气接口由协议控制器 COM90C65（COM90C66）和线路驱动器 HYC9088 共同构成，如图 3-90 所示。COM90C65 是 ARCNET 的协议控制器，内部嵌有微处理器，能实现全部的 ARCNET 协议，包括令牌的传递、信息包的装配和分解、错误的自动处理及编译码和信号的发送。COM90C65 内部有 2 KB 的存储器，允许外部的处理机进行读写操作，因此，COM90C65 很容易实现与上位机的接口。HYC9088 是一种厚膜电路，在发送部分有晶体管驱动器，正负脉冲推拉至耦合变压器的中心抽头。接收部分的载波放大器从电缆上取出信号，并配置多个 RLC 滤波器以减小线路噪声。变压器耦合的方式实现了节点间的隔离，使一个节点的故障不会影响整个网络的工作。ARCNET 采用 HYC9088 驱动器，这是一个双绞线和同轴电缆兼容的驱动器，但它只支持最高 2.5 Mb/s 的总线速率，如果需要传输到更远处，可以使用光纤收发器。

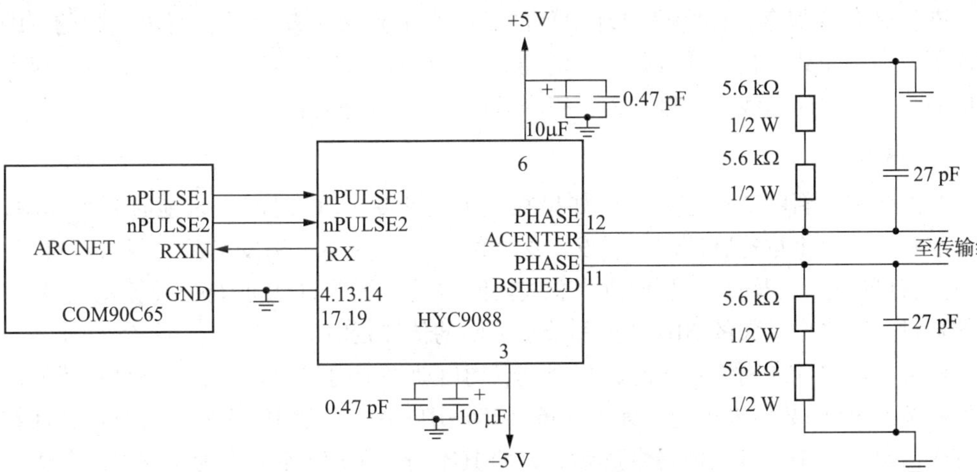

图 3-90　ARCNET 的电气接口

需要时可沿此线裁成活页

3. ARCNET 链路层协议

ARCNET 网络在物理上是一个总线网，而逻辑上却是一个令牌环。ARCNET 采用 COM90C65 或 COM20021（高速）协议控制器。协议控制器 COM90C65 支持传送 5 种类型的帧：令牌帧、询问帧、数据帧、确认帧和否认帧。

1）逻辑环的建立和令牌传递

网络中的每个节点均有一个唯一的 ID 标识符（1～255），其中标识符 0 用来标识发送给所有节点的广播信息。在系统初始化或网络重构期间，每个节点都呼叫比本节点 ID 标识符更大的 ID 标识符，把响应节点的 ID 标识符作为它在逻辑环中的下一个节点，将该节点的 ID 值保存在自己的专用寄存器（NID）中，从而构成一个网络逻辑环路。节点在呼叫相邻节点的 ID 标识符时，有一个时间上限，超时后节点自动将 ID 值加 1，直至找到下一个节点。6 个节点的逻辑环如图 3-91 所示，令牌依次访问：节点 1→节点 7→节点 24→节点 65→节点 120→节点 245→节点 1，形成闭环。

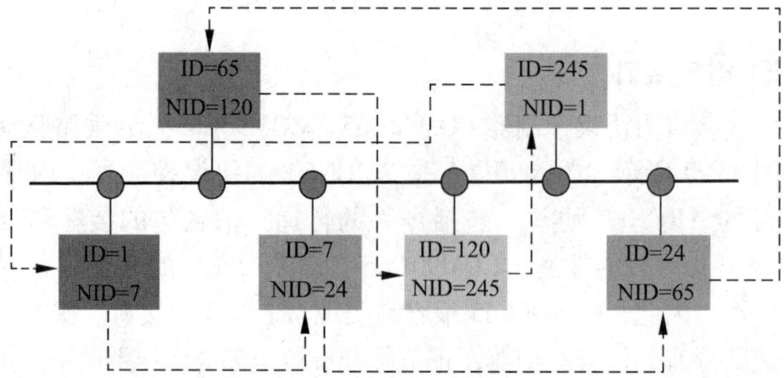

图 3-91　6 个节点的逻辑环

令牌在逻辑环中传递，依次由低 ID 节点向高 ID 节点传递，最后最高 ID 节点传递给最低 ID 节点。每个节点首先按照本节点已保存的 NID 地址传送令牌，若该节点在指定的时间内没有响应，则将 NID 地址加 1，再次传递令牌，直到有节点响应为止，并将该 NID 保存，作为逻辑环中新的下一个节点。由此可见，逻辑环中的 NID 构成了一个分布式表格，并且是一个活动的、不断被修改的表格。节点传递令牌获得响应后，则释放对总线的控制，而获得令牌的节点开始控制总线。

2）网络的重构

当网络中有新的节点进入时，如果在上电后 840 ms 的时间内未能收到令牌帧，该节点将发出一串重构脉冲，并引发一次网络重构。网络重构发生后，逻辑环重组，新节点就可以进入逻辑环，从而进入总线。网络重构所需的时间取决于网络上活动节点的数量、网络中最大的 NID 数值和节点之间的传播延时。

网络上电启动或网络重构时，每个节点均启动一个内部的计数器，该计数器的设置值由节点 ID 的数值来确定，即 $t=146\times(256-\mathrm{ID})\,\mu s$。显然 ID 值最大的节点其计数器首先溢出，于是该节点创建令牌帧，并将其本身的 ID 值加 1 作为其 NID，发送令牌帧。如果在 74 μs 后没有响应，节点将 NID 加 1，再次将新 NID 的令牌帧发送出去，并等待响应。如此反复，直到有节点响应为止。得到响应后，把这个节点的 NID 记录为本节点的 NID，我们称该节点已被连接。在这个过程中，其他节点一旦检测到总线有信号传送，便会立即停止其计数器的计数，等待总线对本节点的呼叫。被连接的节点则像上一节点那样，开始呼叫连接，重复上述过程。一旦总线上所有活动的节点全部连接上，网络重构就完成了。

ARCNET 网络有一个非常显著的特点：它能自动适应网络的变化。当网络需要增加或删除节点时，网络能够自动重构，从而使其能自动添加新节点或删除某些节点，并能够立即在新的环境下运行。

ARCNET 网络的重构性特别适合于列车总线的应用，尤其是在列车需要编组的情况下，ARCNET 网络的优势非常明显。日本新干线上运用的 E2 系列动车组，其列车总线就采用了 ARCNET。

4. ARCNET 帧结构

ARCNET 有 5 种帧：令牌帧（ITT）、询问帧（FBE）、确认帧（ACK）、否认帧（NAK）和数据帧（PAC）。ARCNET 5 种帧的结构如图 3-92 所示。ARCNET 的每一种帧结构中都以 ALERT 引导，这是 ARCNET 帧的标识符，由 6 位逻辑“1”组成。ALERT 的另一个作用是作为同步信号，接收站点根据发送站点的 ALERT 来同步其接收。

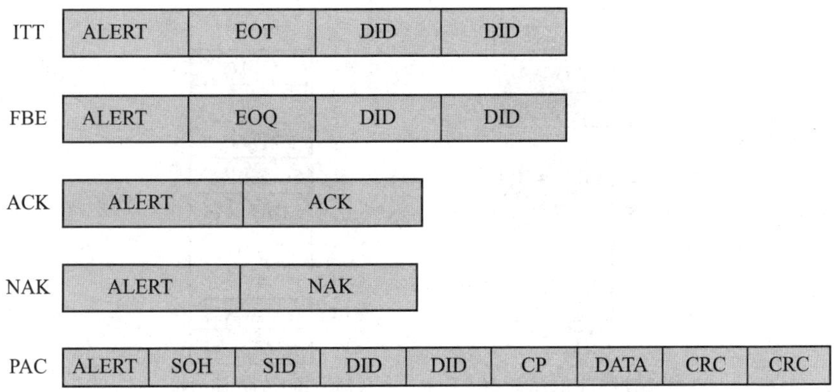

图 3-92 ARCNET 5 种帧的结构

1）令牌帧（ITT）

ITT 就是令牌，ITT 的传送就是令牌的传递，它总是由当前站传递给后继站。帧结构中的 EOT 表示帧结束，后继两个字节的 DID 表示后继站的 ID 标识符，重复的目的是增加可靠性。ITT 的传送表示令牌的转移，即总线控制权的转移。

2）询问帧（FBE）

FBE 用于查询目的站点数据缓冲器的状态，即数据缓冲器是否空闲。帧结构中的 EOQ 为询问字符，采用的是 ASCII 字符。

3）确认帧（ACK）

ACK 表示对于 FBE 询问的肯定答复，确认被查询站点的数据缓冲器的状态为空闲，可以接收发送的数据。ACK 帧采用广播发送。ACK 采用 ASCII 字符。

4）否认帧（NAK）

NAK 也是对 FBE 的应答，其含义与 ACK 相反，表示被查询站点没有可以使用的缓冲器空间，NAK 也是广播发送，采用 ASCII 字符。

5）数据帧（PAC）

在 PAC 结构中，SOH 是一个数据帧的开始标识符（1 字节）；SID 是发送数据的源站点的 ID 标识符；DID 是接收数据站点的 ID 标识符，两个字节重复使用；CP 表示所传输数据在源站点存储器中的起点位置，长度为 1 字节，用于大容量数据分帧传送时标识数据的连续；DATA 是数据本身，长度为 1～507 字节；CRC 是 16 位的 CRC 校验码，校验范围自帧头 SOH 开始至 DATA 结束。

5. ARCNET 数据传输

ARCNET 的数据传输速率为 156.25 kb/s～10 Mb/s，传送的数据分为 253 字节的短帧模式和 508 字节的长帧模式。ARCNET 的协议控制器中有一个 2 KB 的存储器，应用层将需要传送的数据写入该存储器中，协议控制器在发送时自动将这些数据组织成数据帧并发送出去。ARCNET 两种数据模式的存储器格式如图 3-93 所示。图中 N 表示数据的长度，DID=0 时表示数据帧为广播发送。

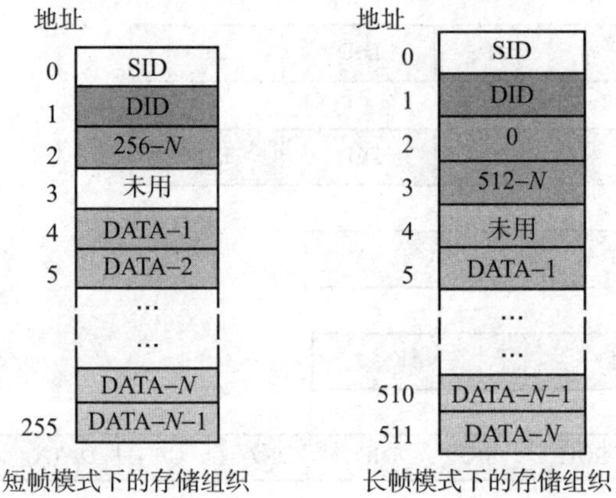

图 3-93　ARCNET 两种数据模式的存储器格式

当源节点的某一个应用程序将数据写入协议控制器的存储器后，源节点就等待令牌帧（ITT）的到来。一旦获得令牌，源节点首先向目的节点发送一个是否有空闲缓冲区的询问帧（FBE），之后等待目的节点响应。如果源节点接收到目的节点的一个确认帧（ACK），表明目的节点此时有空闲缓冲区，源节点就立即将存储器内的数据发送出去，之后再等待目的节点对接收数据情况的确认。目的节点在收到数据帧并通过（CRC）校验数据正确后发送一个已接收的确认帧（ACK）。当源节点收到确认帧（ACK）后，结束本次数据传送，发送一个令牌帧，将令牌传递给令牌逻辑环上的下一个节点。图 3-94 显示了网络上节点 7 向节点 245 发送数据帧的过程。对收到的数据帧校验出错或发生其他问题，目的节点就会保持沉默。当源节点在发送有无空闲缓冲区的询问帧 FBE 后收到一个否认帧 NAK，或者在数据帧传送后总线保持“沉默”并导致源节点超时，源节点就会结束本次数据传送，将令牌传递给逻辑环上的下一个节点。

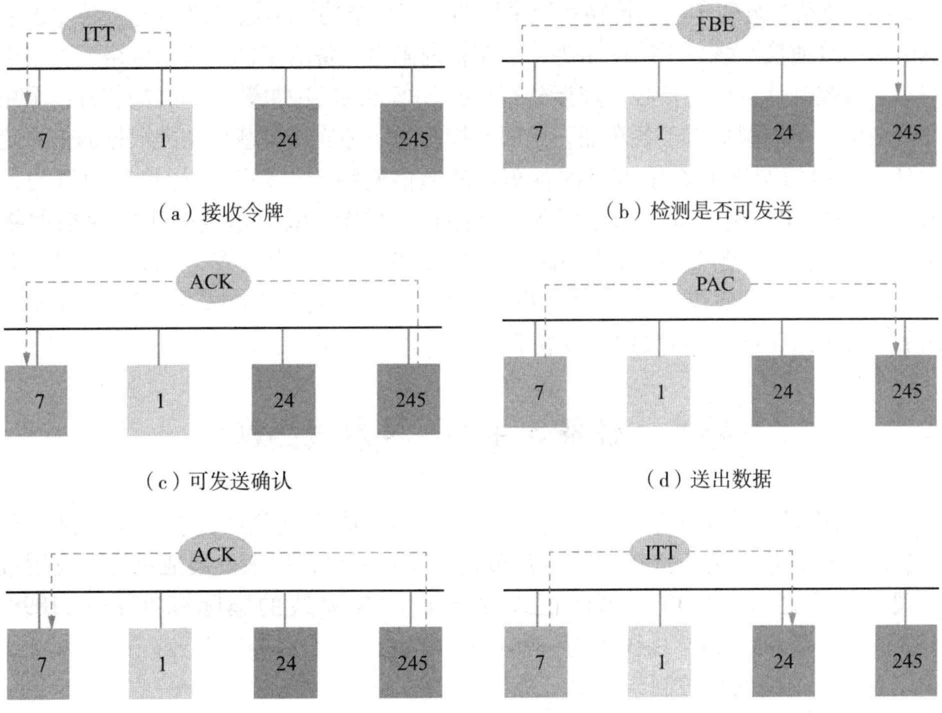

（a）接收令牌　（b）检测是否可发送

（c）可发送确认　（d）送出数据

（e）接收确认　（f）令牌传向下一个节点

图3-94　节点7向节点245发送数据的过程

ARCNET支持广播传输。广播消息发出后无须回送确认帧，只需要源节点将目的节点地址（DID）置0即可。广播一次可以将消息传送给网络上的所有节点。

任务评价

项次	简答题	要求	分值	得分
1	简述ARCNET链路层协议	学生在职教云上完成答题，教师评阅	35	
2	画图说明ARCNET的帧结构及作用	学生在职教云上完成答题，教师评阅	30	
3	画图说明ARCNET的数据传输过程	学生在职教云上完成答题，教师评阅	35	
合　计			100	

知识拓展

ARCNET总线在列车上的应用

ARCNET总线在列车上的典型应用是CRH2型动车组的网络控制系统。CRH2型动车组是以日本新干线E2-1000型动车组为原型车，通过全面技术引进、消化和吸收，实现国内制造的高速动车组。CRH2型动车组运营速度为200 km/h，列车编组为4动4拖，列车总功率为4 800 kW。该动车组可以采用两个编组连挂运行，以适应我国大运量的运输模式。

需要时可沿此线裁成活页

CRH2 型动车组列车信息传输系统采用两层网络结构，上层网络为连接各动态编组车辆的列车级通信网络，下层网络为连接车辆内固定设备的车辆级通信网络。上层网络以列车运行控制计算机为核心，连接分布在各节车厢内的中央装置和终端装置，采用双重环网结构。下层网络用于各车厢，是面向控制的一种连接车载设备的数据通信系统。

列车级通信网络为连接编组内各车辆的通信网络，以列车运行控制为目的，连接各中央装置和终端装置，采用双重环网结构。CRH2 型动车组列车级通信网络有两种类型，其一为光纤环网，连接所有中央装置与终端装置，采用 ANSI/ATA-878.1（ARCNET）协议；其二为自我诊断传输网，以总线方式连接中央装置与终端装置，采用 HDLC 作为数据交换协议。

任务 3.4 CAN 总线协议

CAN 总线是一种应用于实时控制的串行数据通信协议总线，它使用的是一种基于消息的协议，最初用于汽车内的多路布线以节省铜线，后来发展成世界上应用最广泛的现场总线之一。2003 年 ISO 正式颁布了 CAN 总线的国际标准 ISO 11898-1 和 ISO 11898-2，使 CAN 总线成为一个具有国际标准的现场总线。现在 CAN 总线广泛应用在动车组的网络控制系统中。

学习目标

1. 素质目标

尊重生命、热爱劳动，遵循道德准则和行为规范，具有良好的社会责任感和社会参与意识。

2. 知识目标

了解 CAN 总线的特点；熟悉 CAN 总线的电气接口；掌握 CAN 总线的帧结构和报文；掌握 CAN 总线的介质存取控制原理。

3. 能力目标

能够画出 CAN 总线帧结构图并说明它们的作用；能够简述 CAN 总线的介质存取控制原理。

学习任务

1. CAN 总线的特点。
2. CAN 总线的电气接口。
3. CAN 总线的报文和帧结构。
4. CAN 总线的介质存取控制原理。

任务实施

1. CAN 总线的特点

CAN 总线是一种多主通信总线，通信介质可以是双绞线、同轴电缆或光导纤维，通信速率可达 1 Mb/s。CAN 总线具有卓越的特性、极高的可靠性和独特的设计，特别适合工业过程监控设备的互连，因此越来越受到工业界的重视，并已被认为是最有前途的现场总线之一。CAN 总线的主要特点可以归结如下：

（1）CAN 总线采用了多主竞争式总线结构，具有多主站运行、分散仲裁及广播通信的特点。CAN 总线上任意节点，可在任意时刻主动地向网络上其他节点发送信息，而不分主次，因此可在各节点之间实现自由通信。

（2）采用了节点优先级机制和非破坏性总线仲裁技术。总线发生冲突时，优先级低的节点自动退出，优先级高的节点不受影响地继续发送数据。这种方法可以节约网络仲裁时间，可以较好地避免网络瘫痪的风险。

（3）CAN 协议废除了传统的站地址编码，取而代之以对通信数据块（通信节点）进行编码。采用这种方法，可使网络内的节点个数在理论上几乎不受限制。数据块的标识码可由 11 位或 29 位二进制数组成。因此，可以定义 2^{11} 或 2^{29} 个不同的数据块。这种按数据块编码的方式，还可使不同的节点同时接收到相同的数据，这一点在分布式控制系统中非常有用。

（4）CAN 总线具有组成大容量网络的性能。根据总线的驱动电路，网络的节点数可达到上百个，报文的标识符几乎不受限制（CAN 2. 0B）。

（5）CAN 总线是一种非本质实时性的通信网络，理论上存在“死节点”现象。

（6）CAN 总线协议已被国际标准化组织认证，技术比较成熟，控制的芯片已经商品化，性价比高，特别适用于分布式测控系统之间的数据通信。CAN 总线插卡可以任意插在 PC/AT 或 PC/XT 兼容机上，方便构成分布式监控系统。

2. CAN 总线的电气接口

CAN 总线的电气接口中集成了 CAN 协议的物理层和数据链路层功能，可完成对通信数据的成帧处理，包括位填充、数据块编码、循环冗余检验、优先级判别等项工作。CAN 总线的信号电平表示如图 3-95 所示。

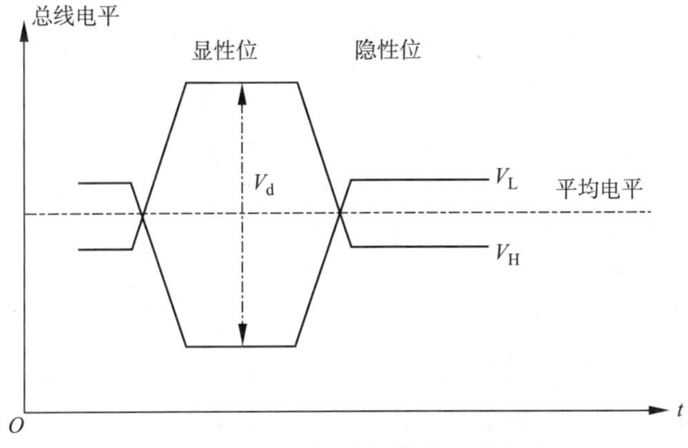

图 3-95　CAN 总线的信号电平表示

总线具有两种逻辑状态，显性或隐性。在显性状态下，差分电压 $V_d = V_H - V_L$，大于最小阈值电压；在隐性状态下，差分电压 V_d 接近于总线的平均电压。总线状态的电平表示如表 3-7。

需要时可沿此线裁成活页

表 3-7　总线状态的电平表示

状态	参数	符号表示	单位	数值		
				最小值	典型值	最大值
显性	总线电压	V_H	V	2.75	3.5	4.5
		V_L	V	0.5	1.5	2.25
	差分电压	V_d	V	1.5	2.0	3.0
隐性	总线电压	V_H	V	2.0	2.5	3.0
		V_L	V	2.0	2.5	3.0
	差分电压	V_d	mV	-500	0	50

ISO 1188 标准建议的 CAN 总线电气接口原理如图 3-96 所示。在发送模块 Tx 的 T_1、T_2 均关闭的情况下，总线呈现隐性状态；当 T_1 和 T_2 均导通时，总线呈现显性状态。由此可知，只有在所有的发送模块均处于关闭状态时，总线才呈现隐性状态；只要有一个发送模块发送显性位，总线即表现为显性状态。接口电路中的电阻网络用于检测总线状态，接收模块 Rx 采用差分接收器。电阻 R_L 是网络终端电阻，用以抑制信号的反射。

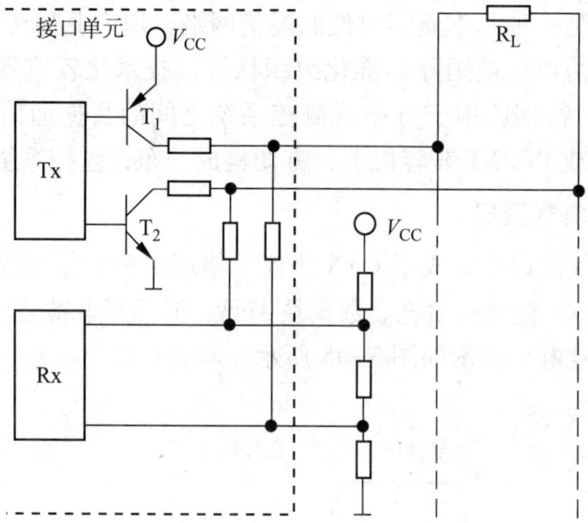

图 3-96　ISO 1188 标准建议的 CAN 总线电气接口原理

CAN 总线的物理传输介质通常采用终端阻抗为 120 Ω 的双绞线，使用负逻辑的差分电压信号进行数据传送，能有效地提高它的抗干扰性能。总线上可挂接的节点数是 32 个，实际最多可达 110 个，但最终的数量取决于物理层的特性和实际情况。

3. CAN 总线的报文和帧结构

CAN 总线的报文由 4 种帧组成，它们分别是数据帧、远程帧、错误帧和超载帧。

1）数据帧

数据帧携带数据从发送器至接收器。数据帧（或远程帧）通过帧间空间与前面各帧分开，数据帧结构如图 3-97 所示。由图可见，数据帧由 7 个不同的位场组成，分别是：帧起始、仲裁场、控制场、数据场、CRC 场、ACK 场、帧结束。数据帧位场的结构组成及各部分的长度和功能如表 3-8。

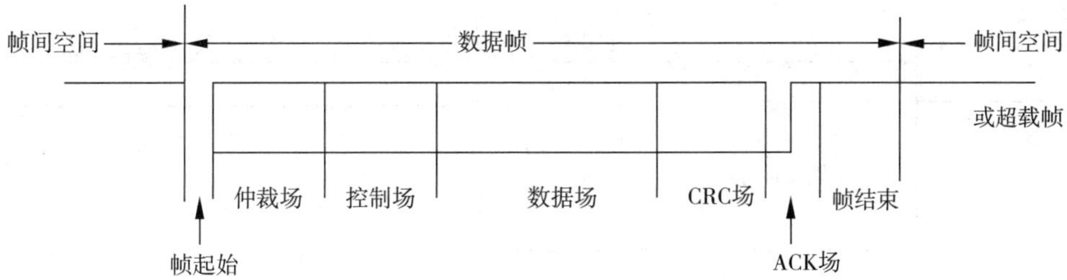

图 3-97　数据帧结构

表 3-8　数据帧位场的结构组成及各部分的长度和功能

位场名称		长度/b	功能
帧起始		1	表示传输开始
仲裁场		11	报文优先级标识
控制场	远距离传输请求（RTR）	1	显性位（0）
	标识符扩展位（IDE）	1	显性位（0），可选
	保留位（r0）	1	保留（隐性位）
	数据长度码（DLC）	4	数据字节数（0～8 B）
数据场		0～64	传输的数据
CRC 场	CRC	15	循环冗余校验
	CRC 分隔符	1	隐性位（1）
ACK 场	ACK 槽	1	发送者发送隐性位（1） 接收者声称显性位（0）
	ACK 分隔符	1	隐性位（1）
帧结束（EOF）		7	隐性位（1）

2）远程帧

远程帧用于请求发送具有同标识符的数据。远程帧结构如图 3-98 所示。远程帧包括 6 个不同的位场，分别是：帧起始、仲裁场、控制场、CRC 场、ACK 场和帧结束。与数据帧不同，远程帧仲裁场的最后一位（RTR 位）为隐性。

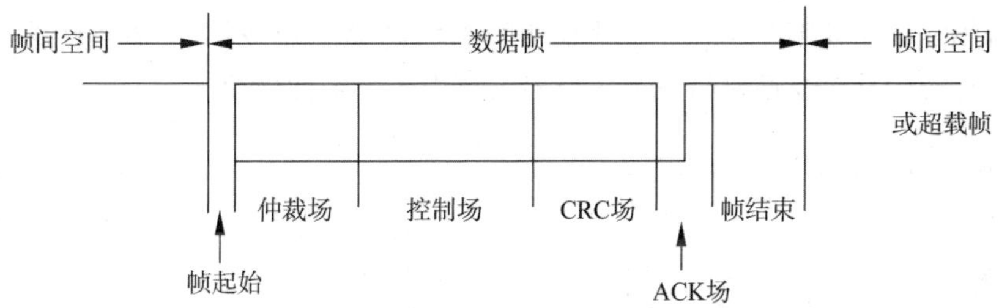

图 3-98　远程帧结构

3）错误帧

错误帧用于错误指示，任何单元检测到总线错误就发出错误帧。错误帧包括两个不同的位场。第一个位场为来自各站的错误标识叠加，第二个位场是错误界定符

(包括 8 个隐性位)，如图 3-99 所示。

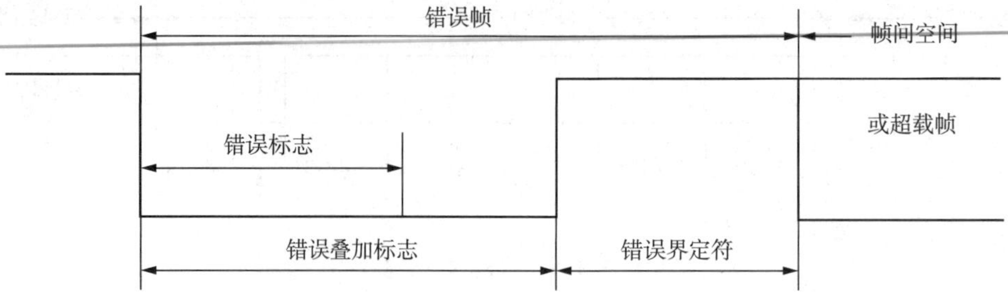

图 3-99　错误帧结构

错误标志具有以下两种形式：

① 激活错误标志：由 6 个连续的显性位组成。

② 认可错误标志：由 6 个连续的隐性位组成，除非被来自其他节点的显性位冲掉。

检测到错误条件的“错误激活”站通过发送错误激活标志指示错误。错误标志的格式破坏了从帧起始到 CRC 界定符的位填充规则，也破坏了应答场或帧结束场的固定格式。因此，所有其他的站由此检测到错误条件并开始发送错误标志。“显性”位序列的形成就是各个站发送的不同错误标志叠加在一起的结果。这个序列的总长度最小为 6 位，最大为 12 位。

检测到错误条件的“错误认可”的站试图通过发送错误认可标志指示错误。该“错误认可”站以错误认可标志为起点，等待 6 个相同极性的连续位。当这 6 个相同的位被检测到时，错误认可标志的发送就完成了。

出错界定符包括 8 个隐性位。错误标志发送后，每个站都送出 1 个隐性位，并监视总线，直到检测到 1 个隐性位为止，然后开始发送剩余的 7 个隐性位。

4）超载帧

超载帧用于在当前的和后续的数据帧（或远程帧）之间提供一附加延迟。它包括两个位场：超载标志和超载界定符，如图 3-100 所示。有两种超载条件会导致超载标志的传送：其他版本说法为：一种是接收器的内部条件（此接收器对于下数据帧或远程帧需要一定延时）；另一种是在间歇场的第一位或第二位检测到一个显性位。超载标志由 6 个显性位组成，超载界定符由 8 个隐性位组成。

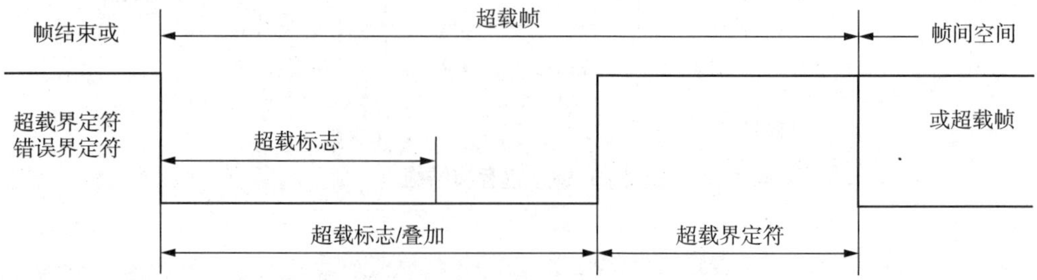

图 3-100　超载帧结构

5）帧间空间

数据帧、远程帧均被帧间空间的位场分开，而在超载帧和错误帧前面没有帧间空间，并且多个超载帧前面也不被帧间空间分隔。帧间空间包括间歇场和总线空闲场，对于前面已经发送报文的“错误认可”站还有暂停发送场，如图3-101所示。

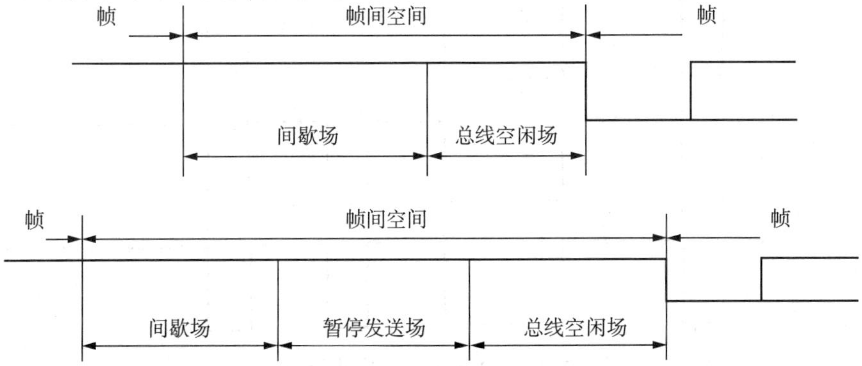

图3-101　帧间空间结构

间歇场由3个隐性位组成，间歇期间不允许启动发送数据帧或远程帧，它仅起标注超载条件的作用。总线空闲场周期可为任意长度，此时总线是开放的，因此任何需要发送的站均可访问总线。

暂停发送场是指错误认可站发送完一个报文后，在下一次报文发送认可总线空闲之前，它紧随间歇场后送出的8个隐性位。

4. CAN总线的介质存取控制原理

CAN总线的介质存取控制采用载波监测多路访问/冲突检测（CSMA/CD）的方式，将网络上的数据分成不同的优先级，采用显性位（逻辑“0”）和隐性位（逻辑“1”）及对总线数据回读的方法实现总线的非破坏性逐位仲裁。这种基于竞争的仲裁是借助于发送报文标识符ID和紧随其后的远程发送请求位RTR来解决的。在仲裁过程中，发送报文的标识符ID的二进制数值越小（逻辑“0”越多），其优先级越高。数据帧优先级高于远程帧。

CAN总线的非破坏性位仲裁是通过对标识符ID的逐位比较来实现的。根据CAN总线电气规范，当总线上存在一个显性位信号时，总线就表现为显性状态（逻辑“0”）；当所有的信号都为隐性位时，总线才表现为隐性状态（逻辑“1”）。因此，总线上的各个节点将自己的标识符ID逐位发送到总线上时，并同时读取总线的状态；一旦发现自己发送的是隐性位但读取的却是显性状态时，节点就知道此时有个比自己优先级高的节点也在发送信号，于是该节点立即停止发送，退出本次信号传输，而优先级高的节点仍然可以继续发送。退出传输的节点将等待下一个空闲期并再次尝试发送。这种仲裁方法就是非破坏性位仲裁，3个节点的位仲裁过程如图3-102所示。

需要时可沿此线裁成活页

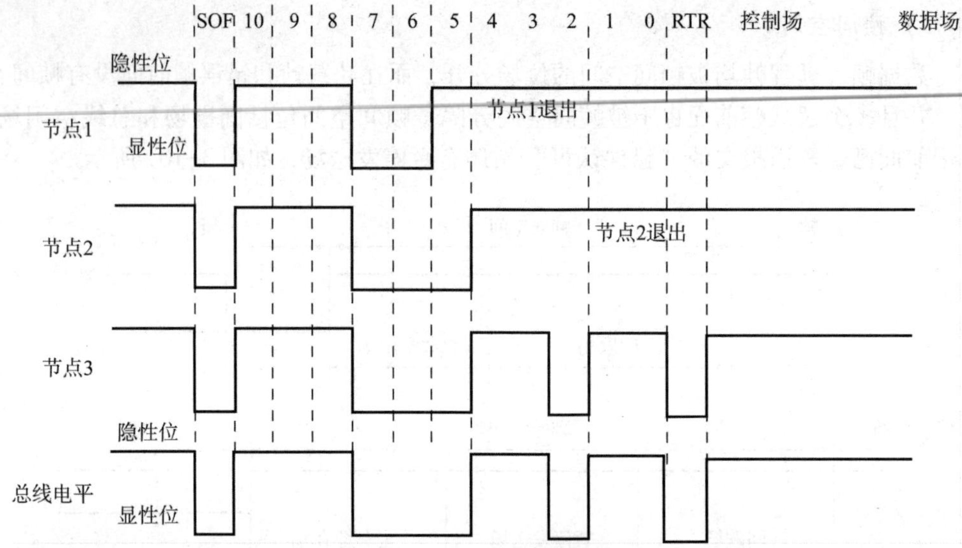

图 3-102　3 个节点的位仲裁过程

CAN 总线的非破坏性位仲裁的优点在于，仲裁过程不影响优先级高的节点正常传输数据，没有仲裁过程的时间开销，但存在的问题是，在总线上众多的节点中，那些优先级比较低的节点或优先级最低的那个节点发送数据的时延很长，甚至可能始终无法在总线上传输数据，成为“死节点”。这种情况对于要求实时控制的工业自动控制系统来说，显然是难以接受的。因此，CAN 总线的这个问题影响了它在实时控制系统上的运用。

任务评价

项次	简答题	要求	分值	得分
1	简述 CAN 总线的特点	学生在职教云上完成答题，教师评阅	25	
2	画图说明 CAN 总线的电气接口结构及作用	学生在职教云上完成答题，教师评阅	25	
3	画图说明 CAN 总线的报文和帧结构及作用	学生在职教云上完成答题，教师评阅	25	
4	画图说明 CAN 总线的介质存取控制工作原理	学生在职教云上完成答题，教师评阅	25	
合　计			100	

知识拓展

CAN 总线的应用层协议

CAN 总线的基本结构只有两层协议，即物理层协议和数据链路层协议，其数据链路层中的介质存取控制（MAC）子层协议是CAN总线的核心。在一般的小型系统中，由于节点数比较少，所以这样的层次结构可以满足应用的需求。但这样的应用是不具有实用性的，因为无法与其他的系统相互兼容。因此，CAN总线的应用层协议就应运而生了，但这些协议已经不属于CAN总线的内容，而是另外一些独立的现场总线协议，比较典型和已经有较广泛应用的协议有DeviceNET总线协议和CANopen协议。

任务3.5 TCN智能诊断仪的操作与运用

学习目标

1. 素质目标

具有质量意识、环保意识、安全意识，以及爱岗敬业、艰苦奋斗和工匠精神。

2. 知识目标

熟悉TCN智能诊断仪的功能。

3. 能力目标

会使用TCN智能诊断仪诊断列车TCN网络的故障并能排除故障。

学习任务

1. 了解TCN智能诊断仪的功能。
2. 使用TCN智能诊断仪诊断列车TCN网络的故障并排除故障。

任务实施

1. TCN智能诊断仪简介

TCN智能诊断仪用于轨道列车MVB和WTB网络通信质量评估和通信故障定位，通过采集列车MVB/WTB网络的通信报文及物理波形，从通信物理层、数据链路层和网络层对列车网络进行全方位分析，输出列车网络质量分析报告。当列车网络出现故障时，TCN智能诊断仪能够快速诊断故障发生的位置及可能原因。TCN智能诊断仪如图3-103所示。

图3-103　TCN智能诊断仪

2. 连接方式

（1）MVB诊断模式的连接方式如图3-104所示，在进行偶发故障测试时，诊断仪可不连接计算机而自动采集MVB网络数据。

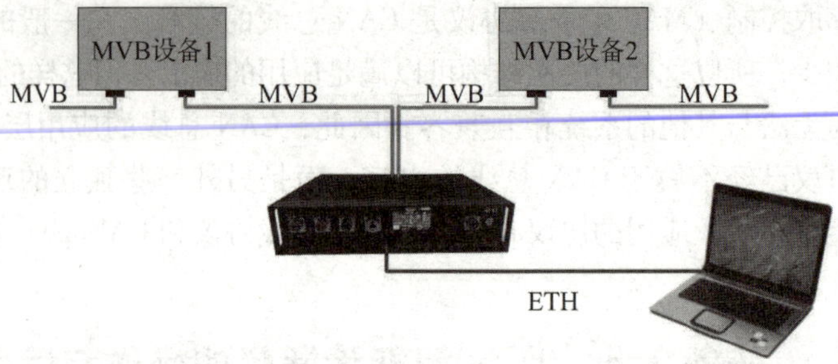

图 3-104 MVB 诊断模式的连接方式

（2）WTB 诊断模式的连接方式如图 3-105 所示，在进行偶发故障测试时，诊断仪可不连接计算机而自动采集 WTB 网络数据。

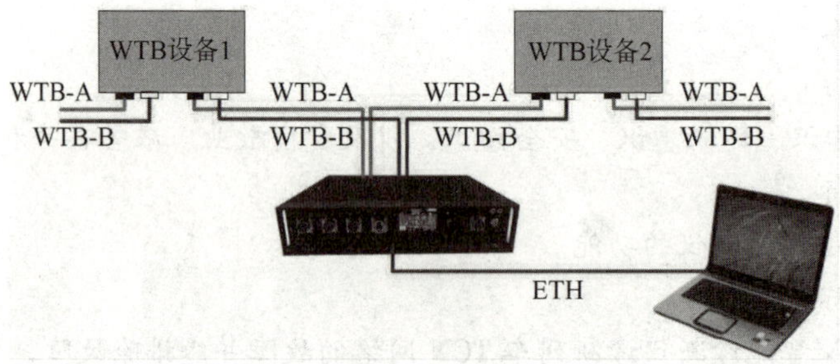

图 3-105 WTB 诊断模式的连接方式

3. 功能描述

TCN 智能诊断仪主要针对列车调试、检修、运用维修一线人员，设备操作方式简单，展示信息全面，能够结合对应车型，导入拓扑信息进行网络的分析和诊断。分析诊断过程由软件自动完成，分析诊断结果直接展示给用户，并自动形成分析报告；同时，支持按设备/端口查看分析诊断过程中的详细数据，以便技术人员对网络状态进行具体分析。

对于 MVB 和 WTB 网络，TCN 智能诊断仪主要有以下几个功能：MVB 网络质量分析功能、MVB 偶发故障分析功能、MVB 调试监测功能、MVB 详细数据查看功能、WTB 网络质量分析功能、WTB 偶发故障分析功能、WTB 详细数据查看功能。

1）MVB 网络诊断功能

（1）MVB 网络质量分析功能。

MVB 网络质量分析功能用于对列车 MVB 网络通信质量进行评估。在启动工作软件后，设备自动采集一段时间的 MVB 网络通信报文和一个宏周期的波形数据，并按照配置参数对数据进行分析，自动得出每一个设备/端口的分析结果，生成分析报告。各设备/端口的自动分析项点包括：误码率、周期抖动、从帧回复抖动、波形过零点斜率、波形脉冲过冲电平、波形脉冲稳态幅值、波形时钟抖动、波形帧高电平、波形帧低电平、波形帧零电平、波形帧尾最大值、波形帧尾 300 ns 后最大值等。分析完成后以直观的图表方式对结果进行展示，并且列出存在问题的设备/端口和所有测试数据的详细测试结果。如果列车 MVB 网络存在故障，软件将对故障位置进行定位并判断故障原因，如图 3-106 和图 3-107 所示。

图 3-106　MVB 质量分析界面

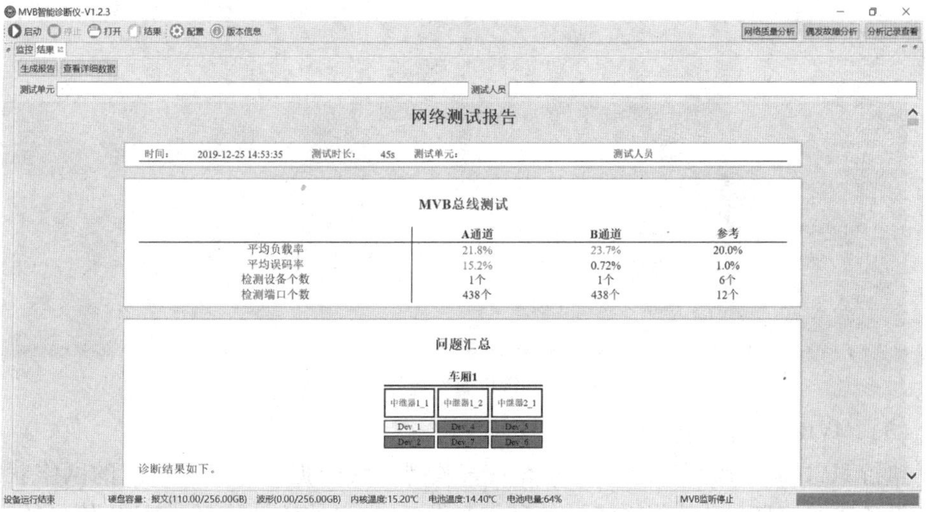

图 3-107　MVB 质量分析结果

问题汇总：网络中有 7 个问题端口，具体见图 3-108。导入 MVB 设备及端口，对 MVB 设备端口进行测试，根据配置文件的内容，MVB 网络中应用设备 98 个，应用端口 306 个。实测结果中，响应设备 82 个，响应端口 262 个。

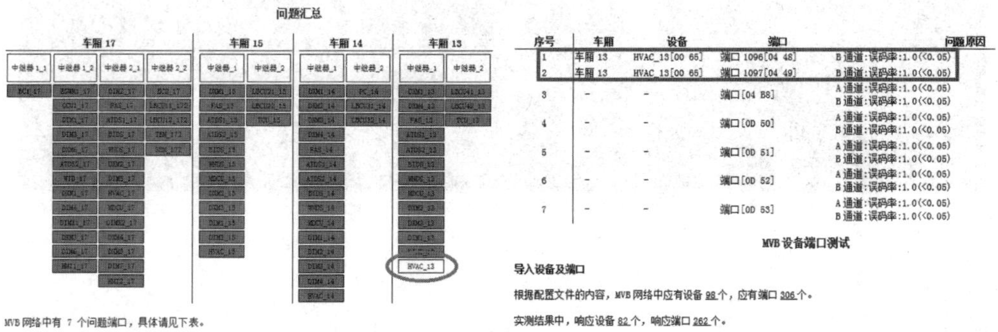

图 3-108　故障定位功能

（2）MVB 偶发故障分析功能。

当 MVB 总线存在偶发故障时，TCN 智能诊断仪支持对偶发故障的抓取分析。单击“偶发故障分析”按钮，配置响应的触发条件，再单击“启动”按钮，即进入触发分析模式。其中触发条件可通过网络拓扑及监控端口/设备配置，过滤掉偶发故障分析过程中不关注的端口；数据采集的触发条件包括采集通道、触发通道、触发次数等，如图 3-109 所示。每一个偶发故障分析过程支持同时配置 5 组触发条件。配置完成后，TCN 智能诊断仪自动对总线数据进行监测，在监测到符合触发条件的数据后进行数据记录。在数据采集完成后，通过软件完成偶发故障分析数据的下载及自动分析，并展示分析结果，展示内容与 MVB 网络质量分析内容相同。

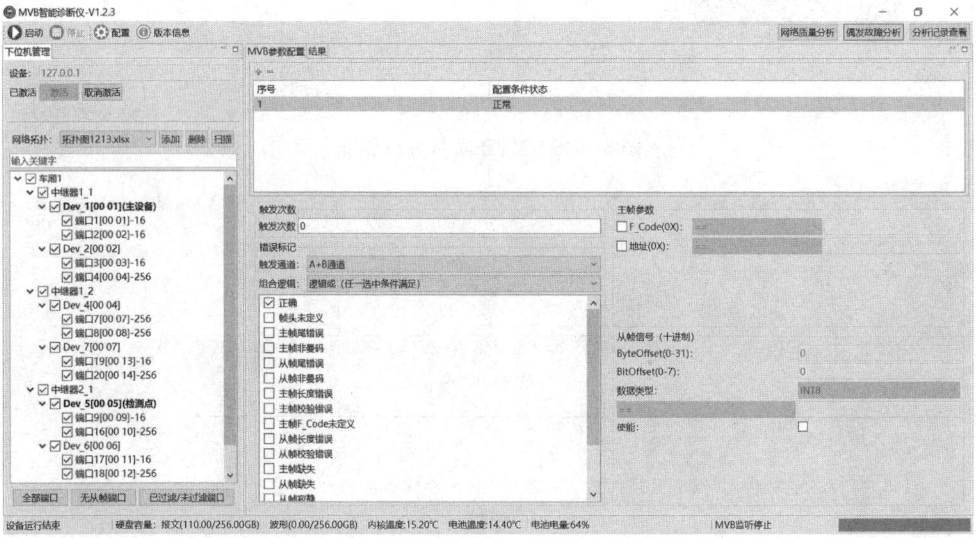

图 3-109　MVB 偶发故障配置界面

（3）MVB 调试监测功能。

执行 MVB 调试监测功能时，设备一直监视总线数据，并显示对应的网络状态，包括设备状态信息、总线报文统计信息，各设备/端口的统计信息，MVB 信号的变化等，如图 3-110 所示。

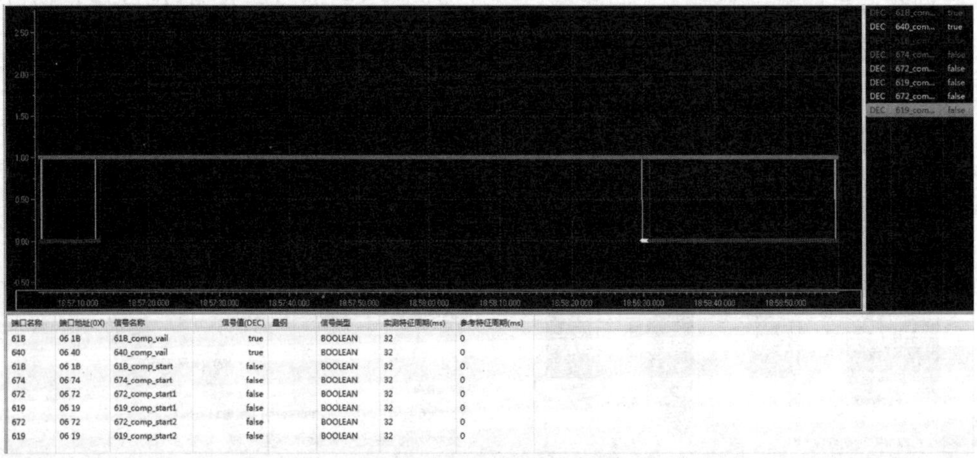

图 3-110　MVB 调试监视界面

(4) MVB 分析记录查看功能。

TCN 智能诊断仪支持对采集的详细数据进行查看，包括网络整体状态、故障定位信息、网络拓扑状态，以及各个设备/端口的报文和波形信息等。测试结果查看部分可以查看测试过程中的网络整体状态、分析诊断结果（如有异常），以及表示网络通信质量的图表。报文信息查看部分可以展示分析过程中所有的报文数据，包括报文的时间戳、报文类型、报文异常类型、报文数据、报文周期、报文响应时间等，支持按照报文类型、报文异常类型、报文地址等进行过滤，并支持导出格式为 . csv 的文件。波形信息查看部分可以展示一个宏周期内出现的该端口/设备的波形数据，并且对波形进行解码、分析，解码结果与物理波形按位对齐，同时展示波形分析相关参数的检测值。波形文件中的内容支持按设备/端口查看，并支持导出格式为图片的文件。MVB 分析记录查看功能如图 3-111 所示。

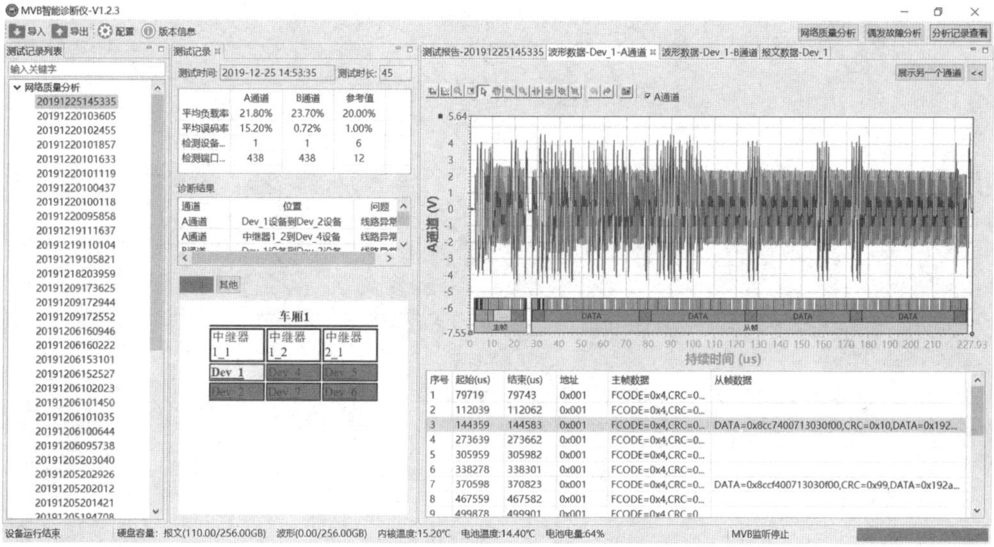

图 3-111　MVB 分析记录查看功能

2) WTB 网络诊断功能

(1) WTB 网络质量分析功能。

WTB 网络质量分析功能用于对列车 WTB 网络通信质量进行评估。在开始操作软件后，TCN 智能诊断仪自动采集一段时间的 WTB 网络通信报文和一个宏周期的波形数据，并按照配置参数对数据进行分析，自动得出每一个设备/端口的分析结果，生成分析报告。各设备的自动分析项点包括：误码率、周期抖动、从帧回复抖动、波形过零点斜率、波形脉冲过冲电平、波形脉冲稳态幅值、波形时钟抖动、波形帧高电平、波形帧低电平、波形帧零电平等。分析完成后，以直观的图表方式对结果进行展示，并且列出存在问题的设备和所有测试数据的详细测试结果。如果列车 WTB 网络存在故障，可在测试结束后对故障位置进行定位并判断故障原因，如图 3-112 和图 3-113 所示。

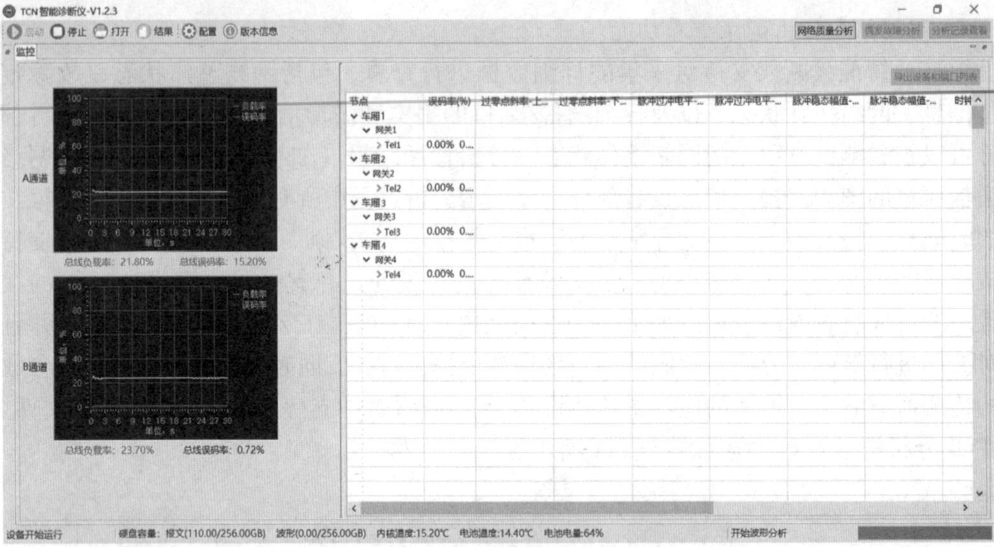

图 3-112　WTB 质量分析界面

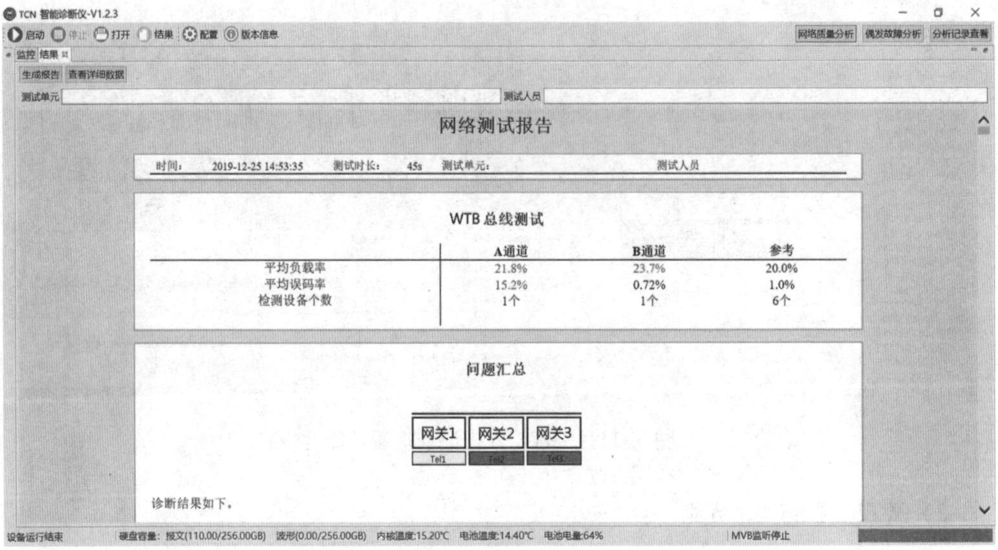

图 3-113　WTB 网络测试报告

（2）WTB 偶发故障分析功能。

当 WTB 总线存在偶发故障时，TCN 智能诊断仪支持对偶发故障的抓取分析。单击“偶发故障分析”按钮，配置响应的触发条件，再单击“启动”按钮，即进入触发分析模式。其中触发条件可通过网络拓扑及监控设备配置，过滤掉偶发故障分析过程中不需要关注的设备；数据采集的触发条件包括采集通道、触发通道、触发次数、触发条件等，如图 3-114 所示。每一个偶发故障分析过程支持同时配置 5 组触发条件。配置完成后，设备即自动对总线数据进行监测，在监测到符合触发条件的数据后进行数据记录。在数据采集完成后，软件下载采集的数据，自动分析偶发故障原因，最后展示分析结果，展示内容与 WTB 网络质量分析内容相同。

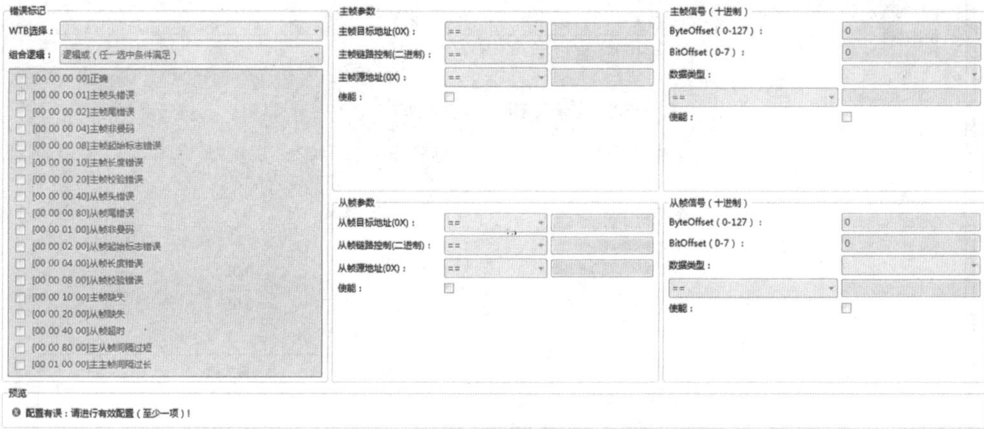

图 3-114　WTB 偶发故障配置界面

（3）WTB 分析记录查看功能。

TCN 智能诊断仪支持对采集的详细数据进行查看，包括网络整体状态、故障定位信息、网络拓扑状态，以及各个设备和端口的报文及波形信息等。测试结果查看部分可以查看测试过程中的网络整体状态、分析诊断结果（如有异常），以及表示网络通信质量的图表。报文信息查看部分可以展示分析过程中所有的报文数据，包括报文的时间戳、报文类型、报文异常类型、报文数据、报文周期、报文响应时间等，并支持导出格式为 .csv 的报文。波形信息可查看部分能够展示指定设备在 1 024 ms 内出现的波形数据，并且对波形进行解码、分析，解码结果与物理波形按位对齐，同时展示波形分析相关参数的检测值。波形文件中的内容支持按照设备查看，并支持导出格式为图片的文件。

3）诊断参数设置功能

不同的总线类型及介质类型，对应不同的分析项点。其中，MVB 网络分析项点包括：误码率、周期抖动、从帧回复抖动、波形过零点斜率、波形脉冲过冲电平、波形脉冲稳态幅值、波形时钟抖动、波形帧高电平、波形帧低电平、波形帧零电平、波形帧尾最大值、波形帧尾 300 ns 后最大值等参数。WTB 网络分析项点包括：误码率、周期抖动、从帧回复抖动、过零点斜率、脉冲过冲电平、脉冲稳态幅值、时钟抖动、帧高电平、帧低电平、帧零电平等。各参数的判断标准可通过软件进行配置，如图 3-115 所示。

4）生成报告功能

每次测试结束后，可生成 doc/html 格式的测试报告，测试报告内容包括：当前网络整体状态、所有设备/端口的通信状态及各测试项的数值、存在异常的设备/端口及异常项、当前网络存在的故障（如有）位置及原因等，如图 3-116 所示。

需要时可沿此线裁成活页

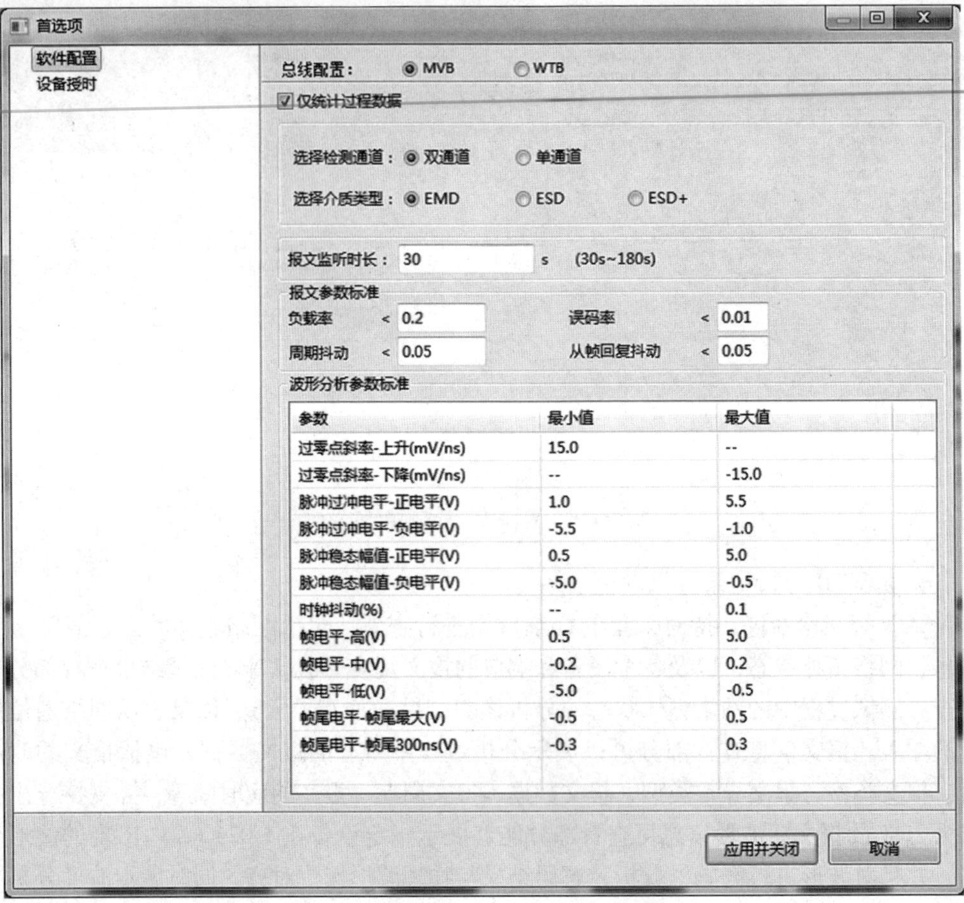

图 3-115 （MVB）诊断参数设置界面

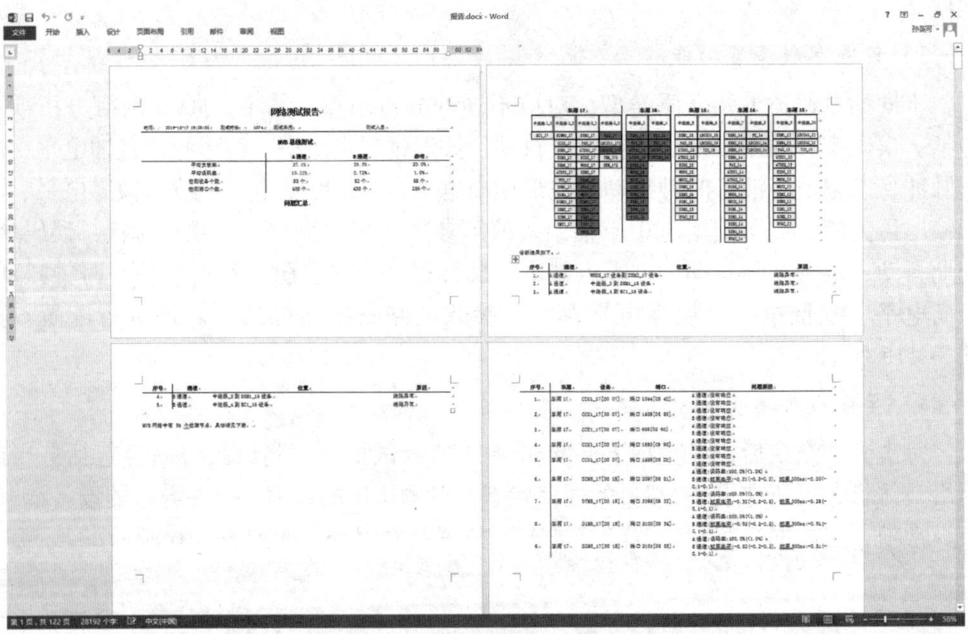

图 3-116 诊断报告

4. 检测诊断实操

（1）检测对象：轨道交通西门子列车通信网络与 DUAGON 中继器。

（2）问题现象：空调设备报网络故障，经软件调试发现收不到空调设备生命信号，更换空调设备网络模块无效。

（3）检测工位如图 3-117 所示，分别位于 6 号车、4 号车、1 号车网络的 4 个位置；检测现场如图 3-118 所示。

（4）检测报告如下。

① 检测工位一：在情况不明时选择 6 号车观察列车总体通信情况，如图 3-119 ~ 图 3-121 所示。

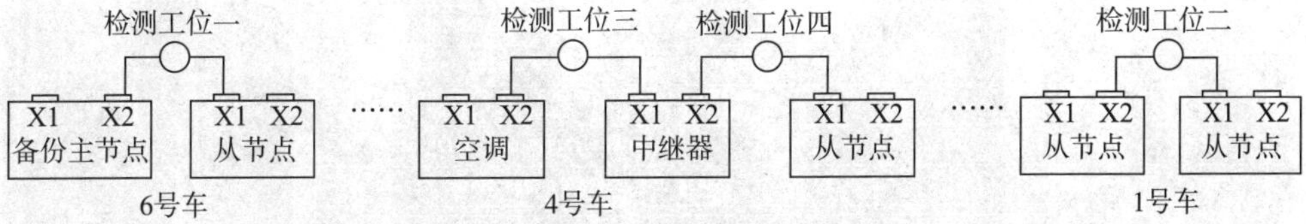

图 3-117　检测工位

图 3-118　检测现场

需要时可沿此线裁成活页

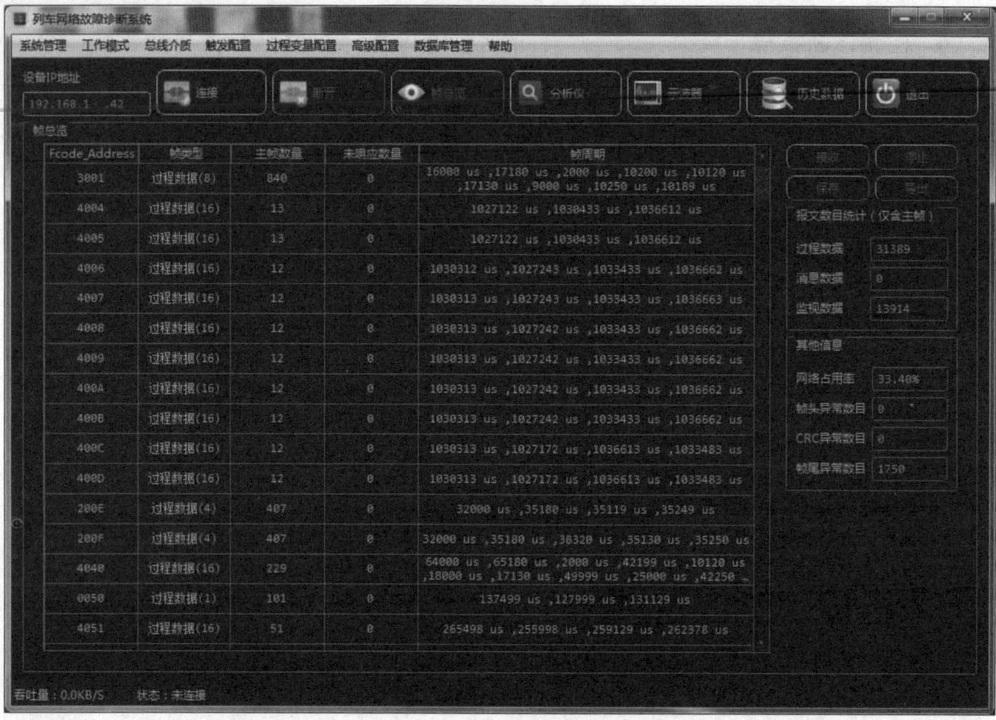

图 3-119　检测工位一（1）

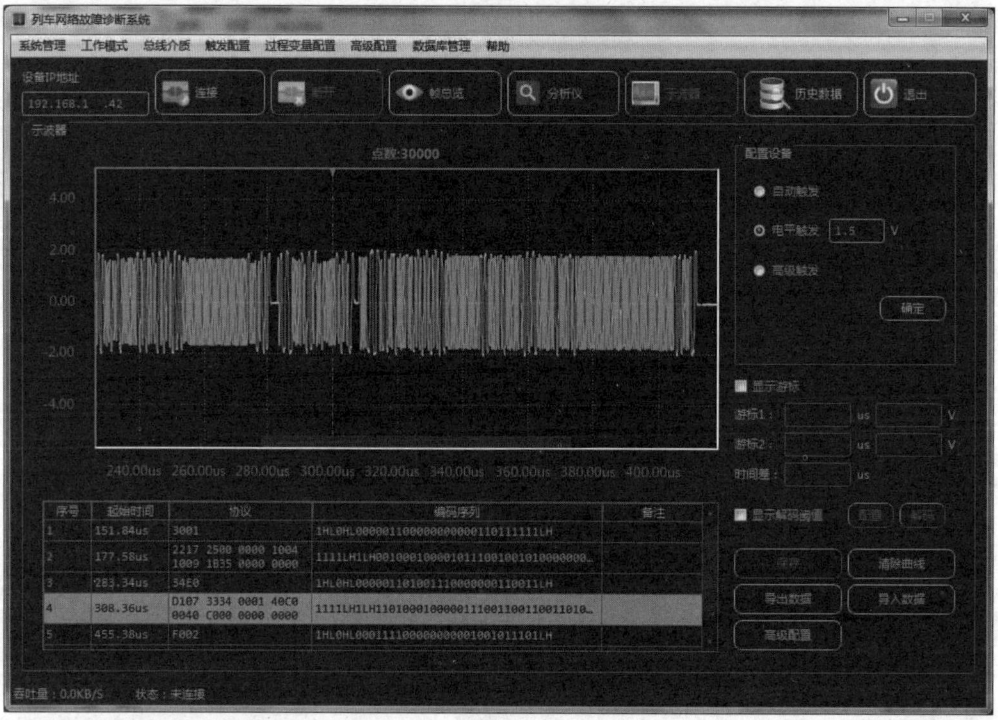

图 3-120　检测工位一（2）

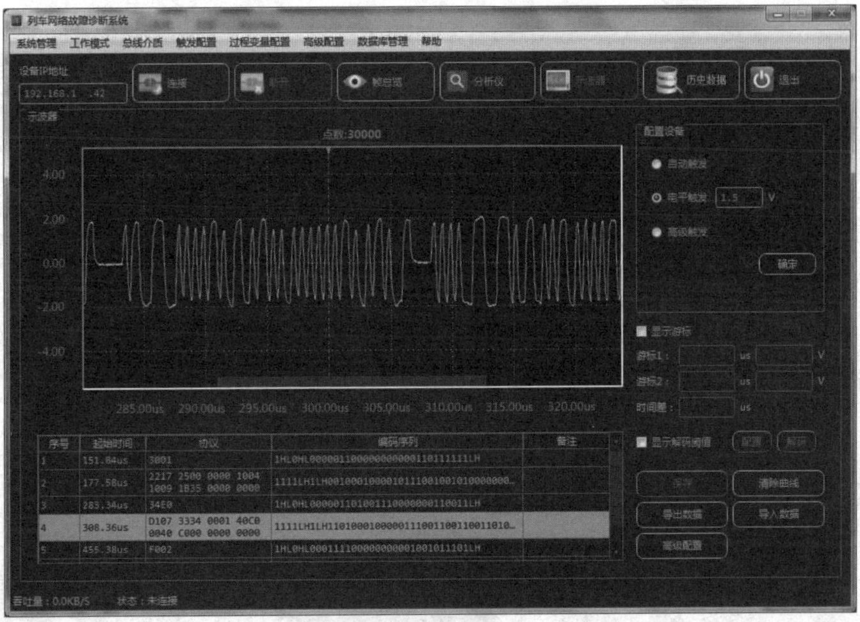

图 3-121　检测工位一（3）

检测工位一测试情况分析：

空调端口正确响应，且经过 4 ~6 号车传输到备份主节点后能被正确解析，初步确认从空调设备到 6 号车备份主节点之间空调网络设备工作情况正常，但通过测试细节可了解到波形质量略差（抗干扰能力会较差）、帧周期波动较大（3 ~ 11 ms）。

② 检测工位二：调整检测工位至另一端主设备，并重点监控空调设备，检测情况如图 3-122 ~ 图 3-125 所示。

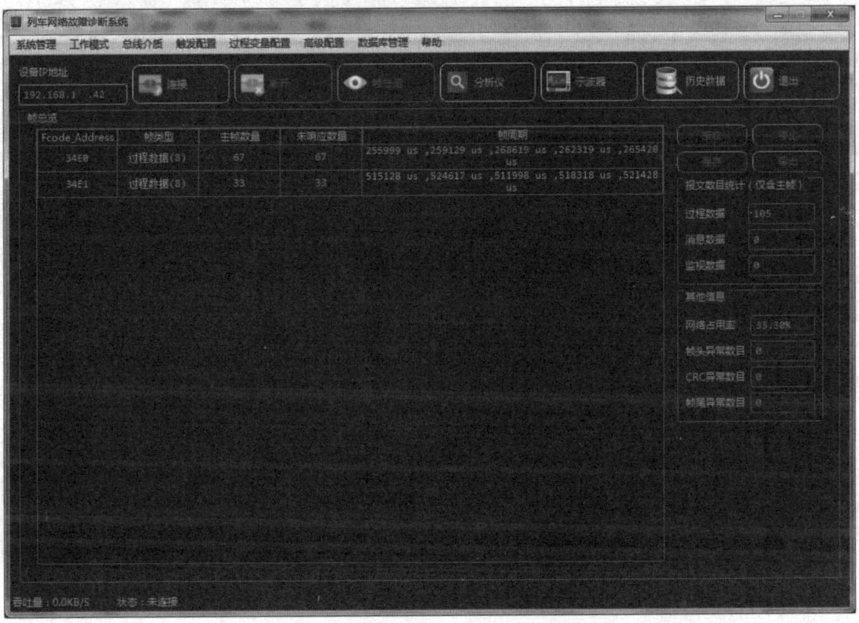

图 3-122　检测工位二（1）

需要时可沿此线裁成活页

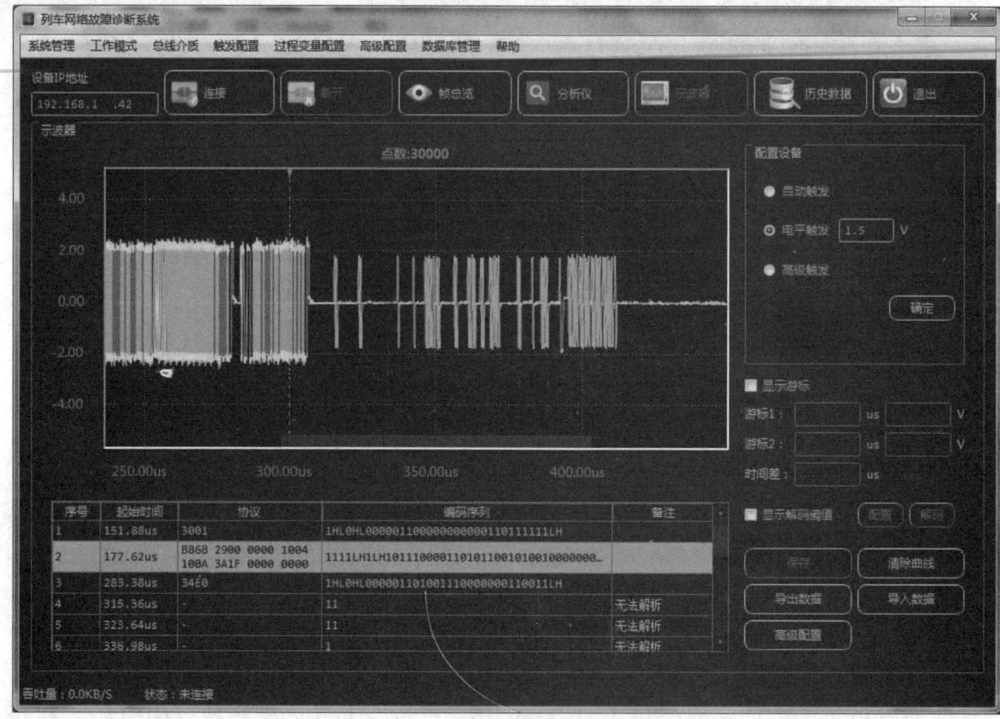

图 3-123　检测工位二（2）

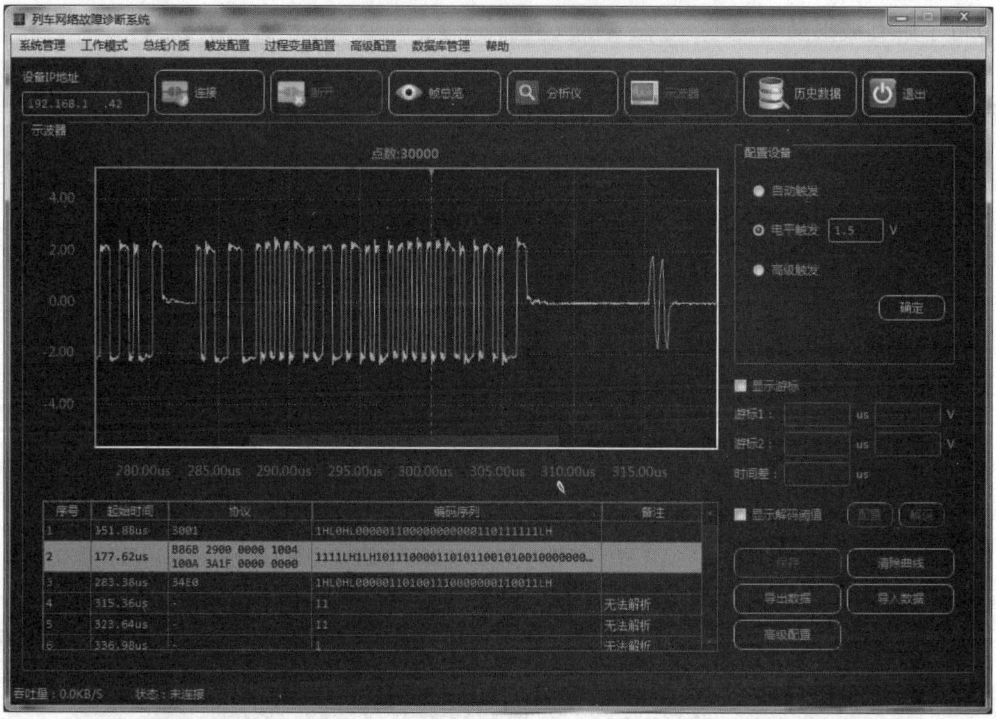

图 3-124　检测工位二（3）

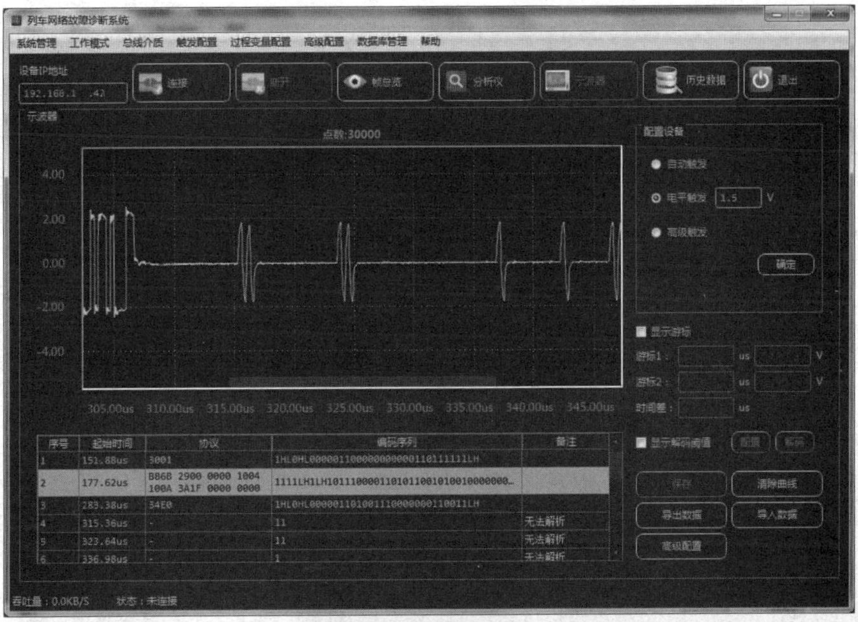

图 3-125　检测工位二（4）

检测工位二测试结果分析：通过端口总览情况了解到 34E0/34E1 两个空调网络设备端口均无响应，通过波形了解到主帧波形质量较好，远优于检测工位一备份主节点帧波形状态，主帧后只有间断的三角波，没有完整的波形。初步推断，空调设备已接收到主帧，且有回应，但信号到达一车主设备时已畸变至完全无法识别。

③ 检测工位三：选择空调端近端测量，情况如图 3-126～图 3-128 所示。

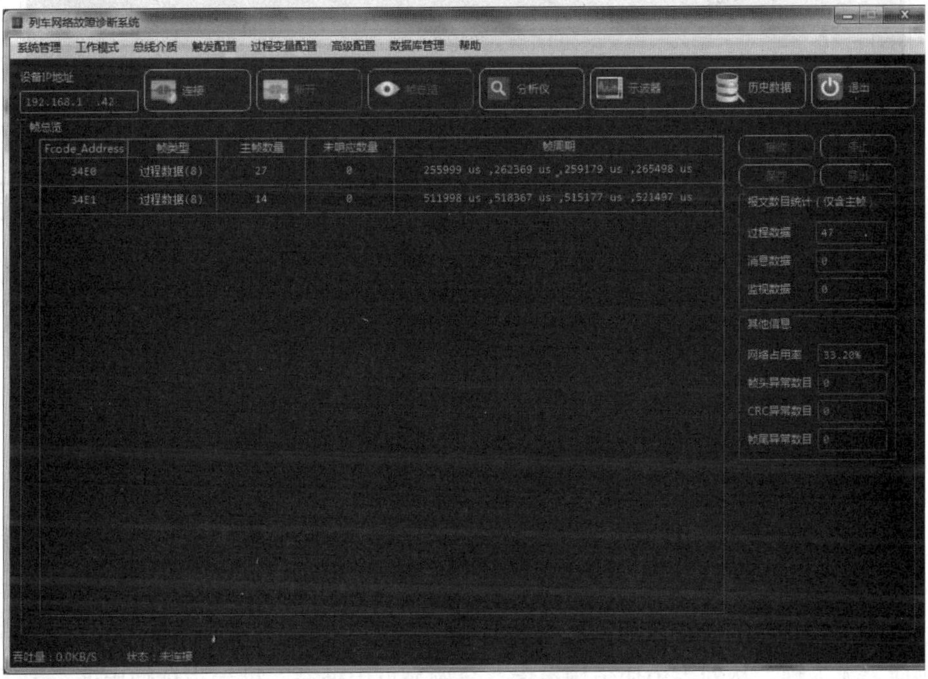

图 3-126　检测工位三（1）

需要时可沿此线裁成活页

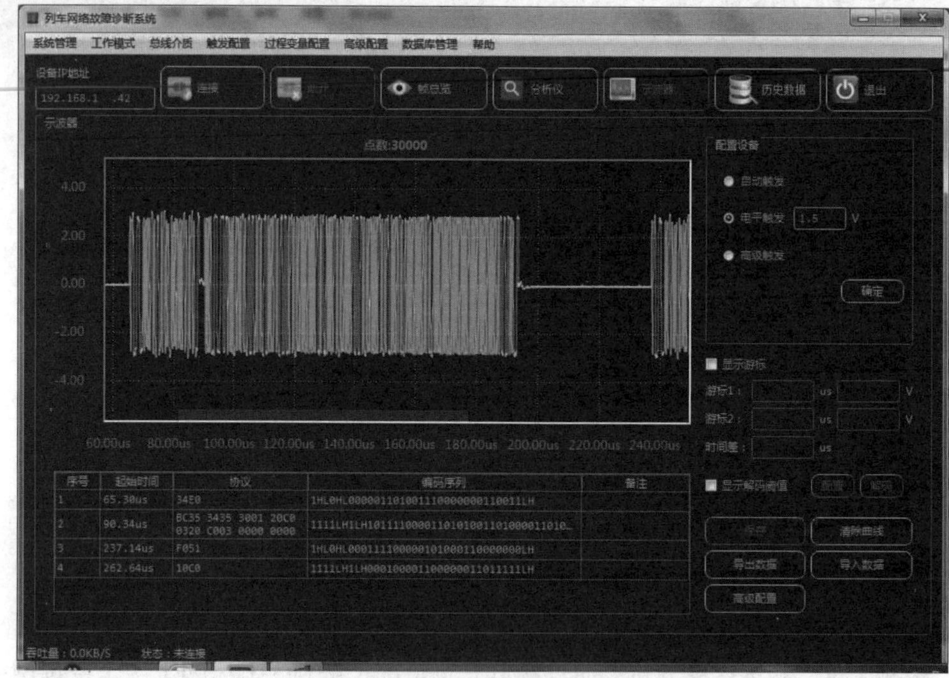

图 3-127 检测工位三（2）

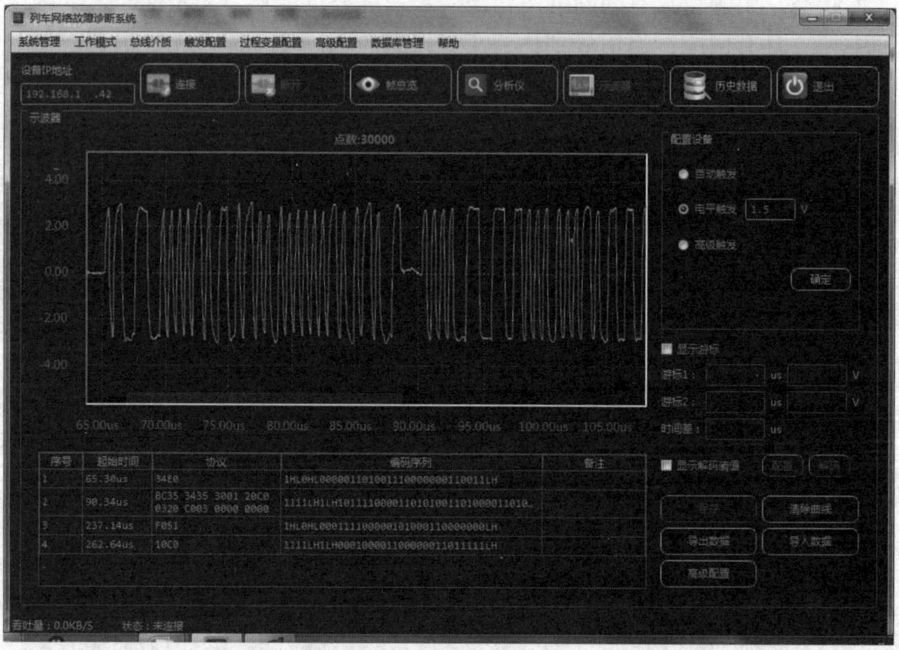

图 3-128 检测工位三（3）

检测工位三测试结果分析：主帧波形质量较差，但空调端口 34E0/34E1 均有从帧响应，无丢帧，从列车拓扑结构考虑，空调靠近中继器，进一步选择中继器另一端进行检测，即检测工位四。

④ 检测工位四：选择空调信号经过中继器后的另一端，检测情况如图 3-129 所示。

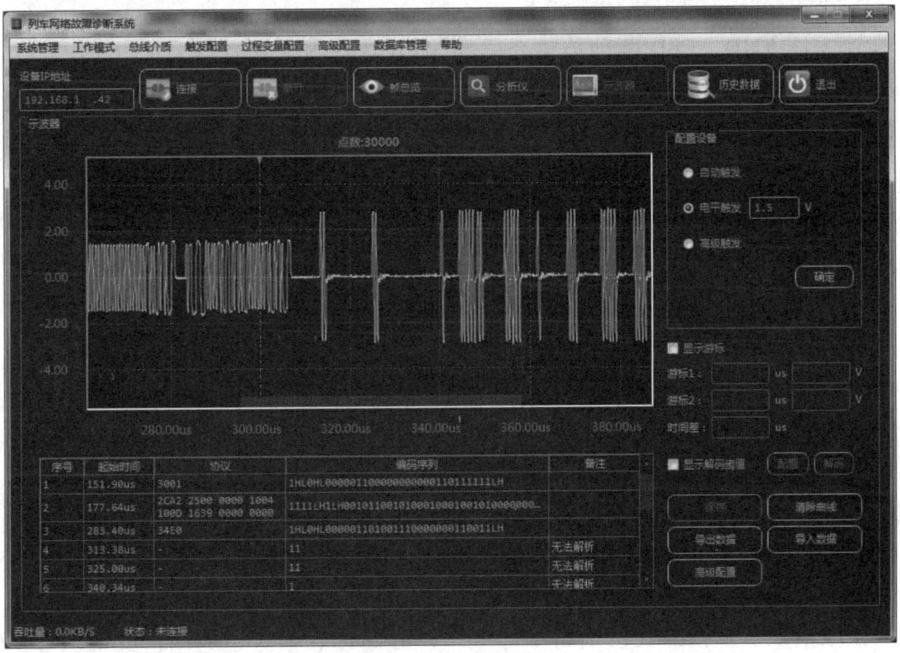

图 3-129　检测工位四

检测工位四测试结果分析：关于 34E0 端口从帧，中继器输出端波形情况与异常主设备接收到的波形基本一致（由于传输距离的衰减，主设备幅值略低，异常信号幅值略高），中继器从帧波形输出异常表明中继器已正确接收到空调端口的从帧数据，但未正确转发。为进一步验证问题原因，将中继器输入与输出短接，列车网络状态恢复正常，未报空调网络故障。

任务评价

项次	简答题或操作题	要求	分值	得分
1	简述 TCN 智能诊断仪的功能	学生在职教云上完成答题，教师评阅	30	
2	使用 TCN 智能诊断仪诊断列车 TCN 网络的故障并排除故障	教师在实训室的 TCN 网络上设定故障，要求学生使用 TCN 智能诊断仪诊断列车 TCN 网络的故障并排除故障；教师评价学生实操	70	
合　计			100	

知识拓展

TCN 智能诊断仪的功能

TCN 智能诊断仪可用于列车 MVB/WTB 网络调试、整车功能测试、列车出厂测

需要时可沿此线裁成活页

试、新车质量评估、列车运营状态监测、列车网络通信质量及通信故障排查等领域。

TCN 智能诊断仪的主要功能如下：

（1）支持 EMD、ESD 两种传输介质的 MVB 数据报文和波形采集。

（2）支持 WTB 数据的报文和波形采集。

（3）能够解码 MVB/WTB 总线上的数据，支持 A/B 通道数据同步记录，并保存数据。

（4）支持测试时间段内的 MVB/WTB 报文全记录和单次最长 1 024 ms 的 MVB/WTB 波形记录。

（5）内置 256 GB 硬盘，可进行无人值守的测试及偶发故障数据采集分析，存储数据支持循环写入和停止覆盖功能。

（6）能够判断和记录 MVB 总线上的异常，包括：帧头未定义、主帧非曼彻斯特编码、从帧非曼彻斯特编码、主帧长度错误、主帧校验错误、主帧 F_Code 未定义、从帧长度错误、从帧校验错误、主帧缺失、从帧缺失、从帧寂静、从帧超时、主从帧间隔过短等。总线异常的判断依据可根据列车实际情况进行调整。

（7）能够判断和记录 WTB 总线上的异常，包括：主帧头错误、主帧尾错误、主帧非曼彻斯特编码、主帧起始标志错误、主帧长度错误、主帧校验错误、从帧头错误、从帧尾错误、从帧非曼彻斯特编码、从帧起始标志错误、从帧长度错误、从帧校验错误、主帧缺失、从帧缺失、从帧超时、主从帧间隔过短、主从帧间隔过长等。总线异常的判断依据可根据列车实际情况进行调整。

（8）内置 4G/WiFi 模块，支持测试数据、结果无线上传，以及远程分析等拓展功能。

（9）其分析软件能够导入列车的 MVB 网络拓扑，并根据导入的拓扑自动按照设备、端口对通信质量等进行分析。

（10）其分析软件能够根据测试数据诊断列车网络中的故障位置及故障类型。

（11）其分析软件能够自动生成测试报告，报告内容包括所有设备/端口的通信状态和可能存在的故障点及故障原因。

（12）其分析软件支持对测试报告、测试报文和波形数据的存储及查看。

项目4

复兴号动车组网络控制系统

复兴号动车组网络及辅助监控系统主要由网络控制系统、无线传输装置、烟火报警系统、视频监控系统组成。本项目主要学习复兴号动车组的网络组成结构、设备功能及其维修保养的知识技能。

任务4.1　复兴号动车组网络拓扑结构

奔驰在中国广袤大地上的复兴号中国标准动车组的控制指挥中心在哪里？复兴号动车组的“大脑”和“神经系统”又是怎样的呢？如果看看复兴号CR400AF动车组网络拓扑结构图，我们就能回答这些问题了。

子任务4.1.1　基于TCN+ETB架构的网络拓扑结构

学习目标

1. 素质目标

（1）践行社会主义核心价值观，具有深厚的爱国情感和中华民族自豪感。

（2）具备创新意识。

2. 知识目标

（1）了解复兴号动车组网络的作用。

（2）了解复兴号动车组网络的分类。

（3）掌握复兴号动车组网络术语及缩略语。

（4）掌握CR400AF型动车组的网络基本结构。

（5）了解复兴号动车组网络工作原理。

3. 能力目标

会使用 CAD 软件画基于 TCN+ETB 架构的复兴号动车组网络拓扑结构图。

学习任务

1. 了解设置复兴号 CR400 动车组网络的作用。
2. 掌握复兴号动车组网络术语及缩略语。
3. 会使用 CAD 软件画基于 TCN+ETB 架构的复兴号动车组网络拓扑结构图。
4. 知晓复兴号动车组网络系统的构成。
5. 理解复兴号动车组网络系统的工作原理。

任务实施

1. 复兴号动车组网络控制系统概述

列车网络控制系统（以下简称 TCMS）通过贯穿列车的总线实现信息传输，对车辆运行和车载设备运作的相关信息进行集中管理，为司机和乘务员的操作提供有效指导，为设备的维护保养和乘客服务提供支持。TCMS 具有信息传输、逻辑控制、画面显示、故障诊断和用户支持五大功能。复兴号动车组网络结构有以下两种划分方式。

（1）按照网络架构划分，复兴号动车组 TCMS 可分为基于 TCN+ETB 网络架构的网络和基于 ETB+ECN 网络架构的网络。基于 TCN+ETB 网络架构的 TCMS 由列车总线 WTB（绞线式列车总线）、ETB（以太网总线）和车辆总线 MVB（多功能车辆总线）组成。车辆内各子系统控制器通过 MVB 总线与 TCMS 连接。每 4 辆车为 1 个动力单元，单元间通过 WTB 总线通信，实现列车级的数据传输。单元内通过 MVB 总线通信，实现单元内的数据传输。以太网作为维护网，仅用于故障诊断、事件记录、信息显示、软件更新和数据下载等用途。基于 ETB+ECN 网络架构的 TCMS 采用符合 IEC 61375 标准的以太网网络架构，列车级总线采用骨干以太网 ETB，车辆级总线采用环形以太网 ECN。每 4 辆车为 1 个环形以太网单元，单元间通过 ETB 总线通信，实现列车级的数据传输。单元内通过 ECN 总线通信，实现单元内的数据传输。同时，以太网作为维护网，用于故障诊断、事件记录、信息显示、软件更新和数据下载等用途。为了便于叙述，我们把基于 TCN+ETB 网络架构的 TCMS 称为普通型网络，基于 ETB+ECN 网络架构的 TCMS 称为智能型网络。

（2）按照部件集成度划分，复兴号动车组 TCMS 可分为分布式模块型网络和集成式机箱型网络。集成式机箱型网络可将多个网络设备以板卡的方式集成至机箱内，节约了安装空间。

2. 术语及缩略语

复兴号 CR400 型动车组的 TCMS 由两个厂家提供，简称为系统 AF 和系统 BF，两套网络控制系统实现的功能一致，能够相互救援，但系统内子模块间的功能分配因设计思路的不同而存在一定差异。表 4-1 为系统 AF 和系统 BF 的网络模块术语及缩略语表。

表4-1 系统AF和系统BF的网络模块术语及缩略语

缩略语	术语
TCMS	列车网络控制系统
EVCM（AF）/CCU（BF）	中央控制单元模块
EGWM（AF）/GW（BF）	网关模块
REP	中继器
HMI	人机交互接口单元
DXM	数字量输入输出模块
DIM	数字量输入模块
AXM	模拟量输入输出模块
ECNN（AF）	以太网交换机
ETBN（AF）	骨干网交换机
ECU（BF）	以太网控制单元
WTD	无线传输设备
EDRM（AF）/WTD（BF）	事件数据记录模块
EBCU	制动控制单元
TCU	牵引控制单元
HVAC	供热、通风与空气调节装置，简称空调设备
MDCU	车门控制单元
FAS	烟火报警系统
ATDS	轴温检测系统
BIDS	转向架失稳检测装置
PCU	受电弓控制单元
ACU	辅助控制单元
PIS	旅客信息系统
BC	充电机控制单元
EOAS	司机操控信息分析系统
TDD	温度检测装置
ATP	列车自动防护系统

注：“（AF）”“（BF）”分别代表AF车型和BF车型。

3. 基于TCN+ETB网络架构的复兴号动车组网络拓扑

1）CR400AF宏观网络拓扑图

图4-1展现的就是复兴号动车组8节车厢的网络拓扑结构。其中，WTB、ETB和MVB三种总线构成复兴号动车组网络图。WTB总线贯穿整个列车，首末两端分别与1号车和8号车内网关模块相连，和网关模块相连的MVB总线构成两个基本单元：1~4号车是一个动力单元，5~8号车是另一个动力单元。每个车厢都有列车编组网节点——以太网交换机（ECNN），8个以太网交换机通过屏蔽双绞线构成环形以太网，一些重要的设备如中央控制单元模块、事件数据记录模块等挂在以太网上。除此之外，与交换机和事件数据记录模块相连的计算机，还能利用PTU软件对列车进行在线监测和故障数据分析。在每个动力单元内，MVB总线将网关模块、子系统控制器、中央控制单元模块、事件数据记录模块和无线传输设备连起来，以便这些设备

需要时可沿此线裁成活页

相互交换信息。另外，列车上的信号还可以通过 GPRS 网络、WLAN 网络和 GSM-R 网络 3 种途径传输到地面控制中心，实现车地信息共享。

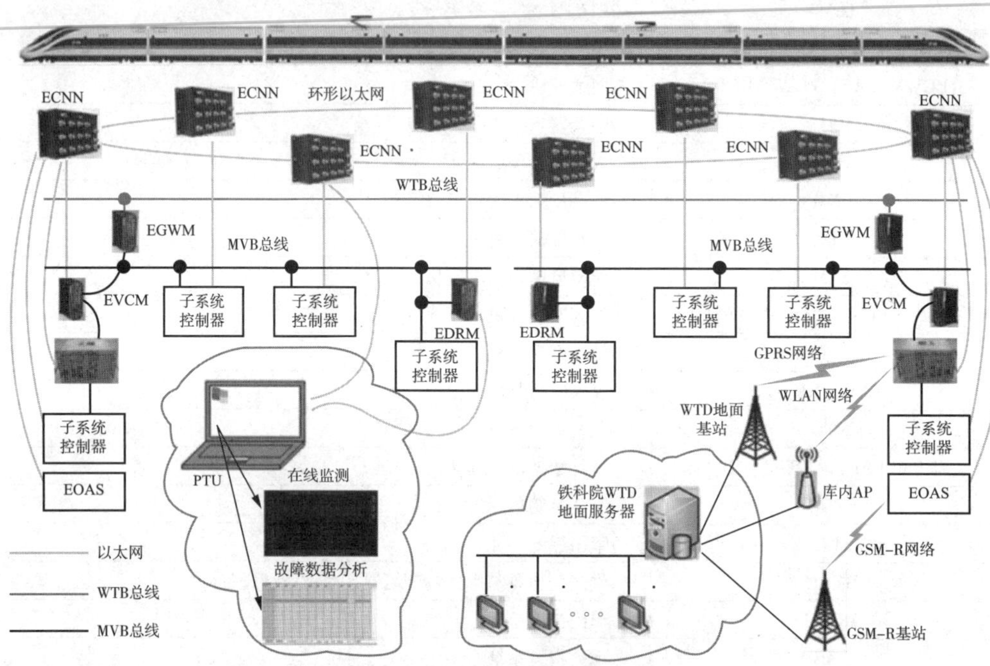

图 4-1　宏观网络拓扑图

2）CR400AF 微观网络拓扑图

图 4-2 展现的就是复兴号动车组 8 节车厢的网络拓扑结构，即网络微观拓扑图。

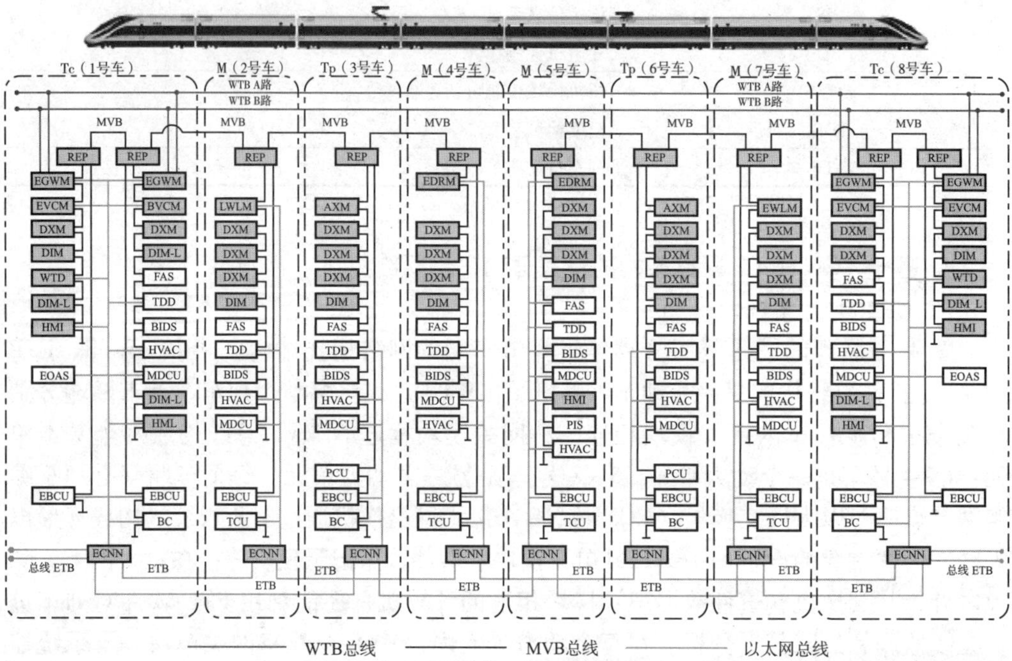

图 4-2　网络微观拓扑图

其中，2 号车、4 号车、5 号车和 7 号车是动车，而 1 号车、3 号车、6 号车和 8 号车是拖车。如图 4-2 所示，可以看到 1～4 号车与 5～8 号车的网络结构是完全对称的。所以只要把 1～4 号车的内部网络结构认识清楚，就能了解整个动车组的网络拓扑了。那么接下来，从 1 号车开始来细致地认识一下它的网络结构。

3）1～4 号车的车厢网络拓扑图

（1）1 号车厢网络拓扑图。

1 号车厢网络拓扑图如图 4-3 所示。首先，列车总线采用冗余技术，具有 WTB A 路总线和 WTB B 路总线，两路总线分别连接了两个网关模块（EGWM）。其次，车辆总线将所有的设备串联起来，包括网关、中央控制单元模块、数字输入输出模块、无线传输设备、人机交互接口、中继器等设备，并且这些设备一般都设置了冗余设备；而以太网总线将网关模块、列车门控单元、无线传输设备、人机交互接口、制动控制单元、司机操控信息分析系统、牵引控制单元、以太网交换机等设备连接起来，能精确、实时地传输庞大的消息数据，保证列车控制系统的正常运行。

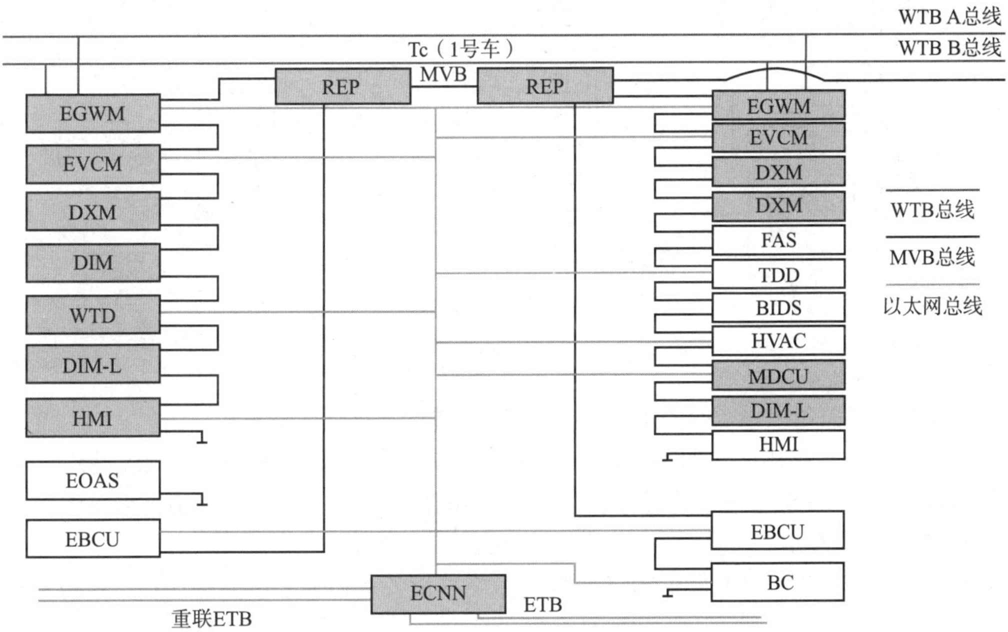

图 4-3　1 号车厢网络拓扑图

（2）2～4 号车厢网络拓扑图。

列车总线并没有对 2～4 号车厢网络设备进行直接连接，而是使用车辆总线和以太网总线对其进行连接。车辆总线通过中继器（REP）连接 2～4 号车厢网络，使得 2～4 号车厢间能进行信息传输。而同一车厢内，车辆总线又将所有的网络设备串联起来，包括数字量输入输出模块、牵引控制单元、制动控制单元、空调设备等。

以太网总线通过每个车厢中的交换机将所有车厢网络连接起来，并在每个车厢中连接了一些重要设备，例如 2 号车厢中以太网总线串联起轴温检测装置、空调设备、牵引控制单元、制动控制单元等设备；3 号车厢中以太网总线串联起温度检测装置、

需要时可沿此线裁成活页

空调设备、制动控制单元和充电机控制单元等设备；4 号车厢中以太网总线则串联起事件数据记录模块、轴温检测装置、牵引控制单元、制动控制单元、空调设备等。由于两个动力单元完全相同，5~8 号车的网络结构和 1~4 号车一样，在此不再赘述。

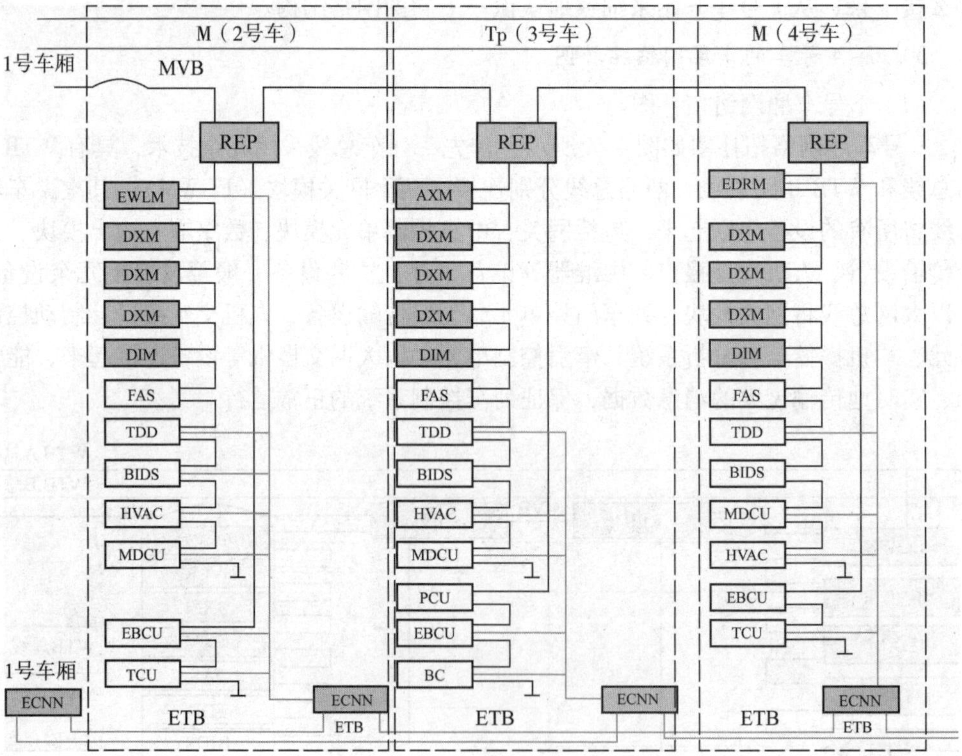

图 4-4　2、3、4 号车厢网络拓扑图

至此，可以得出复兴号 CR400 动车组网络拓扑具有以下特点：

（1）动车组采用两级网络架构：列车级网络（列车骨干网）和车辆级网络（列车编组网），具备动态编组（重联）能力。网络拓扑可适用一列 8 辆编组动车组或一列 16 辆编组动车组。

（2）4 节车厢构成 1 个车辆级编组网，终端设备（CCU、BCU、TCU）等均连接至编组网。

（3）8 辆编组具备动态重联功能，1 车和 8 车均可重联；16 辆编组不具备重联功能。

（4）列车编组网与列车骨干网通过网关进行协议转换。

（5）复兴号普通型动车组采用 TCN+ETB 网络通信进行组网；复兴号智能型动车组采用 ETB+ECN 以太网通信进行组网。

（6）列车级采用 WTB 总线贯穿全车，并且承担重联时网络互联互通功能。整列车分为两个单元，每 4 节车为一个单元。

（7）网络内部各设备以及第三方设备均连接至 MVB+EMD 总线上。

（8）每个头车有两个互为冗余的网关模块 EGWM；EGWM 承担 WTB 通信、MVB 通信、整车逻辑控制等功能。

（9）列车级网络还采用以太网环网贯穿全车，并且预留重联接口，以太网主要承担维护、检修以及信息化功能。智能设备（包括 EGWM、EVCM、WTD 等）采用以太网连接到交换机上。

4. 分布式网络系统构成

TCMS 主要组成设备为中央控制单元模块（CCU 或 EVCM）、网关模块（GW 或 EGWM）、输入输出模块（DXMe/DIMe/AXMe）、事件数据记录模块（EDRM 及 WTD）、中继器模块（REP）、交换机模块（ECNN 及 ETBN），以及人机交互接口（HMI）。CR400AF 动车组网络系统设备配置如表 4-2 所示。

表 4-2　CR400AF 动车组网络系统设备配置

序号	设备名称	单位	车辆								数量/列
			01	02	03	04	05	06	07	08	
1	ECNN 模块	个	1	1	1	1	1	1	1	1	8
2	REP 模块	个	2	1	1	1	1	1	1	2	10
3	EGWM	个	2	—	—	—	—	—	—	2	4
4	HMI 模块	个	2	—	—	—	1	—	—	2	5
5	EDRM	个	—	—	—	1	1	—	—	—	2
6	DXMe	个	5	3	3	4	4	3	3	5	30
7	DIMe	个	7	2	4	2	2	4	2	7	30
8	DIMe-L	个	2	—	—	—	—	—	—	2	4
9	AXMe	个	—	—	1	—	—	1	—	—	2
10	EVCM	个	2	—	—	—	—	—	—	2	4
11	ETBN 模块	个	1	—	—	—	—	—	—	1	2
12	WTD 模块	个	1	—	—	—	—	—	—	1	2
13	MVB 通信电缆	套									一套
14	WTB 通信电缆	套									一套
15	以太网电缆	套									一套
16	连接器	套									一套

5. 系统原理

CR400AF 动车组采用固定的 8 辆编组形式，同时具备最多两列重联编组的能力，其网络控制系统采用符合 IEC 61375 标准的 TCN 网络。动车组的通信网络划分为两级：车辆级和列车级。列车级采用 WTB 总线贯穿全车，并且承担重联时网络互联互通功能；列车级还采用环形以太网贯穿全车，并且预留重联接口，以太网主要承担维护、检修及信息化功能。整列车分为两个单元，每 4 节车为一个单元。单元级采用 MVB-EMD 总线，每节车设置 1 个中继器，其中头车设置 2 个。车辆级采用 MVB-EMD 总线，网络内部各设备以及第三方设备均连接至 MVB-EMD 总线上。智能设备（包括中央控制单元、网关、显示器、WTD、TCU 和 ACU 等）均采用以太网连接到交换机上；两个 DIMe-L 模块采集司控器级位信号，互为冗余；两个 DIMe 模块采集司机

需要时可沿此线裁成活页

室关键控制信号，互为冗余。

无论是列车级总线还是车辆级总线，均采用通信线路双通道冗余设计，当某一路通信线路出现故障时，系统可以自动切换到另一路通信线路。对于关键的网关及中央控制单元，由于其兼具车辆控制和总线管理功能，因此在每一个动力单元中对网关及中央控制单元做了热备冗余配置。对于 WTB 总线，中央控制单元通过底层协议芯片的竞争机制自动选取其中一个为主设备，其他为备用主设备。TCMS 实时监视当前主设备的工作状态，当主设备出现故障时，备用设备将接管主设备的工作，承担起 WTB 总线管理和控制功能。主权的切换方式为自动切换，不需要人工干预，并且主权的切换不会导致列车控制功能的中断和故障。对于 MVB 总线，每个动力单元为一个独立的 MVB 网络。在每个 MVB 网络内部，其总线管理、冗余和切换机制与 WTB 一致。

任务评价

项次	简答题或操作题	要求	分值	得分
1	简述网络拓扑结构中网络术语及缩略语	学生在职教云上完成答题，教师评阅	30	
2	简述网络拓扑结构中各模块的功能	学生在职教云上完成答题，教师评阅	40	
3	使用 CAD 软件画出基于 TCN+ETB 架构的复兴号动车组网络拓扑结构图	学生互评，教师总评	30	
合　计			100	

知识拓展

复兴号动车组概述

子任务 4. 1. 2　基于 ETB+ECN 架构的网络拓扑结构

学习目标

1. 素质目标

（1）遵纪守法、崇德向善、诚实守信，具有良好的社会责任感和社会参与意识。

（2）具备创新意识。

2. 知识目标

（1）掌握基于 ETB+ECN 架构网络的术语及缩略语。

（2）掌握基于 ETB+ECN 架构的网络系统基本结构。

（3）了解基于ETB+ECN架构的网络系统技术升级。

3. 能力目标

会使用CAD软件画基于ETB+ECN架构的复兴号动车组网络拓扑结构图。

学习任务

1. 掌握网络术语及缩略语。
2. 会使用CAD软件画基于ETB+ECN架构的复兴号动车组网络拓扑结构图。
3. 知晓网络系统的构成。
4. 理解网络系统的工作原理。
5. 了解两种网络系统的差异。

任务实施

1. ETB+ECN网络架构

1）拓扑结构

TCMS采用的以太网列车控制和管理系统方案为ETB+ECN两级架构。列车级采用ETB总线，链路聚合冗余骨干网，具有重联功能，双路冗余线性传输，头车设置两个冗余的ETB交换机；车辆级采用ECN总线，按动力单元组成环形网，设置关键设备和子系统接口冗余，各子系统通过ECN交换机与ECN总线星形连接，系统间无干涉影响。8辆编组设WTB/ECN网关，实现与“TCN+以太网”列车重联；长编组不设置网关，不能重联。结合整车电气原理，在8辆编组网络拓扑基础上扩展成17辆编组以太网拓扑。8辆编组的ETB+ECN网络架构拓扑如图4-5所示，17辆编组的ETB+ECN网络架构拓扑如图4-6所示。

2）通信方式

每4辆车为1个动力单元，单元间通过ETB总线实现列车级的数据传输，单元内通过ECN总线实现单元内的数据传输。

3）冗余设计

头车设置两台SRU机箱，中间车设置一台SRU机箱，每台SRU机箱均安装两块独立的以太网交换机板卡，头车中央控制单元显示屏采用设备冗余的方式，分别接入头车的两台SRU机箱。牵引控制单元、制动控制单元、车门控制单元、空调设备、烟火报警系统、旅客信息系统、充电机控制单元、受电弓控制单元、输入输出模块、无线传输设备等设备主机均采用线路冗余的方式，通过双路以太网接口分别接入各车SRU机箱内的两块独立的以太网交换机板卡。

至此，可以得出基于ETB+ECN架构的复兴号动车组网络拓扑具有以下特点：

① 列车级采用线形结构、单元级采用环形结构、车辆级采用星形结构。

② 关键设备冗余，包括CCU、HMI、ETBN、IOM等。

③ 传输线路冗余：骨干网采用链路汇聚冗余，编组网采用环网冗余。

需要时可沿此线裁成活页

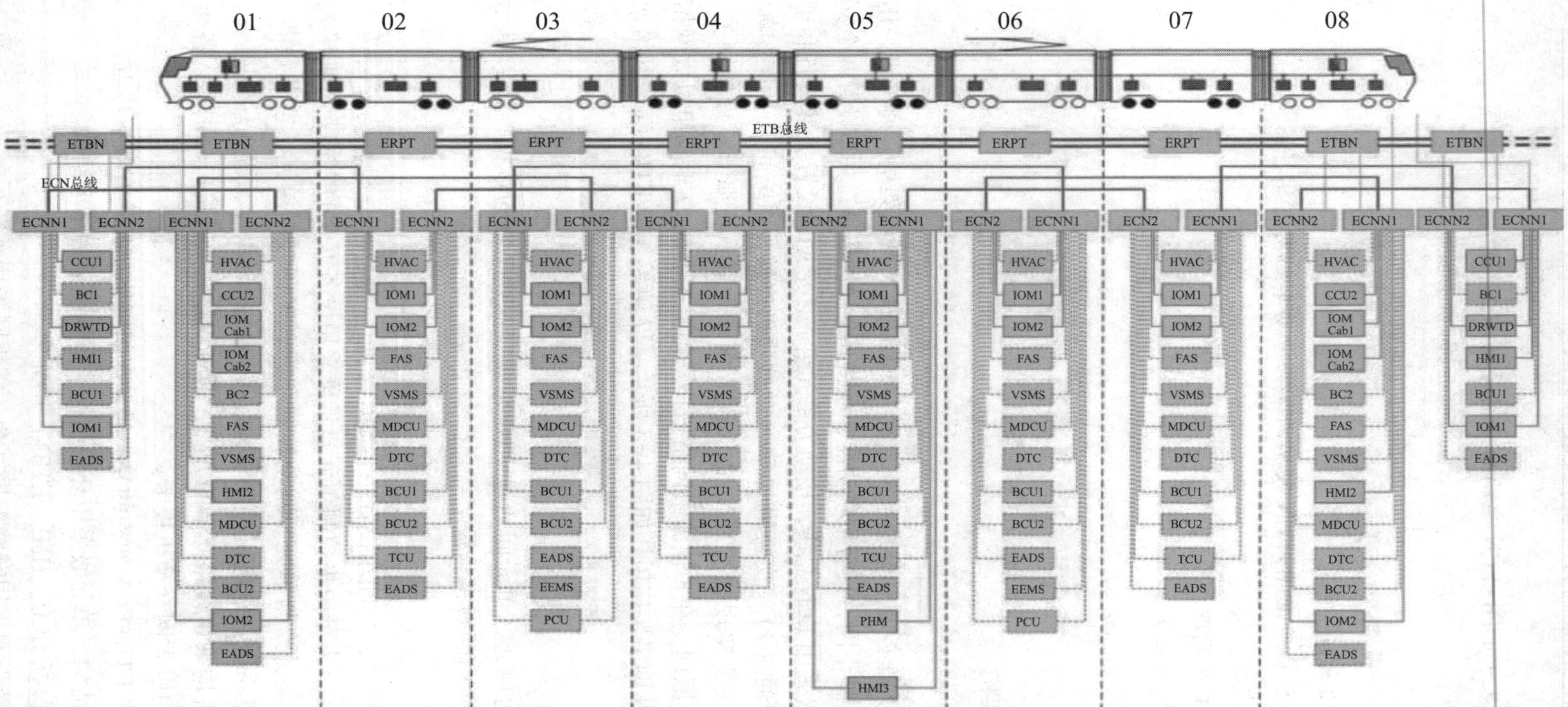

CCU	中央控制单元	HMI	人机接口显示屏	PCU	受电弓控制单元	EADS	电气柜辅助诊断系统
SRU	交换中继单元	DRWTD	无线传输设备	HVAC	加热、通风、空调系统	EEMS	电能监控处理单元
ETBN	骨干网交换机	TCU	牵引控制单元	VSMS	车载安全监控系统		
ECNN	编组网交换机	BCU	制动控制单元	FAS	烟火报警系统		
ERPT	以太网中继器	MDCU	车门控制单元	DTC	给排水控制单元		
IOM	输入输出单元	BC	充电机控制单元	PHM	健康预测管理单元		

图4-5 8辆编组的ETB+ECN网络架构拓扑

注：ETB、ECN、ERPT集成在SRU（交换中继单元）中。

需要时可沿此线裁成活页

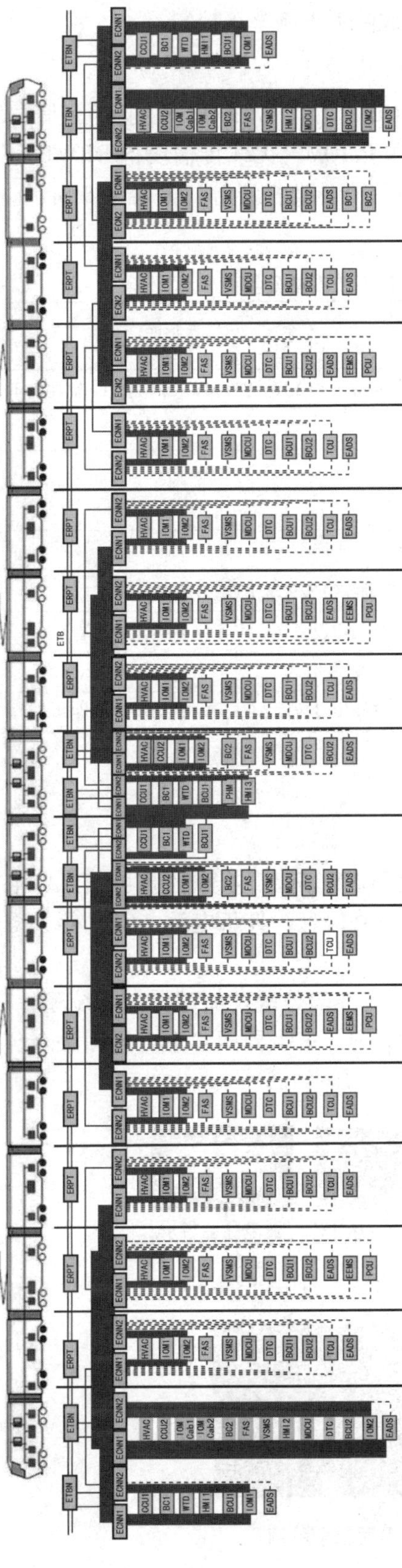

CCU	中央控制单元	ETBN	骨干网交换机	VSMS	车载安全监控系统	BCU	制动控制单元
IOM	输入输出单元	ECNN	编组网交换机	PHM	故障预测与健康管理	TCU	牵引控制单元
WTD	无线传输设备	ERPT	以太网中继器	BC	充电机控制单元	MDCU	车门控制单元
HMI	人机交互接口	EEMS	电能监控处理单元	PCU	受电弓控制单元	FAS	烟火报警系统
EADS	电气柜辅助诊断系统	HVAC	加热、通风、空调系统	DTC	给水卫生系统		

图4-6 17辆编组的ETB+ECN网络架构拓扑

注：ETB、ECN、ERPT集成在SRU（交换中继单元）中。

④ 以太网中继器具备自旁路功能，故障不影响整车控制。

2. 系统配置

网络系统设备包含中央控制单元 CCU（不含 WTB/ECN 网关）、骨干网交换机 ETBN、编组网交换机 ECNN、输入输出单元 IOM、无线传输设备 DRWTD、健康预测管理单元 PHM 主机、人机交互接口 HMI 及智能监控屏等，如表 4-3 所示。

表 4-3　网络系统设备配置

设备名称	8 辆编组配置（每列）	17 辆编组配置（每列）	说明
CCU	4	8	8 辆编组 CCU 含 WTB/ECN 网关，17 辆编组不含
ETBN	4	8	
ECNN	20	42	
IOM	20	38	
DRWTD	2	4	
5G 天线	2	2	17 辆编组 8/9 车不设 5G 天线
PHM 主机	1	1	8 辆编组设置在 5 车，17 辆编组设置在 9 车
HMI	4	4	设置于司机室
智能监控屏	1	1	8 辆编组设置在 5 车，17 辆编组设置在 9 车

3. 技术升级

1）智能监控屏

采用 29 英寸电容触摸屏，融合显示 TCMS 信息、视频监控屏信息、电能监控屏信息、PHM 信息、安全监控信息、安全环路信息，具备电源、CPU 等关键部件的冗余功能。

目前，已完成智能监控屏界面结构树、界面分区及关键界面的统型，有 29 个统型界面，其中一级界面 8 个，二级界面 17 个，三级界面 4 个，界面融合与界面统型示例如图 4-7 和图 4-8 所示。

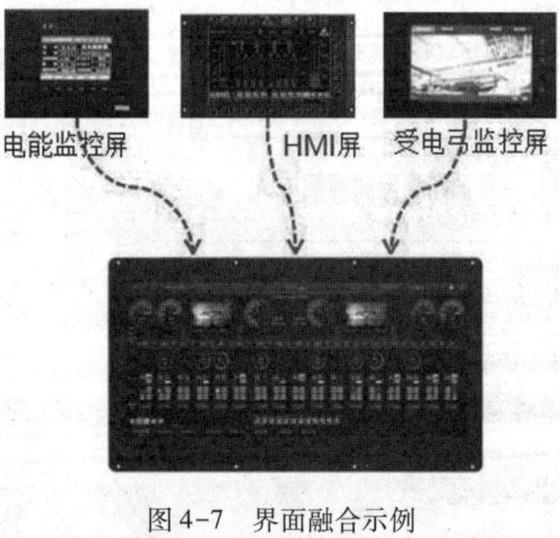

图 4-7　界面融合示例

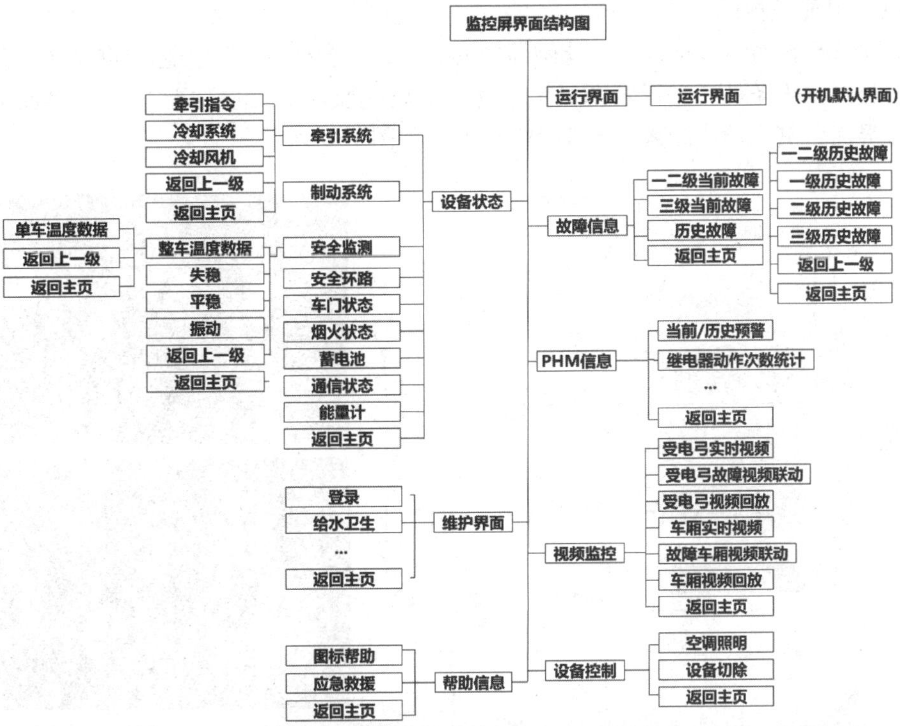

图 4-8 界面统型示例

需要时可沿此线裁成活页

（1）电能监控屏。

以 TCMS 界面为基础，按照能融即融的原则，结合电能监控信息的重要度，分析电能监控屏技术条件，进行融合显示设计，将电能监控屏 7 项功能、21 个界面融合为 1 个界面，其余功能融入既有 TCMS 界面，如图 4-9 所示。

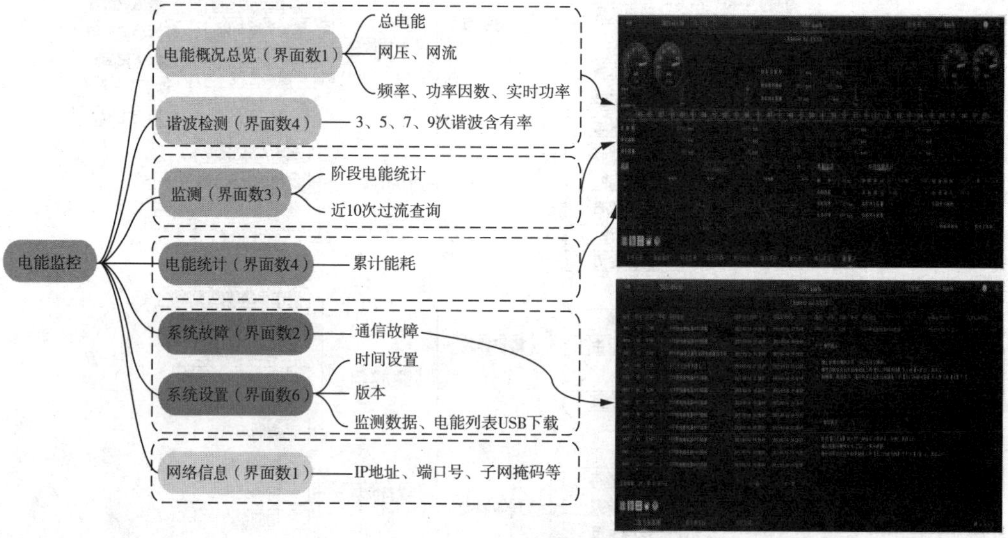

图 4-9　电能监控融合

（2）受电弓监控屏。

将原视频监控屏 8 个受电弓界面融合为 5 个统型界面。当受电弓发生结构异常、挂异物、大火花异常及网压中断、网侧电流过流等发生故障时，智能监控屏获取异常信号，关联故障视频，如图 4-10 所示。

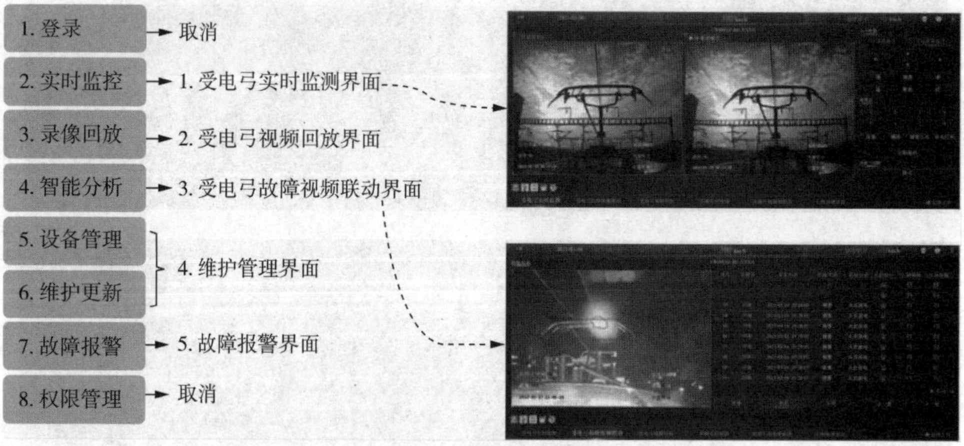

图 4-10　受电弓监控屏

（3）车厢监控屏。

将原视频监控屏 7 个界面融合为 4 个统型界面，新增 1 个视频联动界面。当发生烟火、超员、乘客紧急报警、车门报警时，智能监控屏获取异常信号，自动弹出视频联动界面，提示报警车厢及类型，如图 4-11 所示。

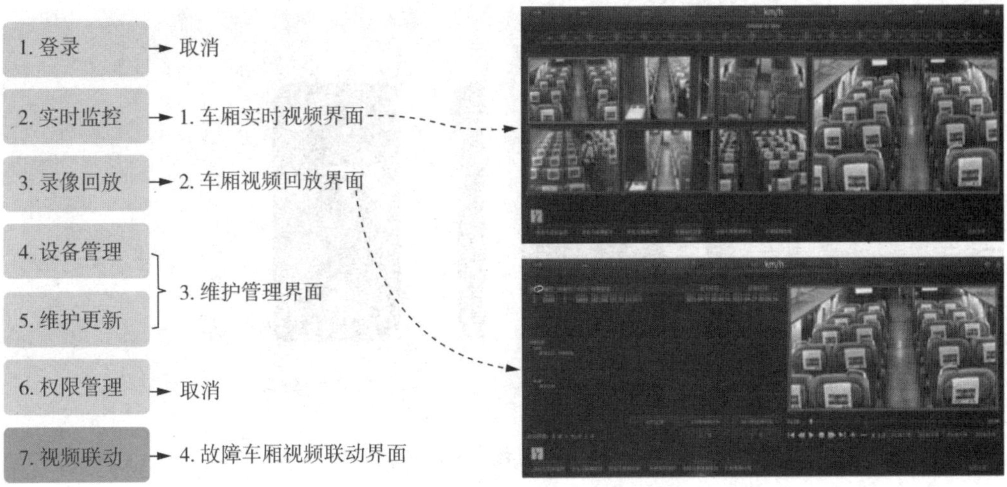

图 4-11　车厢监控屏

（4）环路状态智能显示。

在复兴号普通型动车组的基础上，增加安全环路主界面和单车环路逻辑电路界面，包括紧急断电环路、UB 紧急制动环路、EB 紧急制动环路、乘客紧急安全环路、停放制动安全环路、制动缓解安全环路、车门安全环路及火灾报警安全环路。当因安全环路异常而报警时，可根据界面中环路名称底色变化，关联逻辑控制界面显示，便于机械师及时定位故障，提高故障处置效率，如图 4-12 所示。

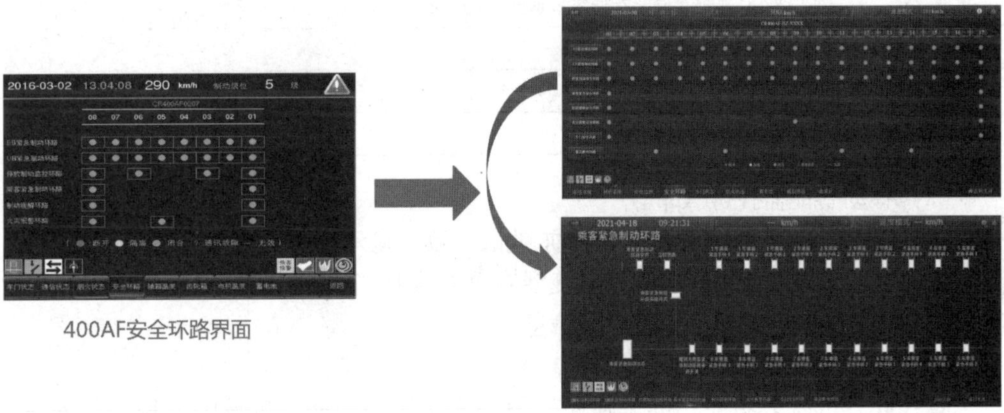

图 4-12　环路状态智能显示

2）手持移动终端

（1）硬件。

手持移动终端的硬件应满足三防要求，配备充电底座、绑带和扩展卡，如图 4-13 和表 4-4 所示。

图 4-13　手持移动终端外形图

表 4-4　手持移动终端性能参数表

项目	性能参数
显示屏	6 英寸
触摸屏	全钢化玻璃高强度触摸屏
操作系统	支持 Android 8.1 及以上版本操作系统
电池续航能力	不低于 5 h
数据通信	支持 3G/4G 全网通、支持 WiFi（2.4G/5G 双频）、支持蓝牙 BT 4.0
摄像头	配置前置、后置摄像头，其中后置摄像头 1 300 万像素，支持自动对焦，带闪光灯
扩展存储	支持 TF/SD 扩展存储，存储容量不低于 64 GB
防护等级	不低于 IP65
工作温度	-10 ~ 50 ℃
其他	1.2 m 及以上耐摔落；卫星定位；NFC

（2）移动智能监控屏 App。

移动智能监控屏 App 与智能监控屏风格一致，显示牵引、制动、安全监控、故障等关键信息，直接使用智能监控屏统型界面中的 19 个关键界面。17 辆编组及重联时采用左右滑屏的方式显示完整界面信息。

（3）手持移动终端信息录入 App。

此 App 具备以下功能：机械师巡检图导入、提醒功能，机械师巡检信息录入、存储及查询功能，机械师途中故障录入、存储及查询功能，机械师 181 工作日志的编辑、存储及查询功能。

（4）手持移动终端电子手册 App。

此 App 将机械师常用的资料进行本地存储并电子化显示，支持全书关键词与页码搜索功能。电子化文件包括《铁路技术管理规程》《铁路机车运用管理规则》《随车机械师应急处置应知应会手册》《动车组典型故障案例》。

3）车载安全监测系统

在普通安全监测系统的基础上，主机缩小失稳板卡（6R 变 4R）、平稳板卡（6R

变4R）、主机记录板卡（8R变4R）的前面板宽度，变更主机背板，其他板卡和主机机箱保持不变，增加1块牵引电机振动模块（8R），如图4-14和图4-15所示。

图4-14　普通安全监测系统主机

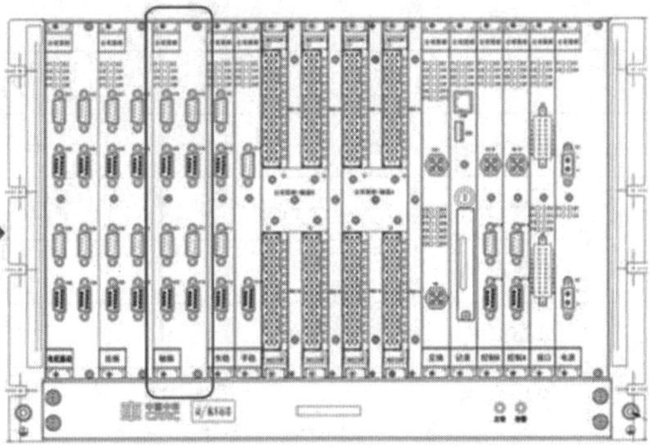

图4-15　智能配置动车组安全监测系统主机

在复兴号普通型动车组的基础上，进行设备融合，增加振动监测功能，其余功能保持不变，智能车载安全监测系统功能如表4-5所示。

表4-5　智能车载安全监测系统功能

类别	项点	功能	功能验证
温度监测	轴箱轴承、齿轮箱轴承、电机轴承及定子的温度	识别旋转部件异常状态	参与报警及控车
失稳监测	转向架构架横向加速度	识别车辆蛇行失稳等异常状态	
平稳监测	车体横向平稳性	识别车体平稳性、抖车、晃车等异常状态	只报警不控车
振动监测	轴箱、齿轮箱轴承（大小齿轮4侧点）、电机轴承的振动情况	识别轴承、车轮多边形、钢轨波磨等异常状态	仅进行数据记录、存储和异常状态提示，不参与报警和控车

4）车载PHM

升级视频处理板卡和数据存储板卡，以满足车载PHM主机同时分析2路受电弓视频和17辆编组数据存储需求。增加电机振动相关、制动相关、转向架相关等57个车载模型软件，使模型的预警和报警结果在动车组智能监控屏和手持移动终端上以故障代码的形式进行提示。车载PHM新增功能、模型如表4-6所示。

表4-6　车载PHM新增功能、模型

系统	新增项点
牵引传动	联轴结预警、联轴结报警、电机定子温度预判、电子传动端温度预判、电机非传动端温度预判、电子定子轴承故障预判
制动系统	预控压力AC1不合理预警、预控AC1压力传感器零漂预警、制动缸BC压力值不合理预警、预控压力AC2不合理预警、制动供风R压力不合理预警、中继阀变换比异常预警、停放制动压力开关故障预警、预控AC2压力传感器零漂预警
转向架	齿轮箱轴承故障检测模型、横向平稳性预警、垂向平稳性预警、垂向晃车预警、抖车预警

车载 PHM 性能如表 4-7 所示。

表 4-7 车载 PHM 性能

项目	性能参数
CPU	内存≥8 GB，主频 800 MHz
操作系统	Linux 系统
接口	支持千/百兆以太网，全双工、半双工工作模式，USB 3.0，背板支持 PICMG 2.0
扩展存储	1 TB 固态存储空间
存储时长	数据连续存储>1 000 h
下载速率	约 10 Mb/s
安全	工业防火墙
其他	振动冲击符合 GB/T 25119—2021 1 类 B 级，电磁兼容符合 GB/T 24338.4—2018

5）车载 WTD

在 CR400 动车组 WTD 的基础上，采用 5G 全频段天线、馈线和通信模块，实现 5G（兼容 2G/3G/4G）车地通信。同时，配置防火墙模块，实现外部网络与列车控制网络安全隔离。17 辆编组两头车 WTD 各负责本单元及邻近中间单元的 5G 车地通信。

WTD 具有信息采集处理、事件信息处理、冗余传输、实时数据无线传输、整列实时数据同步、实时数据分级传输、非实时数据记录与转储、非实时数据无线传输、提供 EOAS 系统接口、时钟校准和自检功能。车载 WTD 如图 4-16 所示。

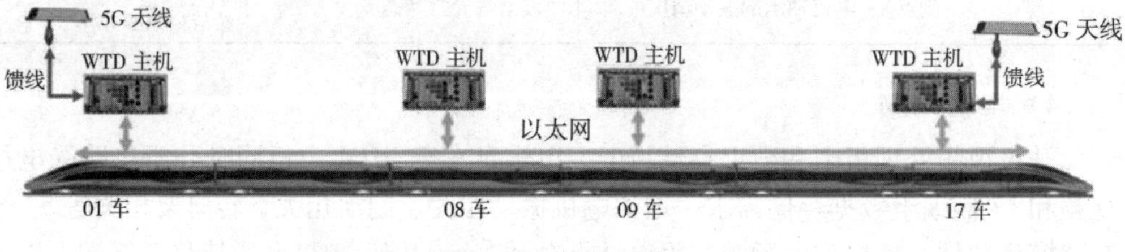

图 4-16 车载 WTD

6）智能功能

（1）采集司机室开关信息，集中进行状态显示，优化库内整备警惕试验流程和牵引测试等画面，提升司机出库整备及行车效率。

（2）采集司机室断路器及开关信息，集中进行状态显示，节省人工巡视时间 15 min。

（3）警惕试验时间间隔由 30 s 缩短至 5 s，节省警惕试验时间约 5 min。

（4）将牵引测试条件集中在牵引测试画面右侧，可直接观察失败时的情况。

（5）新增牵引封锁、VCB、受电弓、制动等操作提示。

智能功能界面如图 4-17 ~ 图 4-20 所示。

图 4-17　出库整备界面

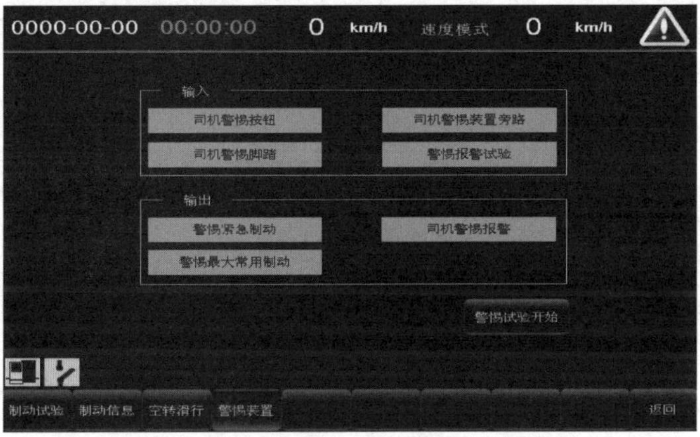

图 4-18　司机警惕试验界面

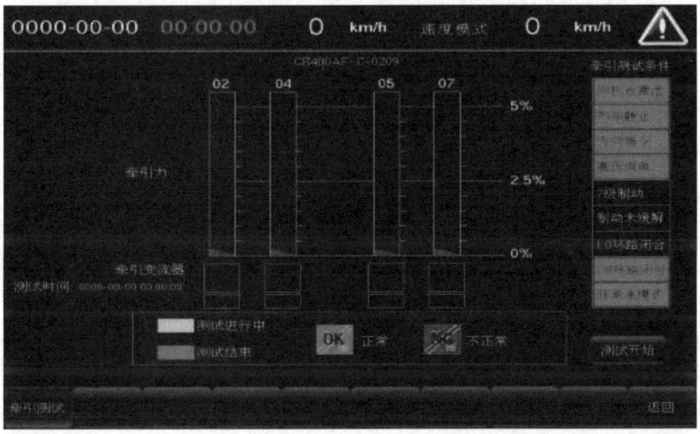

图 4-19　牵引测试界面

需要时可沿此线裁成活页

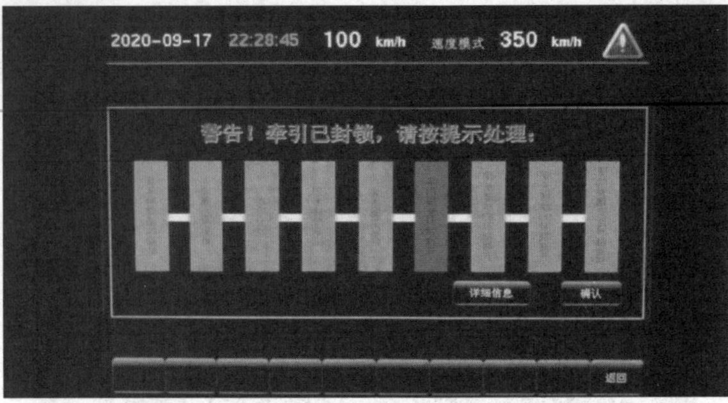

图 4-20　智能提示——牵引已封锁界面

任务评价

项次	简答题或操作题	要求	分值	得分
1	简述基于 ETB+ECN 架构网络的术语及缩略语	学生小组互评，教师总评	40	
2	使用 CAD 软件画出基于 ETB+ECN 架构的复兴号动车组网络拓扑结构图	学生小组互评，教师总评	30	
3	简述 TCN+ETB 和 ETB+ECN 两种架构的网络控制系统的异同点	学生小组互评，教师总评	30	
合　计			100	

知识拓展

CRH5 系列动车组网络控制系统

1. CRH5 系列动车组简介

CRH5 系列动车组是中国引进国外技术改造的客运列车种类之一，主要为北方干线或区域铁路服务。其中，CRH5A 动车组采用分散式动力，每列 8 辆编组，共 5 辆动车和 3 辆拖车（5M3T），设计营运速度为 250 km/h。列车可以两组联挂方式增至 16 辆。图 4-21 和图 4-22 分别显示了它的九大关键技术和十项重要配套技术。

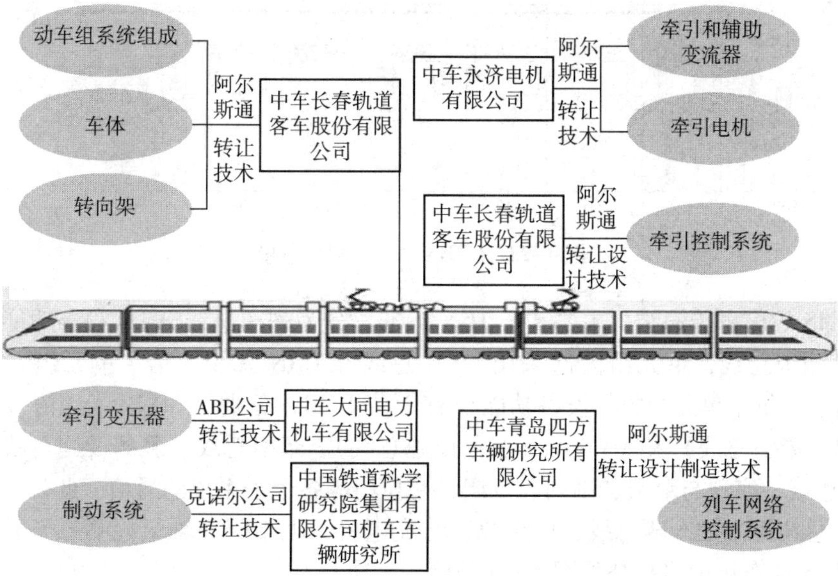

图 4-21　CRH5 系列动车组九大关键技术

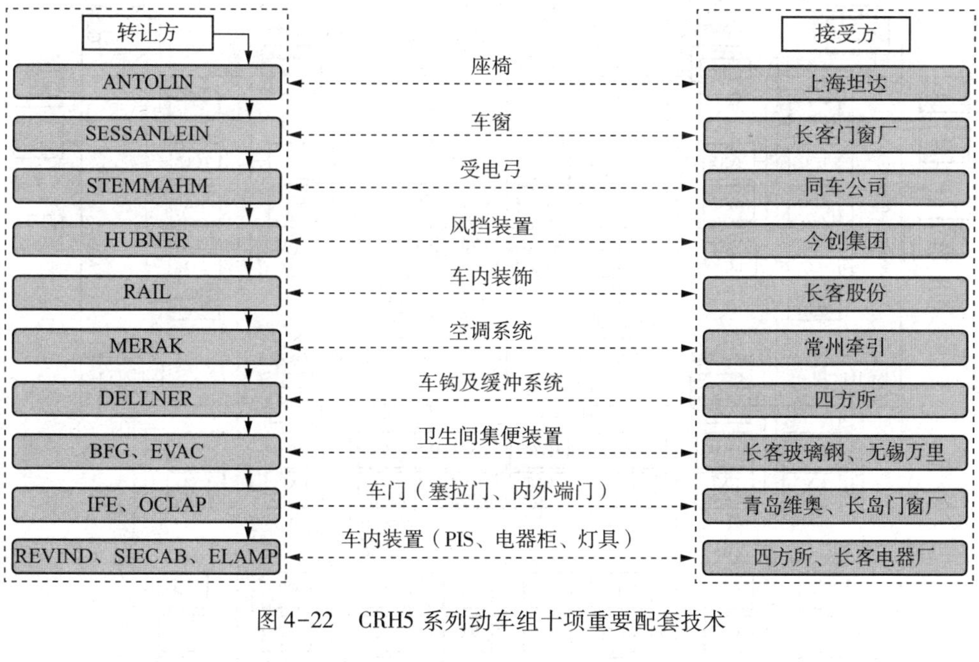

图 4-22　CRH5 系列动车组十项重要配套技术

2. CRH5 系列动车组网络拓扑

CRH5 系列动车组网络系统采用总线网络拓扑结构，根据功能性将列车分为两个单元组，每个单元组包含 4 辆车。TCMS 将每组两个冗余网关 GW 分别应用于两个单元组，前一个单元组包括车辆 Mc2、M2S、Tp 和 M2，后一个单元组包括车辆 T2、TpB、MH 和 Mc1，如图 4-23 所示。

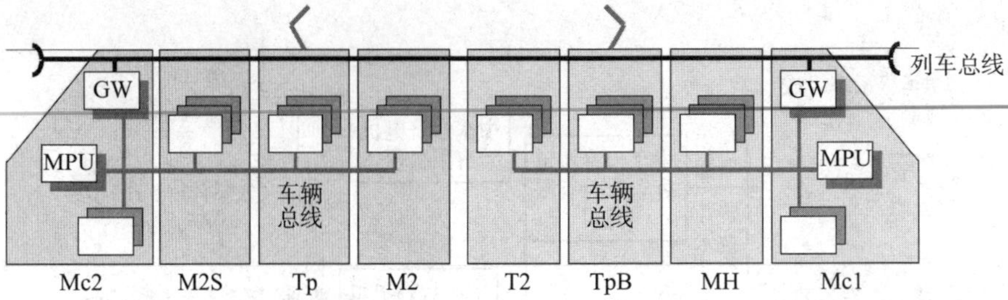

图 4-23　CRH5 动车组网络连接

TCMS 的信息传输结构主要基于 TCN 标准，分为列车总线 WTB 和多功能车辆总线 MVB 两级总线，单元组内部采用 MVB 总线和 CAN 总线通信，单元组之间采用 WTB 通信。每个单元组根据设备功能设有 3 条 MVB，分别是 MVB-A（信号总线）、MVB-B（牵引总线）和 MVB-C（服务设施总线）。牵引总线、服务设施总线通过信号总线连接，实现与牵引、制动、空调、塞拉门等各个子系统的通信。此外，还有一个 CAN 总线标准的车辆总线，用于执行与充电机、卫生间和轴温检测等子系统的通信。CRH5 动车组网络拓扑如图 4-24 所示。

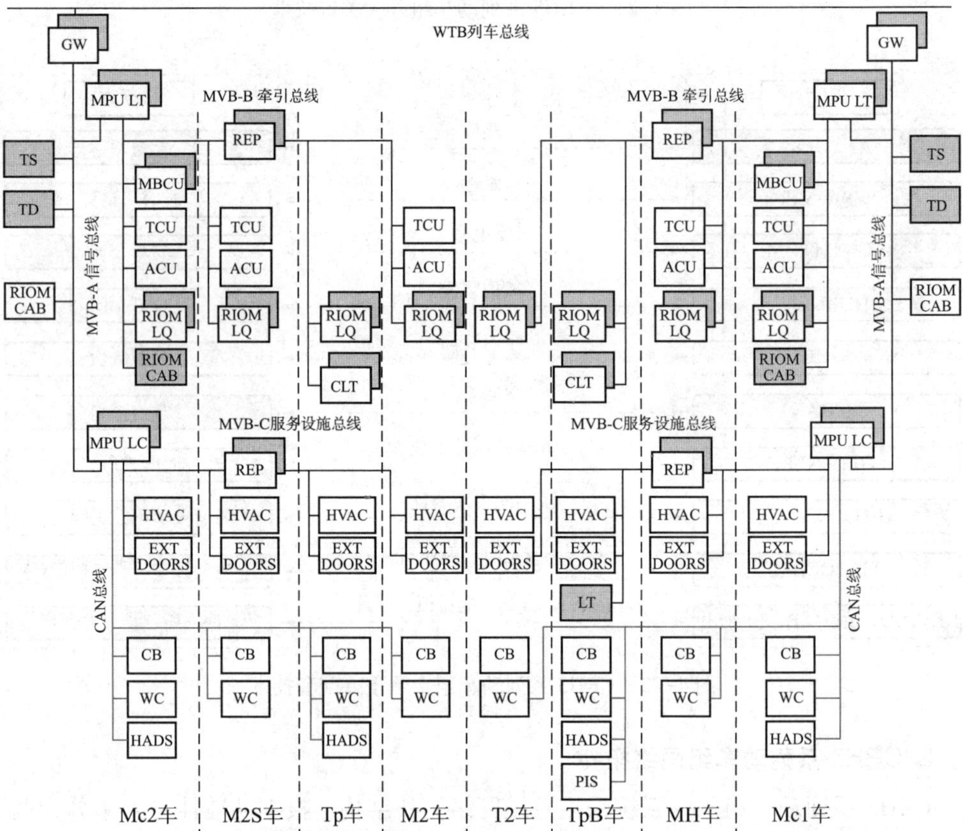

图 4-24　CRH5 动车组网络拓扑

网络设备主要由 TCMS 设备和子系统设备组成。其中，TCMS 设备包括：显示屏 TD/TS/LT、网关 GW、主处理单元 MPU、远程输入输出模块 RIOM、牵引本地控制模块 CLT 和中继器 REP。子系统包括：牵引控制单元 TCU、辅助控制单元 ACU、制动控制单元 BCU、旅客信息系统 PIS、空调设备 HVAC、充电机 CB、轴温报警设备 HADS 和卫生间控制单元 WC，如表 4-8 所示。

表 4-8　TCMS 设备和子系统设备术语及缩略语

缩略语	术语
ACU	辅助控制单元
CB	充电机
CLT	牵引本地控制模块
EMCU	能量计控制单元
EXT DOORS	外部门
GW	网关
HADS	轴温报警设备
HVAC	空调设备
LT	本地监视器
MBCU	主制动控制单元
MPU LC	微处理器单元（服务设施总线）
MPU LT	微处理器单元（牵引总线）
PIS	旅客信息系统
REP	中继器
RIOM CAB	远程 I/O 模块（司机室）
RIOM LQ	远程 I/O 模块（BT 板）
TCU	牵引控制单元
TD	诊断监视器
TS	仪表监视器
WC	卫生间控制单元

CRH5 系列动车组网络拓扑结构的主要特点是 TCMS 设备采用冗余设计，具体如下：

（1）当主控单元关键设备（网关、主控制单元）失效时，从控设备接替故障单元成为新的主控单元。

（2）WTB 和 MVB 总线都采用双通道冗余，通过两个 MPU（冗余设计）对每条总线进行控制，根据设备的数量或线路的长度，可利用中继器来增加 MVB 的长度。MPU 有两个 MVB 接口，第二个 MVB 接口将两条总线的 MPU、MVB/WTB 网关（冗余设计）、司机台显示器及司机室远程输入输出模块连接在一起。网关被用于牵引单元之间的信息传输。主要设备如 TCU、ACU 被连接在 MVB 总线上，非智能设备通过远程输入输出模块（RIOM），连接在 TCMS 系统上。RIOM 分布在每辆车中，从而减少配线。

（3）冗余设备采用热备方式，无须手动切换。

（4）系统具有完善的冗余和控制、诊断、监视、故障存储功能。

下面就 CRH5 动车组的几个主要模块的功能做简要说明。

1）网关 GW

网关可以实现列车总线与车辆总线之间的双向信息交换。每个网关与列车线路之

需要时可沿此线裁成活页

间以 128 字节的报文（周期数据）交换与其车辆相关的信息，并接收来自整个列车编组中其他所有网关的同类信息。

2）主处理单元 MPU

主处理单元 MPU 负责对相应车辆输出指令和控制。在每一车组中（4 辆车）有两对 MPU。其中的两个（MPU-LT）用于控制牵引和信号设备总线上的所有设备，另外两个（MPU-LC）用于控制车内设施和 CAN 总线上的所有设备。MPU 功能任务的周期不能超过 100 ms（目标值为 50 ms）。

3）制动控制单元 BCU

制动系统网络如图 4-25 所示。

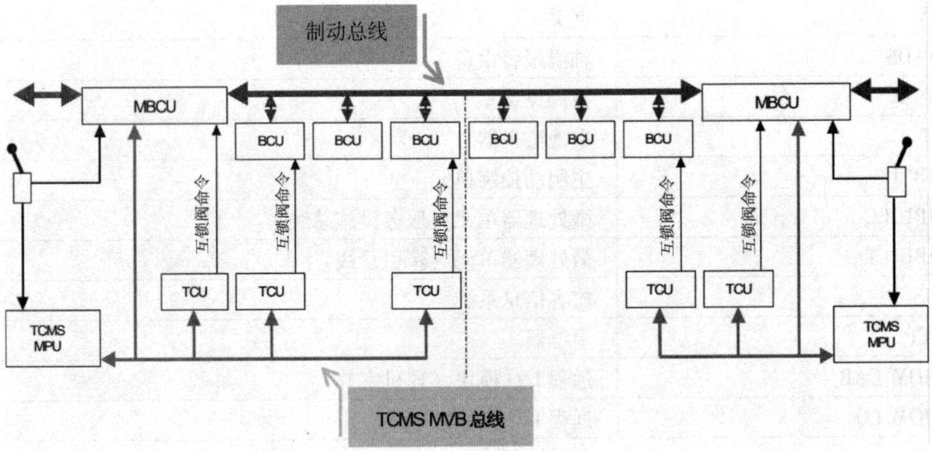

图 4-25　制动系统网络

主 BCU 直接读取制动手柄位置和信号系统的制动请求并处理这些信息，设定执行制动所需要的电制动力和电空制动力。电空制动命令通过制动总线发送给列车编组的所有 BCU，相应地执行本地气路的控制；电制动命令通过 TCMS 的 MVB 总线传送给 MPU 进行处理并通过列车网络（MVB 和 WTB）传送给所有的 TCU。

3. 网络管理

1）网络主控

列车网络节点都被配置为弱主节点，初始化过程根据 IEC 61375 中的规定处理竞争并定义弱主节点中的一个为主控节点，且仅有一个。

2）牵引主控（主导特性）

收集拓扑结构中每辆车的静态和动态特性信息，在每次初始化后，可以直接分配牵引主控特性并解决冲突。

3）特性管理

所有特性均由冗余 MPU-LT 单元的 SW 驻留页发布指令并进行控制。

4. 各主要部件之间的接口

各主要部件之间的接口如表 4-9 所示。

表4-9　各主要部件之间的接口

序号	设备名称	MVB接口	CAN接口	硬线接口	序号	设备名称	MVB接口	CAN接口	硬线接口
1	牵引/辅助控制单元	√			6	轴温报警设备		√	
2	制动控制单元	√			7	烟火报警设备			√
3	充电机		√		8	旅客信息系统		√	
4	车门	√			9	传动监控	√		
5	空调设备	√			10	ATP			√

任务4.2　复兴号动车组网络设备的结构与功能

网络系统一般由节点、链路和协议构成，动车组网络系统的节点有哪些呢？这些节点各有各的功能，它们相互连接后是否又有新的系统功能？我们一起去揭开它们的神秘“面纱”。

子任务4.2.1　复兴号动车组网络模块的结构与功能

学习目标

1. 素质目标

具有自我管理能力，有较强的集体意识、团队合作精神及精益求精的工匠精神。

2. 知识目标

掌握CR400动车组网络模块的功能。

3. 能力目标

会使用工具维护和保养网络模块。

学习任务

1. 了解网络模块的功能。
2. 会使用工具维护和保养网络模块。

任务实施

按照部件集成度划分，CR400动车组的TCMS可分为分布式模块型网络和集成式机箱型网络两种类型。本任务主要学习分布式网络的模块结构与功能。

TCMS采用分布式控制技术，即采用分布式采集及执行、中央集中控制与管理的模式。网络系统由网关模块EGWM、数字量输入输出模块DXMe、数字量输入模块DIMe、模拟量输入输出模块AXMe和智能显示单元等组成，通过MVB与牵引控制单元TCU、制动控制单元BCU等进行通信。CR400AF和CR400BF的网络模块配置分别如表4-10和表4-11所示。

表4-10 CR400AF网络模块配置表（8节车编组）

序号	设备名称	单位	车辆类型								每列数量
			T01	M02	T03	M04	M05	T06	M07	T00	
1	ECNN模块	个	1	1	1	1	1	1	1	1	8
2	REPs模块	个	2	1	1	1	1	1	1	2	10
3	EGWM模块	个	2							2	4
4	HMI模块	个	2				1			2	5
5	EDRM模块	个				1	1				2
6	DXMe模块	个	5	3	3	4	4	3	3	5	30
7	DIMe模块	个	7	2	4	2	2	4	2	7	30
8	DIMe-L模块	个	2							2	4
9	AXMe模块	个			1			1			2
10	EVCM模块	个	2							2	4
11	ETBN模块	个	1							1	2
12	WTD模块	个	1							1	2

表4-11 CR400BF网络模块配置表（8节车编组）

序号	设备名称	单位	车辆类型								每列数量
			T01	M02	T03	M04	M05	T06	M07	T00	
1	ECU模块	个	2	1	1	1	1	1	1	2	10
2	REPs模块	个	2	1	1	1	1	1	1	2	10
3	HMI模块	个	2				1			2	5
4	DXMe模块	个	5	3	3	4	4	3	3	5	30
5	DIMe模块	个	7	2	4	2	2	4	2	7	30
6	DIMe-L模块	个	2							2	4
7	AXMe模块	个			1			1			2
8	CCU（含GW）模块	个	2							2	4
9	WTD模块	个	1							1	2

1. 模块功能

1）EGWM模块（CR400AF）

EGWM模块为CR400AF动车组网络系统的网关模块。EGWM模块通过多功能车辆总线MVB（EMD）与其他设备通信，通过列车总线WTB与其他动力单元通信。每个单元的头车分别设置两个互为冗余的EGWM模块。EGWM模块是TCMS的核心模块，具备以下功能：

（1）车辆级过程控制：执行诸如牵引/制动控制、空电联合控制和空调顺序启动控制等一系列控制功能。

（2）通信管理：具有多功能车辆总线MVB的管理能力，并且能够进行被动的主权转移。

(3) 显示控制：具有与 HMI 显示有关的数据传输功能。

(4) 故障诊断：状态数据、故障数据的采集处理，并通过 HMI 报告司机。

总之，EGWM 模块负责完成 MVB 总线管理、WTB 总线管理、列车重联、TCN 初运行、列车控制、状态监视等任务，实现对全列车的控制和管理的功能。

EGWM 模块的常见故障及解决办法见表 4-12。

表 4-12 EGWM 模块的常见故障及解决办法

序号	故障现象	建议解决办法
1	上电后前面板指示灯异常	(1) 确认电源插头 110 V 供电是否正常； (2) 检查 110 V 电源线及其插头连接是否正常。如果供电正常并且 110 V 电源线连接正常，则建议更换模块，将故障模块返厂维修
2	上电后，面板 PS 灯正常，ST 灯故障	检查串口是否有打印信息，如果无打印信息，并且断电重启之后故障现象依旧，则模块损坏，需要返厂维修
3	上电后，面板 PS 灯及 ST 灯正常，但是网络端口连接异常（LA 灯异常）	(1) 检查连接到对应端口的网线及端口连接器是否连接正常； (2) 检查串口打印信息是否正常； (3) 如果以上均正常，则建议将故障模块返厂维修

2) CCU 及 GW 模块（CR400BF）

CCU 及 GW 模块为 CR400BF 动车组网络系统中的中央控制单元模块及网关模块。其中央控制单元机箱内含网关板卡、CPU 处理板卡、IOM 管理板卡、MVB 通信板卡、数字量输入输出板卡、电源板卡等，扩展后可实现网侧电流、变压器差分电流、网压、蓄电池电压等模拟量采集功能，并可实现 WTB、MVB/ETH 的通信功能。

中央控制单元在通用紧凑型外部部件互连 CPCI 总线的技术上加入本控制单元特有的信号，实现了扩展性的 CPCI 总线技术。除了 CPCI 总线外，在背板上还包含数字和模拟的 I/O 信号。中央控制单元作为动车组网络控制的核心单元，其作用是采集与车辆运行状况有关的各种信息，并对这些信息进行逻辑判断处理，发送到牵引、制动、辅助供电等子系统，从而对各子系统进行控制、监视和故障诊断。

3) DXMe 模块

DXMe 模块是对外部设备进行数字量输入输出的接口模块，共 16 路输入通道和 8 路输出通道。其中用输入 DC 0～35 V 电压表示逻辑“0”，输入 DC 58～110 V 电压表示逻辑“1”。在输出的 8 路通道中，6 路是 MOSFET 型，2 路是 RELAY 型。DXMe 模块通过多功能车辆总线 MVB（EMD）与 GW 模块交换数据，可实现开关数字量状态信号的采集处理和网络控制指令的输出，并通过车辆总线与 MVB 中的设备互联，具备以下功能：

(1) 输入信号采集：将车辆的电气信号转换成控制信号，经由列车控制网络传送给 GW 模块，完成各种控制功能。

(2) 控制信号输出：将网络控制信号转换成电气信号，控制诸如指示灯、继电器等设备。

(3) 设备地址输入：通过外部跳线配置设备地址，维护过程非常容易。

DXMe 模块由 MVB 板和 I/O 板两块单板组成，分别固定在模块外壳的上、下盖上。两块单板尺寸完全相同，通过两组40芯扁平电缆连接。

MVB板包括以下3部分：分布式DC/DC电源、MVB物理介质接口电路和MVB协议控制器。

（1）分布式DC/DC电源：完成车载DC 110 V电源与一路隔离的DC 5 V电源输出和另一路隔离的DC 24 V电源的转换。

（2）MVB物理介质接口电路：采用基本的光电隔离RS485接口。MVB接口连接器包括隔离的+5 V电源引脚，可配套使用外部终端器。该物理接口支持MVB通信线A/B双线冗余。MVB协议控制器能根据A/B线信号输入ICA/ICB，实现双线通信状态的判断与处理。

（3）MVB协议控制器：实现MVB的通信链路层控制、MVB与输入输出通道间的信息交换、通道自检处理与结果反馈，以及网络故障导向安全处理。MVB设备地址的定义通过将外部连接器插头的引脚配置输入到MVB协议控制器实现。MVB的1类设备地址低4位固定为0，高8位由外部输入配置，输入输出通道的自检由MVB协议控制器周期性地控制进行，并对反馈状态进行处理。

I/O板包括3部分：通道自检电路、数字量输入通道和数字量输出通道。

（1）通道自检电路：MVB协议控制器能对每个输入通道通过硬件实现自检，但在自检模式时不能测量外部输入信号。

（2）数字量输入通道：当输入信号电压达到限制值时，测量信号变为高电平；当输入信号电压低于限制值时，测量信号变为低电平。

（3）数字量输出通道：包含8路独立的开关电路，其中6路通过隔离变压器与外电路隔离，2路通过继电器与外电路隔离，实现外部负载与工作电源之间的开关控制。

DXMe模块的功能如图4-26所示。

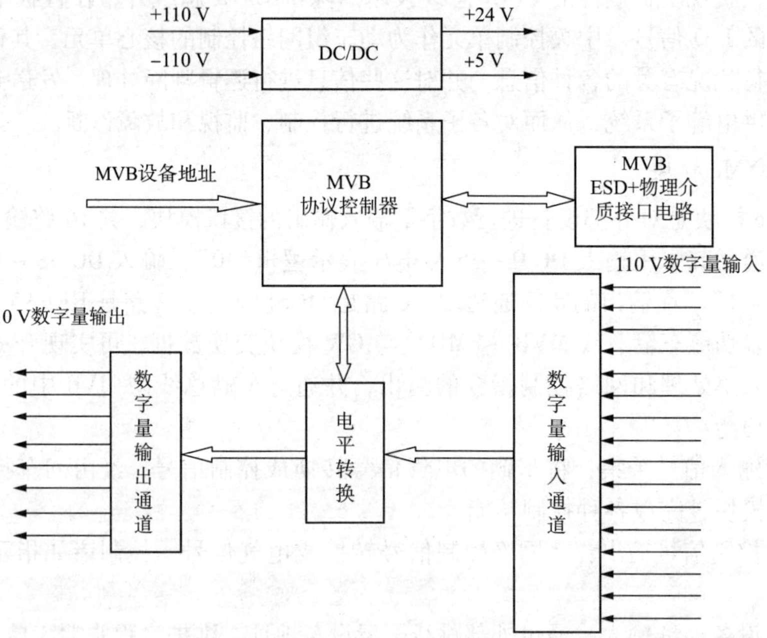

图4-26 DXMe模块的功能

4）DIMe 模块

该模块是对外部设备进行数字量输入的接口模块，有两组输入通道，每组最多 16 路输入，共 32 路数字量输入通道。其中用输入 DC 0～35 V 电压表示逻辑“0”，输入 DC 58～110 V 电压表示逻辑“1”。通过 MVB 与 EGWM 模块连接使用，具备如下功能：

（1）控制信号输出：将网络控制信号转换成电气信号，控制指示灯、继电器等设备。

（2）设备地址输入：通过外部跳线配置设备地址，维护过程非常容易。DIMe 模块由 MVB 板和 I/O 板两块单板组成，分别固定在模块外壳的上、下盖上。两块单板尺寸完全相同，通过两组 40 芯扁平电缆连接。

MVB 板包括以下 3 部分：分布式 DC/DC 电源、MVB 物理介质接口电路和 MVB 协议控制器。

（1）分布式 DC/DC 电源：完成车载 DC 110 V 电源到一路隔离的 DC 5 V 电源的转换。

（2）MVB 物理介质接口电路：采用基本的光电隔离 RS485 接口。MVB 接口连接器包括隔离的+5 V 电源引脚，可配套使用外部终端器。该物理接口支持 MVB 通信线 A/B 双线冗余。

（3）MVB 协议控制器：实现 MVB 的通信链路层控制、MVB 与输入输出通道间的信息交换、通道自检处理与结果反馈，以及网络故障导向安全处理。MVB 设备地址的定义通过将外部连接器插头的引脚配置输入到 MVB 协议控制器实现。MVB 的 1 类设备地址低 4 位固定为 0，高 8 位由外部输入配置，输入输出通道的自检由 MVB 协议控制器周期性地控制进行，并对反馈状态进行处理。

I/O 板包括两部分：输入通道自检电路、两组共 32 路数字量输入通道。

（1）输入通道自检电路：MVB 协议控制器能对每个输入通道通过硬件实现自检，但在自检模式时不能测量外部输入信号。

（2）数字量输入通道：当输入信号电压达到限制值时，测量信号变为高电平；当输入信号电压低于限制值时，测量信号变为低电平。DIMe 模块功能如图 4－27 所示。

提示：DIMe_L 模块为 DC 24 V 数字量输入模块，DIMe 模块为 DC 110 V 数字量输入模块。两者的接收电压不同，其他功能及接口都相同。

5）AXMe 模块

AXMe 模块实现模拟量信号的输入采集和控制输出，通过 MVB 与 EGWM 模块通信，具备如下功能：

（1）输入信号采集：将车辆的电气信号转换成控制信号，经由列车控制网络传送给 EGWM 模块，完成各种控制功能。

（2）控制信号输出：将网络控制信号转换成电气信号，控制诸如仪表等设备。

需要时可沿此线裁成活页

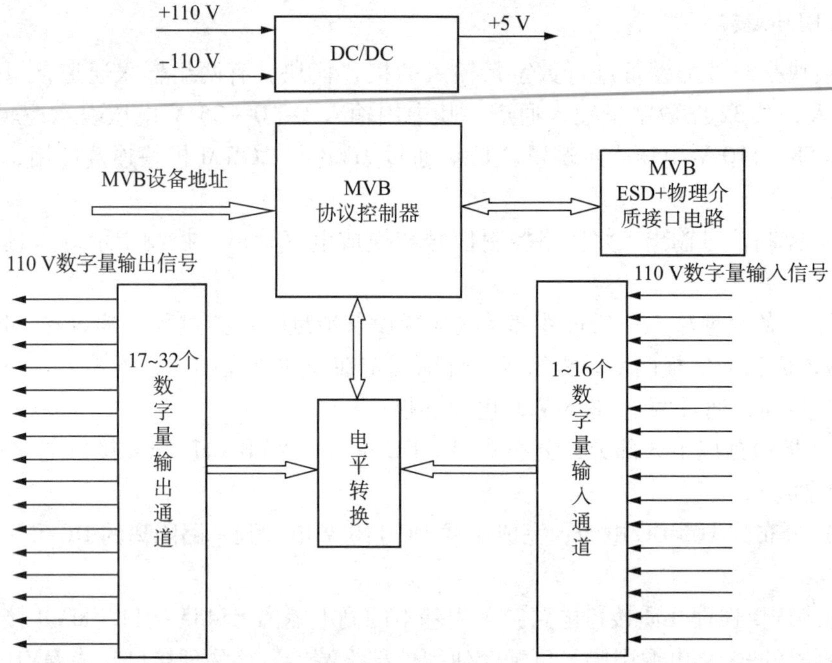

图 4-27　DIMe 模块功能

AXMe 模块由 CPU 板和接口板两块单板组成，分别固定在模块外壳的上、下盖上。两块单板尺寸完全相同，通过两组 40 芯扁平电缆连接。

CPU 板包括以下 4 部分：CPU 系统、模拟量输出电路、MVB 物理介质接口电路和 MVB 协议控制器。

① CPU 系统：主要是控制数据的采集和数据的输出，以及完成与 MVB 协议控制器之间的数据交换。

② 模拟量输出电路：可以使从 MVB 主设备发送过来的数据经过 MVB 协议控制器和 CPU 系统之后数据输出，可以输出电压型和电流型信号。

③ MVB 物理介质接口电路：采用基本的光电隔离 RS485 接口。MVB 接口连接器包括隔离的+5 V 电源引脚，可配套使用外部终端器。该物理接口支持 MVB 通信线 A/B 双线冗余，MVB 协议控制器能根据 A/B 线信号输入 ICA/ICB，实现双线通信状态判断与处理。

④ MVB 协议控制器：实现 MVB 的通信链路层控制、MVB 与输入输出通道间的信息交换，以及网络故障导向安全处理。MVB 设备地址的定义通过 RS232 接口配置输入 MVB 协议控制器实现。MVB 的 1 类设备地址低 4 位固定为 0，高 8 位由外部输入配置。输入输出通道的自检由 MVB 协议控制器周期性地控制执行，并将反馈状态引回处理。

接口板主要包括信号调理电路和 DC/DC 电源。

① 信号调理电路：主要是对信号进行增益，对滤波进行调整，使调整之后满足对输入信号的要求。

② DC/DC 电源：完成车载 DC 110 V 电源到一路 DC 5 V 电源的输出，以及 DC

15 V、DC -15 V、DC 24 V 电源的输出。AXMe 模块功能图如图 4-28 所示。

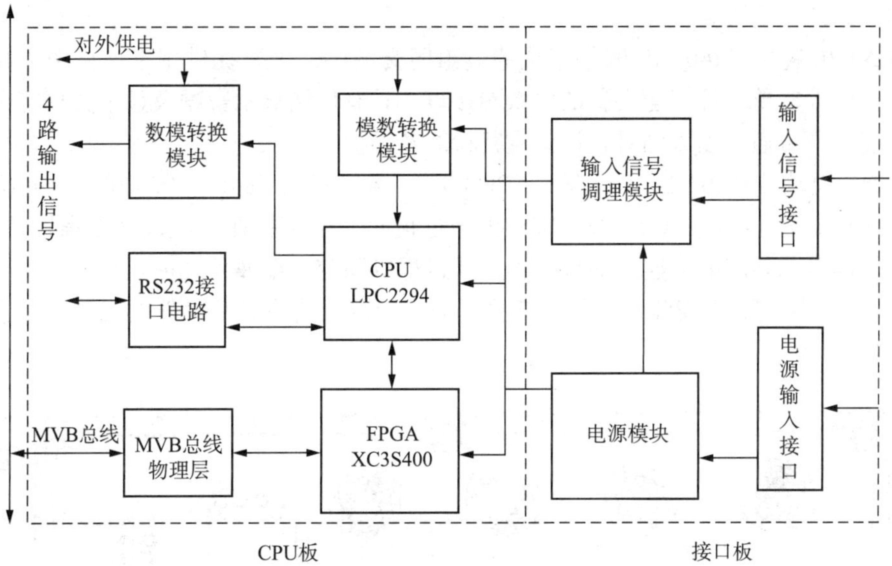

图 4-28　AXMe 模块功能图

6）EVCM 模块

EVCM 模块（CR400AF）为车辆控制模块，实现 MVB 总线管理、逻辑控制、MVB 总线与以太网数据交互、故障诊断等功能，EVCM 模块负责整理单元级故障、EDRM 记录数据、WTD 数据，并通过以太网将三级故障、I/O 维护信息、故障信息、状态信息传输给显示器、EDRM、WTD 等设备。

7）EDRM 模块

EDRM 模块（CR400AF）为网络系统的事件记录模块，主要用来进行故障记录和事件记录。它具有大容量的 NAND Flash 存储器，可存储大量的司机操作数据、诊断数据和环境数据。EDRM 模块通过 MVB 及以太网与其他设备通信。EDRM 模块是数据转储的关键部件，具备如下功能：

（1）数据记录：记录司机操作数据、故障数据、事件数据。

（2）数据转存：通过车载信息网（工业以太网）将记录的数据下载，供便携式维护工具分析。

（3）模块状态指示：EDRM 模块提供 4 组 LED 指示灯，用于模块状态指示。

为了便于管理，现在一般将 EDRM 模块的功能合并到无线传输设备 WTD 中。因此，目前的动车组网络控制系统中没有配置 EDRM 模块。

8）REPs 模块

REPs 模块主要实现 MVB 总线（EMD）之间的信息交换，能对 MVB 通信 A/B 线信号单独进行识别、再生以及转发。REPs 模块的 A/B 通道完全隔离，中继延时 2.9 μs 左右。

需要时可沿此线裁成活页

9）ECNN、ETBN、ECU 模块

（1）ECNN 模块。

ECNN 模块为 CR400AF 网络系统的编组网交换机，主要提供用来连接中央控制单元、辅助控制单元等智能设备的以太网接口，具有传输显示数据及显示数据冗余备份的功能，还可通过以太网对各设备进行诊断及维护。

ECNN 模块由 CPU 板（TE486－020100）、接口板（TE486－020200）、电源板（TE486-010300）组成，CPU 板与接口板通过板间连接器扣在一起，辅以螺钉紧固，电源板是同多个 6 芯电缆连接的接口板，通过螺钉固定在金属外壳内。

ECNN 模块前面板安装了对外电气接口的连接器。其外形及对外电气接口布置如图 4-29 所示。

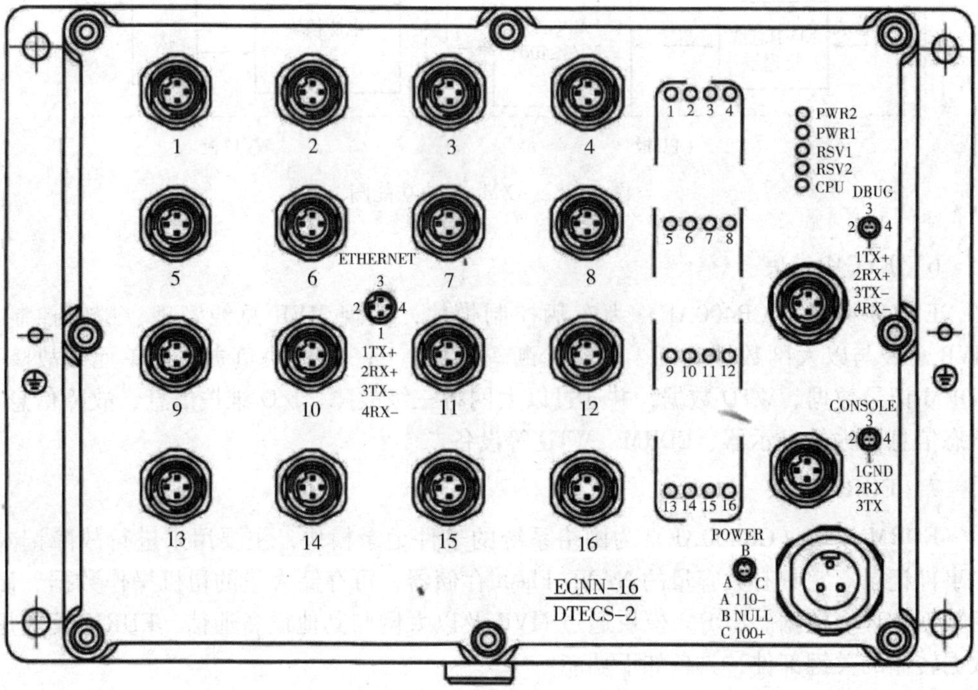

图 4-29　ECNN 模块接口图

ECNN 模块具有的功能如下：

① 数据链路 L 2 层交换功能。ECNN 的输入帧在 ECNN 内完成数据链路层交换，送至指定目的端口输出。ECNN 的数据链路层交换功能可实现：

（a）交换端口的全双工传输。交换端口上可同时收发数据；通过配置全双工模式的交换芯片及接口电路实现全双工传输功能。

（b）帧过滤及帧转发。ECNN 检查输入帧的源 MAC 地址（物理地址）并执行学习过程，同时检查输入帧的目的 MAC 地址，并与 MAC 表中地址比较，以确定帧输出的端口。

（c）将交换机一个或多个端口的数据镜像到一个或多个端口；通过配置交换芯

片的镜像捕捉控制寄存器，实现端口镜像功能。

② 环网支持功能。同一编组内的 ECNN 组成环网。为了避免出现广播风暴，采用环网冗余协议使环网中的一条链路虚断。当环网出现单点故障时，环网冗余协议激活虚断链路，以保证网络通信正常运行。当故障排除环网恢复正常时，环网冗余协议又重置虚断链路。通过简化快速生成树 RSTP 协议的执行过程实现环网冗余协议。

③ 服务质量 QoS 支持功能。QoS 支持功能是用于解决网络延迟和阻塞等问题的一种技术。通过对优先级、输入输出速率进行控制，在网络过载或拥塞时，QoS 可保证重要业务不被延迟或丢弃，同时保证网络的高效运行。

④ 虚拟局域网 VLAN 支持功能。VLAN 是将物理 LAN 划分成不同虚拟 LAN，ECNN 实现了支持 802.1Q VLAN、基于端口的 VLAN 和基于 MAC 的 VLAN。

⑤ 网络管理功能。ECNN 提供网页、命令行或配置文件等多种交互方式。

⑥ 协议支持功能。ECNN 常见故障及解决办法见表 4-13。

表 4-13　ECNN 常见故障及解决办法

序号	故障现象	参考解决办法
1	面板 PWR1、PWR2 灯全不亮	检查模块 DC 110 V 电源输入插头是否有电： （1）若无 DC 110 V 输入，则检查外部 DC 110 V 供电电源电路； （2）若有 DC 110 V 输入，则检查插头和模块电源接口是否连接可靠，若连接可靠且模块 PWR1、PWR2 灯不亮，则模块电源板坏掉，建议更换模块，联系售后维修
2	面板 PWR1、PWR2 其中一个灯不亮	若有 DC 110 V 输入，则表明模块电源板上有一路供电故障，建议更换模块，联系售后维修
3	模块 PWR1、PWR2 灯点亮，某以太网端口上连接了以太网设备，但该端口对应的灯不亮	（1）检查连接到该端口的以太网设备是否工作正常； （2）检查该端口的以太网电缆是否连接可靠，电缆是否完好； （3）若以上两项检查都完好，则模块坏掉，建议更换模块，联系售后维修
4	模块 PWR1、PWR2 灯点亮，某以太网端口上连接了以太网设备，该端口对应的灯点亮，但连接到该端口的以太网设备不能正常通信	（1）检查连接到该端口的以太网设备是否工作正常； （2）将 ECNN 模块断电重启，然后检查模块是否正常工作； （3）若以上两项检查都完好，则模块坏掉，建议更换模块，联系售后维修

（2）骨干网交换机 ETBN。

ETBN 为列车骨干网交换机，它除了具备编组网交换机（除环网外）的所有功能外，还可以进行数据跨网段的通信以及列车重联初运行。如图 4-30 所示，在 ETBN 上有两种类型的端口，ETB 口（1 ~ 4 端口）和 ECN 口（5 ~ 12 端口）。其中，ETB 口是用来连接其他 ETBN 节点用的，设备通过 ETB 口接入以太网骨干网。ECN 口与 ECNN 的端口类似，用来连接以太网编组网设备。

需要时可沿此线裁成活页

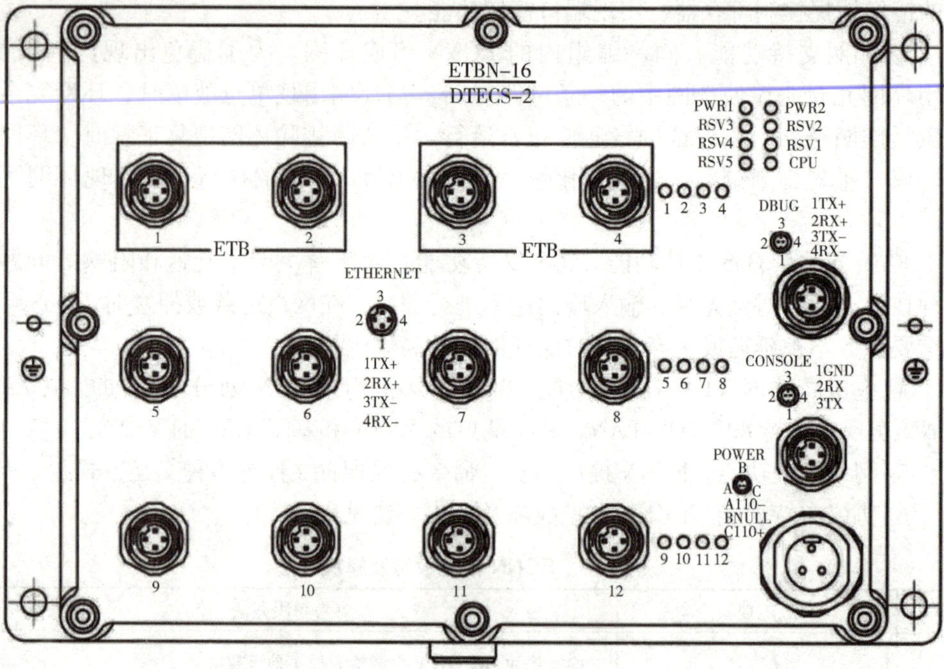

图 4-30　ETBN 模块接口图

ETBN 典型应用拓扑如图 4-31 所示，图中为一辆有 3 个编组的列车，虚线分割不同的编组。ECN 通过 ETBN 接入 ETB，同一编组内连接 ECN 的两个 ETBN 需要做主从热备份。跨编组的通信需要在 ETB 上传输信息。ERPT 用于 ETB 上信号的中继传输。

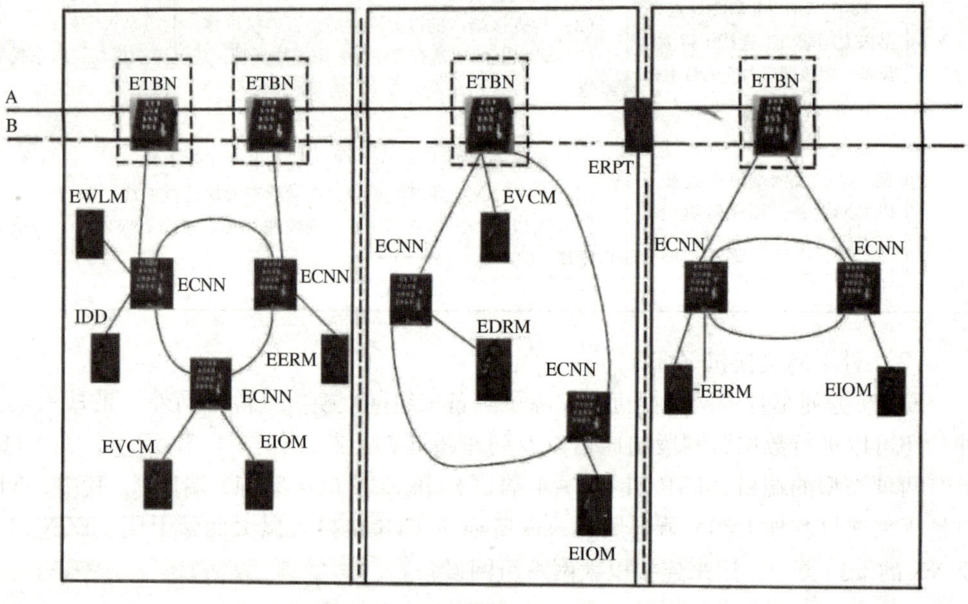

图 4-31　ETBN 典型应用拓扑

编组 1 中一个 ECN 编组，通过两个 ETBN 接入 ETB，ETBN 间做主从备份；编组 2 中，ETBN 划出 3 个端口，组成一个逻辑上的 ECN，其中一个连接终端设备 EVCM（物理上直连 ETBN，拓扑上从属于 ECN）；编组 3 中，设备全部直接挂在 ETBN 上，为 ETBN 直连设备，拓扑上直接归属于 ETB，没有配置 ECN。

ETBN 具有如下功能：

① 电源冗余功能。DC 110 V 电源输入，分别通过两路 DC/DC 变压至 DC 5V，然后合并至一路 DC 5 V 输出给接口板，两路电源热冗余，正常工作时，两路电源共同承担负载。当一路电源故障时，不应影响另一路电源的正常工作，此时正常的电源单独承担负载，并可保证正常供电。

② 旁路中继功能。用于 ETB 通信的以太网端口具有旁路中继功能，能够在掉电或者其他情况下旁路本节点，使得与本节点左右相连的两个 ETBN 实现直通。

③ 链路汇聚功能。为了提高 ETB 链路的可靠性，ETBN 在 ETB 侧提供链路汇聚功能，进行链路级的冗余。链路汇聚是指将两个或者多个数据信道结合成一个单个的逻辑链路。在 ETBN 上，1 口和 3 口所在链路为一个链路汇聚组，2 口和 4 口所在链路为另一个链路汇聚组，因此在使用 ETBN 的时候，1 口和 3 口必须在同一侧连接到相同的 ETBN 上，同时 2 口和 4 口也必须遵守此规则。

④ L 3 层交换功能。ETBN 在支持三层交换的同时也能支持二层交换，它根据报文的目的 IP 地址来决定一个报文是二层转发还是三层转发。

⑤ 端口类型可配置功能。ETBN 上的端口分为如下类型：

（a）ETBN 互连端口，左右各两个，共 4 个。该端口为固定功能端口，支持旁路中继功能。

（b）ETBN 设备直连端口有 6 个，连接的设备直接从属于 ETB 子网，其 IP 分配符合 IEC 61375-2-5 TTDP 协议的规定。

（c）ECN 接入端口有两个，当 ECN 网络挂接到 ETB 上时，它为连入的端口。

⑥ QoS 支持功能：同 ECNN 模块。

⑦ VLAN 支持功能：同 ECNN 模块。

⑧ 网络管理功能。该功能由软件单元提供，主要是基于交换芯片的状态寄存器及底层协议提供的信息，在应用层实现配置、拓扑显示、故障诊断及性能统计等功能。ETBN 提供 Web、命令行或配置文件等多种交互方式。

⑨ 列车初运行功能。初运行功能由 CPU 单元及软件单元提供。ETBN 需要提供符合 IEC 61375-2-5 列车拓扑发现协议 TTDP 的列车初运行功能支持，以支持列车编组的重联、解编等操作。

（a）持续发现和检测 ETB 上的 ETBN 节点变化情况。通过 ETBN 间的拓扑结构消息，动态更新和传播整个网络的拓扑，并通过分布式计算判定网络是否已经稳定。

（b）与列车应用程序进行沟通和协商，确定是否根据新获得的稳定拓扑信息进行网络的重新配置。

（c）在列车应用允许的前提下，根据获得的拓扑信息配置整个网络，包括建立终端及网络设备 IP 的映射关系，网络设备的 DHCP、DNS、NTP、R-NAT、路由等服务的更新。

⑩ 网络地址转换（R-NAT）功能。ETBN 具备 IEC 61375-3-4 列车拓扑发现协议 TTDP 所定义的 R-NAT 地址转换功能，对 ETB 和 ECN 间的数据流进行地址转换。根据网络规划的不同，确定是否配置软件激活 R-NAT 的功能。当连接的 ECN 采用动态地址分配方案时，不需要激活 R-NAT；当连接的 ECN 采用静态、局部地址配置方案时，需要激活 R-NAT 功能。

⑪ ETBN 冗余控制。当同一个 ECN 通过两个或两个以上 ETBN 接入 ETB 时，ETBN 间需要进行冗余控制，使只有一个 ETBN 为主节点，其他均为从节点，通信数据只与主 ETBN 进行交换。当主 ETBN 故障时，某一个从 ETBN 会被重新选为主 ETBN。主 ETBN 在 ETB 和 ECN 的两个网络上都会分别通过 Gratuitous ARP 将接口 MAC 绑定到虚拟的网关接口 IP，其他通信设备更新 ARP 表即可，无须变更 IP。

⑫ 协议支持。ETBN 为应用提供其所需的其他应用层协议栈以及物理层、链路层协议控制。

（3）ECU 模块。

ECU 模块为 CR400BF 动车组网络系统的交换机，能够同时实现 ECNN 模块及 ETBN 模块的功能。

10）无线传输设备

无线传输设备（WTD）通过其自身的 MVB 接口板与列车通信总线相连，能够采集 MVB 车辆总线的数据，能够在接收指定端口的数据后进行重新整理、解析、存储，并将动车组运行状态信息及故障信息实时发送至地面，同时在动车组进检修库时将 WTD 中记录的数据通过 WLAN 自动下载至动车运用所的地面服务系统中。

11）DIMe_L 模块

DIMe_L 模块是对外部设备进行数字量输入的接口模块，有两组输入通道，每组最多 16 路输入，共 32 路数字量输入通道。

2. 功能模块结构外形

1）CR400AF 动车组电气功能模块结构外形

CR400AF 动车组电气功能模块结构外形如表 4-14 所示。

表 4-14　CR400AF 动车组电气功能模块结构外形

名称	外形	名称	外形
EGWM 模块		AXMe 模块	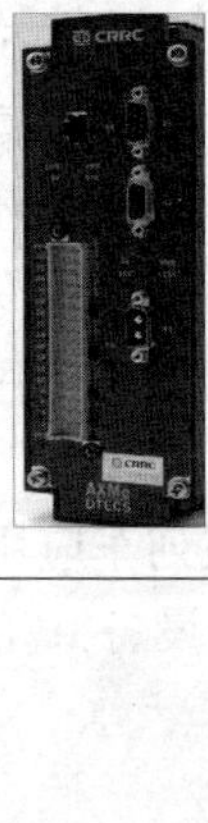

续表

名称	外形	名称	外形
EVCM 模块	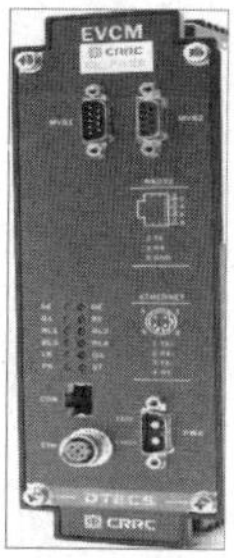	DXMe 模块	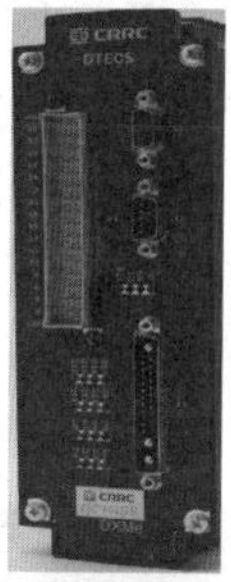
无线传输设备 WTD	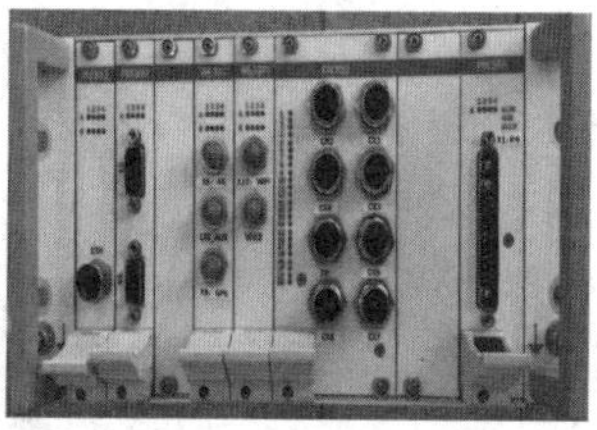	DIMe 模块	
REPs 模块	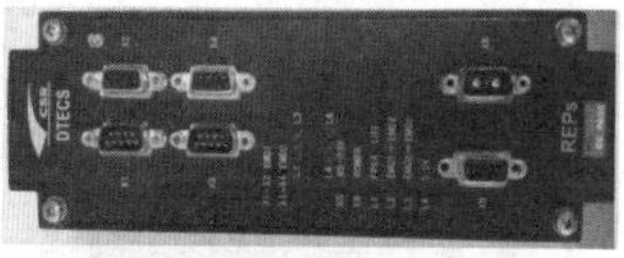	DIMe_L 模块	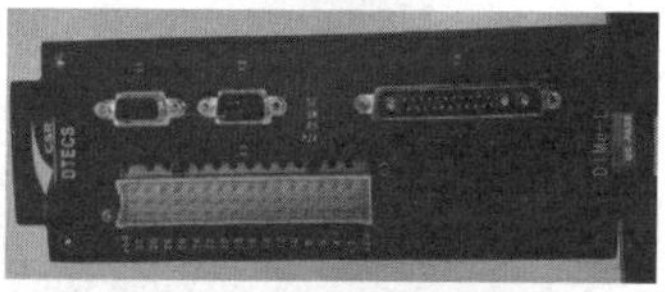
ECNN 模块	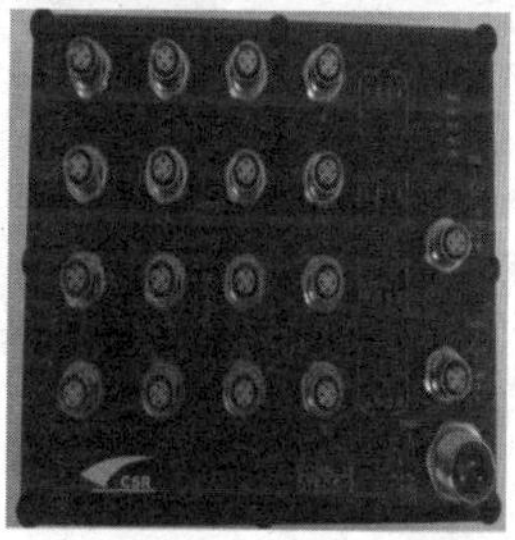	ETBN 模块	

2）CR400BF 动车组电气功能模块结构外形

CR400BF 动车组电气功能模块结构外形如表 4-15 所示。

表 4-15　CR400BF 动车组电气功能模块结构外形

名称	外形	名称	外形
CCU 机箱（含 GW 板卡）		AXMe 模块	

续表

名称	外形	名称	外形
ECU 模块	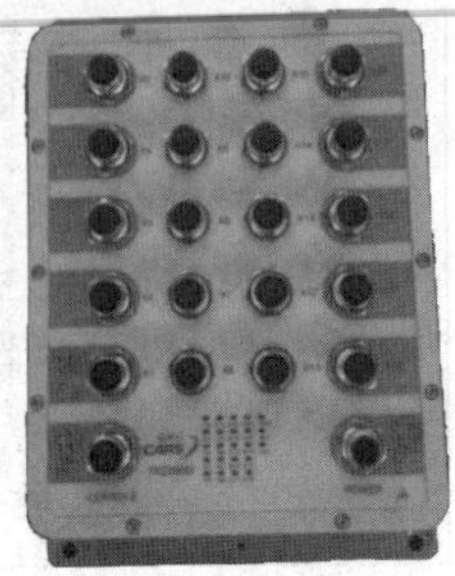	DXMe 模块	
REPs 模块	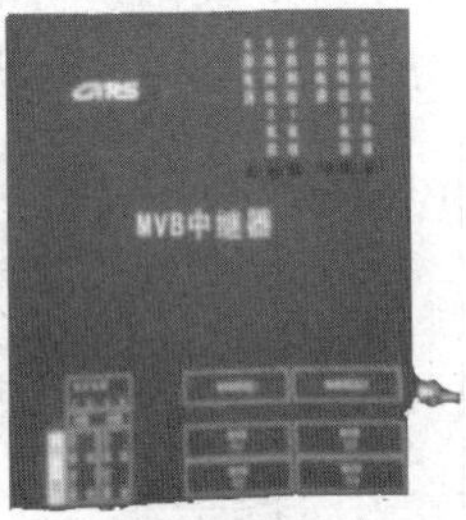	DIMe 模块	
DIMe_L 模块		WTD 模块	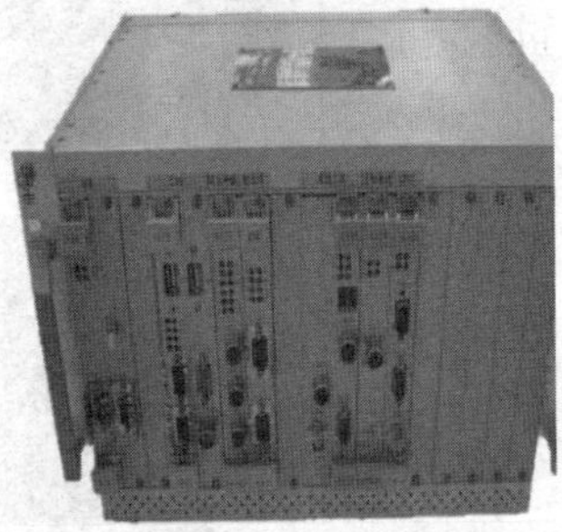

3. 系统特点

复兴号动车组网络控制系统主要采用列车分布式网络的通信与控制系统（DTECS平台），DTECS 平台是专为轨道车辆的控制和通信设计的一套车载计算机系统，主要完成轨道车辆的通信管理、功能控制、故障诊断、信息显示和事件记录等功能。若干个 DTECS 平台模块构建的网络控制系统即为 TCMS 系统，TCMS 系统具有以下几个特点：

（1）总线传输，减少硬连线，减轻车辆重量。

（2）对车辆运行状态信息和车载设备状态信息进行集中管理，提高列车信息化程度。

（3）实现车上检查自动化，减少维修保养工作。

（4）集成旅客信息系统功能，支持旅客服务。

任务评价

项次	简答题或操作题	要求	分值	得分
1	简述复兴号动车组网络模块的功能	学生在职教云上完成答题，教师评阅	50	
2	使用实训室提供的工具检测复兴号动车组各网络模块的功能	学生小组合作检测，小组互评；教师总评	50	
合　计			100	

知识拓展

复兴号动车组集成式机箱型网络模块

集成式机箱型网络模块由中央控制单元（CCU）、交换中继单元（SRU）、输入输出模块（IOM）、人机交互接口（HMI）、智能显示屏、智能监控屏、车载PHM主机、手持移动终端组成。

1. 中央控制单元

中央控制单元采用集成式机箱结构（见图4-32），集成了网关模块和车辆控制单元的功能。作为网络控制系统的主要设备，它主要实现重要设备的管理、运行信息采集、运行状态监视和故障诊断，从而保证列车安全可靠地运行。它具备以太网带宽的分配功能、WTB及MVB的通信功能，同时还能实现WTB和MVB的信号转化，以及TCN网络的管理及初运行等功能。它兼具列车级、车辆级的过程控制功能，可以实现动车组的控制逻辑和控制算法。总之，列车网络控制系统由中央控制单元进行控制，主要通过车辆总线、列车总线进行通信管理，收集车辆及子系统状态信息，通过逻辑处理实现列车设备控制、故障诊断等功能。它具备以太网接口，支持以太网控车。

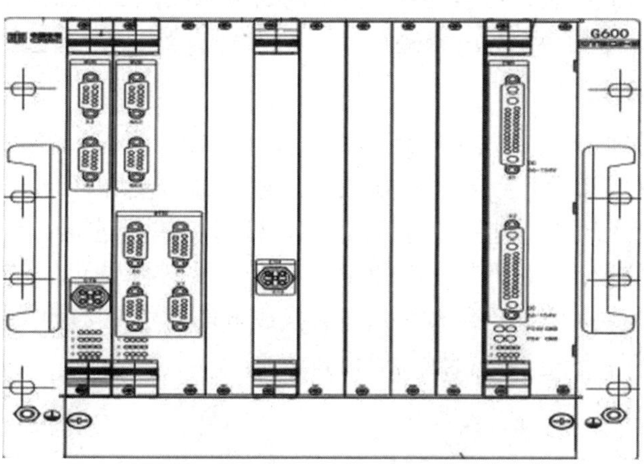

图4-32　中央控制单元示意图

需要时可沿此线裁成活页

中央控制单元通过配置文件辨识自身为 CCU1 或 CCU2，CCU1 与 CCU2 间通过以太网通信进行状态交互。正常运行时，同单元的两个 CCU 在每次上电时轮流成为主 CCU，只有主 CCU 才能发送控制指令，从 CCU 通过以太网通信端口中传输的通信状态、设备激活等状态信息对主 CCU 状态进行监控，当主 CCU 发生故障时，从 CCU 接替主 CCU 工作。

2. 交换中继单元

交换中继单元采用集成式机箱结构（见图 4-33），集成了中继器、以太网交换机的功能。交换中继单元的 CN310 板为以太网 ECN 交换板，主要实现以太网交换机功能，用于外部以太网设备接入。交换中继单元的 BN300 板为以太网 ETB 交换板，具有 L 3 层交换功能，是骨干以太网接入设备。总之，交换中继单元作为以太网管理设备，承担了列车级、车辆级以太网控制数据及维护数据的传输工作。机箱中还配置有 ETB 板、ECN 板及电源板。头车 ETB 板用于承担 ETB 初运行及跨单元通信功能，中间车 ETB 板承担以太网中继功能，实现列车单点维护及以太网重联；ECN 板负责单元内的以太网数据交换。

图 4-33　交换中继单元

交换中继单元通过 ETB 链路汇聚实现交换机冗余功能。交换机采用负载均衡方案，将多个数据信道（即物理链路）结合成单一信道，该信道以一个单一的、更高带宽的逻辑链路形式出现，可提高骨干网链路的可靠性，因为当两个节点之间的一条链路出现故障时，可切换至另一条链路。

3. 输入输出模块

输入输出模块采用集成式机箱结构（见图 4-34），可按照需求配置不同数量的 DI 板卡、DO 板卡、Pt100 板卡以及 AI 板卡。输入输出模块可与不具有车辆 ECN 网络接口的输入输出信号（包括数字量和模拟量信号）进行连接，可以将车辆电气信号，转换成数字信号，经由车辆 ECN 网络传送给中央控制单元，完成信号监视功能。同时，输入输出模块可以将网络数字信号转换成电气信号，接收中央控制单元的控制指令，驱动指示灯、继电器、接触器等设备。

图 4-34 输入输出模块

4. 人机交互接口

人机交互接口为智能显示器，它通过以太网与中央控制单元通信，接收列车状态信息，显示故障信息，并做声光提示，可人为进行设备远程操作、时间设置等。其内部采用多核高性能芯片（主频 1 GHz），具备图像化显示、组态化编程、在线调试及远程监控功能，支持音视频播放技术，可同时播放多路高清视频。

5. 智能监控屏

智能型动车组的监控室采用 29 英寸液晶智能监控屏（见图 4-35），其 CPU 板卡等关键部件采用冗余设计。其人机界面融合监控室视频显示功能，实现了受电弓/车厢实时视频监控、视频联动、视频回放、视频下载功能。它还融合监控室电能监控屏实现能量计显示功能，具备 PHM 显示功能。

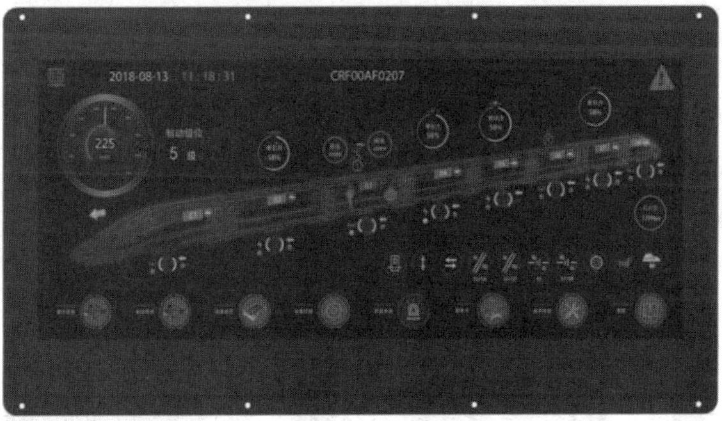

图 4-35 液晶智能监控屏

6. 智能显示屏

智能型动车组的监控室采用 21.5 英寸液晶智能显示屏，其 CPU 板卡等关键部件采用冗余设计，人机界面具备受电弓视频联动、轴温趋势曲线显示及智能故障提示功能。

7. 车载 PHM 主机

车载 PHM 主机具有列车级、系统部件级故障预测和健康状态评估功能。每列动车组设置 1 套车载 PHM 主机，用于实现列车级模型预判，部件级结果汇总。

（1）列车级模型预判：通过构建列车级模型，识别高压、牵引、制动、网络等子系统异常状态，进行列车级模型预判。

（2）部件级结果汇总：对车载部件级模型和列车级模型诊断结果进行汇总、存储。

车载 PHM 主机如图 4-36 所示。

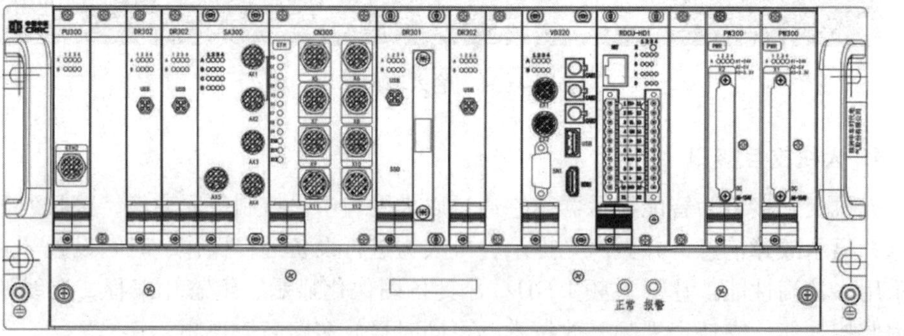

图 4-36　车载 PHM 主机

8. 手持移动终端

手持移动终端具备车辆状态信息显示、故障信息录入、电子手册、振动噪声检测及手电筒等功能，解决机械师在巡检或行车故障排查过程中无法实时掌握列车设备状态/列车数据的问题，提升地面交车效率和检修效率。手持移动终端如图 4-37 所示。

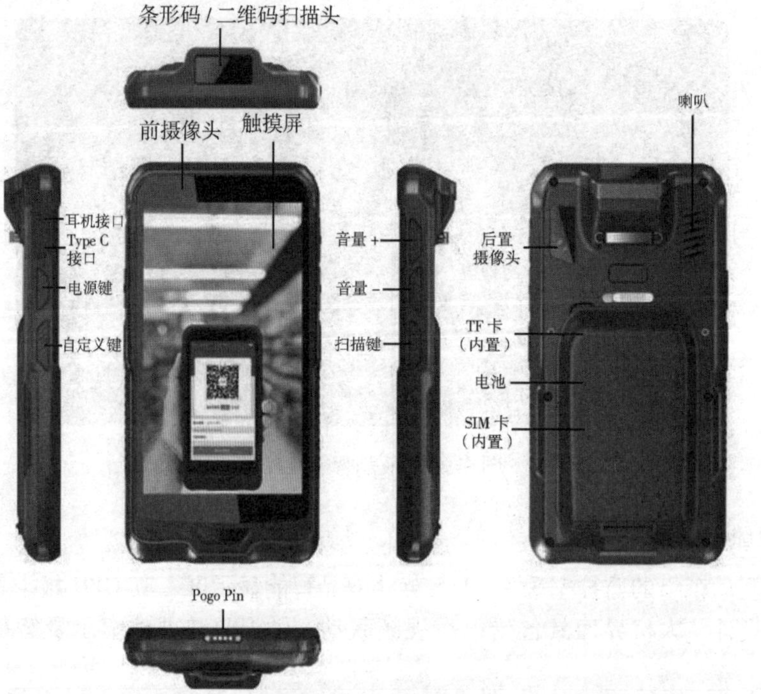

图 4-37　手持移动终端

子任务4.2.2　复兴号动车组网络系统的功能

学习目标

1. 素质目标

具有质量意识、环保意识、安全意识、信息素养、工匠精神和创新思维。

2. 知识目标

掌握复兴号动车组网络系统的功能；熟悉动车组网络设备的维修和保养方法。

3. 能力目标

能简述复兴号动车组网络系统的功能；能以小组合作的形式对动车组网络设备进行简单的维修和保养。

学习任务

1. 学习复兴号动车组网络系统的功能。
2. 以小组合作的形式对动车组网络系统进行简单的维护。

任务实施

复兴号动车组网络控制系统通过贯穿列车的总线实现对MVB总线、WTB总线的控制和管理，按照通信协议完成车辆数据、列车数据的组织和转发，实现列车控制、显示屏信息显示以及事件记录等功能，为司机和检修、维护人员的操作提供有效指导，为设备的维护、保养和乘客的服务提供支持。具体来说，动车组网络控制系统有信息传输、逻辑控制、画面显示、故障诊断、用户支持5大功能，如表4-16所示。

表4-16　网络控制系统功能描述

功能	功能描述
信息传输	列车级和车辆级通信
逻辑控制	实现对整车的逻辑控制，保证车辆运营
画面显示	显示设备状态、故障报警及提示信息
故障诊断	在车辆运行、维护和维修期间对列车人员及检修维护人员提供支持
用户支持	辅助检修、维护人员快速、准确地进行故障排查和处理，提高检修、维护效率

1. 信息传输

1）列车级通信

列车起动前要进行TCN初运行，完成主从设备的设置及网络构型，在逻辑上实现列车级的通信控制。列车级网络初运行及互联互通控制如表4-17所示，初运行控

需要时可沿此线裁成活页

制流程如图 4-38 所示。

表 4-17　列车级网络初运行及互联互通控制

TCN 初运行	遵循《轨道交通电子设备　列车通信网络（TCN）》系列标准（GB/T 28029），完成 WTB 总线组态，给 WTB 节点分配节点地址，建立 WTB 过程数据通信	
操作初运行	节点索引	将 WTB 节点地址映射为节点索引
	节点识别	将 WTB 节点位置映射到实际位置
	主控车识别	识别出司机室激活端车辆
	方向识别	识别出从控车与主控车方向，实现从控车电机转向控制

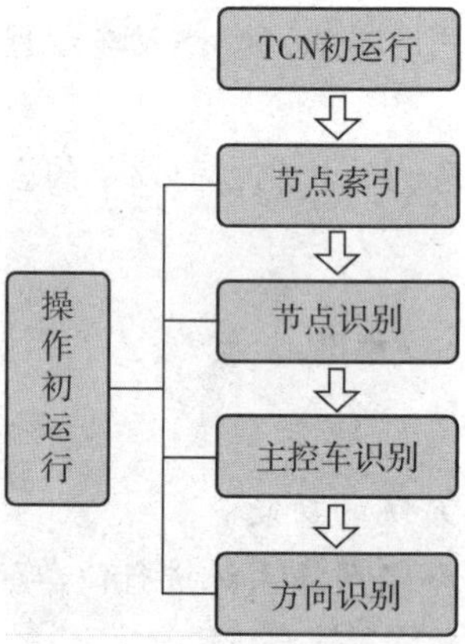

图 4-38　初运行控制流程

基于 WTB+MVB 网络架构的列车级数据采用 WTB 过程数据进行传输。WTB 总线遵循《轨道交通电子设备　列车通信网络（TCN）　第 1 部分：基本结构》（GB/T 28029. 1—2020）标准，WTB 数据协议采用周期控制模式。WTB 过程数据采用 25 ms 的传输周期，即在 25 ms 内所有 WTB 节点的过程数据至少发送一次（对于分页的数据仅发送一页）。所有过程数据应在 500 ms 内至少发送一次。

基于 ETB+ECN 网络架构的列车级数据采用 ETB（列车以太骨干网络）进行数据传输，ETB 过程数据采用 20 ms 的传输周期，即在 20 ms 内所有 ETB 节点的过程数据至少发送一次。

TCMS 通过生命信号机制检测所有连接至网络上的设备的通信状态。当设备生命信号停止跳变超过 5 个传输周期后，TCMS 判定该设备通信失败，在显示器上显示通信故障。当设备恢复跳变后，TCMS 判定该设备通信正常，并复位通信故障功能。

2）车辆级通信

基于 WTB+MVB 网络架构的车辆级通信网络采用 MVB 车辆总线，它的拓扑结构是固定的，不能动态改变。在传输线路上采用两对屏蔽双绞线作为传输媒介，并且在车厢内分为两路冗余布线。MVB 总线遵循《轨道交通电子设备　列车通信网络（TCN）　第 1 部分：基本结构》（GB/T 28029. 1—2020）标准，MVB 数据协议采用周期控制模式。为保证控制与监视功能的实时性，以及通信的稳定性，车辆级数据采用 MVB 过程数据进行传输。

基于ETB+ECN网络架构的车辆级通信网络采用ECN环网，每个牵引单元构成一个ECN环网。每辆车都有两个ECN交换机，各子系统通过ECN交换机连接到整个ECN环网上。ECN通信数据协议采用周期控制模式，为保证控制与监视功能的实时性，以及通信的稳定性，车辆级数据采用ECN过程数据进行传输。各子系统的IP地址分配、TRDP端口分配均按照单元内车辆来分配，单元之间成轴对称结构。

2. 逻辑控制

1）列车级功能

（1）司机室激活。

司机室激活主要实现列车蓄电池供电的投入和TCMS的初运行，定义投入钥匙的司机室为列车的主控端，该司机室所在车厢的中央控制单元为主控CCU，TCMS通过主控CCU管理和发布列车级控制指令。当激活端为联挂端时，主CCU封锁牵引。对列车的操作必须从对司机室的激活开始，其流程如图4-39所示。

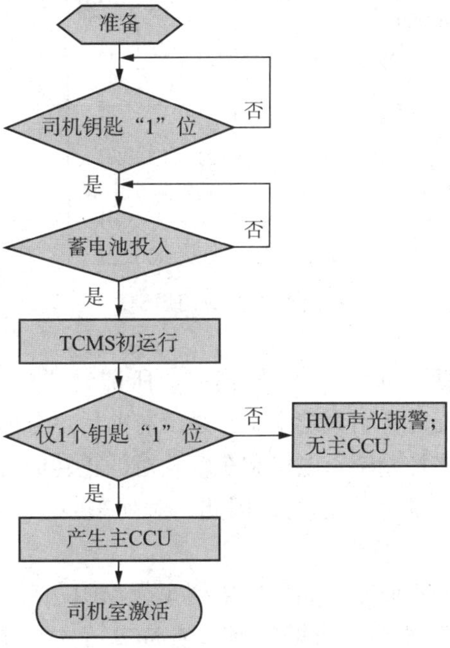

图4-39　司机室激活流程

当司机钥匙没有插入司控器的钥匙孔，或者司机钥匙没有旋转至“1”位时，TCMS将处于“待机”状态，拒绝接收和执行诸如施加牵引、缓解制动等各种涉及安全的控制指令，但可以对全列车的状态信息进行监视和故障诊断。

当司机钥匙旋转至“1”位后，TCMS进入“激活”状态，将有“司机钥匙激活”信号的MC车设置为主控司机室，并同时在显示器主界面对主控司机室进行图示。TCMS激活后，只允许接收来自主控司机室的各种控制指令，而忽略非主控司机室的各种控制指令，但有一条指令除外，即“紧急制动”指令。当任何一个司机室的“紧急制动”按钮被按下时，TCMS均执行“紧急制动”指令，同时封锁牵引信

需要时可沿此线裁成活页

号的输出。

如果两个司机室的司控器没有做机械联锁，当 TCMS 检测到两个司机室均有“司机钥匙激活”信号时，TCMS 会诊断出“司机室联锁故障”，并在显示器上做故障提示，并继续处于“待机”状态，拒绝执行各种涉及安全的控制指令。

（2）列车的方向管理。

列车起动时，网络进行方向逻辑判断及传输。车辆运行中，网络对于方向手柄的操作进行记录、显示，且只有在停车且主操纵手柄在“0”位时允许换向。如果在行车过程中方向信号误动作或出现故障，网络系统将产生方向故障报警，并维持原方向判断。紧急牵引模式时，前后方向指令直接通过硬线传送给牵引变流器和制动控制单元。其方向识别如图 4-40 所示。

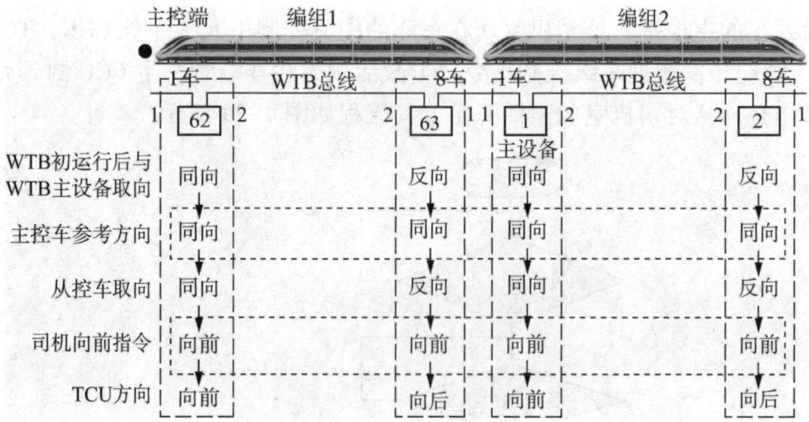

图 4-40　方向识别

列车的运行方向包括“向前”和“向后”，所谓的“前”与“后”均是以司机的主观视角来定义的。而对牵引系统来说，是没有前后之分的，牵引逆变器通过正相序或反相序输出交流电来控制牵引电机和车辆轮对的正转或者反转，来实现司机所期望的列车“向前”或者“向后”运行。因此，对列车的方向控制即为对每个牵引逆变器的“正向”和“反向”控制。

对于某一个牵引逆变器而言，如果期望列车朝 MC1 车方向“向前”运行，牵引逆变器需要执行“正向”指令；当期望列车朝 MC2 车方向“向前”运行时，TCMS 则需要向该牵引逆变器发出“反向”指令。按照这个逻辑，TCMS 需要根据列车的每一个牵引逆变器的安装方位、主控司机室的位置及该司机发出的方向指令进行逻辑判断，并逐个向每一个牵引逆变器单独发送“正向”或“反向”指令。

（3）车辆换端模式。

在列车正常工作情况下（受电弓升起，主断路器闭合，总风压力满足，充电机工作正常等），通过换端来实现主控司机室变更。在司机换端过程中，车辆保持在一种特殊工作模式下。在该模式下，尽管列车无实际激活的司机室，但动车组不降弓、不断主断路器。换端时，门等系统维持原状。网络自动启动换端操作如表 4-18 所示，换端操作流程如图 4-41 所示。

表 4-18　网络自动启动换端操作

序号	网络自动启动换端操作
1	列车静止
2	施加停放制动
3	司控器置于“0”位
4	方向手柄置于“0”位
5	总风管压力大于7 bar
6	高压正常工作
7	中压供电正常

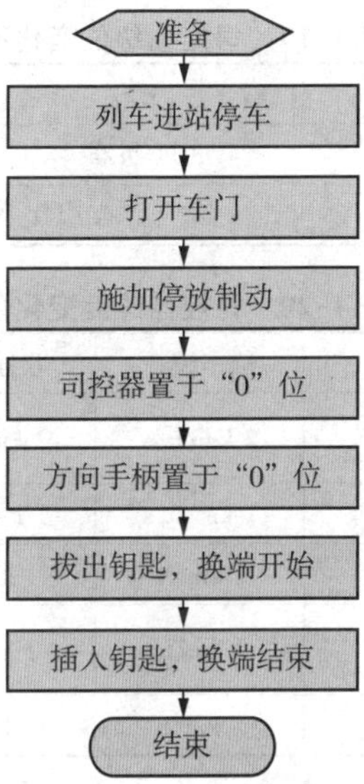

图 4-41　换端操作流程

（4）速度/级位控制模式。

通过操纵模式选择开关实现速度控制和级位控制两种操纵模式的切换，默认为速度控制模式。在司机控制台上集成有白色自复位按钮，用于实现操纵模式切换。

将司控器手柄置于“0”位时，级位/速度模式开关设定为级位模式，司控器设定目标级位，网络进入级位保持状态。牵引级位共8级，主CCU将采集到的牵引级位换算成牵引力百分比，发至各牵引变流器。将司控器手柄置于“0”位，网络自动转至惰行状态，目标速度/级位显示区域显示当前车辆运行速度。图4-42为司控器档位示意图，表4-19为司控器级位变化率，表4-20为司控器速度变化率。

需要时可沿此线裁成活页

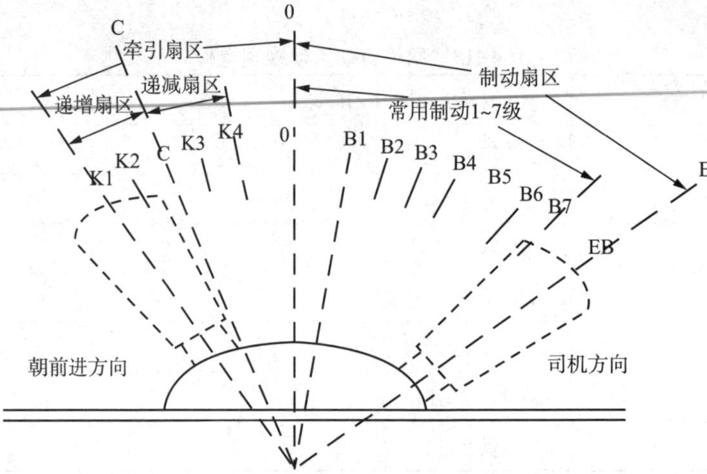

图 4-42　司控器档位示意图

表 4-19　司控器级位变化率

档位	K1	K2	K3	K4
级位控制模式	1 级/s	0.1 级/s	-0.1 级/s	-1 级/s
备注	牵引 0~8 级			

表 4-20　司控器速度变化率

档位	速度控制模式	洗车模式	联挂模式	调车模式
K1	5 km/h/s、25 km/h/s (10 s 后，斜率变为 25 km/h/s)	2 km/h/s	2 km/h/s	5 km/h/s
K2	1 km/h/s	1 km/h/s	1 km/h/s	1 km/h/s
K3	-1 km/h/s	-1 km/h/s	-1 km/h/s	-1 km/h/s
K4	-5 km/h/s、-25 km/h/s (10 s 后，斜率变为-25km/h/s)	-2 km/h/s	-2 km/h/s	-5 km/h/s
限速	350 km/h	5 km/h	2 km/h	25 km/h 或 10 km/h

（5）列车信息管理。

图 4-43 为列车信息管理功能。

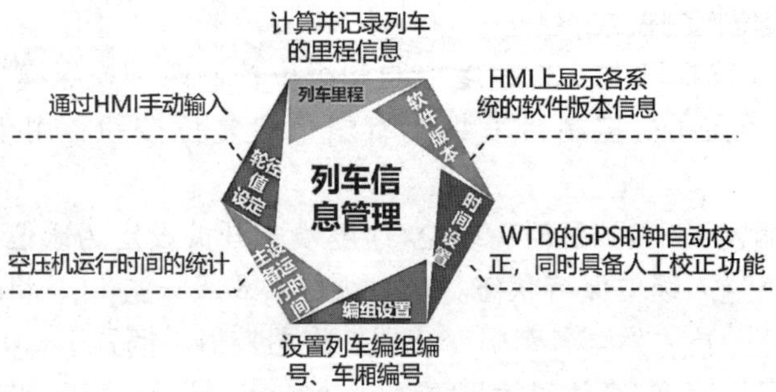

图 4-43　列车信息管理功能

（6）联挂解联控制。

使用 WTB 总线实现重联，并实现 2 列重联编组，编组间可采用头尾、尾尾、尾头等联挂形式。各个编组节点同时作用于 WTB 总线上，为实现重联控制功能，依次实现编组数量的识别、重联位置识别、非重联端识别、主控编组识别、激活编组识别、行驶方向识别，最终构建重联编组拓扑。系统自动监测列车的重联状态，当列车处于重联工况时，系统根据重联列车的数量自动构建 WTB 网络，并自动进行列车的重联控制和故障诊断。

① 联挂。

(a) 两列动车组分别施加停放制动。

(b) 联挂时，在联挂车司机台显示屏上操作“联挂”按键，网络控制头罩打开，电钩缩回，在司机室显示屏联挂界面上显示锁闭机构和车钩状态。

(c) 重联动车组缓解停放制动。

(d) 司机推动牵引/制动手柄至牵引区，重联车运行，速度小于或等于 2 km/h，撞击车钩，完成机械钩联挂。

(e) 网络控制电钩伸出，完成电钩联挂，网络系统开始初运行；初运行完成后司机施加停放制动。联挂控制流程如图 4-44 所示，联挂控制流程界面如图 4-45 所示。

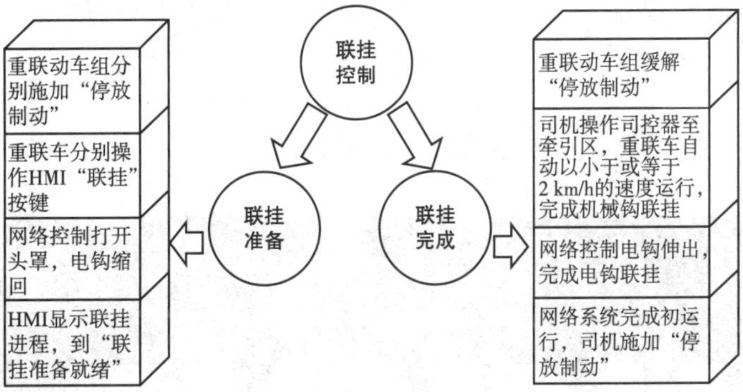

图 4-44　联挂控制流程

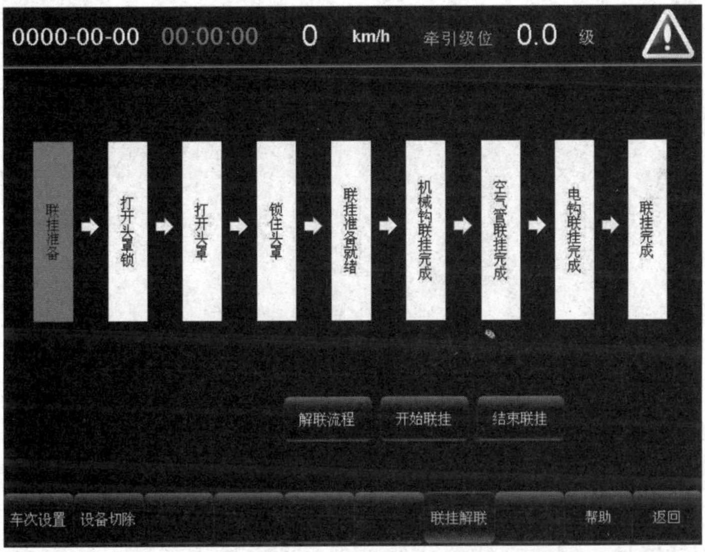

图 4-45　联挂控制流程界面

需要时可沿此线裁成活页

② 解联。

（a）解联时，重联动车组施加停放制动。

（b）在联挂端司机室操作 HMI“解联”按键，网络控制锁闭机构打开，电钩缩回，车辆解开电气连接，两列动车组的网络系统分别开始初运行，没有司机室占用的列车状态保持解编之前的状态。司机缓解重联动车组停放制动。在联挂端 HMI 上操作“关闭头罩”按键，列车头罩关闭。通知联挂端司机操作司控器手柄至牵引区，被解联动车组完成解联，联挂解联功能仅适用于 8 辆编组动车组。解联控制流程如图 4-46 所示，解联控制流程界面如图 4-47 所示。

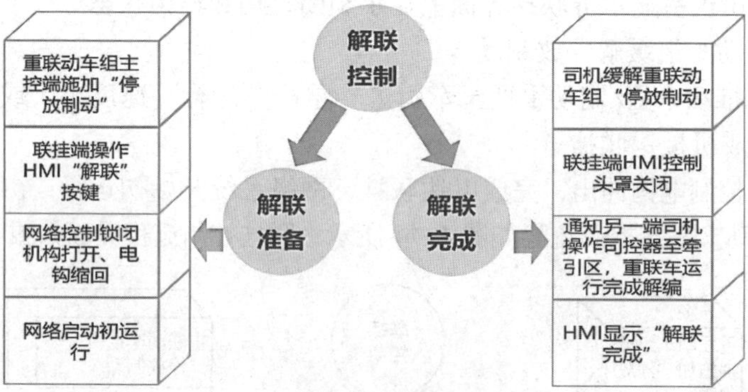

图 4-46　解联控制流程

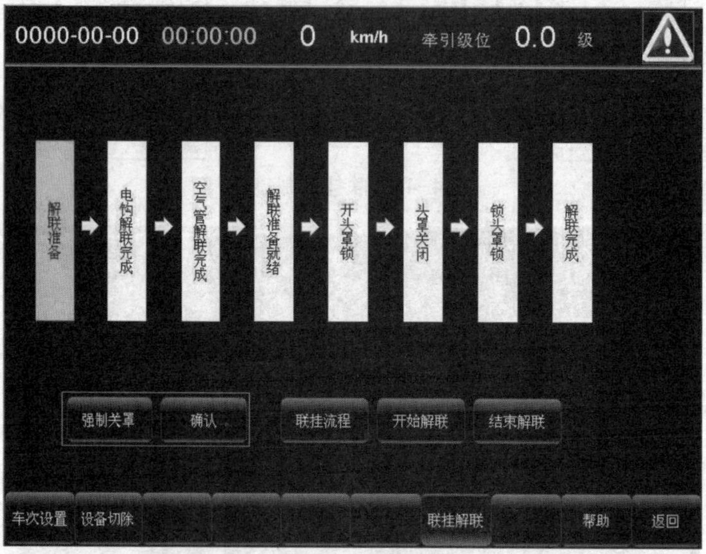

图 4-47　解联控制流程界面

（7）洗车控制。

洗车模式时，动车组通过 HMI 显示屏输出洗车模式指令。此时，动车组空调系统新风关闭，动车组以低速通过洗车库，高压系统、牵引系统部分工作以提供动车组运行动力，制动系统、网络系统等功能正常。洗车模式下最大目标速度为 5 km/h，其流程如图 4-48 所示。图 4-49 为恒速控制设定画面。

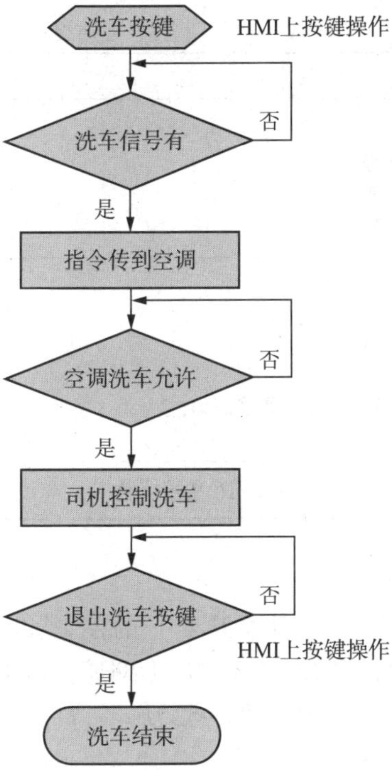

图4-48　洗车控制流程

图4-49　恒速控制设定画面

（8）司机警惕。

当动车组行驶速度大于5 km/h时，网络系统执行司机警惕功能。司机须在30 s内操作警惕按钮、警惕脚踏开关或司机主操纵手柄，网络系统复位司机警惕功能，重新开始30 s计时。

若司机持续30 s不操作，或不中断操作警惕按钮、警惕脚踏开关、司机操纵手柄中的任一装置，HMI显示屏开始蜂鸣报警，并弹出报警提示画面提醒司机。出现报警提示画面后，5 s内司机操作上述装置，网络系统复位司机警惕功能，报警消失，网络重新开始30 s计时；若报警提示画面持续时间超过5 s，网络系统将通过MVB或以太网总线发出最大常用制动指令给BCU，由BCU施加制动。出现报警后10 s内，司机操作上述装置，网络系统复位司机警惕功能，报警消失，网络重新开始30 s计时；若报警时间持续超过10 s，触发紧急制动EB环路断开，动车组施加紧急制动。司机室设有警惕功能旁路开关，当司机警惕功能故障时，可通过该开关实现旁路，重新施加牵引。司机室显示屏设有试验开关，在列车静止时可用该开关测试司机警惕功能。司机警惕功能如表4-21所示。

表4-21　司机警惕功能

功能	功能内容
功能设备	操作装置：警惕按钮、警惕脚踏开关和司机主操纵手柄； 音频装置：HMI自带内置蜂鸣器； 视觉装置：HMI弹出报警提示画面提示司机
功能启动	车速大于5 km/h时，网络执行司机警惕功能

需要时可沿此线裁成活页

续表

功能	功能内容
功能动作	满足下述条件持续 30 s，网络触发声光报警： 警惕按钮、警惕脚踏开关和司机主操纵手柄都没有被操作； 警惕按钮、警惕脚踏开关或司机主操纵手柄被无中断操作； 报警持续超 10 s，网络封锁牵引，并触发紧急制动 EB 环路
复位操作	封锁牵引、触发紧急制动 EB 环路前，网络通过以下条件复位： 操作警惕按钮、警惕脚踏开关或司机主操纵手柄中的任一装置； 短时松开被操作警惕按钮、警惕脚踏开关或司机主操纵手柄； 短时踩下再松开警惕脚踏开关实现复位； 封锁牵引、触发紧急制动 EB 环路后，按上述复位操作后，网络警惕制动； 停车后司机手动缓解制动，才能重新施加牵引
隔离、试验	设置旁路开关，出现故障时实现旁路；设置试验开关，静止时测试司机警惕功能

2）高压系统监控

对高压系统设备（如受电弓、主断路器、高压隔离开关、主变压器）的控制和状态反馈通过硬线采用输入输出模块接入车辆网，也可通过具有 MVB 或以太网通信功能的高压系统控制单元接入车辆网。高压系统监控画面如图 4-50 ~ 图 4-52 所示，高压系统的监控功能如表 4-22 ~ 表 4-25 所示。

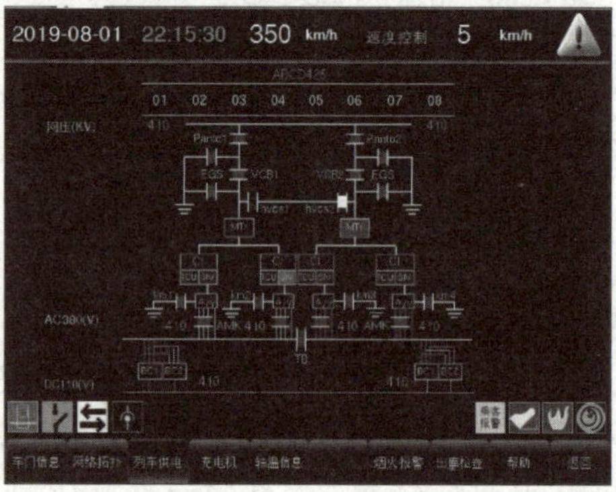

图 4-50　列车供电画面

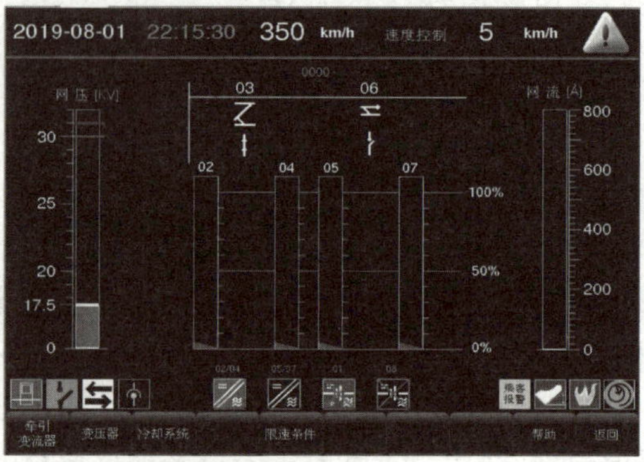

图 4-51　网压/网流显示画面

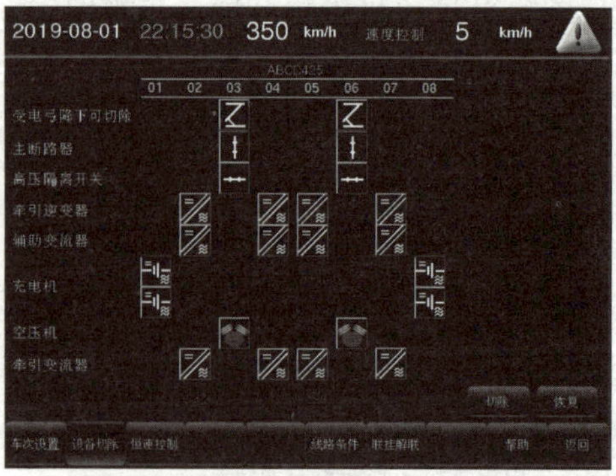

图 4-52　高压设备切除/复位画面

表 4-22　网络对受电弓的监控功能

功能	功能内容
网络接口	受电弓控制单元（PCU）通过 MVB 总线和电气硬线与网络进行指令、状态、故障等信息交互
逻辑控制	来自操纵台的升降弓、切除/复位指令进入主 CCU，通过 MVB 及 WTB 发布后成为列车级信息，传输至各单元 PCU，完成相应逻辑控制。网络默认升“后后弓”，当网络诊断升“后后弓”故障时，改升“前前弓”
监视	PCU 通过电气硬线和 MVB 总线向本单元 CCU 反馈受电弓升起、隔离和故障等状态信息，再通过 WTB 总线发布后成为列车级信息，HMI 显示、WTD 记录此信息
故障诊断	PCU 进行受电弓故障诊断，诊断结果通过电气硬线和 MVB 总线向本单元 CCU 反馈，再通过 WTB 总线发布后成为列车级信息，HMI 显示、WTD 记录此信息。出现重故障时，通过“紧急断电”列车级线路立即降下所有受电弓

表 4-23　网络对主断路器的监控功能

功能	功能内容
网络接口	主断路器通过电气硬线与网络进行指令、状态等信息交互
逻辑控制	来自操纵台的主断路器合断和切除/复位指令进入主 CCU，通过 MVB 及 WTB 发布后成为列车级信息，传输至各单元 PCU，完成相应的逻辑控制
监视	主断路器通过电气硬线向本单元 CCU 反馈主断路器合断、隔离等状态信息，再通过 WTB 总线发布后成为列车级信息，HMI 显示、WTD 记录此信息
故障诊断	主 CCU 根据指令、状态进行主断路器故障诊断，诊断结果通过 MVB 和 WTB 发布后成为列车级信息，HMI 显示、WTD 记录此信息。出现重故障时，通过“紧急断电”列车级线路同时断开所有主断路器

表 4-24　网络对高压隔离开关的监控功能

功能	功能内容
网络接口	高压隔离开关通过电气硬线与网络进行指令、状态等信息交互
逻辑控制	HMI 高压隔离开关切除/复位指令进入主 CCU，通过 MVB 总线及 WTB 总线发布后成为列车级信息，传输到各单元，完成相应的逻辑控制。当主断路器闭合时，网络不能进行高压隔离开关的断开/闭合操作
监视	高压隔离开关通过电气硬线向本单元 CCU 反馈合断状态信息，通过 WTB 发布后成为列车级信息，HMI 显示、WTD 记录此信息
故障诊断	主 CCU 根据指令、状态进行高压隔离开关故障诊断，诊断结果通过 MVB 和 WTB 发布后成为列车级信息，HMI 显示故障信息，WTD 记录故障信息。当 CCU 检测到接地等故障时，自动控制断开所有高压隔离开关

表 4-25　网络对网压/网流的监控功能

功能	功能内容
网压检测	牵引变流器向本单元 CCU 反馈网压值，通过 MVB 和 WTB 发布后成为列车级信息，HMI 显示、WTD 记录此信息
网流检测	牵引变流器向本单元 CCU 反馈网流值，通过 MVB 和 WTB 发布后成为列车级信息，HMI 显示、WTD 记录此信息
过压/欠压诊断	牵引变流器通过 MVB 总线和 WTB 总线反馈过压/欠压故障信息，形成列车级诊断信息，HMI 显示、WTD 记录此信息。网络仅监视
故障诊断	牵引变流器通过 MVB 总线和 WTB 总线反馈过流故障信息，形成列车级诊断信息，HMI 显示、WTD 记录此信息。网络仅监视

需要时可沿此线裁成活页

3）牵引系统监控

中央控制单元（CCU）通过 TCN 或以太网向牵引控制单元（TCU）传输指令信息，同时牵引控制单元通过网络系统将牵引系统的状态信息、故障信息传递给中央控制单元，从而实现网络系统对整车牵引系统的控制、监视和诊断功能。牵引系统的结构、显示画面如图 4-53 ~ 图 4-55 所示，其监控功能如表 4-26 ~ 表 4-28 所示。

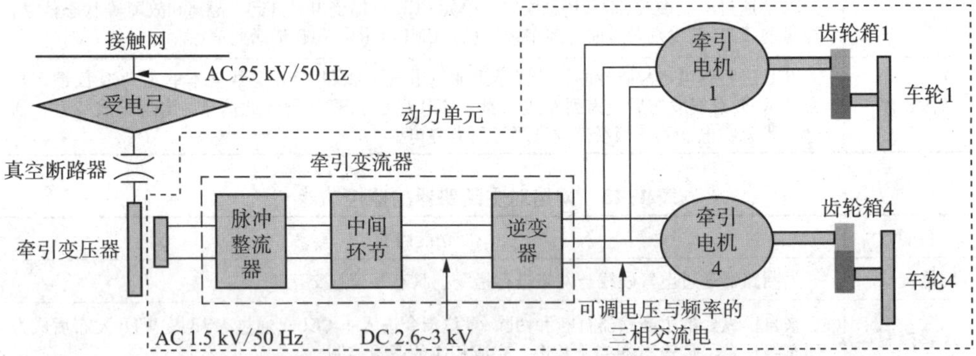

图 4-53　牵引系统结构图

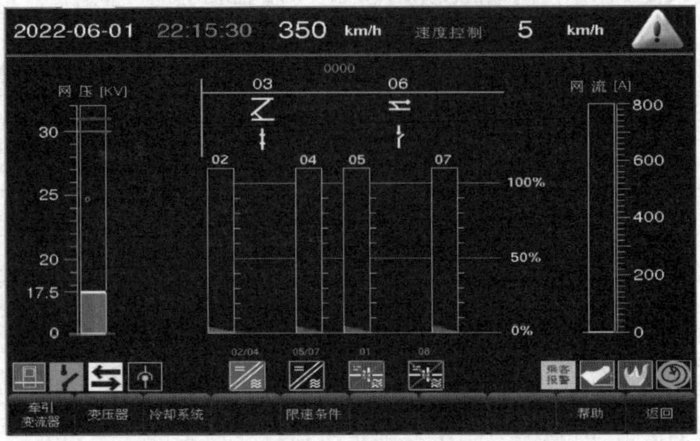

图 4-54　牵引主画面

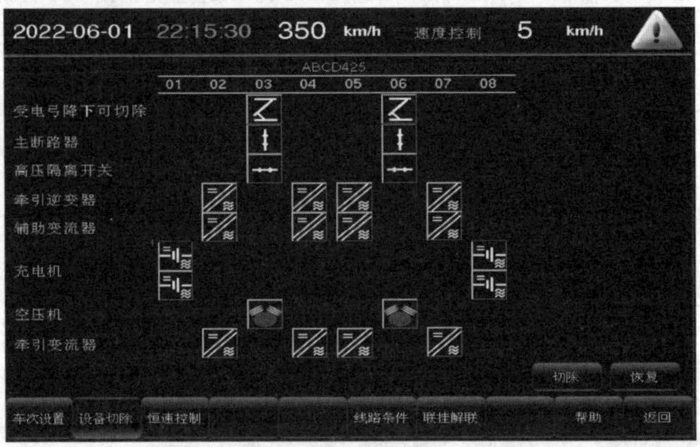

图 4-55　牵引变流器切除/复位画面

表 4-26 网络对牵引变压器的监控功能

功能	功能内容
网络接口	牵引变压器通过电气硬线与网络进行指令、状态等信息的交互
逻辑控制	主 CCU 根据牵引变压器反馈的压力、液位状态发出主断路器断开命令，实现变压器封锁、投入工作；检测变压器油流温度，并控制其冷却系统的工作，同时将温度信息发给牵引变流器，实现功率控制；检测油流、油泵断路器等异常信息，发给牵引变流器，实现功率控制
显示	HMI 显示牵引变压器油流、油泵、油温、油压、液位等状态信息，以及网络诊断出的故障报警信息
故障诊断	网络通过 I/O 模块检测变压器状态信息，通过 MVB 总线反馈给本单元 CCU 进行故障诊断，再通过 WTB 总线发布成列车级信息，HMI 显示、WTD 记录此信息

表 4-27 网络对牵引变流器的监控功能

功能	功能内容
网络接口	网络与牵引变流器通过 MVB 总线交互数据，网络向牵引变流器发送牵引使能、牵引力百分比、方向指令、牵引切除等控制指令，牵引变流器向网络反馈工作、未工作、手动切除、自动切除、故障、通信故障等状态信息
逻辑控制	主 CCU 根据限速请求值、司控器设定的目标速度或目标级位换算成牵引力百分比，发至牵引变流器实现速度控制；将牵引电机温度预报警或报警信息发至牵引变流器，实现牵引卸载或封锁牵引
显示	HMI 显示牵引变流器给定、反馈牵引力、工作状态、故障报警等信息，并设置牵引变流器切除/复位控制画面
故障诊断	网络可以对牵引变流器进行通信、供电等故障诊断，诊断结果通过 WTB 总线形成列车级信息，HMI 显示、WTD 记录此信息。牵引变流器诊断结果通过 MVB 总线送至本地单元 CCU，再通过 WTB 总线形成列车级信息，HMI 显示，WTD 记录此信息

表 4-28 网络对牵引电机的监控功能

功能	功能内容
温度监视	轴温检测装置检测电机定子、传动端轴承和非传动端轴承温度值，通过 MVB 和 WTB 发布成为列车级信息，HMI 显示、WTD 记录此信息
故障诊断	轴温检测装置检测电机定子、传动端轴承和非传动端轴承温度值，判断是否进行温度预警、报警，通过 MVB 和 WTB 发布后成为列车级信息，HMI 报警显示，WTD 记录此信息
限速控制	本地单元 CCU 检测到电机温度预警和报警后，形成电机温度限速请求值，发送至主 CCU 请求限速，主 CCU 根据限速值请求换算成牵引力百分比，发送到各单元牵引变流器或制动控制装置进行限速，HMI 显示限速值
功率减载	本地单元 CCU 检测到电机温度预警或报警后，根据牵引系统减载需要，发送到对应报警车厢牵引变流器；若电机定子温度报警，则牵引变流器减载；若电机轴承温度报警，则牵引变流器封锁牵引

TCMS 检测是否进行牵引封锁的条件，安全联锁控制产生牵引封锁的条件如下：①中间车作为主控车；②无司机室激活时；③CCU 检测方向故障；④非零速时，停放制动未缓解；⑤列车处于牵引工况超过一定时间，或速度大于 5 km/h 时，所有制动未缓解；⑥无牵引使能信号；⑦主控单元车的紧急 EB 环路状态为低电平；⑧主控单元车的紧急 UB 环路状态为低电平。当以上条件触发牵引封锁时，TCMS 在显示器中显示牵引封锁状态，便于相关人员了解产生牵引封锁的原因，对车辆进行相对应的处理。

牵引控制模块 TCU 是牵引系统中重要的模块。牵引控制模块 TCU 通过动车组 MVB 网络接收司机指令，实现动车组的牵引控制，并把牵引系统的工况反馈给网络。

需要时可沿此线裁成活页

在网络故障时，TCU 通过硬线获得司机的各种指令，完成列车紧急牵引。对机车的牵引控制包括：牵引/制动特性控制、逻辑控制、故障保护、牵引逆变器及交流异步牵引电机的实时控制、黏着利用控制，以满足车辆动力性能、故障运行、救援能力及实现预期的运行速度等要求。

（1）牵引变流器逻辑控制。

TCU 接收网络传送的司机室命令，并综合牵引变流器状态和故障保护命令，实现主断路器、充电短接接触器的时序控制，变流器启、停时序控制，牵引制动最大包络线控制，过无电区逻辑，隔离保护逻辑等。另外还能实现 TCU 系统自检，系统初始状态设置等功能。

（2）黏着控制。

TCU 完成电传动系统的空转保护和黏着利用控制，滑行保护由制动控制 BCU 系统完成。TCU 在线路状况变化不定的情况下，通过对电机速度，电机转矩等信息的采集、分析和处理，综合得出的电机转矩指令，向电机控制系统发出合适的电机转矩给定，使得动车组能以接近线路当前最大的黏着系数运行，从而获得最大的黏着利用率。

4）辅助供电系统监控

复兴号动车组辅助供电系统采用并联供电模式，每列车安装 4 台辅助逆变器，每台辅助逆变器输出三相 AC 380 V/50 Hz 电源给三相交流辅助供电母线，然后再通过母线分配给不同的负载。网络对辅助供电系统的控制主要包括辅助变流器监控和辅助负载管理两个方面，其功能分别如表 4-29 和表 4-30 所示。

表 4-29　网络对辅助变流器的监控功能

功能	功能内容
网络接口	通过 MVB 总线和电气硬线与网络进行指令、状态、故障等信息的交互
逻辑控制	并网供电启动指令和切除/复位指令通过 MVB 及 WTB 发布后成为列车级信息，传输到各单元，完成并网供电、切除/复位控制。根据并网辅助电源数量，网络对空调等辅助设备进行全载/半载等控制。
监视	通过电气硬线和 MVB 总线向本地单元 CCU 反馈工作、隔离和故障等状态，再通过 WTB 总线发布后成为列车级信息，HMI 显示、WTD 记录此信息
故障诊断	辅助变流器进行故障诊断，诊断结果通过 MVB 总线向本地单元 CCU 反馈，再通过 WTB 总线发布后成为列车级信息，HMI 显示、WTD 记录此信息

表 4-30　网络对辅助负载的管理功能

功能	功能内容
控制变压器冷却风机工作	本地单元 CCU 实时检测车辆速度和牵引变压器温度值，将速度值、温度值与设定值对比，控制变压器冷却风机工作
控制变流器冷却风机工作	本地单元 CCU 实时检测车辆速度和牵引变流器温度值，将速度值、温度值与设定值对比，控制变流器冷却风机工作
控制电机冷却风机工作	本地单元 CCU 实时检测车辆速度和牵引电机温度值，将速度值、温度值与设定值对比，控制牵引电机冷却风机工作
控制开水炉、厨房设备投入	网络在辅助并网供电完毕后，延时 30 s 控制开水炉、厨房设备投入
空调、空压机错步启动	为防止启动冲击电流，网络控制空调、空压机错步启动

5）制动系统监控

电子制动控制单元（EBCU）具有与TCMS通信的MVB或以太网接口，制动系统具有自主管理的功能，具有相对独立的制动指令采集、发布、执行、反馈和导向安全的控制指令和执行体系。网络对制动系统进行信息传输、状态监视。制动系统的结构如图4-56～图4-58所示，其网络控制功能如表4-31所示。

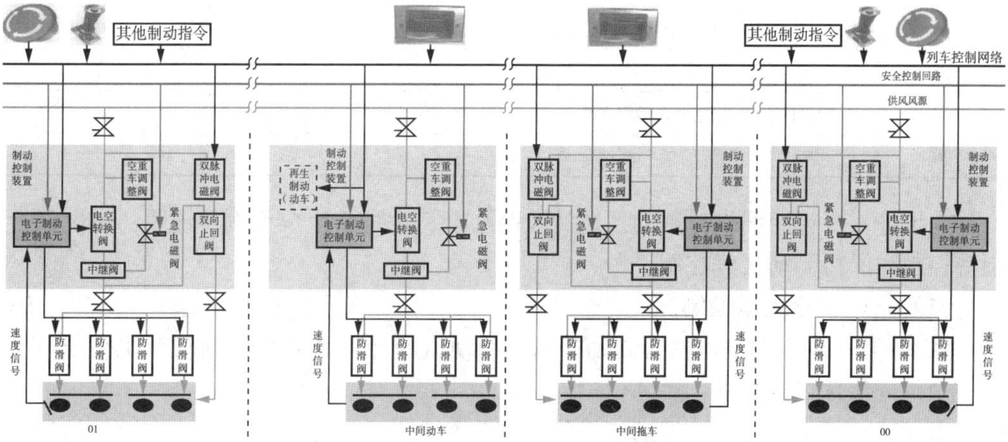

图4-56 制动系统结构示意图

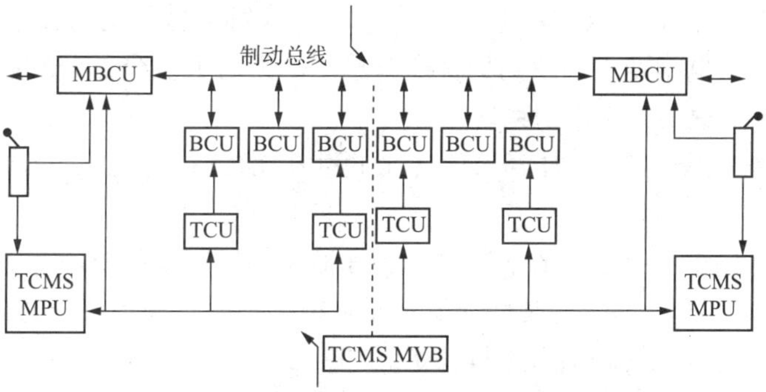

图4-57 制动指令传送示意图

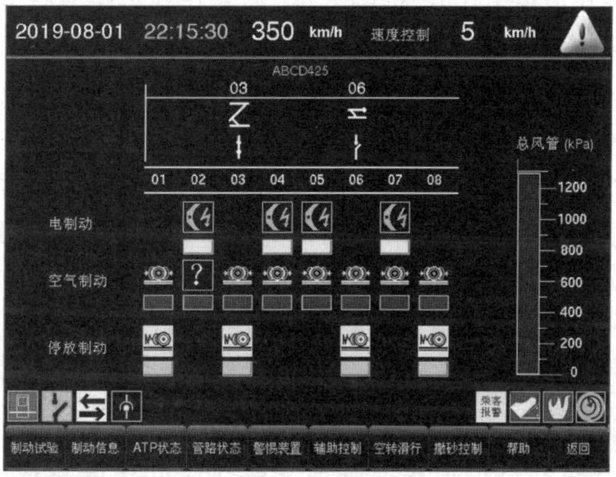

图4-58 制动主画面

表 4-31 网络对制动系统的控制功能

序号	功能内容
1	CCU 对网络与 BCU 的通信进行监视
2	CCU 对列车施加的制动指令进行实时检测及诊断
3	CCU 采集到制动控制指令后，通过 MVB 总线和 WTB 总线送至各车 BCU
4	主 BCU 将制动力分配的结果通过网络传递给其他车 BCU
5	HMI 显示来自 BCU 的主风管压力、制动缸压力及空簧压力等
6	对停放制动和安全环路进行监视
7	CCU 进行坡起制动缓解逻辑控制
8	进行制动系统的相关测试

为了进一步说明网络对制动系统的控制功能，现举 2 个典型例子说明：空电联合制动控制和保持制动缓解控制。

(1) 空电联合制动控制。

TCMS 参与列车的空电联合制动控制，制动力的计算和分配由制动系统完成。具体控制指令传输过程如下：

① TCMS 根据来自司控器的指令信号产生控制指令，通过 MVB 网络发送给制动系统。

② 制动系统根据制动级位和载荷等信息，计算列车总制动力需求值。按照无故障情况下优先使用电制动力的原则，将列车总制动力需求值全部分配成电制动力需求值，经由 TCMS 发送给各车牵引系统。

③ 牵引系统根据电制动力需求值施加再生制动，并将电制动力实际值反馈给 TCMS。

④ TCMS 将各车牵引系统的电制动力实际值反馈给制动系统。

⑤ 制动系统根据反馈的电制动力值判断电制动力是否满足列车总的制动力需求。如果不满足，则通过空气制动力进行补足。

(2) 保持制动缓解控制。

为了防止列车停在坡道上出现溜车情况，需要在列车停稳后施加一个固定大小的常用制动力，一般该常用制动力的大小为最大常用制动力的 70% 左右，即可保持制动。保持制动的施加由制动系统负责，保持制动的缓解由 TCMS 负责；当 TCMS 故障时，保持制动的管理全部由制动系统自身负责。

当满足以下条件之一时，TCMS 向所有 BCU 发出保持制动缓解指令：①列车处于牵引工况且速度大于 0.5 km/h；②列车处于牵引工况且牵引力大于一定值。

在某些特殊情况下，比如通过调车机拖拽时，需要缓解列车的保持制动，可以点按 HMI 上检修界面中的“保持制动切除”软按钮，TCMS 接收到该信号后，同样也会发出保持制动缓解指令。

6) 低压供电监控

低压供电监控包括充电机监控、蓄电池管理、低压能量管理等方面，其功能如表 4-32 所示。

表 4-32 网络对低压供电的监控功能

功能	功能内容
充电机监控	充电机控制器（BC）检测到充电机内部器件工作异常，产生诊断信息并通过车辆总线 MVB 发至本单元 CCU，CCU 将诊断信息发至列车总线 WTB，形成列车级诊断信息，HMI 显示报警提示，WTD 记录
蓄电池管理	蓄电池组电压值通过 MVB 总线和 WTB 总线发布后形成列车级信息，HMI 显示、WTD 记录此信息
低压能量管理	充电机停止工作，开始计时： 0～5 min 之内，列车所有低压负载正常工作； 5～30 min 之内，重要控制、司乘人员人机界面、广播等负载正常工作； 30～90 min 之内，应急通风设备正常工作，应急用电设备至少维持 2 h，包括应急照明、应急显示、维修用电、通信及其控制等； 在列车静止且蓄电池电压低于 90 V（暂定）或容量低于 30%（暂定）时，切除所有负载

7）轴温监控

轴温检测装置（TDD）采集转向架和牵引传动系统各轴承及电机的温度，通过 MVB 或以太网总线传给本地单元 CCU，CCU 将温度值传给 HMI 进行显示、WTD 进行记录。当温度超过预警或报警值时，ATDS 将预警或报警信息通过 MVB 或以太网总线传给本地单元 CCU 进行处理，判断发生报警的车辆号及轴承位置。各单元 CCU 通过 WTB 总线将预警或报警传给主 CCU，CCU 将其传给 HMI 进行显示、WTD 进行记录；若发生报警，主 CCU 将触发限速功能，如图 4-59 和表 4-33 所示。

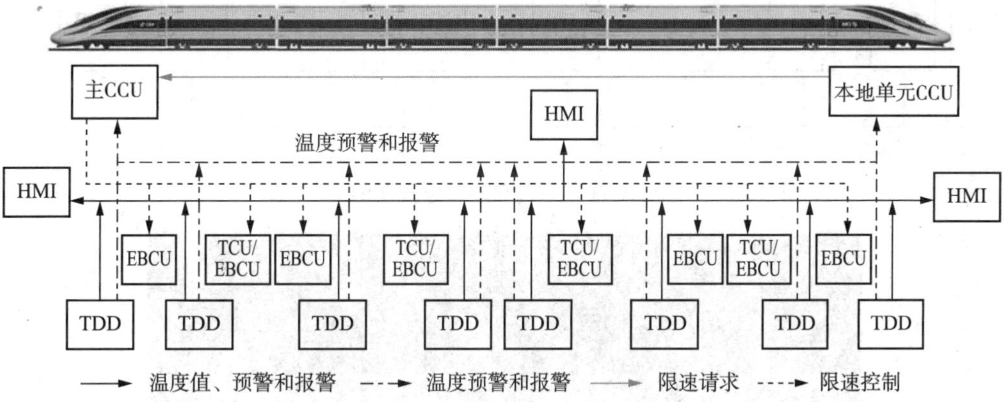

图 4-59 轴温控制指令传送示意图

表 4-33 网络对轴温控制的功能

功能	功能内容
温度显示	轴温检测装置采集转向架和牵引传动系统各轴承及电机温度，通过 MVB 总线传给本地单元 CCU，CCU 将温度值传给 HMI 进行显示、WTD 进行记录
预警报警	当温度超过预警或报警值时，TDD 将预警或报警信息和位置信息通过 MVB 总线传给本地单元 CCU 进行处理，判断发生报警的车辆号及轴承位置。各单元 CCU 通过 WTB 总线将预警或报警传给主 CCU，主 CCU 将其传给 HMI 显示、WTD 记录；若发生报警，主 CCU 触发限速功能

需要时可沿此线裁成活页

续表

功能	功能内容
故障诊断	当 TDD 与网络通信正常时，TDD 将诊断出的温度传感器或主机设备故障通过 MVB 总线反馈给本地单元 CCU 管理，通过 WTB 总线发布后成为列车级信息，在 HMI 中显示、WTD 中记录。 当 TDD 与网络通信异常时，本地单元 CCU 诊断出通信故障，通过 WTB 总线发布后成为列车级信息，在 HMI 显示、WTD 记录

8）车门监控

门控器（DCU）连接在车辆级网络上，具有 MVB 或以太网通信功能并连接车辆网，通过 HMI 显示屏显示各车门状态。列车车门使能指令、开/关门指令通过硬线控制。网络输入输出模块对司机的车门使能指令、开/关门指令进行采集，通过 MVB 或以太网总线传递给本地 CCU 进行诊断和监视，如图 4-60、图 4-61 和表 4-34 所示。

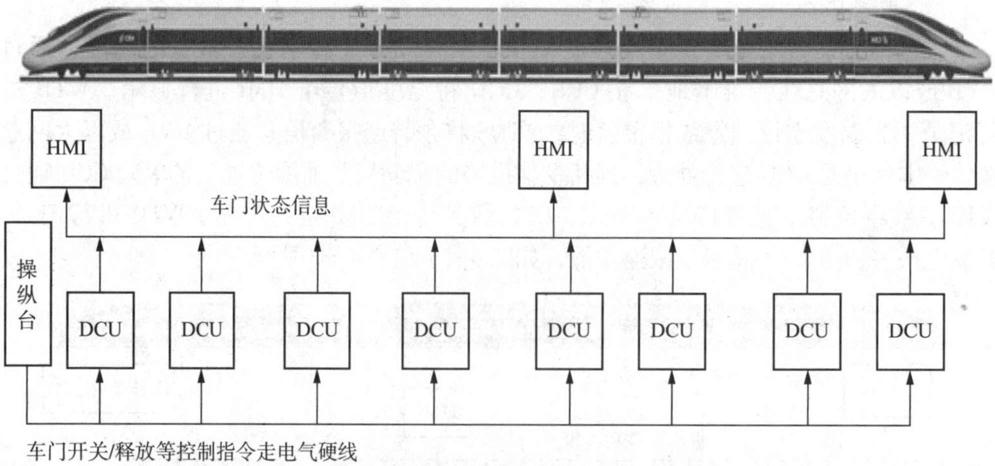

图 4-60　车门状态指令流向图

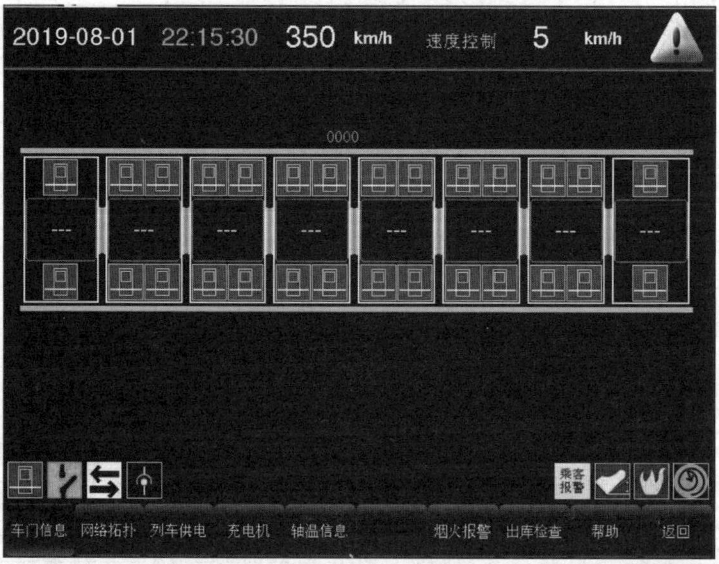

图 4-61　单编组车门画面

表 4-34　对车门的控制功能

功能	功能内容
逻辑控制	车门开关、车门释放等逻辑控制通过电气硬线逻辑电路实现。网络检测司机操作指令、记录指令，并发给各车门控器进行故障诊断
状态监视	主门控器通过 MVB 总线反馈开门、关门、隔离、故障、释放等门的状态，通过 WTB 总线发布后成为列车级信息，在 HMI 中显示、WTD 中记录
故障诊断	当通信正常时，门控器通过 MVB 总线反馈诊断信息，通过 WTB 总线发布后成为列车级信息，在 HMI 中显示、WTD 中记录。 当通信异常时，本地单元 CCU 诊断出通信故障后，通过 WTB 总线发布后成为列车级信息，在 HMI 中显示、WTD 中记录

9）空调监控

空调系统控制单元（HVAC）直接连接在 MVB 上，具有 MVB 或以太网通信功能，通过 HMI 显示屏显示各车空调状态，如图 4-62、图 4-63 及表 4-35 所示。

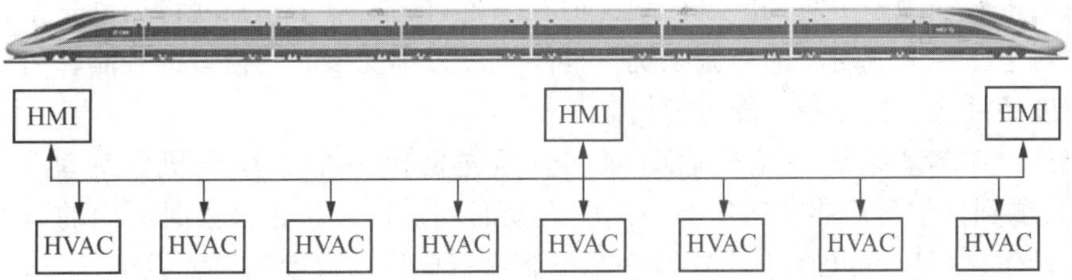

图 4-62　空调控制指令流向图

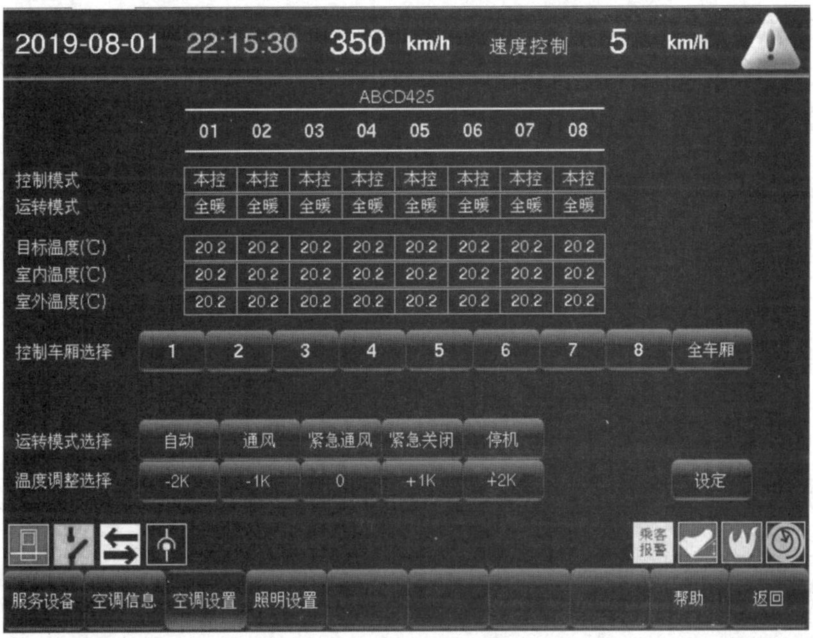

图 4-63　HMI 空调监控画面

表 4-35 网络系统对空调的监控功能

功能	功能内容
控制	在 HMI 上设定空调工作模式
	根据辅助逆变器工作状况控制空调减载
	上电时分时启动空调，防冲击电流
	根据空调外温值反馈计算平均值
	洗车时控制空调关闭新风阀
监视	显示空调的实时工作模式
	显示室内外温度值信息

为了防止各节车的空调机组的压缩机同时启动，对辅助供电系统造成交流负载严重过载问题，需要通过 TCMS 对空调机组压缩机进行错时启动控制。TCMS 按照一定的循环周期，分别向各节车的空调系统发送“空调允许启动”的时间窗口，每节车的空调系统只能在属于自己的时间窗口中启动，其他时间则不允许启动。每节车内的空调压缩机启动顺序由空调厂家控制，但在一个时间窗口中，只允许启动一个空调压缩机。对于已经完成启动的空调系统，其停机过程不受该时间窗口的控制，可以根据外界温度条件或者控制指令随时停机。

此外，在制动系统空压机启动前，会预先发出一个“空压机预启动”信号，TCMS 检测到该信号后将关闭所有空调的启动时间窗口，禁止该段时间内的所有空调的启动操作。司机可以通过 HMI 对全车空调进行启停、温度和模式设定。

10）转向架失稳监控

转向架失稳检测装置（BIDS）连接在 MVB 上，具有 MVB 或以太网通信功能。网络控制系统通过 MVB 或以太网总线接收转向架失稳检测装置发出的报警信息，并传输到本地 CCU，然后通过 WTB 总线将转向架失稳的报警信息传递给其他的牵引单元的 CCU，在 HMI 上显示报警信息，在 WTD 中记录，由主 CCU 实施限速，如图 4-64 和表 4-36 所示。

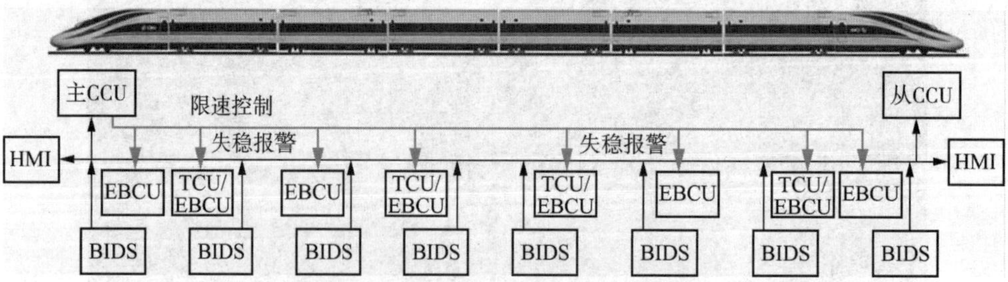

图 4-64 转向架失稳监控指令流向图

表 4-36 对转向架失稳的监控功能

功能	功能内容
失稳报警	BIDS 诊断出失稳报警信息后，通过 MVB 总线传到本地 CCU，然后通过 WTB 总线发布后形成列车级信息，在 HMI 中报警、WTD 中记录
限速控车	BIDS 诊断出失稳报警信息后，通过 MVB 总线传到本地 CCU，然后通过 WTB 总线传给主 CCU，主 CCU 进行限速控制

11）烟火报警

每辆车设有一个烟火报警主机（FAS），FAS 通过 MVB 或以太网与 CCU 进行通信。全车在司机室、客室、配电柜、厕所等区域设有烟火报警探测器。烟火报警探测器与烟火报警主机采用 CAN 总线进行通信。当车辆某部位发生火警时，火警信息通过 MVB 或以太网发给本地 CCU，CCU 将火警信息通过司机室显示屏、机械师室显示屏及蜂鸣器通知司乘人员。火警解除后，可通过烟火报警主机的显示屏对报警进行复位。另外，当火灾探测器发生故障、污染等情况时，烟火报警主机通过 MVB 或以太网将相关信息发送给 CCU，CCU 按照故障等级对火警系统的诊断信息进行报警和存储，并且通过以太网发送给本牵引单元的 WTD，如图 4-65 及表 4-37 所示。

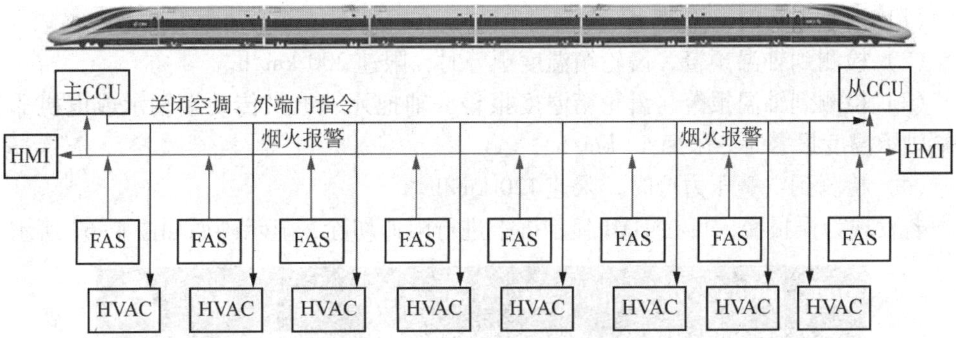

图 4-65　烟火报警指令流向图

表 4-37　烟火报警功能

功能	功能内容
烟火报警	FAS 通过 CAN 总线通信，反馈报警及故障信息。FAS 将报警信息、传感器故障通过 MVB 反馈给本地 CCU，CCU 汇总信息后发送给主 CCU，HMI 显示报警提示
报警控制	CCU 收到本网络单元 FAS 报警后，进行预处理，向本单元对应报警车厢的 HVAC 发送报警信息，控制空调系统停机

12）乘客紧急制动报警

各车远程 IO 模块（DXM）采集乘客紧急制动操作，通过 MVB 反馈到本地 CCU，处理后发给主 CCU，并在 WTD 中记录、HMI 中显示。主控端通过网关模块（EGWM）采集、记录乘客紧急制动触发 EB 环路的继电器状态，如图 4-66 所示。

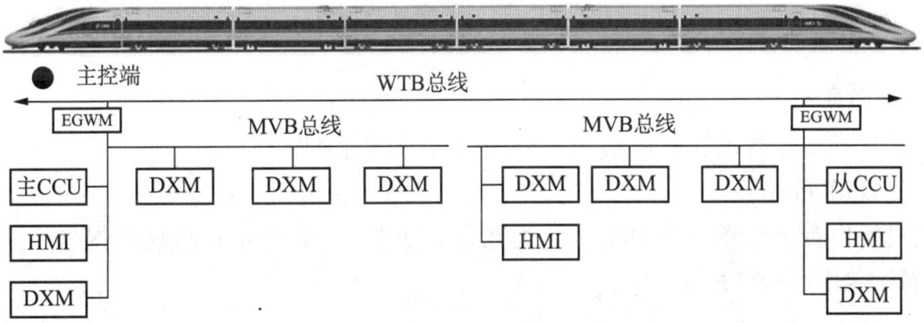

图 4-66　乘客紧急制动报警指令流向图

需要时可沿此线裁成活页

13）自动过分相

动车组具有 ATP 过分相、GFX 过分相和手动过分相三种自动过分相方式。ATP 系统将自动过分相信号通过输入输出模块传输至 CCU，GFX 系统通过输入输出模块采集过分相预告/恢复、强断信号，同样通过 MVB 或以太网总线传输至 CCU。当 ATP 输出过分相选择模式信号为高电平时，CCU 采用 ATP 系统过分相信号。当 ATP 输出过分相选择模式信号为低电平时，将自动转入 GFX 系统，由其自动控制通过分相区。当 ATP 系统和 GFX 自动过分相系统都失效时，可进行手动过分相。

14）限速控制

复兴号动车组网络控制系统在以下条件下进行限速控制：

（1）列车退行时，限速 10 km/h。

（2）检测到轴温预警、齿轮箱温度预警时，限速 200 km/h。

（3）检测到轴温报警、齿轮箱温度报警、轴抱死、电机传动端轴承或电机非传动端轴承温度报警时，限速 40 km/h。

（4）检测到空簧压力低时，限速 120 km/h。

若发现为误报警，可在 HMI 显示屏上进行限速切除，显示画面如图 4-67 所示。

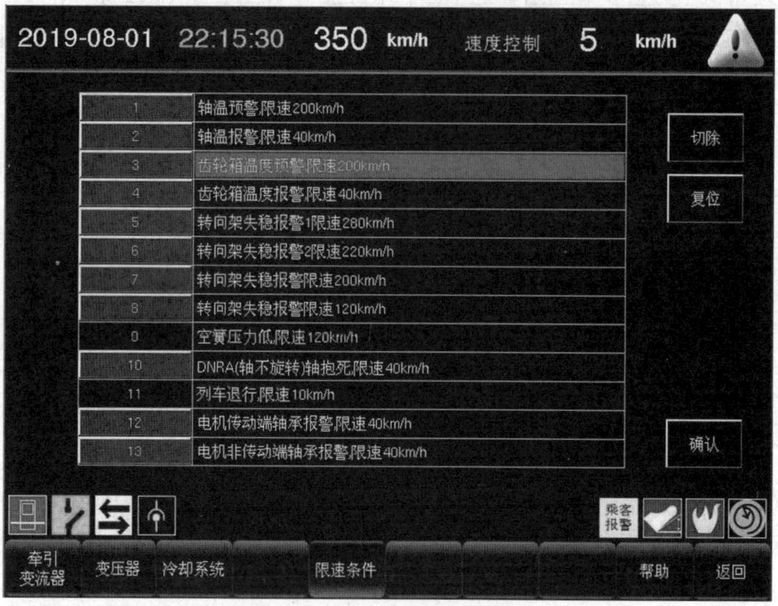

图 4-67　限速控制显示画面

3. 画面显示

复兴号动车组各项操作模块由人机接口显示屏（HMI）显示。

（1）HMI 布置。

司机操作台上设置 2 个 HMI，互为冗余，如图 4-68 所示；机械师操作台上设置 1 个 HMI，如图 4-69 所示。

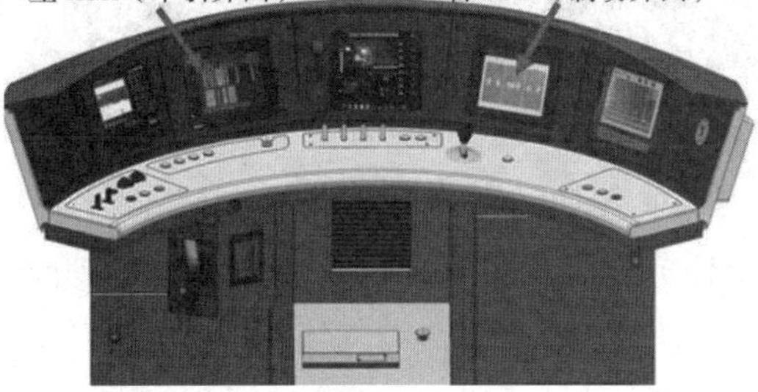

图4-68　司机操作台上的HMI

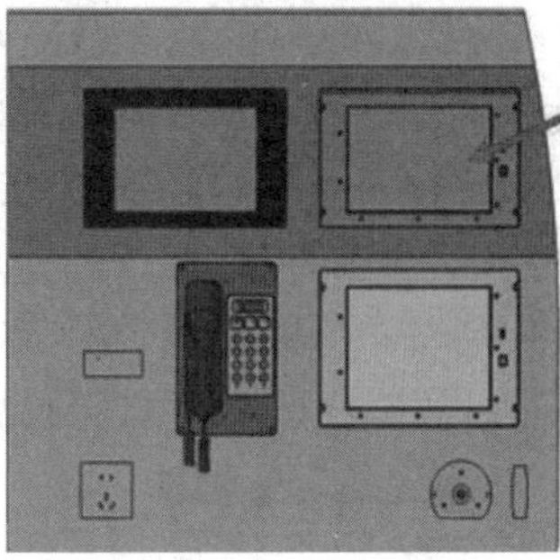

图4-69　机械师操作台上的HMI

（2）HMI硬件统型。

显示屏显示尺寸为10.4英寸，分辨率为800×600，操作采用触摸+键控方式，带有内置蜂鸣器。按键操作时，鸣动1 s；出现故障时，鸣动4 s报警。HMI外形如图4-70所示。

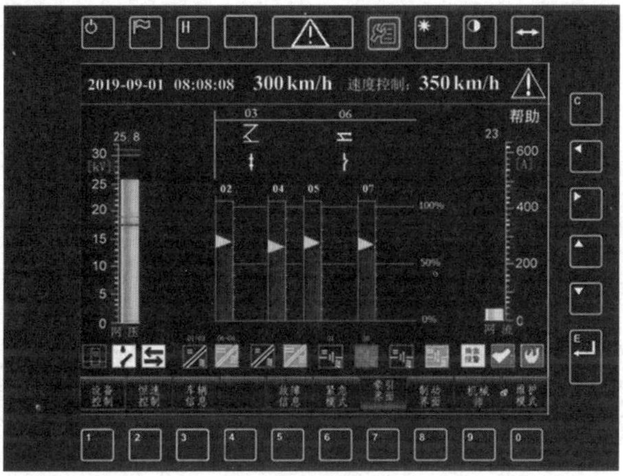

图4-70　HMI外形

（3）HMI的显示功能。

复兴号动车组有司机模式、机械师模式及维护模式三种模式，在这三种模式中，各项操作模块均由HMI进行显示。其显示功能如表4-38所示。

表4-38　显示功能

显示信息类别	显示内容
故障提示	故障以声音报警及界面提示方式通知司机，可查阅当前故障信息，包括故障代码、发生时间、发生车辆、故障分类、故障描述及维修指南等
控制功能	可以实现对列车的控制功能，包括对受电弓、主断路器、车顶隔离开关等的切除与恢复，空调的打开、关闭和温度调整，恒速运行速度值设定等
维护功能	主要包括监控设置、IO信息查看、软件版本信息查看等

4. 故障诊断

网络控制系统负责车载各部件故障数据的采集、分析、转储和显示。故障信息在司机操作台上通过HMI显示，诊断信息能上传到地面维修和服务系统中，供长期储存和深入分析。故障诊断信息主要包括：

（1）牵引、制动及控制系统的状态。

（2）旅客安全相关设备的状态。

（3）影响列车正常运行和使用的其他设备状态。

（4）列车自诊断信息。

下面对故障代码与系统代码故障诊断任务，以及故障的显示和存储作简要介绍。

1）故障代码与系统代码

（1）故障代码规范。

复兴号动车组采用统一故障代码规范，统一主要设备故障代码，兼容个性故障代码。动车组故障代码由动车组系统结构分类编码和子系统内部故障划分两部分组成，子系统内部故障划分由故障等级编码和故障模式编码组成，共4位数字。第1位代表子系统号，代码范围为1～D；第2位代表故障等级；第3和第4位代表故障代码，代码范围为00～FF。故障代码的结构如图4-71所示。

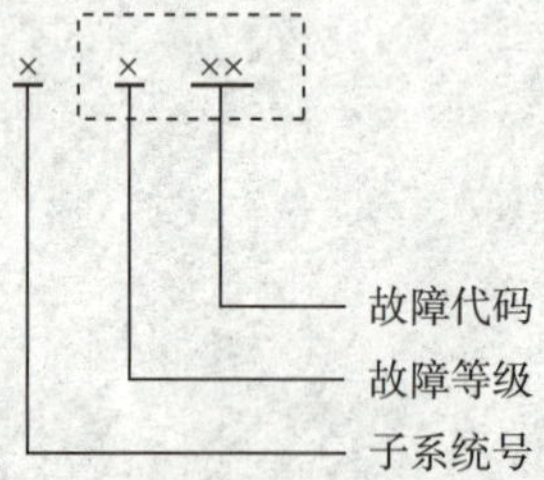

图4-71　故障代码的结构

（2）复兴号动车组的系统代码。

根据相关规定，对系统的编码称为系统代码，用1位数字表示，复兴号动车组的系统分类代码如表4-39所示。

表4-39　复兴号动车组的系统分类代码

系统名称	系统代码
车体及车端连接	1
转向架（含轴温、齿轮箱温度、转向架横向）	2
高压系统/牵引系统（含电机温度）	3
辅助电气系统（含充电机）	4
供风及制动系统	5
网络控制系统	6
旅客信息系统	7
车内环境控制系统	8
给排水及卫生系统	9
车内设施	A
驾驶设施	B
列控车载设备	C
其他（含烟火报警）	D

根据故障对子系统或列车的性能或安全性的影响，将故障划分为不同的故障等级，其故障等级分类及定义如表4-40所示。

表4-40　复兴号动车组的故障等级分类代码

故障等级	故障等级定义规则	故障等级代码
1级故障	严重故障，需立即处理	1
2级故障	车辆功能受限，可以继续运行	2
3级故障	车辆可以继续运行，但需入库后维护	3～9

2）故障诊断任务

故障诊断任务如表4-41所示。

表4-41　故障诊断任务

故障诊断任务	任务内容
开车前任务	开车前所需的必要出库检查，检测结果传给动车组中央诊断系统并存储，例如制动试验
运行中任务	动车组子系统和中央诊断系统实时监测并报告有关运行参数、数据发生的偏差和故障
检修维护任务	提供PTU设备和软件，使诊断信息可以被维修人员读取并参考，并为检修工作提供方法支持

3）故障诊断显示

1级故障可在司机室HMI中弹屏显示，弹屏界面如图4-72所示。

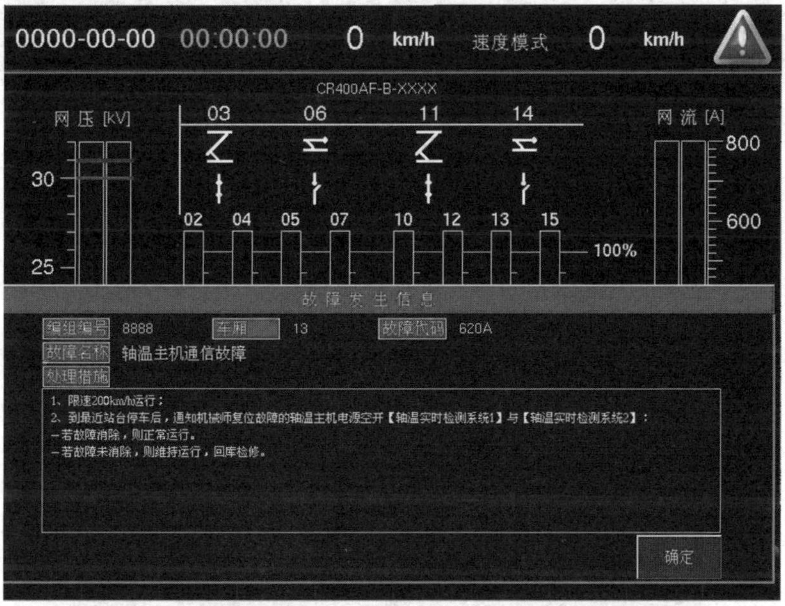

图4-72　在HMI上显示的1级故障

2级故障可在监控室HMI中弹屏显示。普通车型弹屏界面如图4-73所示，智能车型弹屏界面如图4-74所示。

需要时可沿此线裁成活页

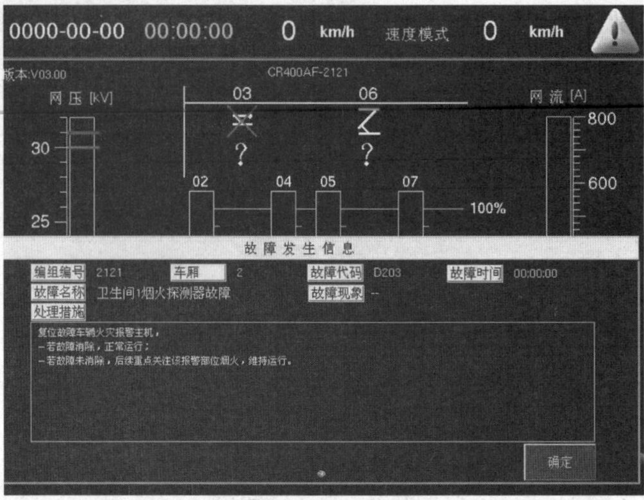

图 4-73 在 HMI 上显示的 2 级故障（普通车型）

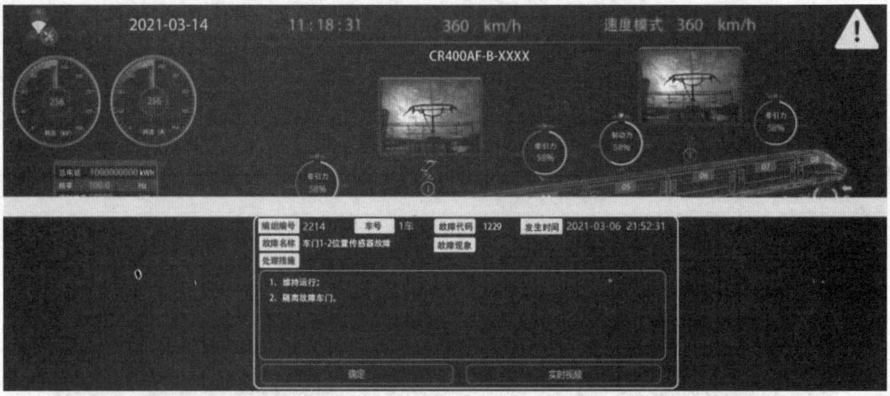

图 4-74 二级故障弹出界面（智能车型）

司机以及机械师可通过故障信息界面查询当前故障及历史故障，普通车型故障信息界面如图 4-75 所示，智能车型故障信息界面如图 4-76 所示。

编组	车号	代码	等级	故障描述	故障发生时间
0101	4	345B	2	网压频率异常	2000-00-00 00:00:00
0101	4	345A	2	二架牵引电机不工作	2000-00-00 00:00:00
0101	4	3459	2	一架牵引电机不工作	2000-00-00 00:00:00
0101	4	3458	2	二架牵引逆变器输出过流	2000-00-00 00:00:00
0101	4	3457	2	一架牵引逆变器输出过流	2000-00-00 00:00:00
0101	4	3456	2	二架斩波超温	2000-00-00 00:00:00
0101	4	3455	2	一架斩波超温	2000-00-00 00:00:00
0101	4	3453	2	中间直流电压过高	2000-00-00 00:00:00
0101	4	3452	2	网压中断	2000-00-00 00:00:00
0101	4	344F	2	二架牵引逆变器斩波管保护	2000-00-00 00:00:00

图 4-75 故障信息界面（普通车型）

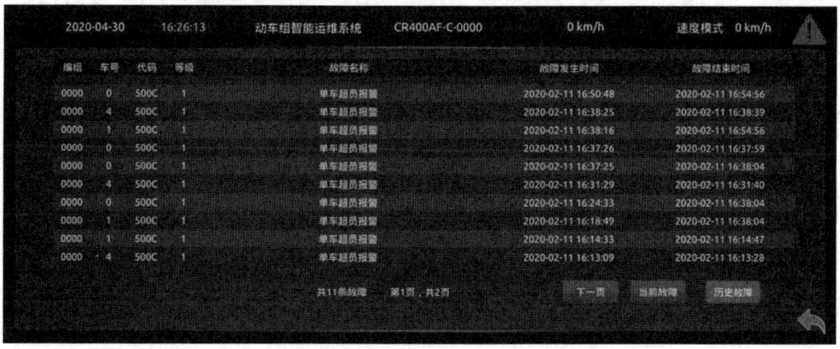

图 4-76　故障信息界面（智能车型）

4）事件数据存储

存储的事件数据记录分为故障数据记录、司机操作数据记录和环境数据记录等。根据故障代码和所属系统，记录的环境变量可以分为不同组。环境数据可以用于对故障的深入分析及研究。故障数据存储分类如表 4-42 所示。

表 4-42　故障数据存储分类

数据种类	存储内容
故障数据	车辆代码、故障代码、故障系统、故障时间、故障名称、故障描述、故障对策等
司机操作数据	车辆代码、事件代码、事件系统、事件时间、事件名称、事件描述等
环境数据	用于故障分析的车辆速度、网压、网流及其他相关变量的信息

5. 用户支持

1）用户支持示意图

用户支持示意图如图 4-77 所示。

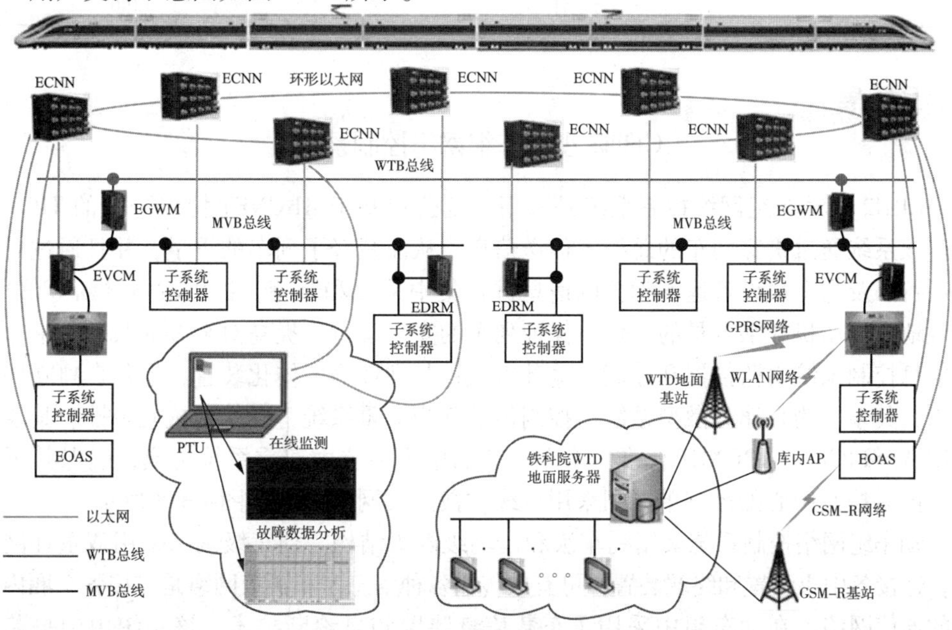

ECNN——以太网交换机；EGWM——网关模块；EVCM——中央控制单元模块；EDRM——事件数据记录模块；EDAS——司机操作监控系统。

图 4-77　用户支持示意图

需要时可沿此线裁成活页

2）PTU 功能

（1）通过以太网交换机，利用 PTU 软件，对连接到以太网的系统状态、运行参数、故障等进行实时在线监视。

（2）通过 PTU 软件下载 WTD 中存储的故障数据、司机操作数据和环境数据，利用 PTU 软件故障诊断分析功能对故障进行数据分析。

3）无线传输功能

无线传输功能如表 4-43 所示。

表 4-43　无线传输功能

功能	功能说明
数据无线落地	设备的状态、参数和故障落地方式： （1）通过 WTD 走 GPRS 实时落地； （2）通过 EOAS 走 GSM-R 实时落地； （3）通过库内 AP 走 WLAN 批量落地
数据地面展示	系统地面服务器设置在科研院所，地面展示系统由科研院所统一设计，供各动车运用所用户使用

任务评价

项次	简答题或操作题	要求	分值	得分
1	简述复兴号动车组网络控制系统的逻辑控制功能	学生小组互评，教师总评	50	
2	以小组合作的形式对动车组网络控制系统进行简单的维护	学生小组互评，教师总评	50	
合　计			100	

知识拓展

CRH2 型动车组网络控制系统

CRH2 型动车组网络控制系统是采用三菱公司基于 ARCNET 协议开发的 TICS 系统。该系统通过贯穿列车的总线来传送信息，从而减轻了列车的重量，并且通过对列车运行以及与车载设备运作相关的信息进行集中采集和管理，提供故障诊断等信息，有效地指导司机和乘务员的工作，保证列车的安全运行，提高对乘客的服务质量。列车信息控制系统由监控器和控制传输部组成；其硬件为一体化装置，但各自独立构成网络；其系统为自律分散型系统。控制传输部为双重系统，确保系统冗余性。其通信采用 ANSI 878.1 ARCNET 标准。头车设置的中央装置由双重系统构成，确保其可靠性。前后控制中心的控制单元间采用母线仲裁。其网络拓扑如图 4-78 所示。

动车组网络控制系统采用列车级和车辆级两级结构。列车级网络采用双重环网结构，连接各中央装置和终端装置，可有效传输各种信息。车辆级网络是连接各车厢内设备的通信网络。在动车组中采用了车载信息装置和自诊断技术，该系统由中央装置（共 2 套，头、尾车各 1 套）和终端装置（共 8 套，每车各 1 套）构成，同时还有车内信息显示器、IC 卡读卡器等附属设备。在头、尾车司机室内各有 2 台显示器（一台为主显示器，一台为备用显示器），能实时显示车辆运行过程中的相关数据，记录相应的运行数据；在列车员室内也有一台显示器。司乘人员可通过触摸显示器来实现控制指令的传送，实时了解车辆运行状态。地面检修人员可通过对显示器的触摸实现车上功能检查，使检查自动化；显示器还可以显示实时故障和部分故障履历数据，并提供故障处理的方法。两种显示器（司机室的显示器和列车员室的显示器）分别针对司机和列车员的职能设置了不同的权限，头、尾车的 4 台显示器能查询、显示车辆上的各种状态信息，并执行部分司机操作命令，列车员室的显示器主要用于显示乘务人员的相关信息。当运行中出现故障时，各台显示器都能同步显示故障的信息及相应的处理方法。

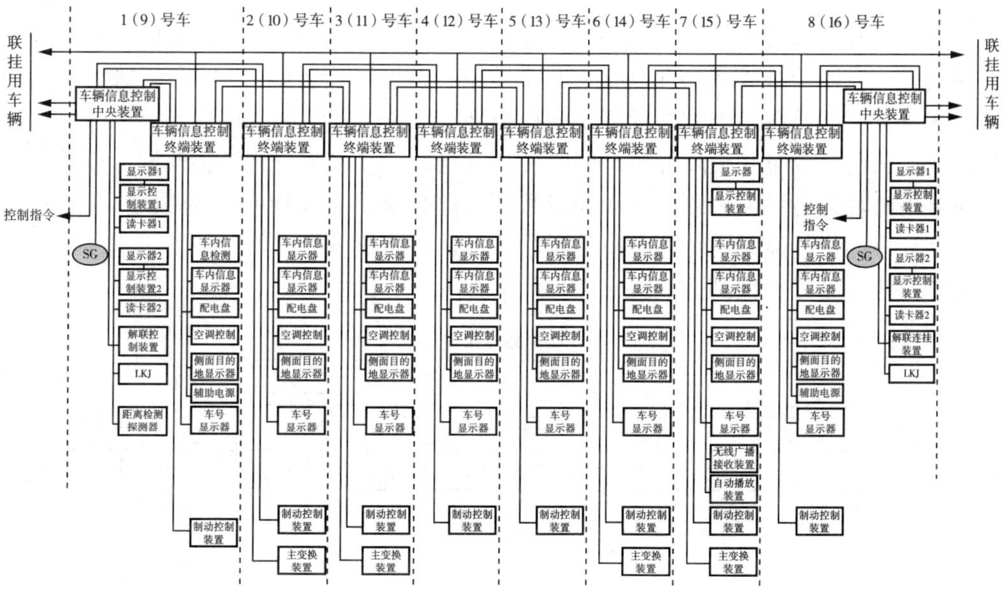

图 4-78　CRH2 型动车组的网络拓扑

车辆信息系统是通过贯穿列车的总线来传送信息的，总线由两组环形光纤网络构成。同时，为了保证系统的高可靠性，在两环光纤网络线的基础上，增加了一根双绞线将其贯穿其中，这样的网络设计充分地保证了信息传送的高冗余性，网络总体响应速度小于 50 ms。

1. 列车级网络

列车级网络设备由中央装置、终端装置、列车信息显示器、显示控制装置、读卡器及乘客信息显示器等构成，它们在动车组上的分布如表 4-44 所示。

表 4-44　列车级网络设备

装置名称	车编号（车型）							
	1（T1C）	2（M2）	3（M1）	4（T2）	5（T1K）	6（M2）	7（M1S）	8（T2C）
中央装置	1							1
终端装置 G1	1	1		1	1	1		1

续表

装置名称	车编号（车型）							
	1（T1C）	2（M2）	3（M1）	4（T2）	5（T1K）	6（M2）	7（M1S）	8（T2C）
终端装置 G2			1				1	
显示器	2						1	2
显示控制装置	2						1	2
读卡器	2							2
引导信息显示器(车号显示器、侧面目的地显示器)	2	2	2	2	2	2	2	2

列车级网络有两种类型。其一为光纤环网，是环线回路，连接所有的中央装置和终端装置，采用的是 ARCNET 协议，以 2.5 Mb/s 的速度传送车辆信息。这种环线回路的优点是：如果在一个方向的环绕中检测到没有应答的情况，就向另一个方向的环绕传送，从而有效避开故障部位，同时使负载均匀。其二为自诊断传输网，以总线方式连接中央装置与终端装置，采用高级数据链路控制协议 HDLC 作为数据交换协议，即使在环形网络故障时也可以进行传送信息。在发生故障时，使用备份传送线路的控制指令对各设备进行控制。如图 4-79 所示。

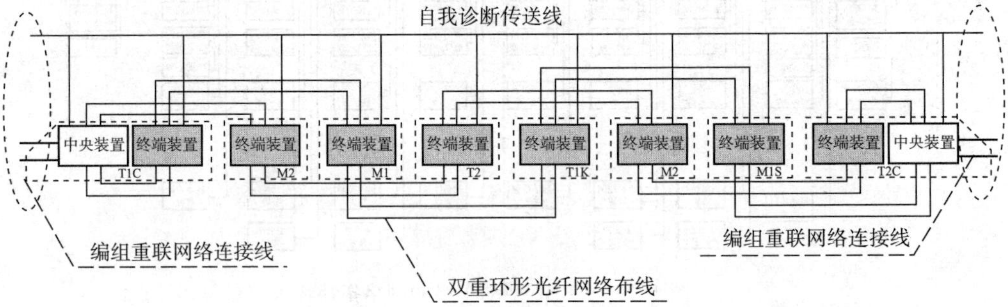

图 4-79　CRH2 型动车组列车级网络

列车信息控制系统由监控器和控制传输部分组成，具有以下特点：

（1）控制指令传送系统采用独立于监视器部分的双重 CPU 方式，具有故障导向安全和备份的功能。头车设置了互为冗余的中央装置系统，可以确保可靠性。前后中央控制单元间采用母线仲裁，硬件为一体化装置。对于有应答要求的控制指令等重要数据，中央装置光节点同时向环路的两个方向发送信息，以便及时避开故障点；对于监控信息等其他数据，采用单方向传输。如果信源的光传输节点没有检测到应答，则向另一个方向的传输回路发送信息。

（2）中央装置与终端装置通过光纤双重环路连接，采用不易发生故障的双向环形网络传输信息，当发生两处以上的线路故障时，可以继续由其他线路进行传输。

（3）设置有备份传输线，在环形网络出现故障时，也可以进行信息传输。自诊断传输线采用双绞线，以总线方式连接中央装置与终端装置，采用 HDLC 作为数据交换协议。各个终端装置可及时、独立地对故障等进行监视。车上的设备都与监视器部进行直接通信，如图 4-80 所示。

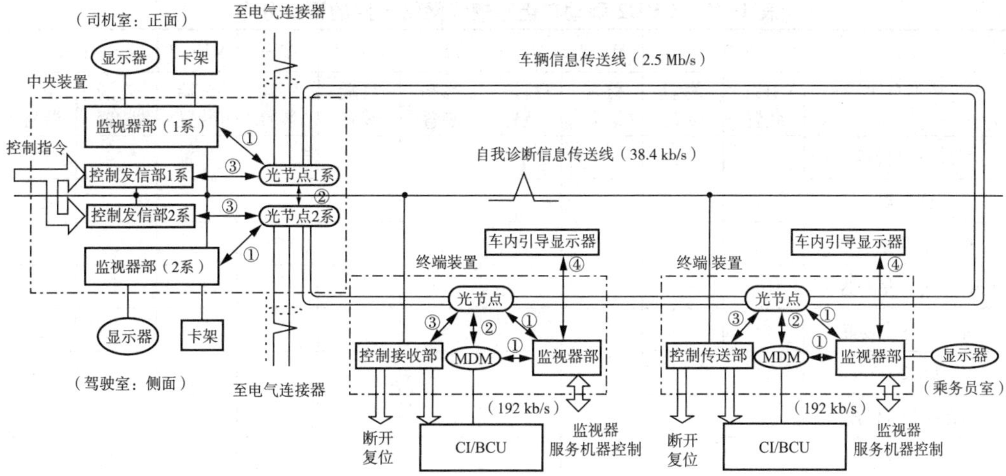

注：装置内置接口

① 光节点—监视器部：共用存储器结合

② 光节点—光节点：2.5 Mb/s串行传送

③ 光节点—控制传送部：19.2 kb/s串行传送

④ 监视器部—车内引导显示器：20 mA电流环路串行传送

图 4-80 CRH2 型动车组的信息控制系统

2. 车辆级网络

车辆级网络是中央装置/终端装置与车厢内设备之间信息交换的通道，如图 4-81 所示。中央装置/终端装置与设备之间采用点对点通信方式，牵引变流器 CI、制动控制单元 BCU 与终端装置采用光纤连接，其他设备与中央装置、终端装置采用电流环方式连接。车厢内部设备与车厢列车网络节点之间采用点对点方式通信，适用多种通信协议，如 20 mA 电流环、30 mA 电流环及高级数据链路控制 HDLC 方式。

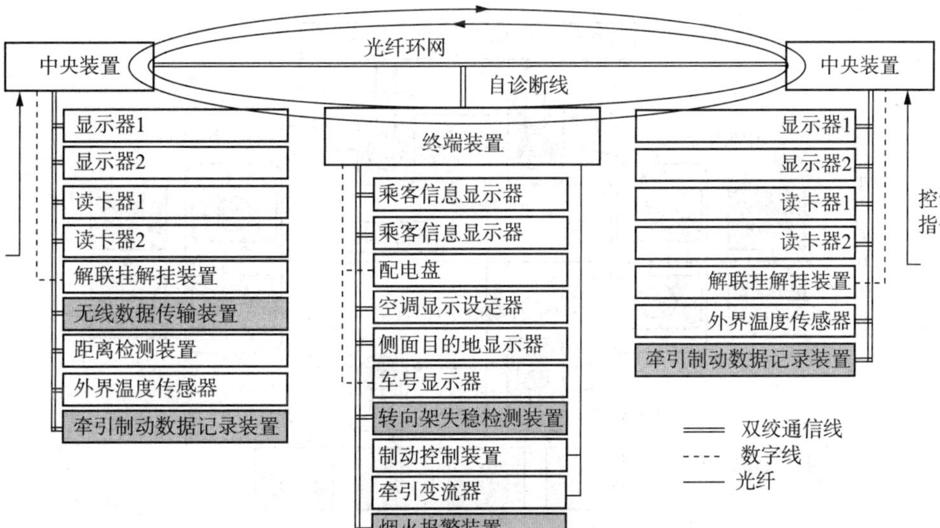

图 4-81 CRH2 型动车组车辆级网络

CRH2 型动车组车辆级网络连接的设备分布如表 4-45 所示。

需要时可沿此线裁成活页

表 4-45 CRH2 型动车组车辆级网络连接的设备分布

设备名称	TC1-1		M2-2	M1-3	T2-4	T1K-5	M2-6	M1S-7	T2C-8	
	中央装置	终端装置	终端装置	终端装置	终端装置	终端装置	终端装置	终端装置	终端装置	中央装置
显示控制装置	○							○		○
读卡器	○									○
车内信息显示器		○	○	○	○	○	○	○	○	
SG（速度发生器）	○									○
联挂/解挂装置	○									○
LKJ2000	○									○
距离检测装置	○									
配电盘		○	○	○	○	○	○	○	○	
空调控制		○	○	○	○	○	○	○	○	
侧面目的地显示器		○	○	○	○	○	○	○	○	
辅助电源		○							○	
车号显示器		○	○	○	○	○	○	○	○	
制动控制装置（BCU）		○	○	○	○	○	○	○	○	
牵引交流器（CI）			○	○			○	○		
广播服务装置								○		
自动播放装置								○		

3. 网络信息传递

各种情况下的网络信息传送框图如图 4-82 ~ 图 4-85 所示。

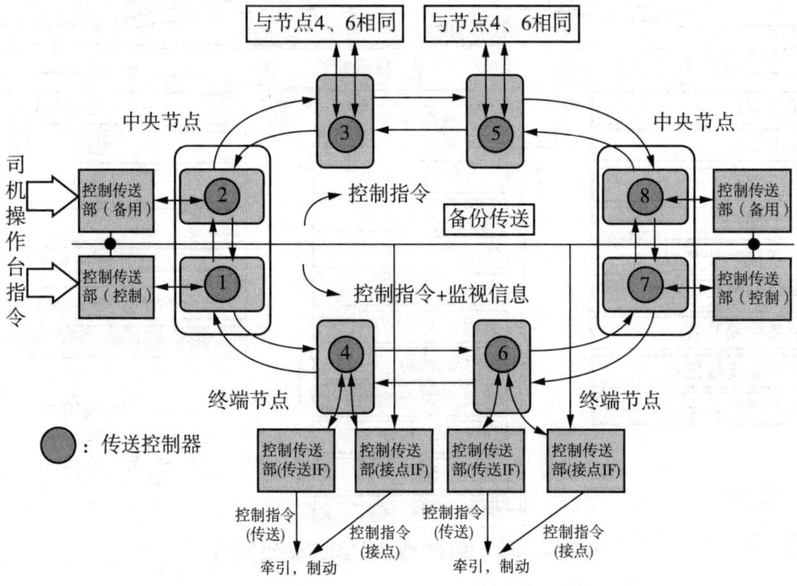

图 4-82 网络信息正常传送框图

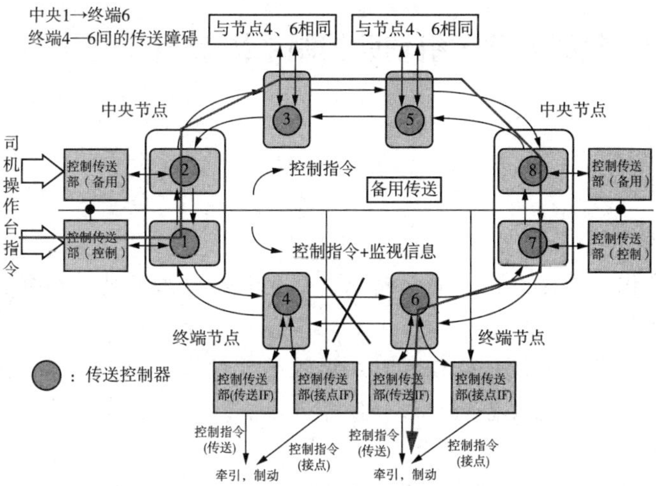

图4-83　4、6节点间故障时的信息传送框图

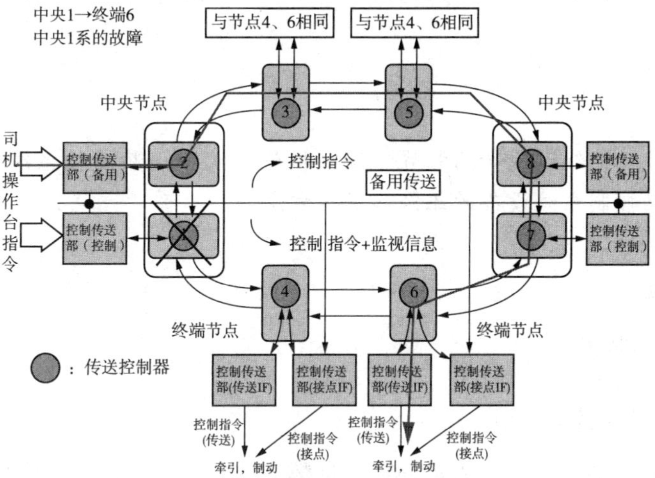

图4-84　中央装置内部故障时的信息传送框图

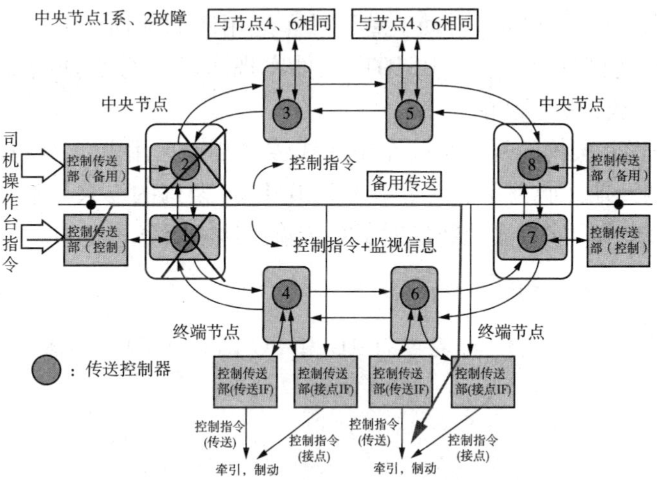

图4-85　备份时的信息传送框图

需要时可沿此线裁成活页

子任务 4.2.3 复兴号动车组辅助控制系统

学习目标

1. 素质目标

具有质量意识、环保意识、安全意识、信息素养、工匠精神和创新思维。

2. 知识目标

掌握复兴号动车组无线传输装置、烟火报警系统和视频监控系统的构成与功能；熟悉动车组辅助控制系统设备的维修和保养方法。

3. 能力目标

能简述复兴号动车组无线传输装置、烟火报警系统和视频监控系统的构成与功能；能以小组合作的形式对动车组辅助控制系统设备进行简单的维修和保养。

学习任务

了解复兴号动车组无线传输装置、烟火报警系统和视频监控系统的构成与功能；掌握动车组辅助控制系统设备的维修和保养方法。

任务实施

1. 无线传输装置

1）无线传输装置的功能

无线传输装置能采集、分析和处理各种数据信息，实现数据的本地存储，并将动车组运行状态信息及故障信息实时发送至地面，同时在动车组进检修库时将 WTD 装置本地记录的数据通过 WLAN 自动下载至动车运用所的地面服务器。无线传输装置还可通过以太网连接计算机，运用 PTU 软件实现车辆运行数据的实时在线监控和 WTD 本地数据下载解析等功能。

基于 TCN+ETB 架构的复兴号动车组无线传输装置采用电信 4G 技术，实现车上将实时信息传输到地面服务系统中。基于 ETB+ECN 架构的复兴号动车组无线传输装置采用电信 5G 技术，实现车上将实时信息传输到地面服务系统中。

2）无线传输装置的构成

复兴号动车组的无线传输装置有 4G 和 5G 两种类型，如图 4-86 和图 4-87 所示。

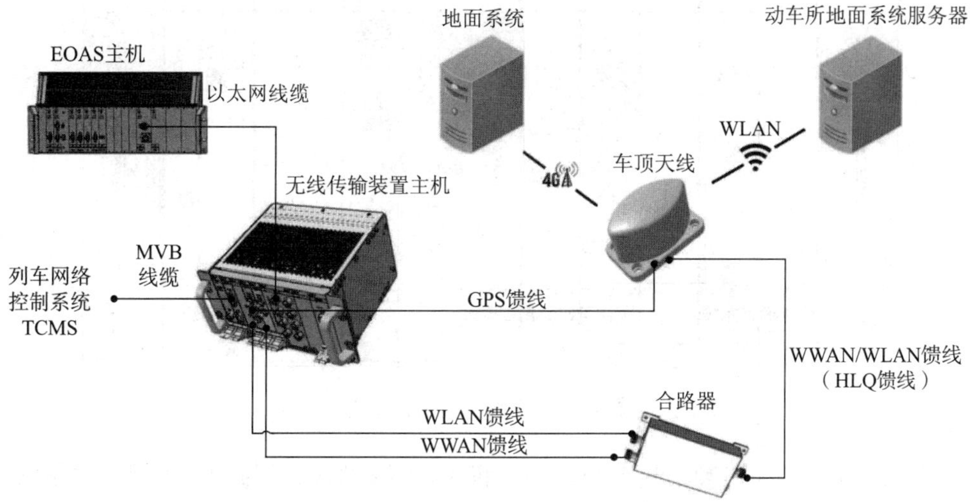

图 4-86　无线传输装置构成示意图（4G）

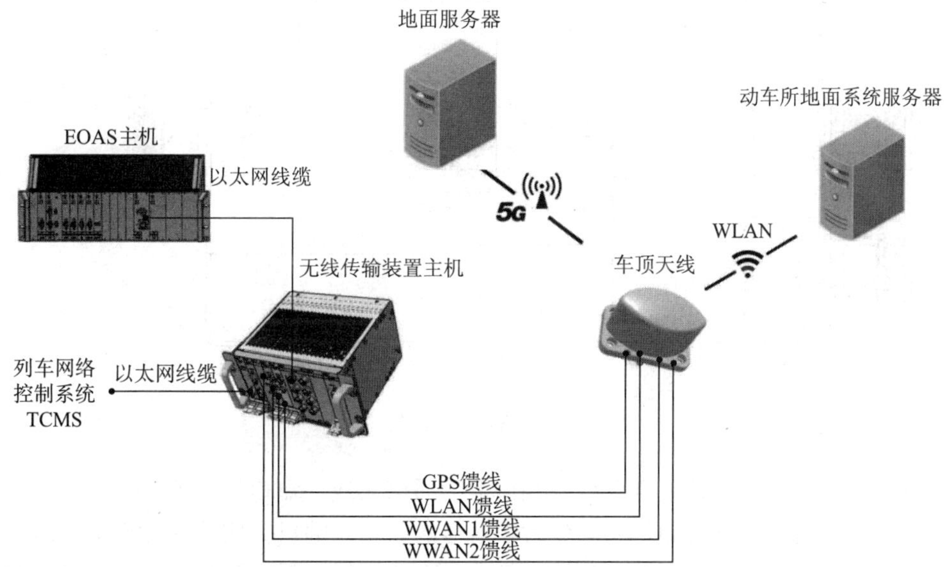

图 4-87　无线传输装置构成示意图（5G）

3）无线传输装置部件组成及功能

（1）基于 TCN+ETB 架构的复兴号动车组无线传输装置。

其无线传输装置采用 4G 技术的车地通信模式，由无线传输装置主机、合路器、车顶天线和馈线组成。无线传输装置主机能采集、分析和处理各种数据信息，实现数据的本地存储，并将动车组运行状态信息及故障信息实时发送至地面服务系统中，同时在动车组进检修库时将 WTD 装置本地记录的数据通过 WLAN 自动下载至动车所地面系统服务器。无线传输装置主机如图 4-88 所示。

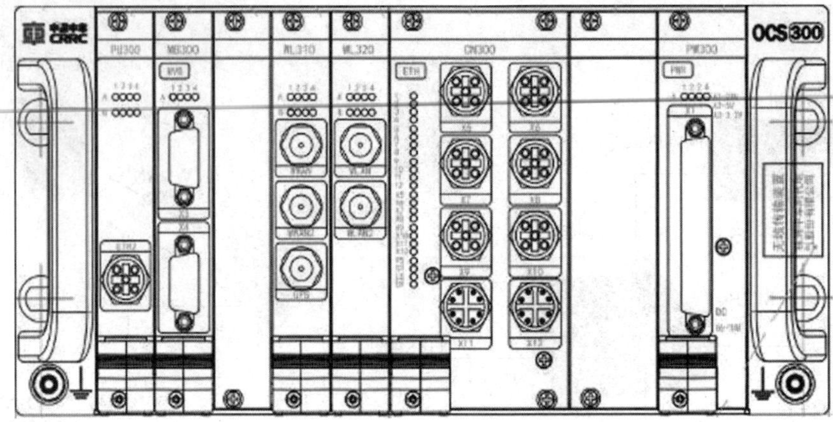

图 4-88　无线传输装置主机

合路器实现两路射频信号合路功能，将 WLAN 射频信号与 2G/3G/4G 射频信号合成一路，通过一根馈线连接到车顶天线，如图 4-89 所示。

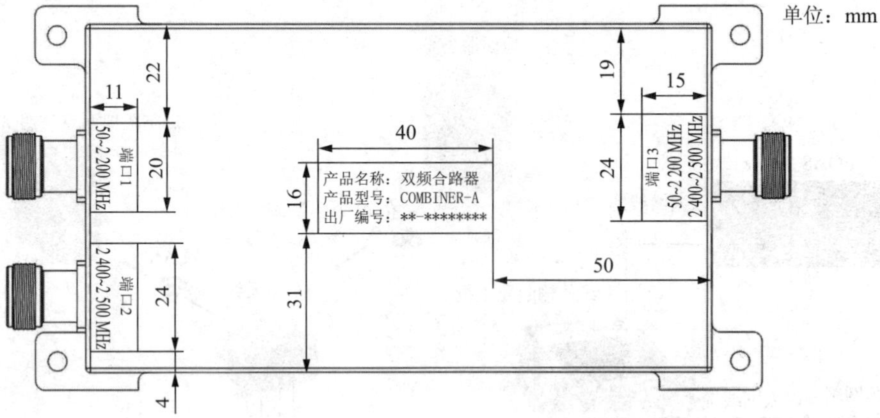

图 4-89　合路器

车顶天线为双端口的组合天线，端口 1 为通信天线，端口 2 为 GNSS 天线。端口 1 实现 WLAN 射频信号与 2G/3G/4G 射频信号的收发，端口 2 实现 GNSS 卫星信号的接收，如图 4-90 所示。馈线包括 GPS 馈线、HLQ 馈线、WLAN 馈线和 WWAN 馈线，分别用于各类射频信号的传输，保证射频信号可靠互联，并且对外界干扰信号具有良好屏蔽作用。

（2）基于 ETB+ECN 架构的复兴号动车组无线传输装置。

其无线传输装置采用 5G 技术的车地通信模式，由无线传输装置主机、车顶天线、馈线共 3 个部件组成。车顶天线为多阵子 MIMO 天线，支持 2G/3G/4G/5G 移动通信、WLAN 和 GPS/BDS 卫星定位。馈线包括 GPS 馈线、WLAN 馈线、WWAN1 馈线和 WWAN2 馈线，分别用于各类射频信号的传输，可保证射频信号可靠传输，并且对外界干扰信号具有良好屏蔽作用。

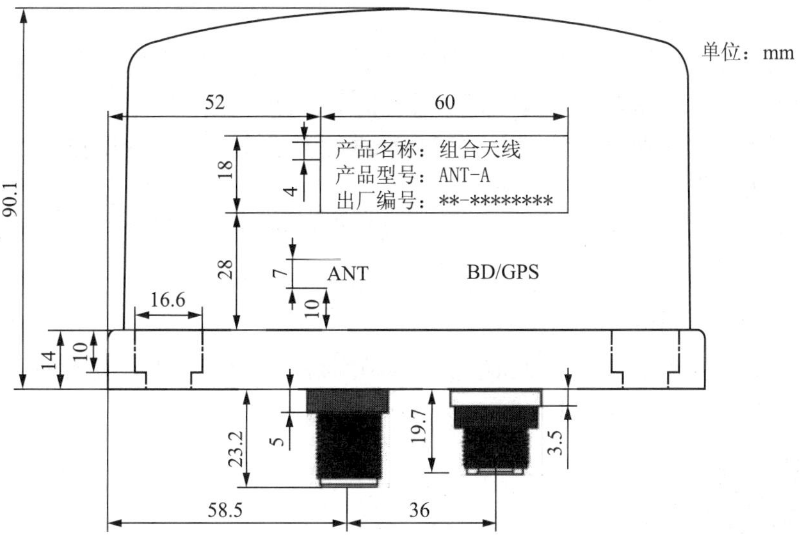

图 4-90　车顶天线

2. 烟火报警系统

1）烟火报警系统的功能

（1）火警：出现火警时，火灾报警控制器（FAC）提示火警信息并反馈至 TCMS。

（2）消音：司机或机械师通过 HMI 可对本地系统声音报警进行消音，消音后若再次检测到新的报警，则蜂鸣器被重新激活。虽然报警声音可以消音处理，但是火警及相关保护功能却不能取消，必须在火警出现的车厢进行本地复位。

（3）诊断：火灾报警控制器对火灾探测器（SD）的故障进行检测，包括火灾探测器无应答、火灾探测器线路故障、火灾探测器自身污染等故障。当监测到火灾探测器故障时，火灾报警控制器进行指示灯报警，并且指示灯报警能区分烟火报警系统故障和火警。

（4）自检和测试：烟火报警系统具有上电自检功能，对火灾报警控制器及火灾探测器进行自检，自检项点包括：火灾报警控制器指示灯和显示屏、火灾探测器状态和 CAN 总线状态。

（5）信息存储：烟火报警系统具备信息存储功能，存储的信息包括：事件的时间、类型（火警或故障），车厢号，探测器位置，烟雾与温度参数等。事件记录数量可多达 999 条。

（6）火灾报警控制器：火灾报警控制器通过 CAN 总线实时管理、监测各火灾探测器，能够及时探测到探测器故障、火警状态和 CAN 总线状态。

（7）火灾探测器：火灾探测器为光电式烟温复合检测单元，灵敏度可调，采用 CAN 网络通信，实时监测所在区域内的烟雾浓度、环境温度，实时向火灾报警控制器反馈自身工作状态和报警信息，具备防止误报警的功能，包括但不限于香水、防晒霜等喷雾及灰尘引起的误报警。

2）火灾报警控制器显示屏功能

火灾报警控制器通过显示屏操作实现对烟火报警系统的功能设置和记录查询，具

需要时可沿此线裁成活页

体如下：

（1）可以显示火警信息和火灾探测器故障、污染等状态信息。

（2）具有记录查询功能，能够显示火警记录和历史记录。

（3）具有单个探测器屏蔽功能，当某个探测器发生多次火警误报时，可以手动隔离误报火灾的探测器。

（4）具有消音、复位和自检按钮，可以触发火灾报警控制器的消音、复位和自检功能。

3）烟火报警系统的结构

由于复兴号动车组有普通型和智能型两种网络系统结构，对应就有普通型和智能型两种烟火报警系统，其结构如图 4-91 和图 4-92 所示。

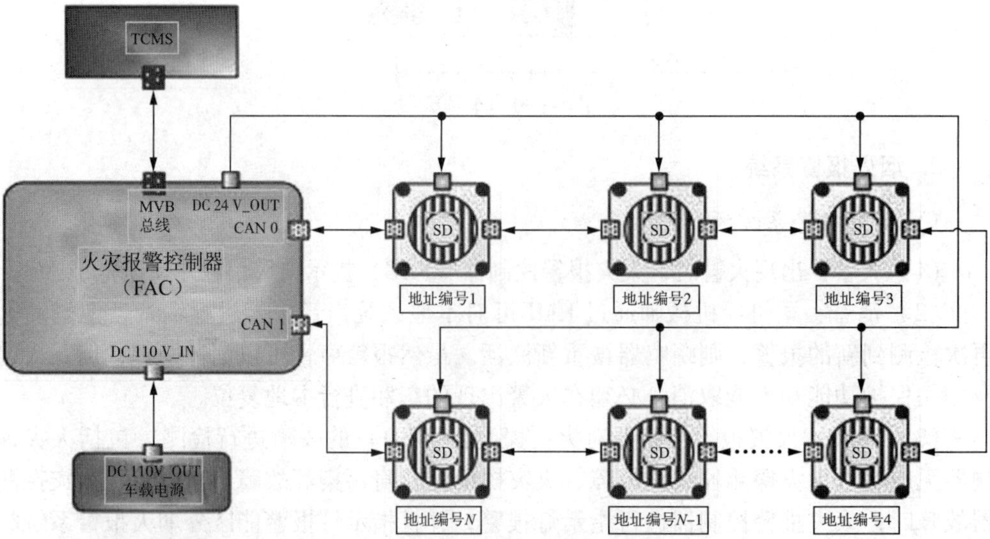

图 4-91　普通型烟火报警系统的结构

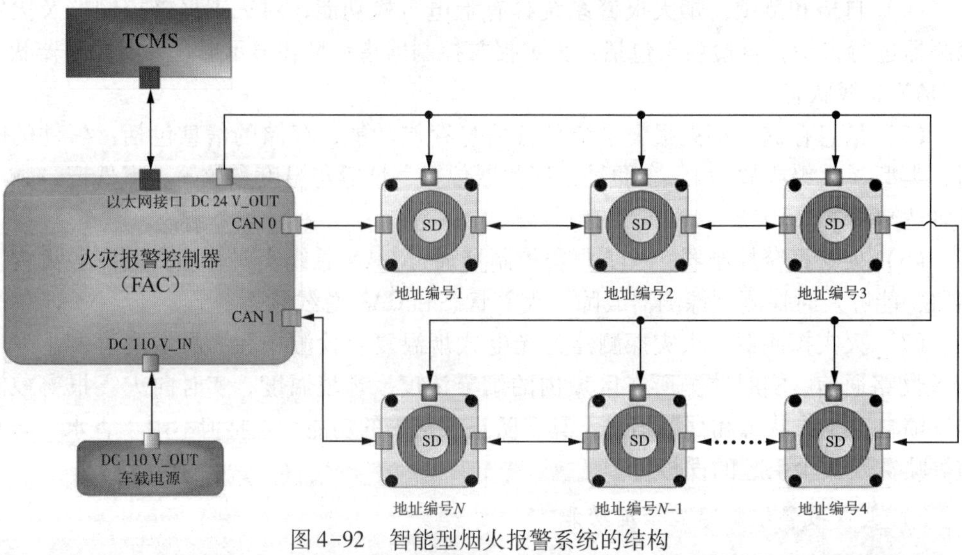

图 4-92　智能型烟火报警系统的结构

4）烟火报警系统的部件组成及功能

复兴号动车组每节车厢安装一套独立的烟火报警系统，每套烟火报警系统由1台火灾报警控制器和若干火灾探测器共同组成。火灾报警控制器安装于配电柜内，火灾探测器安装于客室、卫生间、电气柜、司机室、厨房、蓄电池箱等位置。火灾探测器采集所在位置的烟雾浓度、温度信息，并将该信息发给火灾报警控制器。当火灾报警控制器检测到烟雾浓度、环境温度达到报警条件时，通过MVB总线接口或以太网接口将报警状态传送给TCMS。

火灾报警控制器为单车烟火报警系统主机。单车烟火报警系统内部通过CAN通信自成网络，各火灾探测器为网络节点；火灾报警控制器通过其内部总线实时管理、监测各火灾探测器，能够及时探测到探测器故障、火警状态和内部网络总线状态，通过MVB总线或以太网向TCMS实时传输火灾报警系统的故障状态、火警状态，并通过安全环路做报警冗余。TCMS通过HMI以及蜂鸣器对司机和车上乘务人员进行报警提示，并通过全车电气系统控制逻辑及时切除本车空调等。

3. 视频监控系统

1）视频监控系统的构成

视频监控系统有智能型和普通型两种类型，其拓扑结构如图4-93和图4-94所示。

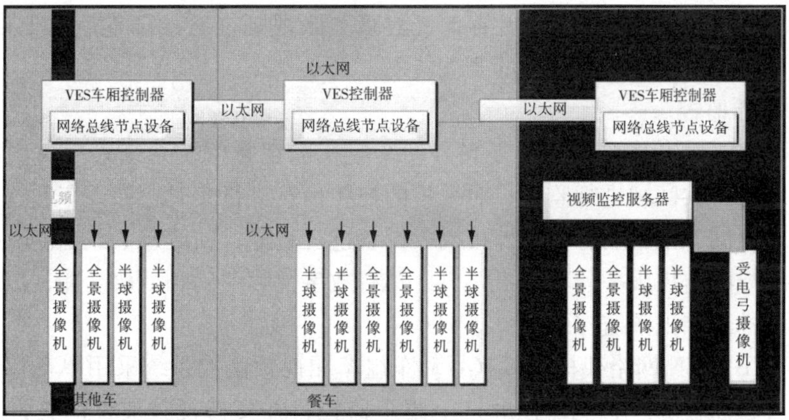

图4-93　视频监控系统的拓扑结构（普通型）

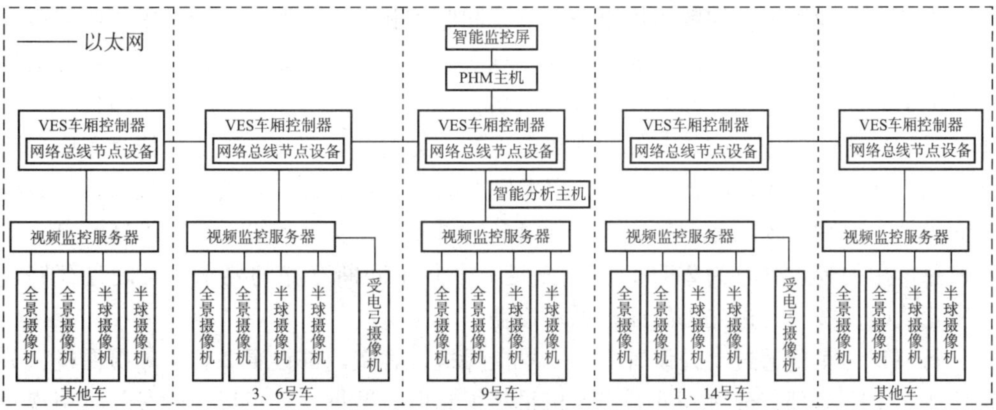

图4-94　视频监控系统的拓扑结构（智能型）

需要时可沿此线裁成活页

2）视频监控系统的功能

（1）受电弓监控。

受电弓监控采用单车存储、集中监控方案，用于运行途中实时监视车顶受电弓及接触网工作状态，并兼顾受电弓附近高压设备工作状态。受电弓监控设备为受电弓摄像机，由摄像头、云台、补光灯和加热玻璃等组成。它具有光学变焦镜头，满足最大视场角全覆盖受电弓的要求；具有防抖功能，保证清晰稳定的画面；具有云台控制和电动变焦功能；具有自动电子快门、补光和强光抑制功能，能根据监视目标照度变化范围自动调整，白天和黑夜模式可自动转换。

视频监控服务器存储受电弓监控视频图像，受电弓视频监控图像设置有里程、区间信息、日期、时间、车次、车厢号和速度标记。视频监控服务器为受电弓摄像机提供电源，采用2.5英寸SATA接口机械硬盘，受电弓监控所用硬盘的容量为1 TB，满足至少一周不间断存储的要求。当硬盘存储量达到限定值时，按照先进先出的原则循环覆盖。智能分析主机（仅智能车）可自动实时识别受电弓异常状态，保存列车运行过程中受电弓的工作状态视频和受电弓发生结构异常的图片，辅助随车机械师处理弓网故障。智能分析主机具备摄像头画面脏污、受电弓大火花、受电弓结构异常（包括碳滑板变形、弓角断裂或脱落）、受电弓倾斜、受电弓悬挂异物5类故障检测功能。智能分析主机具备故障图片存储、故障关联视频（含故障前后各1 min视频）存储能力，满足一周不间断存储的要求。

（2）车厢监控。

基于WTB+MVB网络架构的复兴号动车组车厢视频监控系统采用高清网络摄像机，对车厢内公共区域进行监视；对采集的视频信息进行实时存储。车厢视频监控系统采用单车存储方案，具有使用外接授权设备进行查询、回放及下载功能。授权终端集成列车级视频监控服务器和人机接口，具有数字视频解码和播放功能，以四分屏轮询方式显示各车厢视频监控画面。

基于ETB+ECN网络架构的复兴号动车组车厢视频监控系统采用单车存储集中监控方案，可在监控屏（智能监控屏）上集中监控，并支持视频文件的查询、回放及下载。

每节车厢设置一个视频监控服务器，车厢监控和受电弓监控共用。视频监控服务器存储视频图像，图像叠加日期、时间、车次、车厢号和位置号标记。视频录像文件用日期、时间、车次、车厢号和位置号命名，视频录像画面中有日期、时间、车次、车厢号和位置号标记，相邻文件的视频应连续、无间断。视频监控服务器为车厢内网络摄像机和受电弓摄像机提供电源，电源断开时可保证系统正常关闭，确保存储数据的完整性。视频监控服务器集成2个硬盘盒，采用2.5英寸SATA接口机械硬盘，车厢监控所用的硬盘容量为2 TB，容量满足一个月不间断存储的要求。当硬盘存储达到限定值时，按照先进先出的原则循环覆盖。

每节车的车门通过台处设置1台全景摄像机，客室内部设置2台半球摄像机，分别位于客室距端部三分之一处。摄像机采集视频监控数据，经过以太网线传输至视频监控服务器进行录制存储。

3）视频监控系统的部件组成及功能

视频监控系统包括受电弓视频监控系统和车厢视频监控系统，由监控屏（非智能车）、视频监控服务器、摄像机、智能分析主机（仅智能车）等设备组成。监控屏的主要功能为查看受电弓摄像机实时画面、摄像机云台控制、补光灯控制、查看服务器和摄像机在线状态和 IP 地址。

车厢内的全景摄像机、半球摄像机和受电弓摄像机负责采集视频监控数据，经以太网线传输至视频监控服务器进行存储，可通过视频监控服务器服务接口连接至外接授权终端，查看图像画面及下载视频数据。

智能分析主机是实现视觉处理、异常诊断功能的核心部件，它利用内嵌的 AI 处理器从计算机视觉与人工智能角度提取、识别受电弓形态并分离出背景信息，利用视频分析/诊断技术对目标的颜色特征、形状特征、纹理特征等进行比较，同时对图像之间的相似度做出评价，以此作为图像异常的判别依据，实现车顶高压部件健康监测、燃弧监测，为随车机械师处理异常降弓等弓网故障提供辅助的监视视频和图像预判信息。

任务评价

项次	简答题	要求	分值	得分
1	简述复兴号动车组无线传输装置的构成及功能	学生在职教云上答题，教师评阅	30	
2	简述复兴号动车组烟火报警系统的构成及功能	学生在职教云上答题，教师评阅	35	
3	简述复兴号动车组视频监控系统的构成及功能	学生在职教云上答题，教师评阅	35	
合　计			100	

知识拓展

CRH3 型动车组网络控制系统

CRH3 型动车组是专为营运新建的高速城际铁路及客运专线而设计的高速动车组。CRH3 型动车组为固定配置的 8 辆编组动车组，两列 8 辆编组动车组重联成一列 16 辆编组 CRH3 型动车组。8 辆编组动车组分为 2 个由 4 节车组成的完全对称的基本单元。每个基本单元内车辆总线 MVB 贯穿单元内 4 节车，两个基本单元之间通过 TCN 网关和列车总线 WTB 连接，完成列车级信息的传递。动车组 8 节车中有 4 节车（1、3、6、8 号车）是动力车，其余 4 节车是拖车。每个基本单元内的 MVB 网段均设有两个互为冗余的中央控制单元 CCU。除此之外，在 MVB 上还有牵引控制单元 TCU、制动控制单元 BCU、辅助控制单元 ACU，以及充电机单元 BC、空调系统控制单元 HVAC、门控制单元、旅客信息系统中央控制器 PIS-STC、人机交互接口 HMI、

需要时可沿此线裁成活页

分布式输入输出站 SIBAS KLIP STATION（SKS）和紧凑式输入输出站 MVB-COMPACT I/O 等，其网络拓扑如图 4-95 所示。

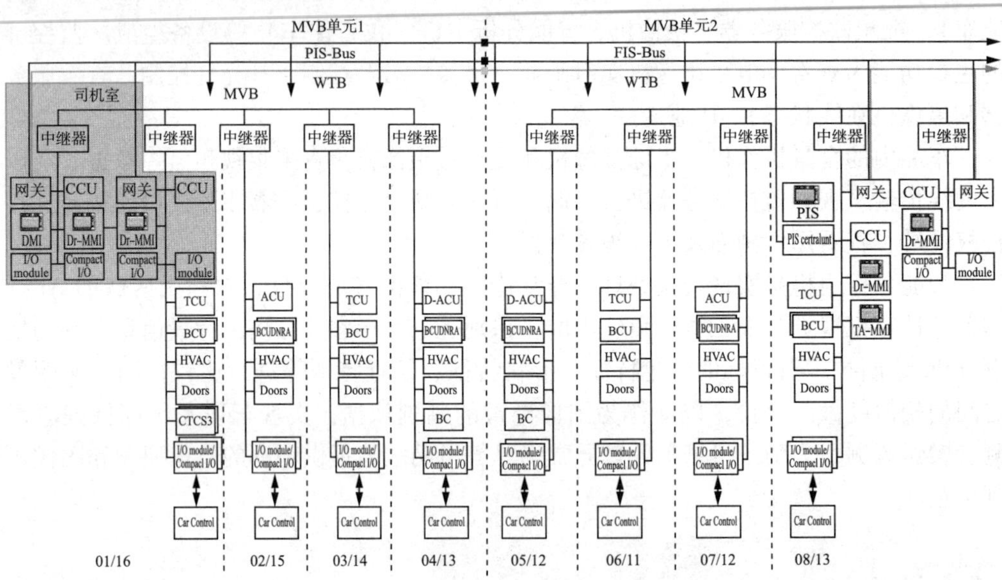

图 4-95　CRH3 型动车组网络拓扑

一个单元 4 节车内的网络连接如图 4-96～图 4-99 所示。

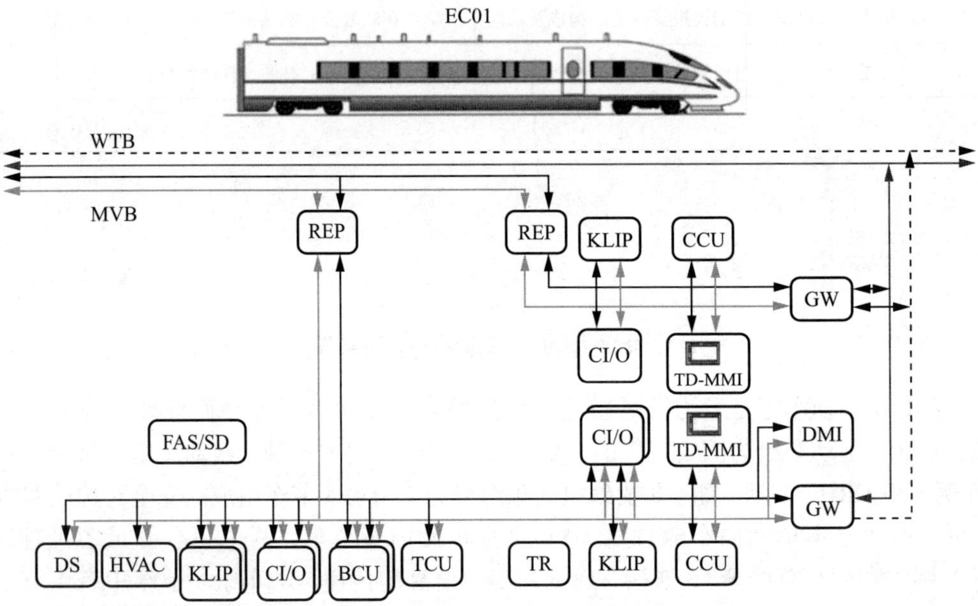

图 4-96　EC01 车内的网络连接

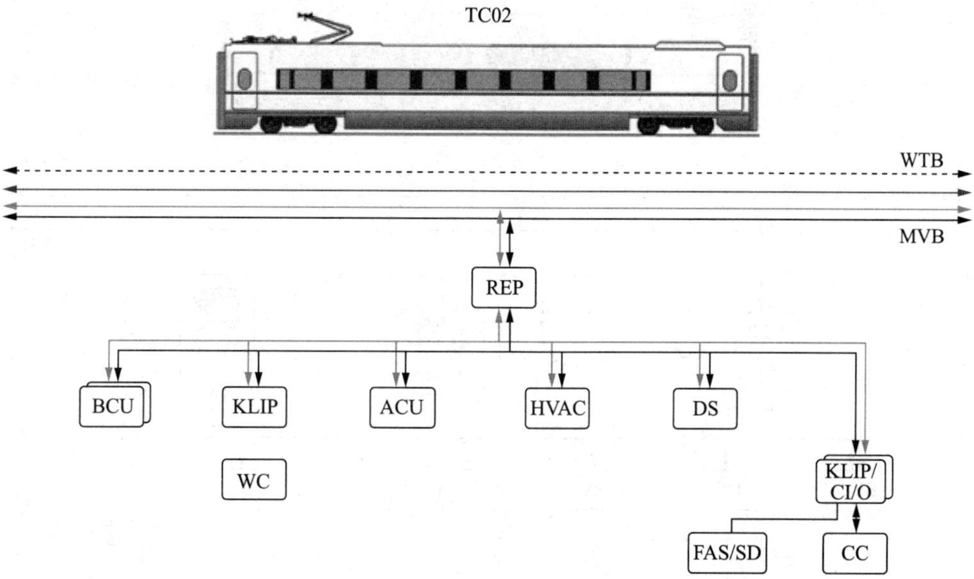

图 4-97　TC02 车内的网络连接

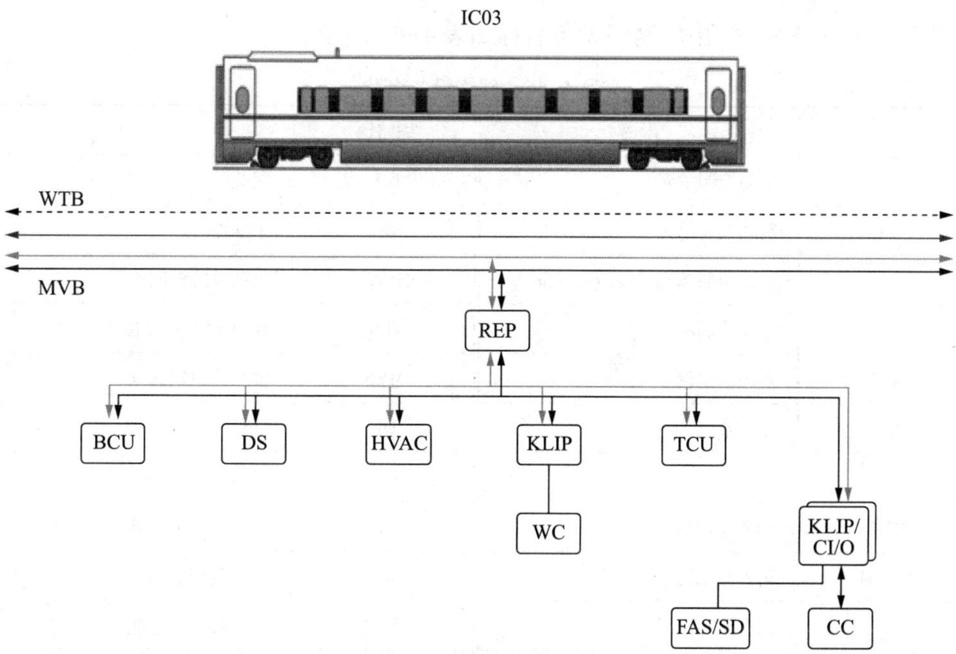

图 4-98　IC03 车内的网络连接

需要时可沿此线裁成活页

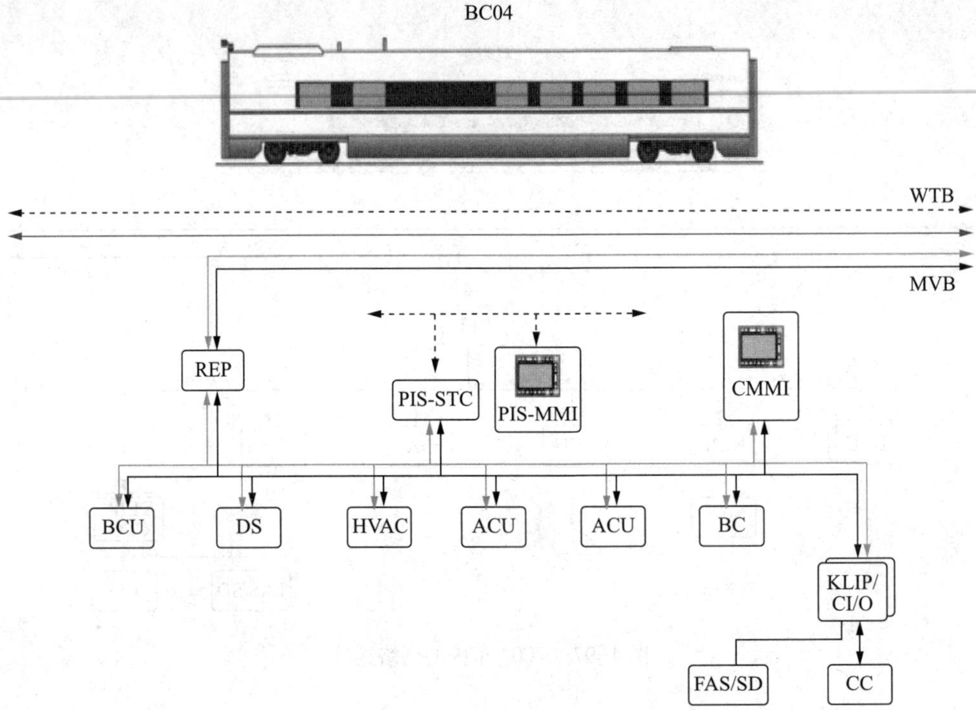

图 4-99　BC04 车内的网络连接

图 4-95～图 4-99 中的网络设备名称如表 4-46 所示。

表 4-46　网络设备名称

缩略语	术语	缩略语	术语
ACU	辅助控制单元	GW	网关
BCU	制动控制单元	REP	中继器
CC	车辆控制单元（car centroller）	HVAC	空调系统控制单元
CCU	中央控制单元	KLIP	SIBAS KLIP 设备
CI/O	输入输出设备	MVB	多功能车辆总线
DC	司机室	OL	操作杆
DS	车门	TCU	牵引控制单元
DMI	ATP 显示器	TR	列车无线电设备
TD-MMI	司机显示器	WC	卫生间控制器
ET	以太网	WTB	绞接式列车总线
FAS/SD	烟火报警系统/烟雾探测器		

网络诊断系统的构成和信息流程如图 4-100 所示。

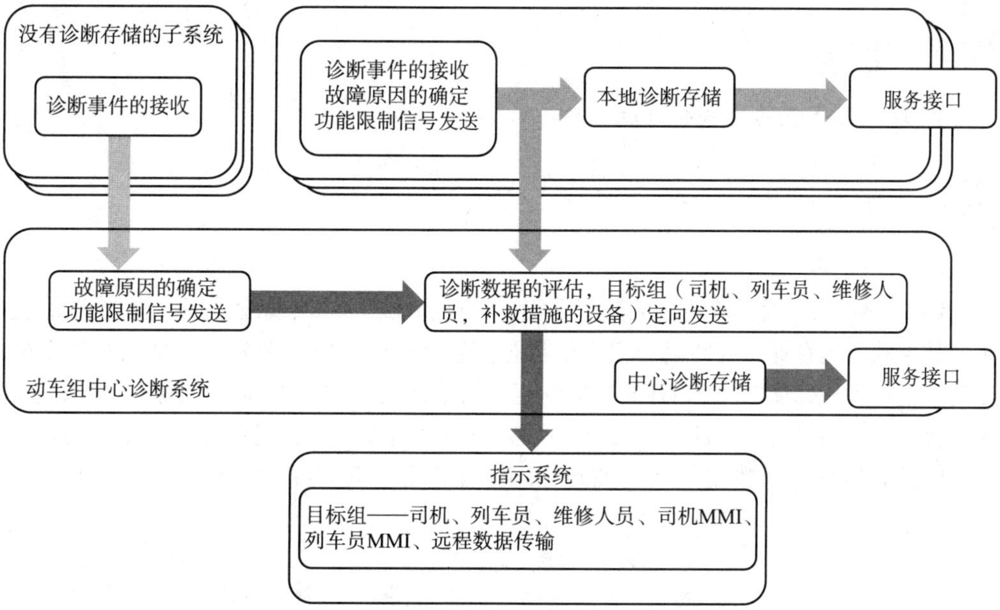

图 4-100　网络诊断系统的构成和信息流程

任务 4.3　复兴号动车组网络的实践操作与技能

问题描述：20××年××月××日，××××-2××1+2××2（编组形式 1-8-1-8）列重联动车组担当运输任务，2××1 列 01 车主控。运行途中，2××2-00 车于 11：37 报网络 WTB 通信故障（626E），司机施加制动停车，检查网关模块，发现 WTB 接线正常无松动，11：47 故障自动消除，11：50 重新发车，临时停车 13 min。当日晚在库内检查后发现：网关模块线缆无松动，电钩插针无缩针、氧化等现象。这类故障是由什么原因引起的呢？

子任务 4.3.1　WTD 数据下载

学习目标

1. 素质目标

遵纪守法，爱岗敬业，艰苦奋斗，具有质量意识、安全意识、信息素养和工匠精神。

2. 知识目标

掌握 WTD 数据下载的方法和技能。

3. 能力目标

能以小组合作的形式完成 WTD 数据下载的任务。

需要时可沿此线裁成活页

学习任务

WTD 数据下载的方法和技能。

任务实施

1. 实施预备

CR400AF 动车组无线传输装置能采集、分析和处理列车网络控制系统的数据信息，实现数据的本地存储，并将动车组运行状态信息及故障信息实时发送至地面服务系统；在动车组进入检修库时将 WTD 装置本地记录的数据通过 WLAN 自动下载至动车所地面系统服务器；借助装有 PTU 软件的计算机，可以通过以太网实现对 WTD 本地数据的下载，以及对列车运行数据的实时监控，PTU 图标和 PTU 界面如图 4-101 和图 4-102 所示。

图 4-101　PTU 图标

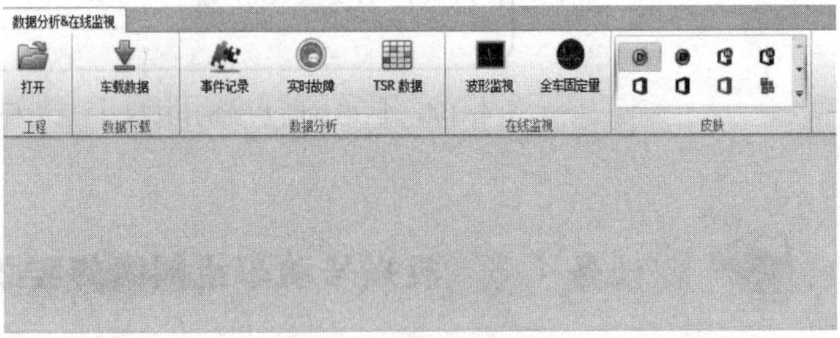

图 4-102　PTU 界面

PTU 系统通过以太网与车载设备通信，通信线缆为专用线缆，一端采用车载 M12D 连接器，连接 1 号车或 8 号车的骨干网交换机（ETBN），另一端为 RJ45 接口，连接计算机。将通信线缆的 M12D 口连接器连接至 1/8 号车骨干网交换机 ETBN 的 X5 口，如图 4-103 和图 4-104 所示。

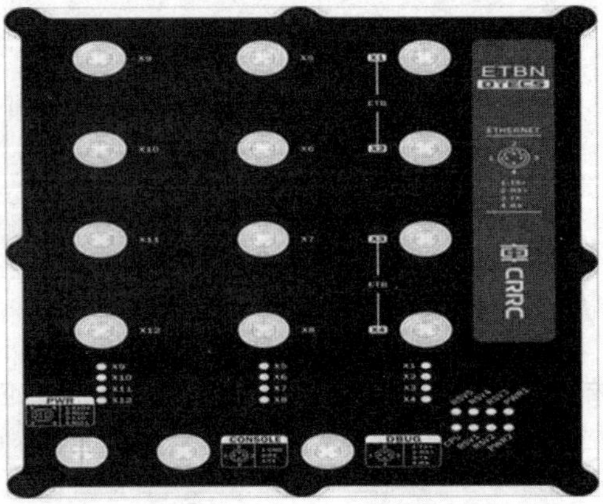

图 4-103　车载 M12D 连接以太网交换机（ETBN）

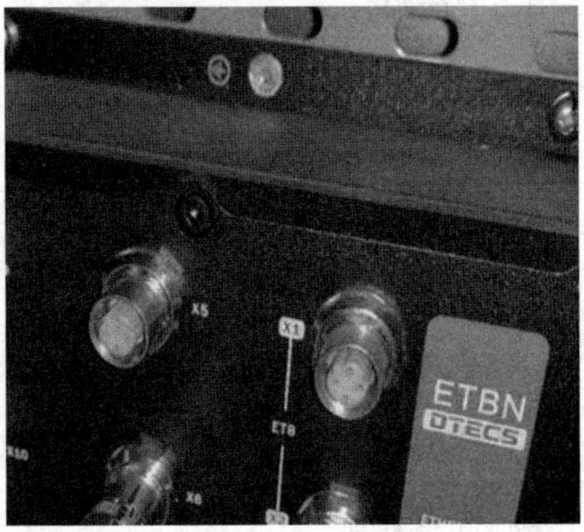

图 4-104　车载 M12D 与 ETBN 连接成功

如需下载除网络设备外的其他系统（如牵引、制动、车门、空调、轴温、充电机、受电弓、烟火等）数据，须将通信线缆的 M12D 连接器连接至 1 ~ 8 号车任意一车的编组网以太网交换机 ECNN 的 X4 口。

根据设备所配置的 IP 地址进行网络配置，IP 一般为 10.0.1.210 或 10.0.8.210，并将本机 IP 设置为相同段，即 10.0.1.210 或 10.0.8.210，子网掩码默认为 255.0.0.0，网关可不填。文件命名规范统一为：车组号_数据类型标识_文件创建时间。文件扩展名的含义如下：lbe 表示故障一览数据，lbm 表示主故障数据，sbr 表示实时运行数据，lbt 表示画面故障，lbd 表示累计电力-距离数据，lbs 表示累计空转-滑行数据，log 表示车载设备日志记录数据，如 1002_01_20140724000000.lbe。连接成功之后，按以下步骤进行数据下载，数据下载的开始界面如图 4-105 所示。

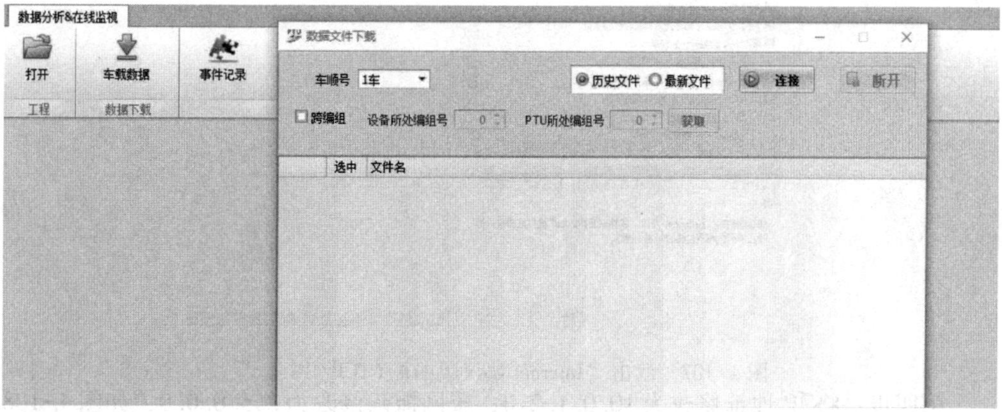

图 4-105　数据下载的开始界面

2. WTD 数据下载

1）修改计算机 IP 地址，连接网络

（1）使用专用网线连接 DRWTD 端口，检查 DRWTD 的交换板指示灯是否显示正常。

（2）修改本机 IP 地址为 10.0.1.210，子网掩码为 255.0.0.0，具体操作如下：

第一步：单击右下角网络图标，打开“网络和 Interner 设置”，单击“网络和共享中心”，设置本地连接，如图 4-106 所示。

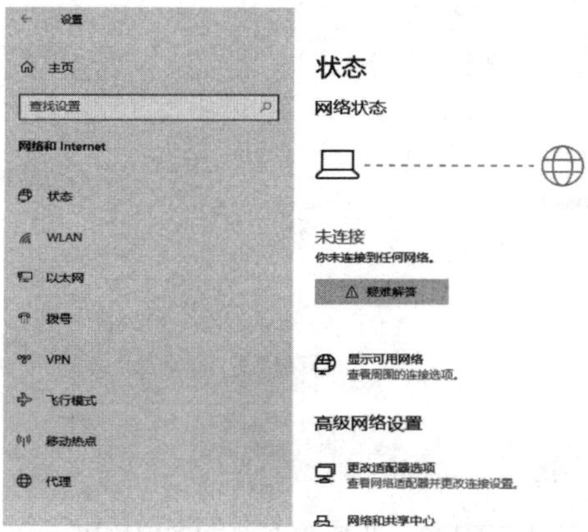

图 4-106　网络未连接

需要时可沿此线裁成活页

第二步：双击“更改适配器”，再单击“以太网”按钮。

第三步：双击“Internet 协议版本 4（TCP/IPv4）”，如图 4-107 所示。

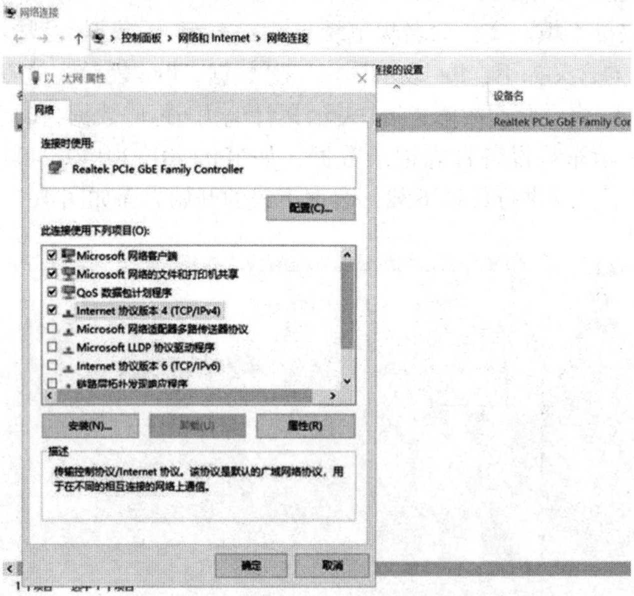

图 4-107　双击“Internet 协议版本 4（TCP/IPv4）”

第四步：将 IP 地址修改为 10.0.1.210，子网掩码修改为 255.0.0.0，如图 4-108 所示。

图 4-108　设置 IP 地址和子网掩码

第五步：检查计算机网线接口处是否有黄灯闪烁，闪烁代表已连接，不闪烁代表未连接。

2）数据下载

打开01车/00车直流配电柜，将数据线插入X5端口，打开DRWTD软件，单击“数据下载”按钮，弹出窗口后单击“自动设置本机IP”按钮，然后选择“历史文件”，再单击“连接”按钮。连接上后可以在下方单击“数据记录时间”，设置需要下载的DRWTD日期区间，然后单击“下载”按钮，即可开始下载数据，如图4-109～图4-112所示。

图4-109　标动WTD图标

图4-110　“数据下载”按钮

图4-111　“历史文件”单选按钮和“连接”按钮

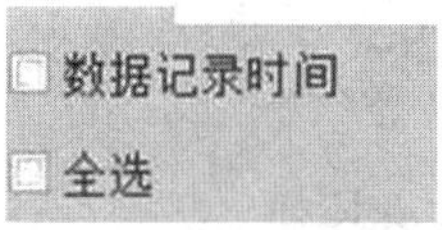

图4-112　数据记录时间

任务评价

项次	操作题	要求	分值	得分
1	以3人小组为单位进行WTD数据下载操作比赛	学生小组互评，教师总评	100	
合　计			100	

知识拓展

动车组远程数据分析工作法

1. 远程监控

使用远程监控软件对车辆进行实时监控，查看车辆的状态信息及故障情况，要保证车辆一直处于被监控状态，及时发现各种故障。

2. 下载数据

使用远程CrhRdtService服务软件下载故障或误操作发生区间的MVB数据并进行保存，解压缩后放在一个文件夹内。

需要时可沿此线裁成活页

3. 下载故障

使用 Monitor 服务软件下载列车中央处理单元 CCU 故障记录，查看故障及误操作，确认故障代码及故障记录，以便确认故障发生位置、次数和时间等信息，确定故障点。

4. 解析数据

根据远程监控软件监控的故障数据及故障记录确定故障点范围，根据逻辑协议涉及的与故障有关的变量编写配置文件，使用远程 CrhRdtService 服务软件进行数据解析。

5. 处理故障

根据解析出来的数据及故障代码，确定故障发生的时间和故障内容，确定异常变量，对故障系统单元的数据记录进行分析，确认故障点及误操作原因，将有问题的设备及闪报故障的或变量有波动的设备进行维修或更换，并对线路进行再次确认，以便消除故障。

子任务 4.3.2 网络故障诊断与排查

学习目标

1. 素质目标

遵纪守法，爱岗敬业，艰苦奋斗，具有质量意识、安全意识、信息素养和工匠精神。

2. 知识目标

熟悉复兴号动车组网络系统故障分类；掌握复兴号动车组网络系统故障诊断与排查的常用方法和技能。

3. 能力目标

能简述复兴号动车组网络系统故障排查与诊断的常用方法；能以小组合作的形式完成复兴号动车组网络系统简单故障诊断与排查任务。

学习任务

复兴号动车组网络系统故障分类及故障排查诊断的方法和技能。

任务实施

1. 故障分类

复兴号动车组在运营过程中发生的网络系统故障主要有以下几类：

(1) 中央控制单元 CCU 通信故障。

(2) 网络 MVB/WTB、A/B 线故障。

(3) 网络 DIM、DXM、AXM 的 MVB 通信故障。

（4）空调、充电机等设备 MVB 通信故障。

（5）HMI、PIS 主机等 ETB 通信故障。

2. 常用排查措施

（1）用 HMI 查看当前故障、历史故障信息，确认故障代码。

（2）检查配电柜相关网络模块面板指示灯状态（见图 4-113、图 4-114）。

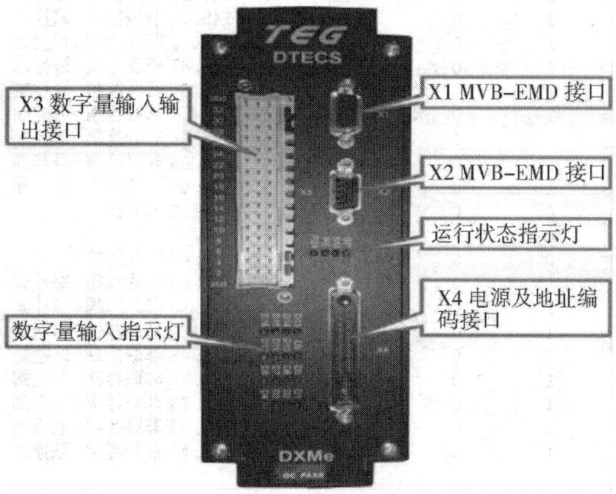

图 4-113　DXMe 模块接口

标号	名称	颜色	描述
SF	FPGA运行	黄色	闪烁：运行成功 常灭：运行失败
SM	MVB通信	黄色	闪烁：MVB通信正常 常灭：MVB无通信
P5	5 V电源	绿色	常亮：DC+5V正常 常灭：DC+5V故障
P24	24 V电源	绿色	常亮：DC+24V正常 常灭：DC+24V故障
D1~D16	输入通道	绿色	常亮：输入逻辑“1” 常灭：输入逻辑“0”

图 4-114　网络模块面板指示灯状态

（3）进入 HMI 显示屏“设备状态”界面（见图 4-115），检查设备 MVB 通信状态。

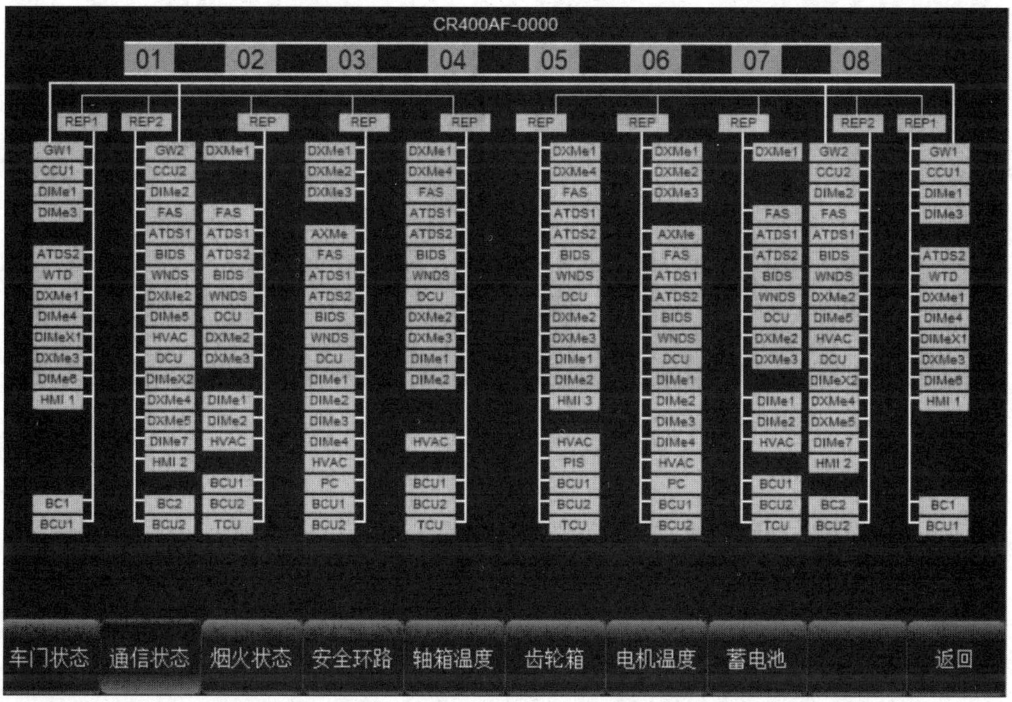

图 4-115　HMI 显示屏“设备状态”界面

需要时可沿此线裁成活页

(4) 下载 DRWTD 数据信息，查看故障时刻车辆牵引、制动、速度等工况，如图 4-116 所示。

时间	1车网关2WTB激活	1车网关2MVB主	1车网关1WTB激活	1车网关1MVB主	8车网关2WTB激活	8车网关2MVB主	8车网关1WTB激活	8车网关1MVB主	1车记录-列车参考方向	1车记录-列车实际速度	1车重联信号	8车重联信号
11:32:38	0	0	1	1	1	1	0	0	反向	145.41	非联挂端	联挂端
11:32:38	0	0	1	1	1	1	0	0	反向	145.32	非联挂端	联挂端
11:32:38	0	0	1	1	1	1	0	0	反向	145.28	非联挂端	联挂端
11:32:39	0	0	1	1	1	1	0	0	反向	145.11	非联挂端	联挂端
11:32:39	0	0	1	1	1	1	0	0	反向	145.04	非联挂端	联挂端
11:32:39	0	0	1	1	1	1	0	0	反向	144.9	非联挂端	联挂端
11:32:39	0	0	1	1	1	1	0	0	反向	144.87	非联挂端	联挂端
11:32:39	0	0	1	1	1	1	0	0	反向	144.81	非联挂端	联挂端
11:32:39	0	0	1	1	1	1	0	0	反向	144.7	非联挂端	联挂端
11:32:39	0	0	1	1	1	1	0	0	反向	144.66	非联挂端	联挂端
11:32:39	0	0	1	1	1	1	0	0	反向	144.66	非联挂端	联挂端
11:32:39	0	0	1	1	1	1	0	0	同向	144.48	非联挂端	联挂端
11:32:39	0	0	1	1	0	0	0	0	同向	144.2	非联挂端	
11:32:40	0	0	0	0	0	0	0	0		0		
11:32:40	0	0	1	1	0	0	0	0	同向	144.49	非联挂端	
11:32:40	0	0	1	1	1	1	0	0	同向	143.99	非联挂端	联挂端
11:32:40	0	0	1	1	1	1	0	0	同向	143.95	非联挂端	联挂端
11:32:40	0	0	1	1	1	1	0	0	同向	143.86	非联挂端	联挂端
11:32:40	0	0	1	1	1	1	0	0	同向	143.86	非联挂端	联挂端
11:32:40	0	0	1	1	1	1	0	0	同向	143.75	非联挂端	联挂端
11:32:40	0	0	1	1	1	1	0	0	同向	143.73	非联挂端	联挂端
11:32:40	0	0	1	1	1	1	0	0	同向	143.72	非联挂端	联挂端
11:32:40	0	0	1	1	1	1	0	0	同向	143.45	非联挂端	联挂端

图 4-116　故障时刻车辆工况

(5) 检查故障设备通信线缆有无异常，连接器有无松动、缩针，如图 4-117 和图 4-118 所示。

图 4-117　检查故障设备通信线缆有无异常

图 4-118　检查连接器有无松动、缩针

(6) 更换相关故障模块，确认故障是否消除。

3. 故障排查举例

对于本任务一开始介绍的故障现象，下载 WTD 数据及网关日志文件，分析故障时刻网关激活、节点参考方向变化。初步判定为网关模块发生初运行，须更换网关模块。具体的分析、判断过程如下。

1) 数据分析

查看故障数据记录（见图 4-119）。发现故障时刻 2××1、2××2 各单元的网关模块激活状态发生变化，如图 4-120 和图 4-121 所示。

图 4-119　查看历史故障

时间	1车网关2WTB激活	1车网关2MVB主	1车网关1WTB激活	1车网关1MVB主	8车网关2WTB激活	8车网关2MVB主	8车网关1WTB激活	8车网关1MVB主	1车记录-列车参考方向	1车记录-列车实际速度	1车重联信号	8车重联信号
11:32:38	0	0	1	1	1	1	0	0	反向	145.41	非联挂端	联挂端
11:32:38	0	0	1	1	1	1	0	0	反向	145.32	非联挂端	联挂端
11:32:38	0	0	1	1	1	1	0	0	反向	145.28	非联挂端	联挂端
11:32:39	0	0	1	1	1	1	0	0	反向	145.11	非联挂端	联挂端
11:32:39	0	0	1	1	1	1	0	0	反向	145.04	非联挂端	联挂端
11:32:39	0	0	1	1	1	1	0	0	反向	144.9	非联挂端	联挂端
11:32:39	0	0	1	1	1	1	0	0	反向	144.87	非联挂端	联挂端
11:32:39	0	0	1	1	1	1	0	0	反向	144.81	非联挂端	联挂端
11:32:39	0	0	1	1	1	1	0	0	反向	144.7	非联挂端	联挂端
11:32:39	0	0	1	1	1	1	0	0	反向	144.66	非联挂端	联挂端
11:32:39	0	0	1	1	1	1	0	0	反向	144.66	非联挂端	联挂端
11:32:39	0	0	1	1	1	1	0	0	同向	144.48	非联挂端	联挂端
11:32:39	0	0	1	1	0	0	0	0	同向	144.2	非联挂端	
11:32:40	0	0	0	0	0	0	0	0		0		
11:32:40	0	0	1	1	0	0	0	0	同向	144.49	非联挂端	
11:32:40	0	0	1	1	1	1	0	0	同向	143.99	非联挂端	联挂端
11:32:40	0	0	1	1	1	1	0	0	同向	143.95	非联挂端	联挂端
11:32:40	0	0	1	1	1	1	0	0	同向	143.86	非联挂端	联挂端
11:32:40	0	0	1	1	1	1	0	0	同向	143.86	非联挂端	联挂端
11:32:40	0	0	1	1	1	1	0	0	同向	143.75	非联挂端	联挂端
11:32:40	0	0	1	1	1	1	0	0	同向	143.73	非联挂端	联挂端
11:32:40	0	0	1	1	1	1	0	0	同向	143.72	非联挂端	联挂端
11:32:40	0	0	1	1	1	1	0	0	同向	143.45	非联挂端	联挂端

图 4-120　2××1 列 WTD 记录数据

需要时可沿此线裁成活页

时间	1车网关2WTB激活	1车网关2MVB主	1车网关1WTB激活	1车网关1MVB主	8车网关2WTB激活	8车网关2MVB主	8车网关1WTB激活	8车网关1MVB主	1车记录-列车参考方向	1车记录-列车实际速度	1车重联信号	8车重联信号
11:32:40	0	0	1	1	0	0	1	1	反向	144.69	联挂端	非联挂端
11:32:40	0	0	1	1	0	0	1	1	反向	144.66	联挂端	非联挂端
11:32:40	0	0	1	1	0	0	1	1	反向	144.66	联挂端	非联挂端
11:32:40	0	0	0	0	0	0	1	1		0		非联挂端
11:32:40	0	0	1	1	0	0	0	0		0	联挂端	
11:32:40	0	0	1	1	0	0	0	0		0	联挂端	
11:32:40	0	0	1	1	0	0	0	0		0	联挂端	
11:32:41	0	0	1	1	0	0	0	0		0	联挂端	
11:32:41	0	0	1	1	0	0	0	0		0	联挂端	
11:32:41	0	0	0	0	0	0	0	0		0		
11:32:41	0	0	1	1	0	0	0	0	同向	143.86	联挂端	
11:32:41	0	0	1	1	0	0	1	1	同向	143.76	联挂端	非联挂端
11:32:41	0	0	1	1	0	0	1	1	同向	143.73	联挂端	非联挂端
11:32:41	0	0	1	1	0	0	1	1	同向	143.72	联挂端	非联挂端
11:32:41	0	0	1	1	0	0	1	1	同向	143.55	联挂端	非联挂端
11:32:41	0	0	1	1	0	0	0	0	同向	143.5	联挂端	
11:32:41	0	0	1	1	0	0	0	0	同向	143.52	联挂端	
11:32:42	0	0	1	1	0	0	0	0	同向	143.47	联挂端	
11:32:42	0	0	1	1	0	0	0	0		0	联挂端	
11:32:42	0	0	1	1	0	0	1	1		0	联挂端	非联挂端
11:32:42	0	0	1	1	0	0	1	1		0	联挂端	非联挂端
11:32:42	0	0	1	1	0	0	0	0		0	联挂端	
11:32:42	0	0	1	1	0	0	0	0		0	联挂端	
11:32:42	0	0	1	1	0	0	0	0		0	联挂端	
11:32:42	0	0	1	1	0	0	0	0		0	联挂端	
11:32:42	0	0	1	1	0	0	0	0		0	联挂端	
11:32:42	0	0	0	0	0	0	0	0	同向	142.4		

图 4-121　2××2 列 WTD 记录数据

图中“列车参考方向”为网关设备节点参考 WTB 主节点的方向，发生变化表示列车 WTB 网络拓扑发生变化，即网络发生初运行。

2）网关日志分析

通过网关日志文件分析发现，从 10：53：30 开始，该列 00 车网关模块 1 检测到底节点有丢失（见图 4-122）。

3）WTB 线缆检查

检查列车 WTB 线缆（见图 4-123）、WTB 网关连接器，未发现连接器松动、线缆连接不良的情况。

[illegible]	[illegible]
6-40-33:index = 106	**set weak**
10-53-30:index = 253	bottom miss
10-53-30:index = 254	bottom miss
10-54-0:index = 297	bottom miss
10-54-0:index = 298	bottom miss
10-54-0:index = 299	bottom miss
10-54-0:index = 300	bottom miss
10-54-54:index = 377	bottom miss
10-54-54:index = 378	bottom miss
10-55-11:index = 403	bottom miss
10-55-11:index = 404	bottom miss
10-55-29:index = 431	bottom miss
10-55-29:index = 432	bottom miss
10-55-47:index = 459	bottom miss
10-55-47:index = 460	bottom miss
10-56-2:index = 481	bottom miss

图 4-122　网关模块底节点丢失

图 4-123　WTB 线缆检查

4）原因分析

（1）网络拓扑。一列动车组（8 辆编组）的网络系统分为两个单元，1～4 车为一个单元，5 ~ 8 车为一个单元。单元内通过 MVB 总线通信，实现单元内的数据传输。单元间则通过 WTB 总线通信，实现列车级的数据传输。

（2）故障逻辑："网络 WTB 通信故障"（626E）。

故障逻辑：当两列车编组重联运行时，WTB 总线上会存在 4 个网关节点（分别位于 4 个头车），每个网关将自身的生命信号发送到 WTB 总线上，4 个网关均从 WTB 总线接收各个网关的生命信号，并检测生命信号的变化情况，当至少有一个网关生命信号不再持续变化超过 3 s 时，网关诊断为 WTB 通信故障并上报。综上所述，本次 WTB 通信故障属于因网关检测 WTB 底节点丢失而引起 WTB 初运行所致。根据当前数据，故障初步定位于 2××2 列 00 车网关模块 1（EGWM）。

（3）处理措施：更换 2××2-00 车网关模块 1，更换后上电试验正常。

任务评价

项次	简答题	要求	分值	得分
1	简述复兴号动车组网络系统故障分类	学生在职教云上完成答题，教师评阅	50	
2	简述复兴号动车组网络系统故障排查方法	学生在职教云上完成答题，教师评阅	50	
合　计			100	

知识拓展

某型动车组网络 WTB 通信故障

1. 故障现象

车辆司机人机交互接口（HMI）闪报故障代码 6213，属 WTB B 路故障。

2. 故障分析

由于是闪报故障，只有在报故障时对车辆进行检查，才可以发现问题。在没有报故障时，车辆是没有问题的，所以怀疑是线路节点虚接或接触不良导致的。

3. 故障排查

（1）先检查司机人机交互接口（HMI），没有故障时，再对车上与 WTB 相关连接器进行检查，并用线缆分析仪进行测量，未发现问题。

（2）对车下终端箱内连接器插头进行外观检查，未发现问题，但是在恢复该连接器后此故障再次出现。

（3）由于仅对车下终端箱内的连接器进行过拆装，导致故障复现，所以怀疑该连接器出现问题的可能性较大。通过用线缆分析仪对整个线路进行测量发现，在距离 9 号车中央控制单元（CCU2）的 X14 插头 36.4 m 处和距离 16 号车中央控制单元（CCU2）的 X14 插头 155.8 m 处存在断点。

（4）通过计算，断点在 10 号车与 11 号车之间，再次拆下终端箱内连接器插头进行测量，发现 11 号车 1 位端左侧终端箱内连接器插座距离 16 号车中央控制单元

需要时可沿此线裁成活页

(CCU2) 的 X14 插头正好是 155.8 m。因此判断问题就发生在该连接器插头和插座连接部位，但是接下来对插头和插座进行外观检查，仍旧没有发现问题，插头上没有弯针和缩针，插座没有缩针，也没有杂物，并且再次恢复后故障消失。

4. 故障处理

经测试发现，该连接器插座的 EF3 母针在插接时阻力较小，与连接器插头公针未能紧密接触，将母针退出后与正常的母针做对比，发现左侧为正常针，右侧为问题针，因为正常针的中间部位是向内凹陷的，故障针未做向内凹陷处理，所以不能紧密接触，车辆运行时有振动就会产生虚接。最后更换 11 号车 1 位端左侧终端箱内该插座的 EF3 母针后，故障消除。

5. 故障影响

此故障为隐性故障，在动车组调试阶段不易显现，在动车组运行中由于振动等原因导致列车骨干网 (WTB) 通信 B 路不正常，列车监控系统报故障，影响车辆的正常运行。

子任务 4.3.3 TCMS 故障处理

学习目标

1. 素质目标

遵纪守法，爱岗敬业，艰苦奋斗，具有质量意识、安全意识、信息素养和工匠精神。

2. 知识目标

掌握复兴号动车组 TCMS 故障处理方法、设备更换原则；熟悉设备更换步骤。

3. 能力目标

能简述复兴号动车组 TCMS 故障处理方法、设备更换原则；能以小组合作的形式完成复兴号动车组网络系统的故障设备更换任务。

学习任务

学习复兴号动车组 TCMS 故障处理方法，以及设备更换原则和更换技能。

任务实施

1. 初始化

TCMS 对外接口主要包括硬连线接口与通信接口。硬连线接口信号有数字信号和模拟信号，通信接口信号主要有 MVB 接口信号和 RS485 接口信号。通过相应的电气接口，可以完成 TCMS 的组网。同时，TCMS 还预留有调试端口，在使用专用调试线和软件时，可以完成软件更新、故障下载、运行仿真、故障判断等任务。

列车激活后，系统开始上电初始化，在初始化过程中对网络上连接的各个模块进行自检，并与网络连接的各个设备进行握手通信。EGWM 上电后将自动配置，这样总有一个主控 EGWM 和一个从控 EGWM。主控 EGWM 控制全车，而从控 EGWM 仅仅是监视主控 EGWM，以便在主控 EGWM 故障时它可以取代主控 EGWM 行使主控功能。系统启动大约需要 30 s，启动完成后查看 HMI 网络拓扑界面。

在运行过程中，TCMS 将对列车状态进行监控，并记录相关故障。当网络出现异常时，可根据故障等级通过复位信号重新启动系统。投入使用/功能试验如下：

（1）接通模块控制电源。

（2）在人机接口单元网络拓扑界面上观察模块通信是否正常。

（3）如果通信不正常，须确认新换模块内是否已正确安装了软件。

2. 故障处理

1）故障维修

复兴号动车组网络控制系统自身具备完善的故障诊断功能。当故障发生时，可以通过显示器或者模块面板指示灯对故障做出相应指示，为车辆的安全和可靠运行提供有力的保证。在正常情况下，可以在显示器网络拓扑界面看到系统模块的运行/故障状态，更详细的状态信号则需从模块面板的指示灯观察。TCMS 常见故障与处理如表 4-47 所示。

表 4-47　TCMS 故障分析与处理

序号	故障名称	故障等级	故障定义	故障动作	处理方法
1	EGWM（或 CCU）通信故障	2	显示器报“无通信”故障； BE 黄灯常亮（或 CCU 内 GW 板卡 D1 灯不闪烁）	显示器提示	① 确认所有 DXMe、DIMe、AXMe、EGWM、EDRM、REP、RCMe、HMI 模块 MVB 插头以及 TCU/A 箱通信插头、BCU 箱通信插头、TCU/M 箱的通信插头锁紧。 ② 确认继电器的 MVB 终端连接器锁紧。 ③ 确认所有 MVB 连接器锁紧。 ④ 重启列车控制和诊断系统。 ⑤ 如果故障依旧存在，则更换 EGWM（或 CCU）模块
			软件配置错误，SE 红灯常亮（或 8 段数显非 A/S）		重新下载 EGWM（或 CCU）模块软件
			EGWM（或 CCU）电源故障，所有指示灯不亮		① 确认 EGWM（或 CCU）电源插头锁紧且得到 110 V 供电。 ② 更换 EGWM（或 CCU）模块
2	EDRM 通信故障	2	显示器报“EDRM 通信故障”； BE 黄灯常亮	显示器提示	① 确认 EGWM 得电且指示灯显示通信正常。 ② 确认 EDRM 的 MVB 通信插头锁紧。 ③ 更换 EDRM 模块
			EDRM 电源故障，所有指示灯不亮		① 确认 EDRM 电源插头锁紧且得到 110 V 电源。 ② 更换 EDRM 模块

需要时可沿此线裁成活页

续表

序号	故障名称	故障等级	故障定义	故障动作	处理方法
3	DXMe 通信故障	2	显示器报“DXMe 通信故障”； SM 通信指示灯不闪烁	显示器提示	① 确认 EGWM 得电且指示灯显示通信正常。 ② 确认 DXMe 的 MVB 通信插头锁紧。 ③ 更换 DXMe 模块
			DXMe 电源故障，所有指示灯不亮		① 确认 DXMe 电源插头锁紧且得到 110 V 电源。 ② 更换 DXMe 模块
4	DIMe 通信故障	2	显示器报“DIMe 通信故障”； SM 通信指示灯不闪烁	显示器提示	① 确认 EGWM 得电且指示灯显示通信正常。 ② 确认 DIMe 的 MVB 通信插头锁紧。 ③ 更换 DIMe 模块
			DIMe 电源故障，所有指示灯不亮		① 确认 DIMe 电源插头锁紧且得到 110 V 电源。 ② 更换 DIMe 模块
5	AXMe 通信故障	2	显示器报“AXMe 通信故障”； L4 通信指示灯不闪烁	显示器提示	① 确认 EGWM 得电且指示灯显示通信正常。 ② 确认 AXMe 的 MVB 通信插头锁紧。 ③ 确认 AXMe 的地址设定正确。 ④ 更换 AXMe 模块
			AXMe 电源故障，所有指示灯不亮		① 确认 AXMe 电源插头锁紧且得到 110 V 电源。 ② 更换 AXMe 模块
6	HMI 通信故障	2	显示器报“无通信”故障	显示器提示	① 确认 EGWM（或 CCU）得电且指示灯显示通信正常。 ② 确认 HMI 的 MVB 通信插头锁紧。 ③ 更换 HMI 显示器
			HMI 电源故障，显示器不亮		① 确认 HMI 电源插头锁紧且得到 110 V 电源。 ② 更换保险丝。 ③ 更换 HMI 显示器
7	EVCM（或 CCU）通信故障	2	显示器报“EVCM 或（CCU）通信故障”	显示器提示	① 确认 EVCM（或 CCU）得电且指示灯显示通信正常。 ② 确认 EVCM（或 CCU）的 MVB 通信插头锁紧。 ③ 更换 EVCM（或 CCU）模块
			EVCM（或 CCU）电源故障，所有指示灯不亮		① 确认 EVCM（或 CCU）电源插头锁紧且得到 110 V 电源。 ② 更换 EVCM（或 CCU）模块

2）更换原则

（1）在拆卸设备进行检查之前，一定要断开高压回路，断开所有 110 V 控制电源，包括模块电源和输入输出信号电源。

（2）注意触电的危险。即使电源已经切断，模块内部电容器上仍然带有危险电压，因此，在电源关断 1 min 以后才允许拆卸模块。

（3）通信接口板安装于车下 TCU、SIV（逆变器）这些带高压的设备箱中，因此在进行通信接口板装卸的时候，务必在断高压回路和断 110 V 控制电源 5 min 后再进行操作。

（4）维护作业时必须穿工作服，戴防静电手套，穿绝缘鞋，戴安全帽，以防止人员受到伤害或者设备受到损害。

3）准备工作

（1）断开电气连接。切断列车控制电源，以便关闭网络控制系统输入和输出的电源。

（2）关闭模块所在电气柜中的电源控制开关。

（3）拆下固定于模块上用于接地的导线，并将固定螺丝还原到模块表面。

（4）卸下模块上的所有连接器。

4）拆卸步骤

（1）将网络模块从各网络控制单元电气控制柜内拆除：从模块上拆下 4 个固定螺丝，将模块从固定背板上拆下。

（2）将人机交互接口单元从司机台内拆除：从人机交互接口单元面板四周拆下 4 个固定螺丝，从司机台内缓慢取出人机交互接口单元（注意不要弄断司机台面板的布线），并将其暂放于司机台上；从人机交互接口单元背部拆下所有连接器及接地线；拆下所有接线后，小心移走人机交互接口单元。在这个过程中，注意保护人机交互接口单元面板不被硬物刮伤。

5）安装步骤

（1）安装网络模块。安装模块接地线；用 4 个固定螺丝将模块固定于安装板上；按照连接器编号，依次安装模块面板上的连接器。

（2）安装人机交互接口单元。按照连接器编号，依次安装人机交互接口单元背部的连接器；安装人机交互接口单元接地线；缓慢将人机交互接口单元放入安装面板内部，在放入过程中注意保护背部的连接器；安装固定螺丝。

任务评价

项次	简答题/操作题	要求	分值	得分
1	简述复兴号动车组 TCMS 故障处理方法	学生在职教云上完成简答，教师评阅	50	
2	网络模块组合故障的诊断、排查及故障模块更换	学生以 2 人一组合作的形式在实训室完成操作任务，小组间互评；教师总评	50	
合　计			100	

需要时可沿此线裁成活页

知识拓展

用 MBA 总线分析仪查找网络故障快速判断法

1. 地址排查

通过 MBA 总线分析仪中的 MVB 地址统计功能，检查所在网段的设备地址是否缺失。如有缺失，检查其本身是否有问题，包括工作指示灯状态、软件版本、连接线路。

2. 网段排查

通过 MBA 总线分析仪分析 MVB 通信质量，可以逐网段、逐设备排查，重点关注新近被操作过的设备，然后根据排查结果可以判断是设备影响通信还是线路及其连接器接线导致故障。

3. 确认故障点

通过 MBA 总线分析仪监控网络数据，可判断旁路问题设备及故障点，排查故障干扰源。

子任务 4.3.4 网络检修与维护

学习目标

1. 素质目标

遵纪守法，爱岗敬业，艰苦奋斗，具有质量意识、安全意识、信息素养和工匠精神。

2. 知识目标

熟悉网络检修与维护的专用工具及设备，掌握网络检修与维护的方法。

3. 能力目标

能检修和维护网络。

学习任务

(1) 熟悉专用工具及设备及其操作注意事项。

(2) 掌握正常运行操作、检查性操作、故障工况操作和维护工作的方法和技能。

任务实施

1. 专用工具及设备

网络检修与维护的专用工具及设备如表 4-48 所示。

表 4-48　专用工具及设备

序号	名称	参考图片	备注
1	十字螺丝刀		
2	一字螺丝刀	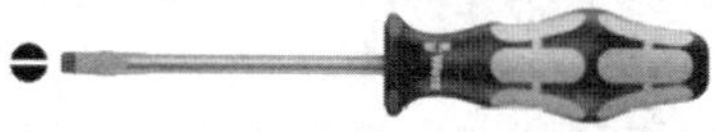	
3	2.5#内六角螺丝刀		2.5 mm 球头
4	4#内六角螺丝刀		4 mm 球头
5	更新程序专用 U 盘		
6	更新程序专用下载线	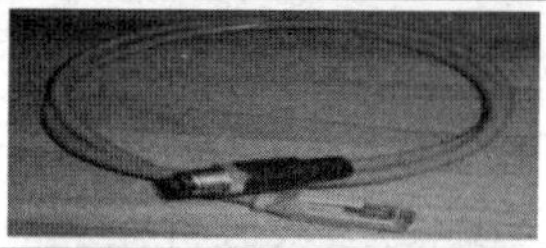	
7	更新程序专用调试线	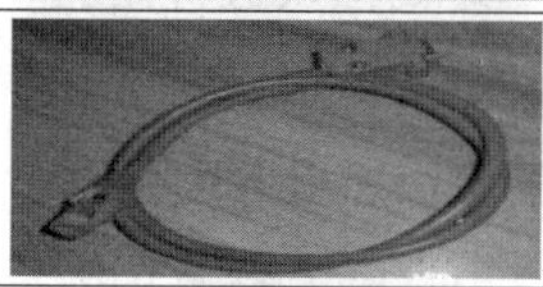	
8	更新程序专用 便携式计算机		串口、以太网口
9	万用表		推荐：福禄克 17B 型

2. 操作注意事项

任何操作指令都只来自激活端的司机室，如果列车两端司机室同时被激活，则 TCMS 不执行任何操作指令。但是只要按下任何一个司机室的紧急制动按钮，则列车立即进入紧急制动状态，但与当前司机室是否为激活状态无关。

（1）为了确保各单元功能正常，必须考虑装置对静电的敏感性。采取以下措施可防止静电产生：

① 划分电子保护区。

② 工作场所带接地。

③ 采用可传导电的包装材料和运输容器。

（2）在运行中，应注意以下事项：

① 必须使用特种包装材料和运输容器。

② 任何情况下不得在电子保护区外从包装容器内取出部件。

③ 必须使用防静电包装材料。

（3）进行网络检修与维护时，必须遵守以下一般规则：

① 不要触摸装置的接地端子，因为那里不是绝对的基准电位点。

② 不要触摸人机交互接口单元背面插头的插脚导电体。

③ 仅当需要维护时才可触摸电子模块。

④ 在消除人体的静电以后，才允许操作模块。

⑤ 模块不允许放置在高绝缘材料上，只允许放置在可传导电的工作表面上。

⑥ 焊接操作时，烙铁的尖端必须接地。

（4）在维护时，应注意以下事项：

① 只允许技术维护人员接触维护部件，并且必须确认采取了戴防静电手套、铺防静电地毯、穿绝缘鞋子、接地等措施。

② 可传导电的工作台外表及模块外壳必须接地。

③ 在测试适配器及测试插座的时候，不能带电插拔。

④ 只允许使用被认可的试验设备及工具。

（5）产品的不正确使用，有可能会损坏装置，甚至危害人身安全。

（6）残余物、废弃物应按当地的法规进行处理。

3. 正常运行操作

正常运行操作是指列车在达到出库上线运行条件后上线运行，在运行过程中驾驶人员对网络控制系统的操作。一般情况下，驾驶人员通过对人机交互接口单元进行触控操作，即可查看相应信息，无须对网络控制系统内的模块进行操作。

列车控制及诊断系统是车辆的控制核心，其自身的故障诊断功能非常强大。当网络正常运行，司机在操作端进行相应操作时，各执行机构或部件的动作或状态能够正确反馈到人机交互接口单元。当网络内某部件不能正常工作或状态反馈有误后，系统将给予故障提示，操作人员或检修人员可以根据提示进行相应处理。

4. 检查性操作

检查性操作指在编组状态下车辆在整车制造厂首次调试或列车出库时的相关检查性操作，用以配合车辆的牵引逆变系统、辅助逆变系统、制动系统及司机室控制开关操作等单元静态调试和动态调试，虽无独立的操作性检查，但各设备工作状态应该在网络拓扑界面中被正确地显示出来（见图 4-124）。一般情况下，在确保网络系统为所需版本后，网络通信应该正常，如果不正常则需要进行相关排查，直到故障排除。

在检查性操作中，网络控制系统可以通过人机交互接口单元的网络显示界面掌握系统内各模块的工作状态，同时可以在各模块中查看运行指示灯情况，发现异常应及时处理。

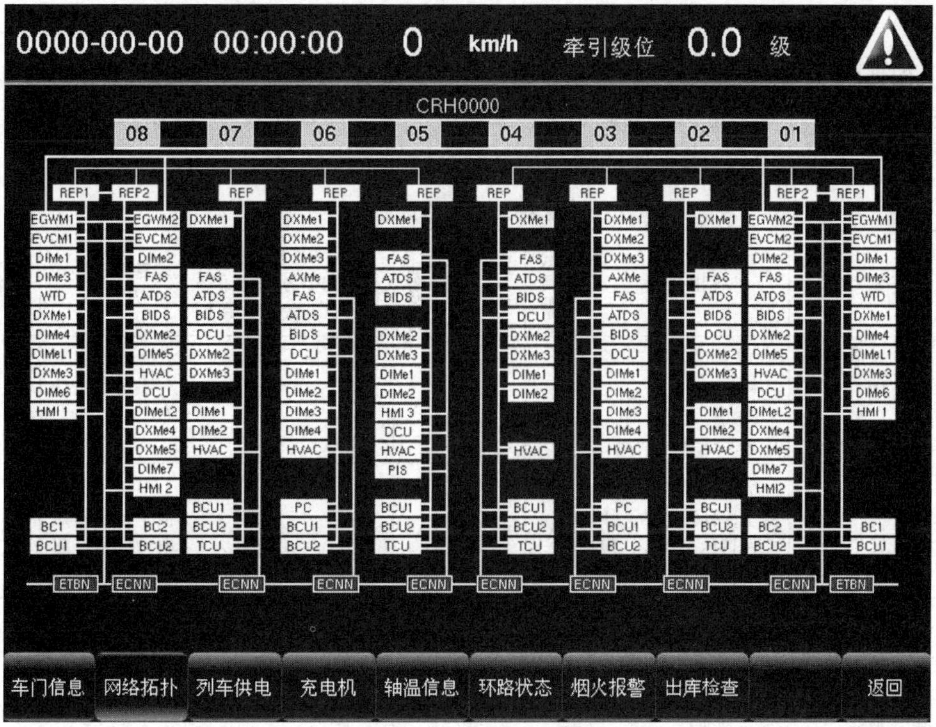

图 4-124　网络拓扑界面

5. 故障工况操作

故障工况操作指列车在线路上运行时出现的网络无法控制列车、人机交互接口单元无法正常显示等故障情况下进行的操作。当操作者在操作端发现人机交互接口单元出现红色显示时，说明红色显示的设备网络通信不良或发生故障，如不影响正常运行，则可回库后进行处理。若网络通信中断，则表示网络控制目前不可靠，如果车辆未在线路上运行，则只能在处理完网络通信不正常的故障后才准许出库运行；如果在运行过程中出现该故障，则需车辆操作者将司机室内的电器柜内的牵引模式控制开关转为紧急驾驶模式。

6. 维护工作

1）维护注意事项

检修作业中的安全警示说明如表 4-49 所示。

表 4-49　检修作业中的安全警示说明

安全警示标志	说明
八防	在检修作业中，若产品或工具工装贴有八防标志，应严格执行八防规定！八防是指防裂损、脱落、燃轴、断裂、爆炸、火灾、分离、放飏
设备检修 禁止合闸	在检修作业中，遇到“设备检修，禁止合闸”警示标志时，应严格遵守规定，否则将有可能导致死亡或严重的人身伤害

2）计划性维护

根据列车的一般检修体制，并考虑到牵引逆变器的特点，TCMS的计划性检修分为双周修、双月修、定修、架修、大修5级，其维修计划如表4-50所示。

（注：标记“√”表示该维修级别下需执行的维修任务）

表4-50　维修计划

检修项目	检查内容	判断依据	双周修	双月修	定修	架修	大修	维修任务类别（P=预防性维修 C=故障维修）	专用工具及设备	备注
外观	表面情况	应干燥、无灰尘、无破损	√	√	√	√	√	P	手电筒、抹布	
	各模块标识情况	清楚，无破损、无污垢、无腐蚀情况								
固定螺栓	螺栓的防松标志线	标志线保持在一条直线上；有弹垫的，弹垫应保持压平状态。螺栓无松动、生锈、脱落情况	√	√	√	√	√	P	毛刷、套筒扳手、定扭矩电扳手、起子、手电筒	
插头、终端及连接电缆	控制线插座、插头、公/母插针	检查插座是否紧固到位，插头、插座有无损坏、松动、裂纹，是否有缩针	√	√	√	√	√	P	毛刷、套筒扳手、手电筒、2.5 mm内六角扳手、2.0 mm内六角扳手	

3）维修工作

维修工作中的安全警示说明如表4-51所示。

表4-51　维修工作中的安全警示说明

安全警示标志	说明
	**警告！** • 请确认受电弓降下； • 请确认无外部供电； • 请确认设备工作电源处于断开状态； • 请确认所有直流控制电源已隔离

（1）日常维护。

列车控制和诊断系统的日常维护是确保列车状态良好和安全运行所必须完成的日常性工作。日常维护的主要内容是出库前、入库后检视系统模块的安装螺栓及各连接部件的紧固情况；从显示器上检查模块的工作状态。主要检查工作如下：

① 检查模块安装螺栓的紧固情况。

② 检查显示器上各个模块有无报通信故障。

③ 检查连接器插头和插座的接触状态。

④ 检查电缆线有无破损、老化、变形、腐蚀，外观状态应良好。

⑤ 检查网络控制单元壳体上的线槽，外观状态应良好；端子排接线外观状态良好，排列正常有序，无脱离端子排的线头，无断线；接线牢固，无松动。

⑥ 网络模块在正常工作状态下无异味。

（2）定期维护。

定期维护可分为月检和年检，主要检查工作如下：

① 检查模块安装螺栓的紧固情况。

② 检查显示器上各个模块有无通信故障报警。

③ 检查电缆线有无破损、老化、变形、腐蚀，外观状态应良好。

④ 检查网络控制单元壳体内线槽出线处的防磨件，应安装正常，未脱落遗失；缠绕在导线和电缆处的防磨胶带外观状态良好；端子排接线排列正常，接线牢固，无松动，外观状态良好。

⑤ 检查导轨上端子片与端子片之间的紧密程度，若有松散，需要调整导轨左右两端的终端固定件将其紧固。

⑥ 检查连接网络控制单元壳体与模块以及网络控制单元壳体与列车车体之间的接地线，不应有缺失和断裂，连接处固定螺栓的紧固状态应良好。

4）修正工作

车辆轮径、车辆时间等信息，根据实际值进行修正。

5）计划性维护

计划性维护对应的试验如下：

① 接通模块控制电源。

② 在人机交互接口单元网络拓扑界面上观察模块的通信是否正常。

③ 如果通信不正常，请确认新换的模块内是否正确安装了软件。

任务评价

项次	简答题	要求	分值	得分
1	简述网络检修与维护注意事项	学生小组互评，教师总评	50	
2	简述网络检查性操作、正常运行操作和故障工况操作的方法	学生小组互评，教师总评	50	
合　计			100	

知识拓展

工业化平台动车组与科技兴路

需要时可沿此线裁成活页

项目5

动力集中动车组网络控制系统

前面我们学习了动力分散动车组网络控制系统的工作原理，那么动力集中动车组网络控制系统是怎样的呢？它与动力分散动车组网络系统又有哪些不同？

本项目主要介绍 FXD1 和 CR200J 两种动力集中动车组网络控制系统的构成与功能，学习动力集中动车组网络控制设备检修维护的方法和技能。

任务5.1　FXD1 型动车组网络控制系统

学习目标

1. 素质目标

具有质量意识、环保意识、安全意识、信息素养。

2. 知识目标

掌握 FXD1 型动车组网络的系统构成、模块功能及系统功能的知识。

3. 能力目标

能画出 FXD1 型动车组网络拓扑图，并简述其结构特点和功能。

学习任务

FXD1 型动车组网络控制系统的构成、模块功能及系统功能。

任务实施

1. FXD1 型动车组概述

为加快推进铁路装备现代化，充分利用既有线路和机车、客车的检修资源，提高铁路运输服务品质，满足运输和经营发展要求，在中国铁路总公司和中国中车统一指挥下，各机车厂、客车厂及科研院所组建联合团队，共同开展了时速 160 km 动力集中电动车组关键技术研究及样车研制工作。

时速 160 km 动力集中动车组已正式纳入复兴号序列，命名为 FXD1 型动车组，它将逐步全面取代普速线路现有机车车辆，将大幅改善乘客旅行体验，提升中国铁路运输品质，其应用前景非常广阔。

2. 网络术语中英文对照表

网络术语中英文对照表如表 5-1 所示。

表 5-1　网络术语中英文对照表

简称	英文全称	中文全称
CCU	central control unit	中央控制单元
DTECS	distributed train electronic control system	分布式列车电子控制系统
ECNN	Ethernet consist network node	以太编组网节点
IOM	input/output module	输入输出模块
BCU	brake control unit	制动控制单元
EDRM	event data record module	事件记录模块
DDU	driver display unit	司机室显示单元
MVB	multifunction vehicle bus	多功能车辆总线
EGWM	Ethernet gateway module	以太网关模块
TCU	traction control unit	牵引控制单元
EMD	electric middle distance	电气中距离传输介质
ETS	electric train supply	列车供电系统

3. FXD1 型动车组网络控制系统的构成

根据应用需求，FXD1 型动车组有短编组、灵活编组和长编组 3 种应用模式。其中，短编组模式为 1Mc+7T+1Tc，编组形式是 1 辆动力车+3 辆普通座车+1 辆普通座车(带餐吧)+3 辆普通座车+1 辆控制车；灵活编组模式为 1Mc+9～16T+1Mc；长编组模式为 1Mc+16T+1Mc，典型编组形式是 1 辆动力车+8 辆普通卧车+4 辆包间卧车+1 辆餐座合造车+3 辆普通座车+1 辆动力车。下面以短编组模式为例介绍 FXD1 型动车组网络控制系统的构成。

动力集中动车组的牵引动力集中在头车，双端头车分别为动力车和控制车，对数据实时性传输要求很高。因此，列车级网络控制系统采用绞线式列车总线（WTB）贯穿全车，具备动态编组、通信线路冗余等功能。车辆级网络控制系统采用多功能车辆总线（MVB）加实时以太网 ETH 方式，车辆级各子系统通过“MVB+ETH”接口接入到车辆总线和以太网 ECN 上，如图 5-1 所示。相对于车而言，中间拖车设备较少，实时性要求低，采用“MVB+ETH”方式的成本会偏高，因此，综合数据量、实时性和成本考虑，拖车可采用简单、可靠、经济实用的 LonWorks 现场总线，如图 5-2 所示。

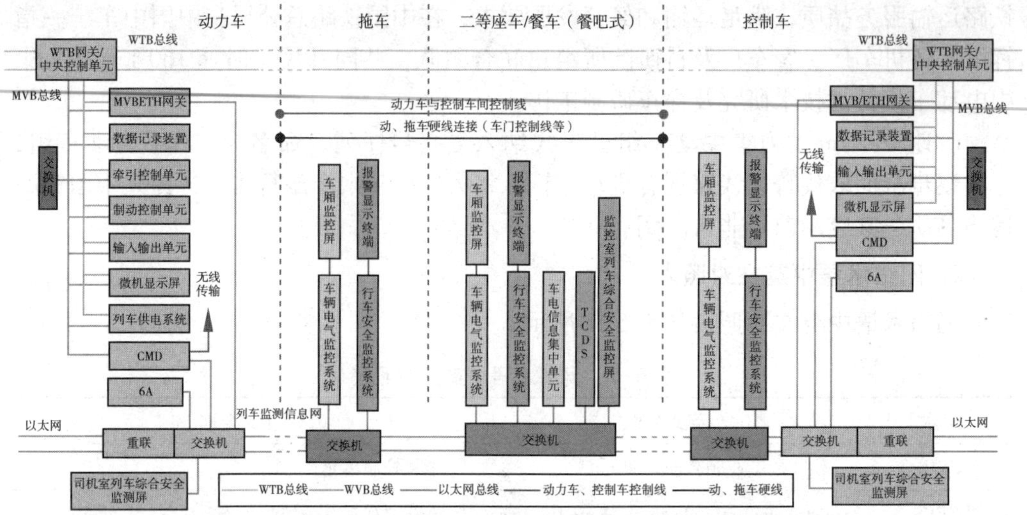

图 5-1　基于“MVB+ETH”方式的动力集中动车组网络拓扑

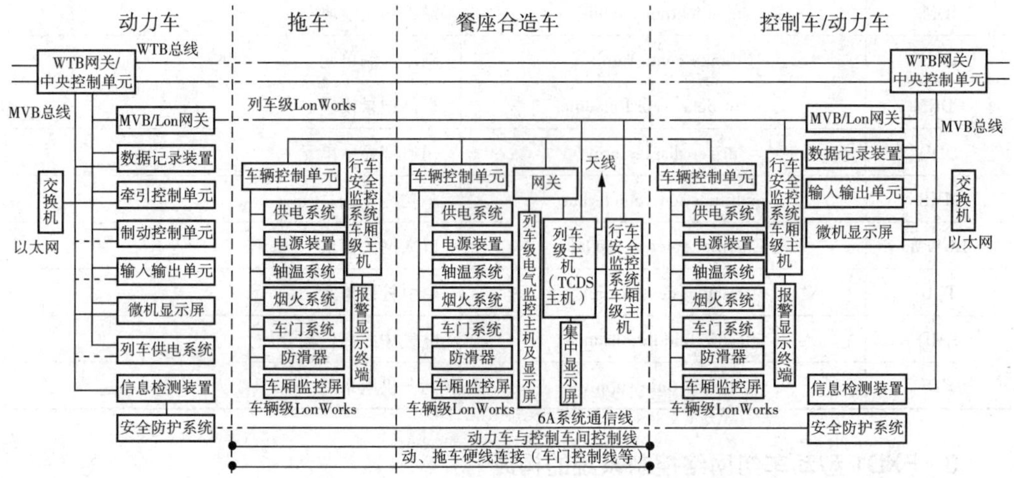

图 5-2　基于 LonWorks 方式的动力集中动车组拖车网络拓扑

基于 LonWorks 方式的动力集中动车组网络控制系统是由列车级网络、车辆级网络、以太网 ECN 和 LonWorks 总线构成的。该系统基于成熟的、模块化设计的 DTECS，实现动力集中动车组控制、保护、监视及故障诊断等功能。

1）列车级网络

列车级网络采用 WTB 总线贯穿所有拖车，并与其他动力车（或控制车）相连，数据传输率为 1 Mb/s，网络系统 WTB 总线采用 A、B 线路冗余，当正在工作的一组列车总线出现问题时，网关能自动切换到另一组工作。

2）车辆级网络

车辆级网络用于连接各车辆内的电子部件和控制系统，数据传输率为 1.5 Mb/s。车辆级网络采用“MVB+ECN”以太网模式，这两种网络同时工作，互为冗余。中央控制单元、司机室显示单元、传动控制单元等重要设备同时连接在 MVB 总线和 ECN 以太网上。

3）以太编组网 ECN

动力车以太编组网 ECN 采用双回归环形网络，通信速率为 100 Mb/s，物理层为 100BASE-TX，为全双工通信模式。该以太网为交换式以太网，所有终端设备 ED 通过以太网连接到 3 个 CS 交换机上，互为冗余的两个终端设备 ED 连接到不同的交换机上，3 个交换机之间组成环网。CS 交换机为网管型交换机，每个交换机具有 12 个以上以太网接口。交换机和终端设备均符合 IEC 61375-2-3 标准的 TRDP 以太网通信协议。ECN 以太网接口的物理特性、数据帧传输格式等符合 IEC 61375-3-4 的规定。

4）拖车的网络拓扑

拖车网络控制系统分为列车级和车辆级两级总线，两级总线均采用 LonWorks 总线，其中车辆级采用 LonWorks 总线进行点对点通信，实现拖车各子系统之间运行状态、故障诊断等信息的传输，以及对各子系统的控制信息、状态信息及安全监测信息的实时查询。为保障系统可靠性，列车级 LonWorks 总线采用互为冗余的双网热备设计，以便单线故障时 LonWorks 网关自动切换至可信任线，从而保障通信的正常进行。

5）动力车的网络拓扑

如图 5-3 所示，动力车采用两级总线式拓扑结构，列车级总线采用 WTB，车辆级采用 MVB。同时，设置基于硬线的紧急牵引功能，当编组内的列车级网络发生故障时可维持运行。网络控制系统采用分布式控制技术，即采用分布采集与执行、中央集中控制与管理的模式。动力车（或控制车）与拖车通过 LonWorks 总线进行信息交互，同时识别来自拖车的车门、火警、制动和停放及轴报 5 个安全状态硬线信号，并根据硬线信号进行警示和保护动作。

6）控制车的网络拓扑

如图 5-4 所示，控制车控制部分采用与动力车一致的网络构架、控制与管理模式，由中央控制单元 CCU/GW、事件记录模块 ERM、制动控制单元 BCU、输入输出单元 CIO、司机室显示单元 DDU、LonWorks/MVB 网关等部分组成。

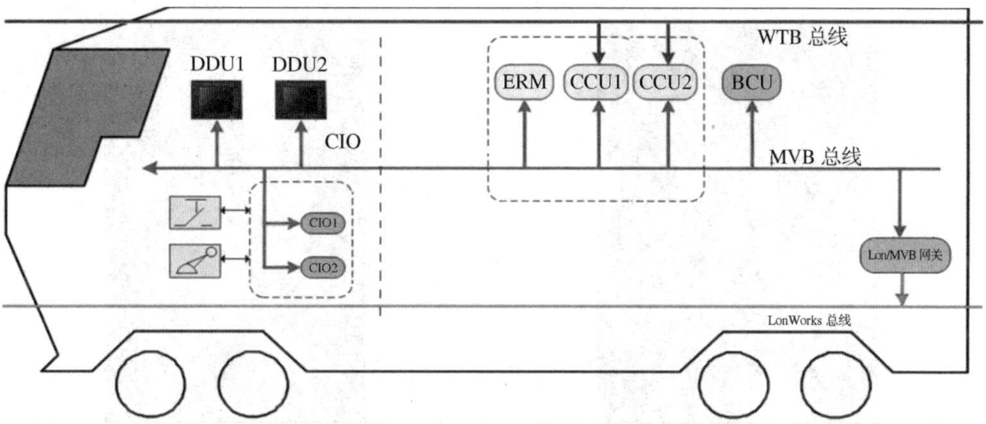

图 5-3 动力车的网络拓扑

需要时可沿此线裁成活页

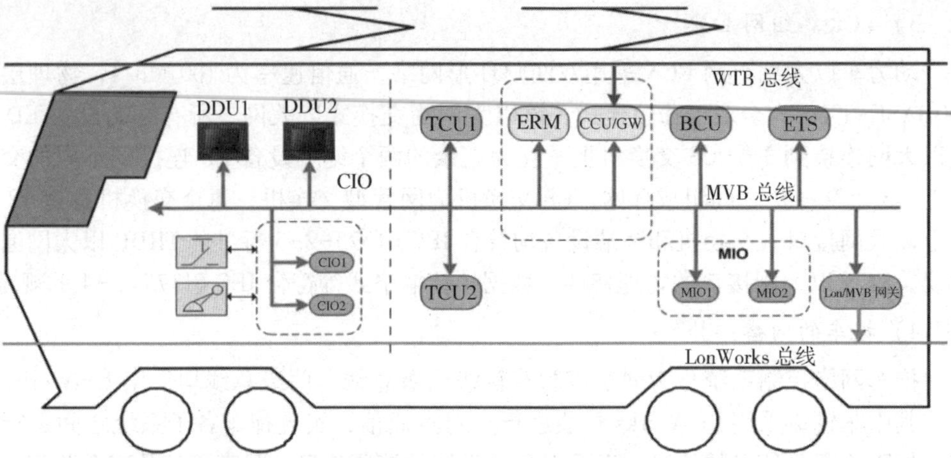

图 5-4 控制车的网络拓扑

4. FXD1 动力集中动车组网络模块的功能

1）车辆控制模块 EGWM

车辆控制模块 EGWM 是 WTB/MVB 的网关模块，属于 MVB 的 5 类设备，每节动力车配置 2 个车辆控制模块 EGWM（如图 5-5 所示）。车辆控制模块 EGWM 是列车控制和诊断系统 TCMS 的核心，通过以太编组网 ECN 和多功能车辆总线 MVB 与其他设备通信，具有列车重联控制功能和车辆控制功能。

2）事件记录模块 EDRM

事件记录模块 EDRM 属于 MVB 的 3 类设备，每节动力车配置 1 个事件记录模块 EDRM（如图 5-6 所示）。事件记录模块 EDRM 通过以太编组网 ECN 和多功能车辆总线 MVB 与其他设备通信。EDRM 的功能如下：

（1）数据记录功能：记录操作数据、故障数据、事件数据。

（2）通过车载信息网（工业以太网）将记录的数据下载，供便携式维护工具分析。

图 5-5 车辆控制模块 EGWM

图 5-6 事件记录模块 EDRM

3）输入输出模块 IOM

输入输出模块 IOM 是一款专门针对轨道交通行业复杂的应用环境而设计的产品。每节动力车共有 4 个输入输出模块 IOM（如图 5-7 所示），用于实现数字量和模拟量的输入采集、数字量和模拟量的输出控制，并通过以太网、MVB 通信网与 CCU 完成数据交互。

图 5-7　输入输出模块 IOM

4）以太编组网节点 ECNN

每节动力车配置 3 个以太编组网节点 ECNN（如图 5-8 所示）。ECNN 通过以太编组网（ECN）与其他设备通信，完成动力集中动车组车辆内部以太编组网数据交换。

5）EVCM-N 模块

每节动力车配置 1 个 EVCM-N 模块（如图 5-9 所示）。EVCM-N 模块具有连接 MVB 网络和 LonWorks 网络的功能。该模块通过 LonWorks 网络可以把客车的车门、报警、制动、轴温等信息送给 MVB 网络或以太网，同时将 MVB 网络或以太网相关信息传送给客车上的相关设备。

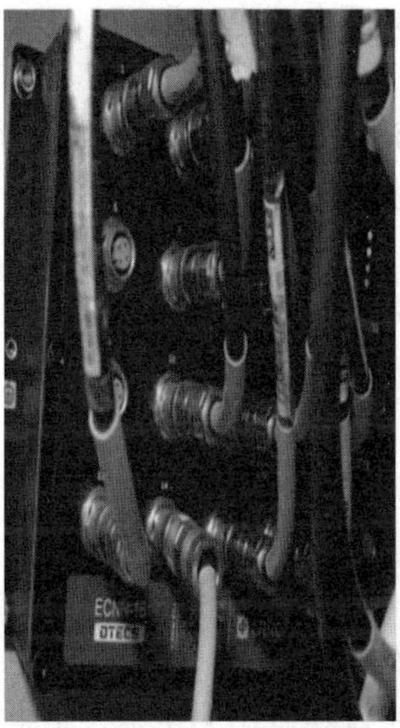

图 5-8　以太编组网节点 ECNN

图 5-9　EVCM-N 模块

5. FXD1 型动车组网络控制系统的功能

FXD1 型动车组网络控制系统具有通信功能、控制功能、人机交互和远程控制功能，以及诊断功能。下面对这几方面的功能进行介绍。

1）通信功能

（1）MVB 和 WTB 通信控制。

每节动车上的两个车辆控制模块 EGWM 通过竞争机制确定其中一个为 MVB 主设备，MVB 主设备将管理整个 MVB 网络的通信，另一个车辆控制模块 EGWM 作为从设备监视主设备的状态，在主设备故障时接管 MVB 的总线管理权。

（2）实时以太网通信功能。

连接于以太网 ECN 的设备可以进行以太网通信。ECN 网络具备 100 Mb/s 的带宽，车辆控制模块 EGWM 具备以实时通信方式通过以太网通信进行车辆控制的能力。

（3）动力集中动车组占用控制。

通过动力集中动车组钥匙占用激活，确定动力集中动车组的主控节，再根据主控节的信号确定动力集中动车组的运行方向和司机操作信号。对于一个有重联编组的动力集中动车组，在某一时刻只能认可其中一节被占用。

（4）动车组模式选择。

动力集中动车组有“正常”“库内动车”“辅机测试”三种工作模式。可通过动力集中动车组模式选择开关确定动力集中动车组的工作模式。

2）控制功能

（1）主电路控制。

网络控制系统根据受电弓模式自动配置主电路。在受电弓、主断路器存在故障的情况下，判断受电弓、主断路器是否可用，针对不同的可用情况对主电路进行配置，选择将要升起的受电弓和闭合的主断路器。完成对主电路的配置后，能够根据司机操作和保护条件控制主断路器的断开、闭合，以及受电弓的升起、降下。

（2）监测及保护。

网络控制系统负责监测网压数值，以及油流、油温、布赫继电器和压力释放阀等的状态，当监测对象出现异常时进行报警或执行保护逻辑功能。

（3）牵引/制动特性控制。

牵引时，手柄设定牵引力；制动时，手柄设定制动力。网络控制系统根据特性曲线和牵引力的上升/下降斜率等进行牵引力/制动力的给定控制。

（4）牵引力/制动力分配控制。

网络控制系统根据各动力轴的不同情况及各转向架的不同情况，修改特性控制计算的设定力矩。

（5）顺序控制。

网络控制系统根据节点号确定动力集中动车组的不同状态。节点号是系统处理器（总站）的参考号，可以据此对动力集中动车组操作过程做出明确规定。此外，利用顺序控制还可以执行各种保护功能，例如只有当顺序控制达到相应的节点或状态后主断路器才可闭合。

（6）逻辑控制。

逻辑控制包括受电弓的控制、主断路器的控制和变压器监控等。

（7）辅助系统控制。

辅助系统控制包括辅助系统的启动及停机控制、辅助系统接触器的控制、辅助系统变频等级的计算及控制、辅助系统故障切换、压缩机的控制等。

（8）防空转/滑行控制。

防空转/滑行控制就是指根据当前实际动力轴的状态控制牵引力/制动力输出的大小，从而减小空转/滑行对车辆带来的不利影响。

（9）空电联合控制。

空电联合控制指的是为减少轮对磨损、节约电能而使车辆在制动过程中优先选择电制动，空气制动作为补偿直到满足列车制动要求。

（10）互联、互通和互控。

实现动车组的互联、互通和互控，实现不同生产厂家的控制车与动力车、动力车与动力车之间的匹配，以及短编组动车组的重联运行。

（11）分相区控制。

过分相时，能将牵引力快速而平稳地下降到0，断开主断路器；过分相后，自动恢复分相前的牵引运行状态。可防止由于司机操作失误使动力集中动车组带电过分相。

（12）轮径输入功能。

可在显示屏上设置参考轮径，网络控制系统会在运行过程中根据参考轮径自动校正其他各轴的轮径值。

（13）无人警惕控制。

当控制部件无动作或长期激活控制部件时，警惕装置将报警，必要时实施惩罚制动。

（14）恒速控制。

通过比较机车实际速度与设定速度，自动施加牵引力或制动力，达到机车运行速度恒定之目的。

（15）LonWorks 网通信。

通过 LonWorks 网络可以把客车的车门、报警、制动、轴温等信息送给 MVB 网络或以太网，同时将 MVB 网络或以太网相关信息传送给客车的相关设备。

3）保护功能

（1）列车级保护。

列车级保护是指引起全列车都进行保护的动作，主要包括紧急制动、牵引封锁、电制动力封锁、安全环路。

（2）车辆级保护。

车辆级保护是指引起本节车进行保护的动作，主要包括蓄电池欠压保护、牵引封锁、电制动力封锁、变流器封锁、逆变器封锁、主断路器断开、受电弓降下、功率限制、启动联锁。

需要时可沿此线裁成活页

（3）部件级保护。

部件级保护指引起各设备进行保护的动作，一般由各设备完成，主要包括电机组牵引封锁、电机组制动力封锁、电机组脉冲封锁、电机组功率限制。

4）人机交互和远程控制功能

微机显示屏上按照实际情况显示动车组工作状况，有清晰的信号名称、拓扑位置和状态量。动车组的重要数据在微机显示屏上按照实际情况实时显示出来。动力集中动车组与运行控制有关的司机操作指令在微机显示屏上实时显示出来。后台技术人员也可以调取数据信息，评估列车运行状态，根据调查结果和司机进行交流沟通，实现对动车组的人机交互和远程控制功能。

5）诊断功能

如图 5-10 所示，TCMS 系统可获取车载设备及子系统自身的故障信息，并按照故障检测逻辑进行故障诊断。根据故障严重程度不同，可将故障分为轻微故障、中等故障、严重故障 3 个等级。发生故障后，TCMS 系统执行 2 项工作：一是在 EDRM 中记录；二是在 DDU 智能显示单元中显示，提示司机或维修人员如何操作才能排除故障。

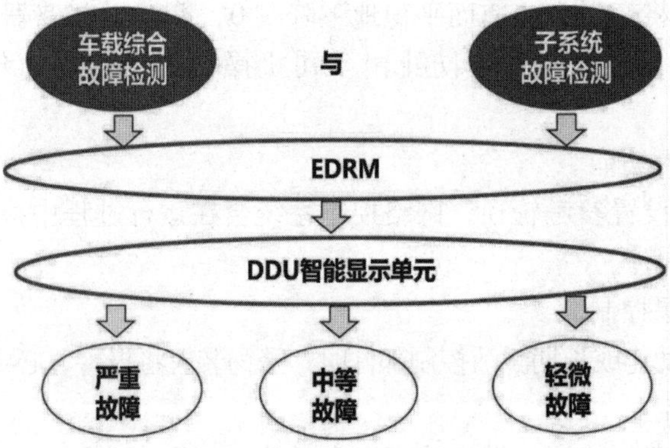

图 5-10　故障诊断示意图

任务评价

项次	简答题	要求	分值	得分
1	画出基于 LonWorks 方式的动力集中动车组的网络拓扑图，并简述网络构成特点	学生在职教云上完成答题，教师评阅	40	
2	简述 FXD1 型动车组各网络模块的功能	学生在职教云上完成答题，教师评阅	20	
3	简述基于 LonWorks 方式的动力集中动车组网络控制系统的功能	学生在职教云上完成答题，教师评阅	40	
合　计			100	

知识拓展

LonWorks 总线技术

1. LonWorks 总线技术的特点

LonWorks 是由美国 Echelon 公司于 1991 年推出并由它与 Motorola 公司、Toshiba 公司共同倡导而形成的局部操作网络技术。它集计算机、网络、控制于一体，同时具有通信和控制功能，其有以下 6 方面的优点：

（1）LonWorks 网络协议是开放的，符合 ISO 定义的开放系统互连 OSI 全部 7 层模型；对任何用户都是对等的，可以实现互操作。

（2）LonWorks 支持多种传输介质，并且多种介质可以在同一网络中混合使用。这一特性使得不同工业现场的不同设备可实现互联，增强了网络的兼容性。

（3）LonWorks 网络拓扑结构灵活多变，支持总线拓扑、环形、星形、混合型拓扑等网络拓扑结构。可根据具体应用的结构特点采用不同的网络连接方式，能最大限度地降低网络布线的复杂性和工作量，提高系统的可靠性。

（4）LonWorks 网络采用无主站点对点的对等结构，各节点地位均等，每个节点都能完成控制和通信功能。因此，部分节点的故障不会造成系统瘫痪，因而提高了系统的稳定性，降低了维护难度。

（5）拥有 3 个处理单元的神经元（neuron）芯片：一个用于链路层控制；一个用于网络层控制；另一个用于用户的应用程序。此外，芯片上还包含 11 个 I/O 接口，这样在一个芯片上就能完成网络控制功能。

（6）提供现成的网络管理工具（LonMaker for Windows）、网络维护诊断工具（LonManager 协议分析仪），以及实现网络监控和人机界面应用程序所需的数据交换接口（LNS DDE Server），并为用户定制这些网络工具设计了一个软件开放平台 LNS（LonWorks Network Service）。

2. LonWorks 网络协议

LonWorks 网络协议称为 LonTalk 协议和 ANSI/EIA 709.1 控制网络标准，是 LonWorks 系统的核心。该协议提供一系列通信服务，使得一个设备的应用程序可以在不了解网络拓扑、名称、地址或其他设备功能的情况下，发送和接收网络上其他设备的报文。LonTalk 协议能提供端到端的报文确认、报文认证、打包业务和优先传送服务，提供对网络管理服务的支持，并允许远程网络管理工具与网络设备进行交互。

LonTalk 协议是一个分层的、基于数据包的对等通信协议。如 Ethernet 和 Internet 一样，它是一个公认的标准并遵循 OSI 模型分层规则，即有物理层、数据链路层、网络层、传输层、会话层、表示层和应用层，是一套完整、安全、有效的通信协议系统。表 5-2 给出了对应七层 OSI 参考模型的 LonTalk 协议为每层提供的服务。

需要时可沿此线裁成活页

表 5-2 LonTalk 协议在 OSI 参考模型各层提供的服务

OSI 层次		目的	提供的服务
应用层		应用兼容性	标准网络变量类型
表示层		数据翻译	网络变量，应用消息，外来帧传输网络接口
会话层		远程操作	请求/响应，鉴别，网络服务
传输层		端对端的可靠传输	应答消息，非应答消息，点对点、广播、认证等
网络层		传输分组	寻址，路由
数据链路层	LLC	帧结构	数据解码，CRC 错误检验
	MAC	介质访问控制	p-坚持 CSMA，冲突避免，优先级，冲突检测
物理层		物理连接	传输介质，电气接口

任务 5.2 CR200J 型动车组网络控制系统

学习目标

1. 素质目标

具有质量意识、环保意识、安全意识、创新思维的素质。

2. 知识目标

掌握 CR200J 型动车组的微机网络控制系统功能、通信网络拓扑结构、行车安全系统、6A 系统、主要部件功能。

3. 能力目标

能画出 CR200J 型动车组网络拓扑图，并能简述其结构特点和功能。

学习任务

1. CR200J 型动车组网络控制系统的功能。
2. CR200J 型动车组通信网络的拓扑结构。
3. CR200J 型动车组的行车安全系统。
4. CR200J 型动车组的 6A 系统。
5. CR200J 型动车组主要部件的功能。

任务实施

1. 网络控制系统的功能

CR200J 型动车组的网络控制系统为微机网络控制系统，该系统以微机网络控制设备为中心，通过外围电气线路与车载电气设备连接而成，其主要功能是：实现各子系统之间的信息共享，协调中央控制系统与各子系统的控制、监视与诊断任务，汇总各子系统的工作状态和故障诊断信息，提供信息显示和人机交互接口，完成整车级的控制、故障诊断、状态监视等工作。

2. 通信网络

CR200J 型动车组网络控制系统采用符合 IEC 61375 标准的以太网 ETH 和 TCN 网络。列车级网络采用 WTB 网络，实现互联、互通、互控。车辆级网络采用成熟的 MVB+ETH 双网热备方式；ETH 采用环形拓扑结构，通信协议采用 TRDP 协议实现。动力车与拖车通过 LonWorks 网络连接 6A 系统，以第二代超高比特速率数字用户线 VDSL 2 作为传输介质实现数据通信。其网络拓扑结构如图 5-11 所示，其中——代表 ETH，－－代表 MVB，——代表 LonWorks。

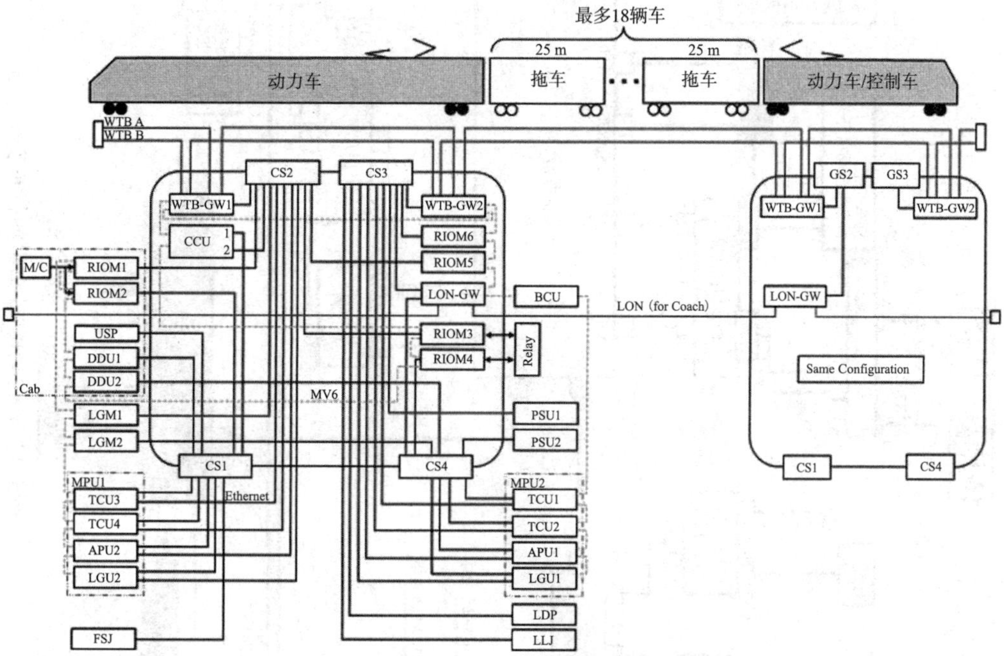

图 5-11　CR200J 型动车组的网络拓扑结构

CR200J 型动车组网络控制系统主要由中央控制单元（CCU）、远程输入输出模块（RIOM）、司机室显示单元（DDU）、重联网关（GW）、以太网交换机（CS）、事件数据记录模块（EDRM）以及各类线缆等部件组成。每台动力车安装有两块微机显示屏，在正常模式下一块显示屏显示制动信息，另外一块显示屏显示机车信息。当其中一块显示屏故障时，另外一块显示屏可以同时显示制动信息和机车信息。

3. 行车安全系统

CR200J 型动车组动力车安装有 LKJ 系统，并预留 CTCS 安装接口（样车安装），其监控系统、电台系统、CTCS 系统电源各自独立，三套系统的主要设备集中安装在第三方设备柜内。CR200J 型动车组的行车安全系统如图 5-12 所示。

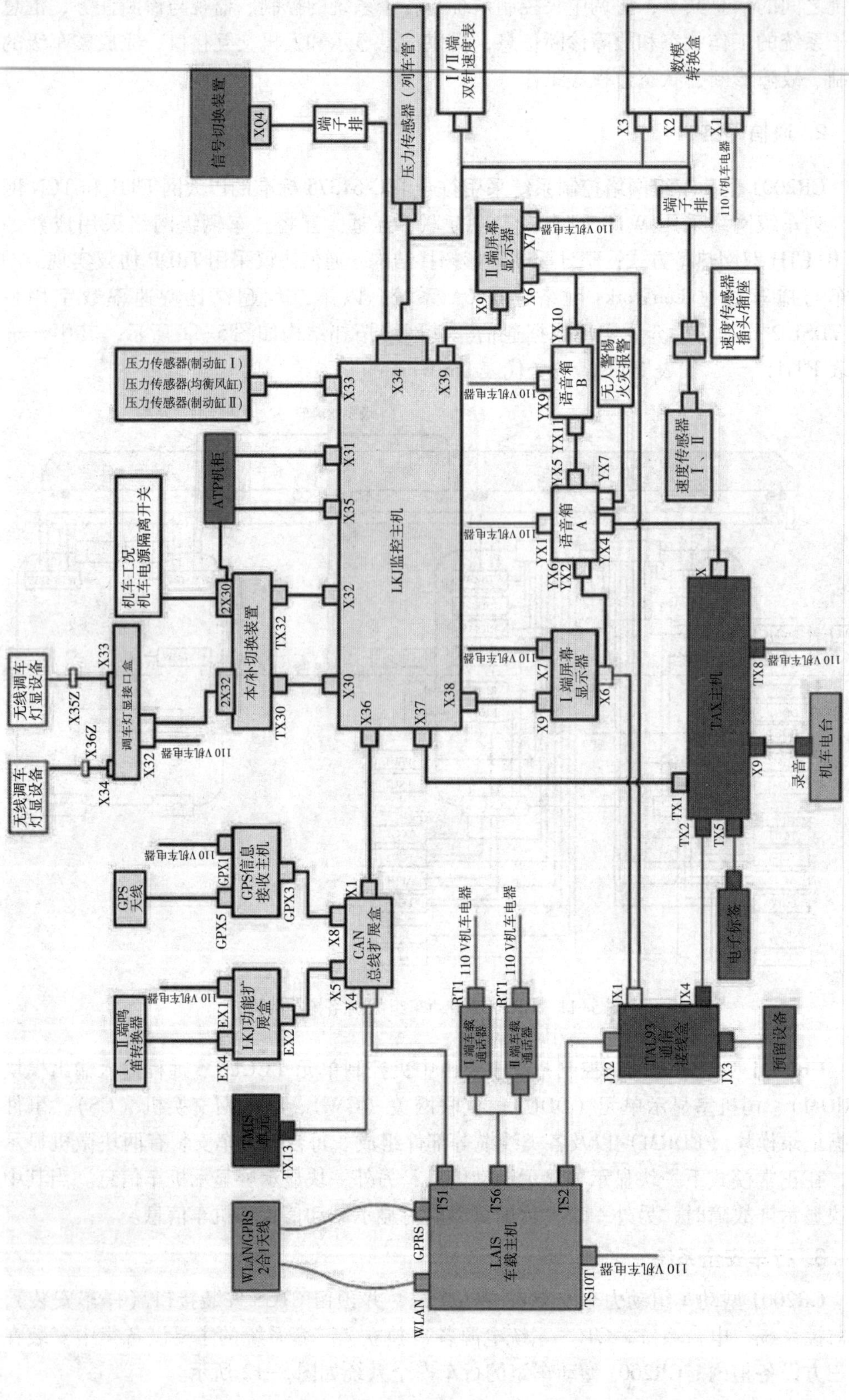

图5-12　CR200J型动车组的行车安全系统

4. 6A 系统

CR200J 型动车组安装的车载安全防护系统（6A 系统），具有走行部故障监测、空气制动安全监测、防火监控、车顶设备绝缘检测、自动视频监控及记录、列车供电监测的功能，为动车组的安全运行提供了保证。6A 系统与数据采集平台 LDP 之间采用工业以太网通信；动力车与动力车之间、动力车与控制车之间的 6A 系统采用 VDSL2 通信，如图 5-13 和图 5-14 所示。

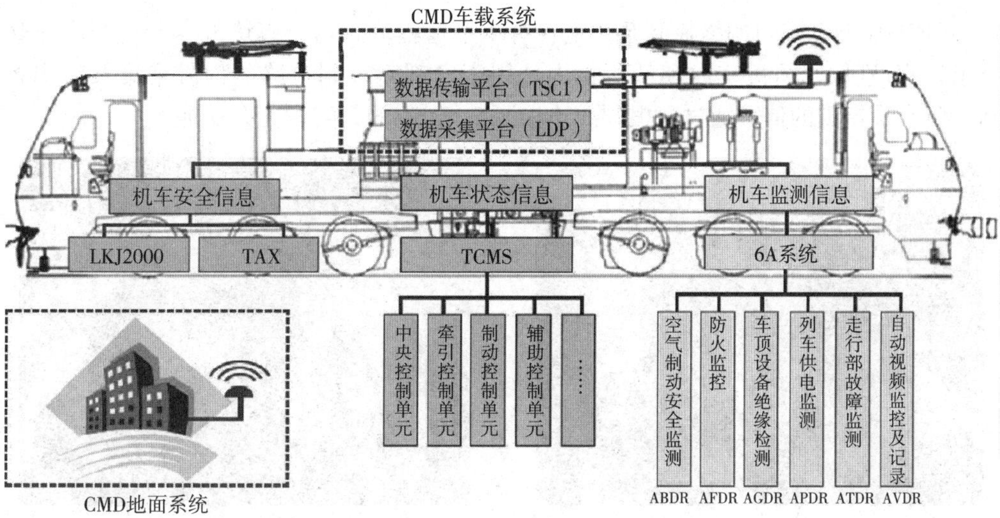

CMD——远程监控及诊断系统。

图 5-13　6A 系统与 CMD 系统

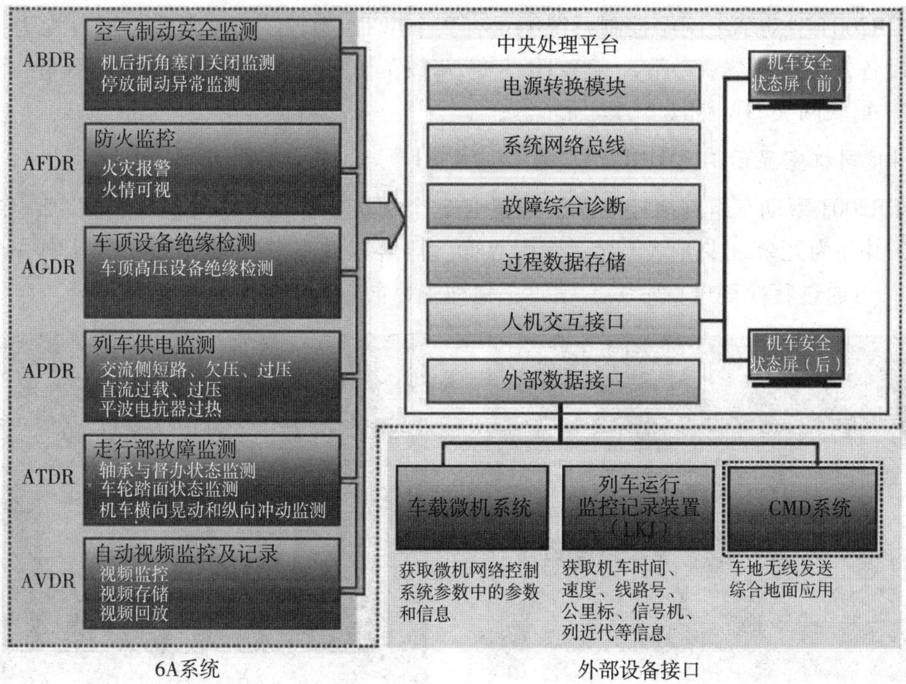

图 5-14　6A 系统与外部设备接口

需要时可沿此线裁成活页

5. 主要部件功能

1）中央控制单元 CCU

CR200J 型动车组网络控制系统配置有 2 个中央控制单元 CCU（如图 5-15 所示），二者均为 MVB 4 类设备，运行中热备冗余，一个 CCU 被激活，另一个备用。当被激活的 CCU 发生故障时，备用的 CCU 自动被激活，接替 CCU 的工作。

2）远程输入输出模块 RIOM

CR200J 型动车组网络控制系统配置有 4 个远程输入输出模块 RIOM（如图 5-16 所示），分别位于司机室内和低压柜内，用于实现对控制电路的信号采集及输出控制。所有采集到的信号通过 2 根硬线连接到 2 个 RIOM，实现冗余功能。

图 5-15　中央控制单元 CCU

图 5-16　远程输入输出模块 RIOM

3）重联网关 GW

CR200J 型动车组网络控制系统配置有 2 个 WTB/MVB/ECN 网关，二者均为 TCN 5 类设备，运行中被双激活，在 WTB 上是两个节点，在 MVB 上也配置为不同的两组端口。重联网关 GW 如图 5-17 所示。

4）司机室显示单元 DDU

CR200J 型动车组网络控制系统配置有 2 个司机室显示单元 DDU（如图 5-18 所示），并互为冗余。主屏默认显示牵引界面，副屏默认显示制动界面；当其中一个故障时，可通过转换键进行牵引主界面、制动主界面与合屏主界面的切换。

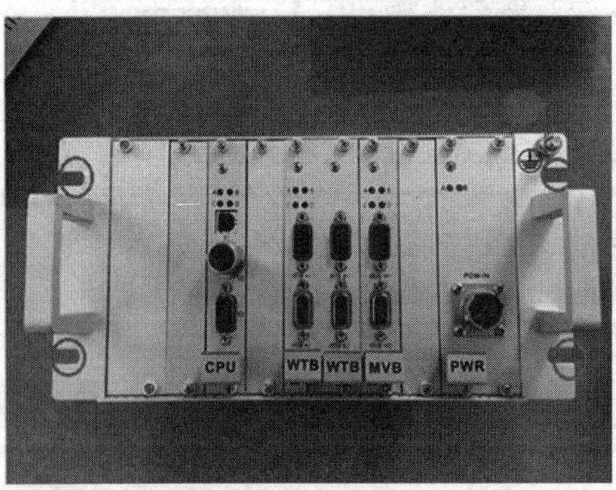

图 5-17　重联网关 GW

图 5-18　司机室显示单元 DDU

任务评价

项次	简答题或操作题	要求	分值	得分
1	画出 CR200J 型动车组网络拓扑图并说明其功能	学生在职教云上完成答题，教师评阅	35	
2	画出 CR200J 型动车组 6A 系统图	学生在职教云上完成答题，教师评阅	35	
3	简述 CR200J 型动车组网络控制系统中主要部件的功能	学生在职教云上完成答题，教师评阅	30	
合　计			100	

知识拓展

基于 LonWorks 通信的动车组拖车网络控制系统

动力集中动车组的牵引动力集中在头车，双端头车分别为动力车或者控制车，对数据的实时性要求很高。因此，列车级网络控制系统采用绞线式列车总线（WTB）贯穿全车，具备动态编组、通信线路冗余等功能；车辆级网络控制系统采用多功能车辆总线（MVB）加实时以太网 ETH 方式，车辆级各子系统通过"MVB+ETH"接口接入车辆总线。相对于头车而言，中间拖车设备较少，实时性要求低，采用"MVB+ETH"方式的成本会偏高，因此，综合数据量、实时性和成本考虑，采用简单、可靠、经济实用的 LonWorks 现场总线。

1. 系统构成

根据应用需要，动力集中动车组有短编组、长编组 2 种应用模式。其中，短编组模式为"动力车+7 辆拖车+控制车"，长编组模式为"动力车+18 辆拖车+动力车"，短编组与长编组应用模式的网络控制系统分别如图 5-19、图 5-20 所示。

动力集中动车组短编组有 7 辆拖车，长编组有 18 辆拖车，因此拖车网络控制系统需按列车级和车辆级 2 级总线设计。2 级总线均采用 LonWorks 总线，其中车辆级采用 LonWorks 总线进行点对点通信，实现拖车各子系统间运行状态、故障诊断等信息的传输以及对各子系统的控制，以及对状态及安全监测信息的实时查询。为保障系统可靠性，列车级 LonWorks 总线采用双线热备冗余，以便单线故障时 LonWorks 网关自动切换至非故障线，从而保障通信的正常进行。

需要时可沿此线裁成活页

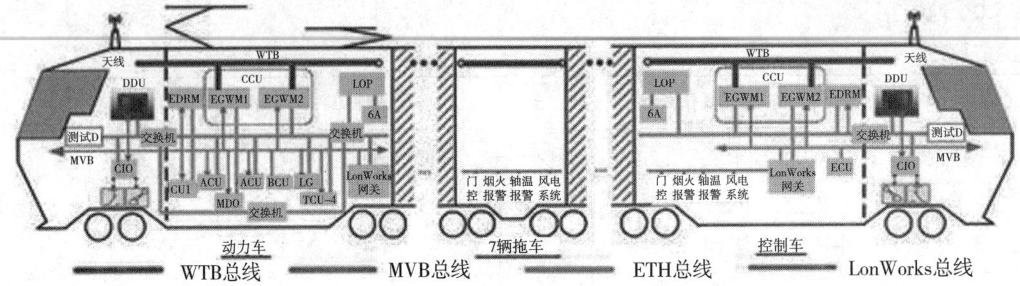

图 5-19　短编组应用模式示意

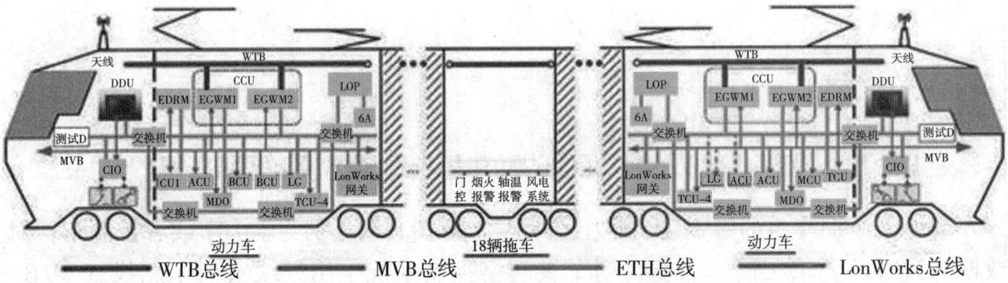

图 5-20　长编组应用模式示意

2. 系统功能

动力集中动车组的拖车网络控制系统可实现各子系统之间的信息传输、共享，完成对全列车的控制、故障诊断和状态监视等工作。根据列车级和车辆级 2 级总线的区分，系统功能可以分为车辆级监控和列车级监控。

1）车辆级监控

动力集中动车组拖车网络的车辆级监控系统由车辆控制单元、车厢监控屏和本车供电 PLC 模块、轴温报警器、防滑器、火灾报警器、车下电源、车厢监控屏和车门等子系统（以下简称“各子系统”）组成。车辆控制单元由网络通信节点和通信终端组成。通信接口主要有 RS485、RS232、LonWorks 等。通信终端通过内置网关将各子系统的 RS232 总线或 RS485 总线数据转换成 LonWorks 数据，并将数据传输到本车的车辆级 LonWorks 总线。车下电源直接将 LonWorks 数据传输到 LonWorks 总线上。车辆级数据流如图 5-21 所示。对实时性要求较高的系统，比如车厢监控屏和车门，为了减少数据传输的中间节点数量和数据传输时间，采用直接通过串口总线与网络通信节点进行数据传输。

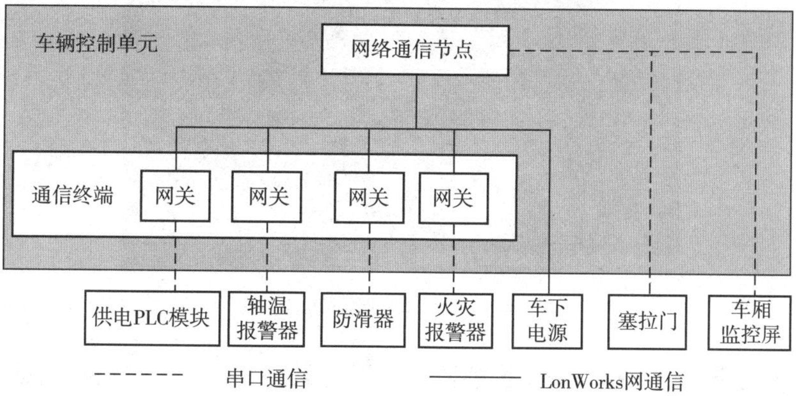

图 5-21 车辆级数据流

网络通信节点通过识别子系统数据中的地址代码，收集并整理本车厢各子系统的状态信息并发送至列车级网络；同时也可接收和整理列车级网络控制数据并分发至各个子系统执行。针对各子系统数据实时性要求的不同，数据传输时间间隔也不同：一般报警信息或者实时性要求较高的数据传输间隔为 500 ms；系统的正常状态数据传输间隔为 1 ~2 s 不等；网络通信节点向各子系统发送的列车时间同步信号一般是每隔 4 s 发送一次。

车厢监控屏（见图 5-22）主要监视本车厢电气系统数据，也可查阅其他车厢的电气系统数据，这两种功能可通过“本车网络”按钮与“网络监控”按钮进行切换。车厢监控屏通过 RS232 总线和本车网络通信节点进行数据传输。通过车厢监控屏可以实现参数设定、电源转换、空调机组等功能单元运行工况的人为控制，也可以实现各功能单元运行状态的实时显示及故障的实时报告。

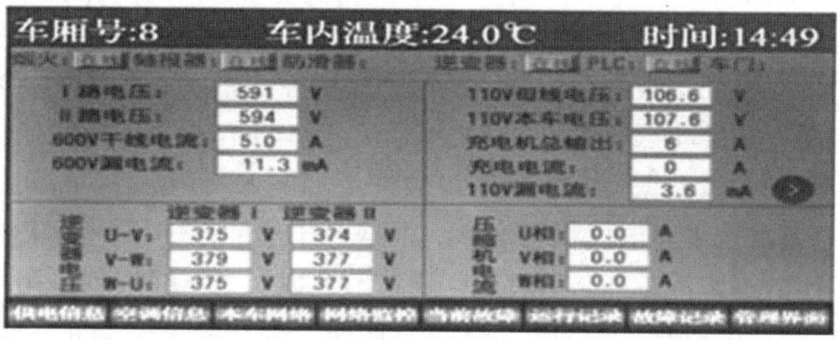

图 5-22 车厢监控屏主界面

车下电源箱状态信息及参数、轴温报警器状态信息及参数、防滑器状态信息及参数、烟火报警器状态信息、车门状态信息等分别在“本车网络”界面下的“车下电源信息”“轴报信息”“防滑器”“烟火信息”“车门信息”等子画面中实时显示。本车网络界面如图 5-23 所示。

需要时可沿此线裁成活页

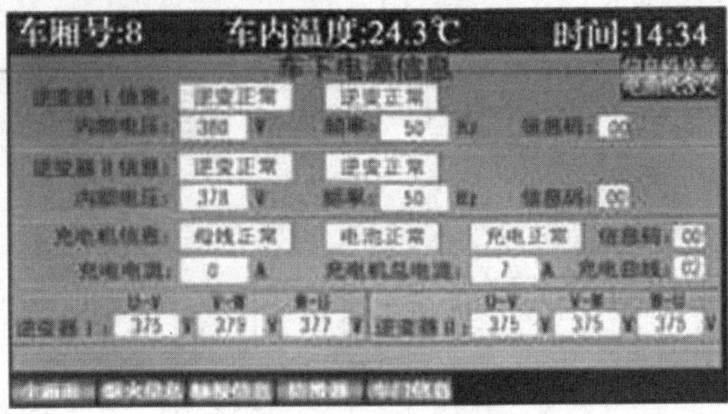

图 5-23　本车网络界面

通过“网络监控”按钮进入全列监视画面（见图 5-24），然后通过键盘输入的方式选择监视网络中任意车厢的车下电源、防滑器等设备信息，实现全列状态监视。另外，进入“全列监视”画面后，通过键盘输入方式可选择任意车厢，并根据画面上的触摸开关及提示控制相应车厢电源转换及空调机组工况转换。

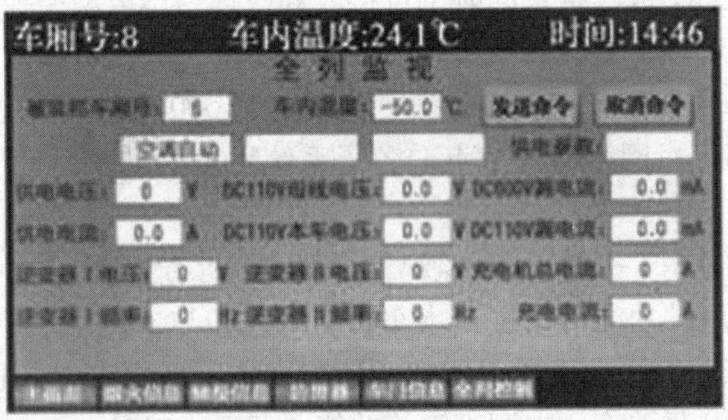

图 5-24　全列监视画面

2）列车级监控

动力集中动车组列车级网络控制系统由列车级控制单元、行车安全系统列车级主机、车辆控制单元、MVB/LonWorks 网关组成。各车厢车辆控制单元通过网络通信节点实现车辆级与列车级数据交互，列车级数据流如图 5-25 所示，每间隔 1 s 向列车级 LonWorks 总线发送本车电气状态信息。根据各车车厢号的不同，从数据的地址代码中可以识别出数据来源车厢。所有网络通信节点以及列车级控制单元均自动接收列车级 LonWorks 总线上所有车辆的网络数据；同时，列车级控制单元在收到 LonWorks 总线上的网络数据后，对数据进行处理，并通过串口将数据发送至电气监控显示屏和行车安全系统列车级主机。行车安全系统列车级主机收到数据后，再对数据进行处理，通过独立的列车 LonWorks 网络，与动力车/控制车的 MVB/LonWorks 网关进行数据交互，实现在司机室微机显示屏上显示拖车电气系统状态的功能。

电气监控屏与主控站通过 RS232 总线进行数据传输，主界面为“旅客列车信息监控系统”，系统分为供电、空调、车下电源、轴报、防滑、烟火、车门的信息与工程师界面几大板块。电气监控屏主要具有单车信息显示和列车控制两大功能。

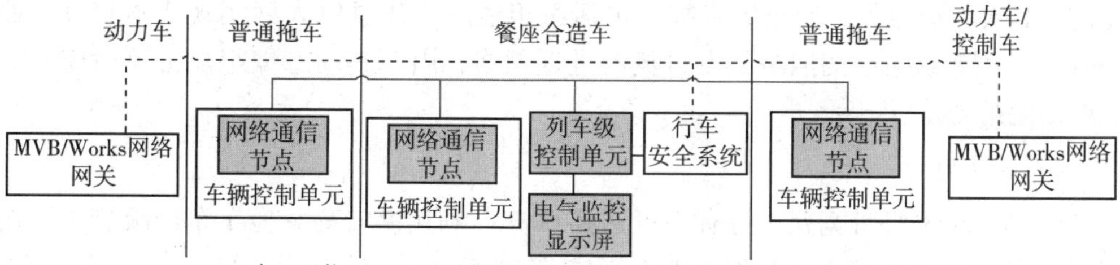

图 5-25　列车级数据流

（1）单车信息显示。在电气监控屏主界面中单击“工程师模式”，进入工程师界面，在工程师界面中单击车厢号可以查看对应车的详细信息，包括供电、空调、车下电源、轴温报警、车门、烟火、防滑器等信息。

（2）列车控制。在电气监控屏主界面或者工程师界面里单击“全列控制”按钮，弹出“列车控制”窗口，从而对全列或单车的部分电气设备实施手动控制。进行控制时，首先选择控制命令，选择好控制命令之后选择被控车号（如果是全列控制，则单击“全列控制”按钮），然后单击“发送”按钮（两次“发送”命令的时间间隔为12 s，即12 s内“发送”按钮处于锁定状态，无法再次响应）；单击“复位”按钮可以复位所有选项，重新开始选择控制命令和车号。

3. LonWorks 网络的优势

目前铁路客车网络方案主要有 TCN 网络、以太网以及 LonWorks 网络。由于 TCN 在经济性方面较差，LonWorks 在传输速率方面劣于以太网，所以网络方案就在以太网和 LonWorks 网络之间进行选择；又由于 LonWorks 网络具有兼容性强、定位适当、实现简单、稳定可靠、环境适应性强等优势，最终动力集中动车组拖车网络系统采用 LonWorks 总线方案。LonWorks 总线方案的优势具体如下。

1）兼容性强

动力集中动车组拖车电气系统的设计是以25T型客车电气系统为基础对各子系统进行功能扩展、逻辑优化而成的。由于采用 LonWorks 网络，所以所有拖车子系统的既有网络数据传输方式均可保持不变，仅需要更新网络通信协议即可实现优化，设计周期短。

2）定位适当

动力集中动车组拖车网络系统负责监测全列拖车电气系统状态，向司机室网络发送必要的拖车电气系统状态信息，但不参与列车控制。相比以太网，LonWorks 网络最大的短板在于传输速率低，最高仅为78 kb/s，与以太网的传输速率（100 Mb/s）相比差距很大。但是，动力集中动车组拖车网络数据传输量较小，且对实时性要求不高，使用 LonWorks 网络即可满足数据传输需求，加之 LonWorks 网络成本低，因此其更适合于动力集中动车组拖车网络系统。

3）实现简单

首先，LonWorks 总线传输介质采用二芯屏蔽双绞线，要求双绞线特性阻抗满足120 Ω（1±10%）的要求，双绞线其他特性满足四类通信标准即可；对双绞线以及配套的线束接头没有特殊要求，实现简单；双绞线直线通信距离为2 700 m，适合列车

需要时可沿此线裁成活页

通信。其次，动力集中动车组有拖车灵活编组需求，通过以太网实现成本较高，而LonWorks列车级总线的网络节点可灵活进退网络，因而其动态编组能力更适应拖车的灵活编组需求。

4）稳定可靠

LonWorks网络带宽允许占有率可达到60%，利用率较高。拖车车辆级总线采用固定网络配置，拖车编组的改变不影响车辆级网络和列车级网络的双路冗余，LonWorks网络特性可以满足以下要求：当出现一处或多处列车级网络节点故障时，其他列车级网络节点的通信仍能正常进行。

5）环境适应性强

LonWorks网络可以对网络的干扰信号进行有效避让，采用优先级报文、确认报文、自动重发报文等可以确保网络通信的可靠性；同时，其对传输介质的要求不高，可使网络系统在恶劣的环境下正常工作。

4. 与25T型客车监控网络的对比

25T型客车监控网络采用LonWorks技术，在工程师车厢设主控站，与各车厢的代理节点构成列车级LonWorks网络；每个客车内部由代理节点与各子系统网关组成车辆级LonWorks网络。动力集中动车组的拖车网络也采用LonWorks技术，但在25T型客车供电监控网络基础上进行了优化设计。实际应用效果表明，与25T型客车供电监控网络相比，动力集中动车组具有能自动选择网络线路、车辆控制单元高度集成化和网络通信易扩展等优势。

1）自动选择网络线路

25T型客车的列车级网络Ⅰ路和Ⅱ路是通过设置在综合柜中的网络转换开关进行手动选择的，同一时刻只能使用一路网络进行通信，一旦一路网络发生通信故障，则需要手动切换至另一路网络。动力集中动车组的列车级网络取消了网络转换开关，采用两路LonWorks网络实时在线方案，同时使用Ⅰ路和Ⅱ路网络，提高了冗余性，当车辆控制单元检测到其中一路发生通信故障时，会自动断开有故障的一路网络而改用通信正常的另一路网络，全程自动调整，无须手动操作。

2）车辆控制单元高度集成化

25T型客车综合柜中安装有代理节点、车门网关、车下电源网关、轴温报警网关、烟火系统网关和防滑器网关，所需安装空间非常大，挤占了综合柜其他电气设备的安装空间，且设备数量较多，维护工作相对复杂。而动力集中动车组在综合柜中使用高度集成化的车辆控制单元。

车辆控制单元由网络单元、电源等模块组成，不但安装占用空间较小，而且采用导轨安装，拆卸方便，便于维护。车辆控制单元有良好的可扩展性，可根据后期需要增加通信模块以扩展功能。车辆控制单元面板上具有多路指示灯信息提示，能够快速找到故障点，便于维护。其网络单元由网络通信节点和通信终端组成，具有25T型客车代理节点和所有网关的功能。车辆控制单元通信终端内置网关，相比25T型客车，其升级了网关的硬件处理器，提升了运算能力；网络传输优化了算法，网络通信节点将车门和报警等状态信息单独打包，优先发送，提高了带宽利用率；扩展了通信模块接口，25T型客车网关采用一对一的通信模式，而车辆控制单元通信模块最高支持三路串口通信，提高了集成度；电源模块采用DC 110 V供电，输出DC 24 V和DC 5 V电压，为PLC和通信模块等其他负载统一供电，代替了25T型客车综合柜内的电源转换模块。

3）网络通信扩展

25T型客车拖车网络和机车网络与广播系统相互独立，并无网络数据传输。动力集中动车组在25T型客车的基础上，对网络通信进行了扩展，增加了与司机室和旅客信息服务系统的数据传输。

（1）列车级控制单元将列车网络数据传输给行车安全系统，由行车安全系统列车级主机将数据进行优化、精简，通过行车安全LonWorks总线传输给司机室MVB/Lon网关，并在司机室显示屏显示。拖车传输给司机室的数据主要包括拖车编组情况、烟火、轴报、制动、车门状态等信息，帮助司机在安全环路报警时查看拖车的系统状态，以及在开关门时实时了解列车车门状态。

（2）由于列车开关门时车门状态在司机室微机显示屏显示的实时性要求很高，通过采用车门直接和网络通信节点进行串口通信以及由网络通信节点对车门数据单独打包的方式，缩短了车门状态信息轮询时间间隔，并优化了列车级控制单元与行车安全系统之间的通信协议，将车门状态信息传输至司机室微机显示屏的时间控制在5 s以内，满足了实时性需求。

（3）动力车的供电信息、主控信号、重联信号、减载信号以及动力车的时间信号每隔4 s通过行车安全系统LonWorks总线传输给列车级控制单元，在机械师室电气监控屏可以实时查看相关动力车的供电和主控信息。拖车所有子系统显示屏的时间通过动力车时间信息与列车时间同步，各车供电系统通过DC 600 V减载信息可实现拖车自动减载。

（4）在旅客信息服务系统PIS主机所在车厢，网络通信节点与PIS主机通过RS485总线进行数据传输。网络通信节点将列车运行速度信息发送给PIS主机，在无GPRS信号的情况下，根据列车速度和运行时间可计算出运行距离，实现自动报站；PIS主机将车次、车号信息传输给网络通信节点，可在机械师室电气监控屏查看这些信息。

任务5.3　CR200J动车组网络控制系统检修与维护

子任务5.3.1　微机柜内设备的检修与维护

学习目标

1. 素质目标

爱岗敬业，艰苦奋斗，具有质量意识、环保意识、安全意识、工匠精神。

2. 知识目标

掌握微机柜检修技术规程。

3. 能力目标

能熟练拆卸和更换微机柜模块。

学习任务

(1) 微机柜检修技术规程。

(2) 拆卸和更换微机柜模块的方法。

任务实施

1. 了解微机柜检修技术规程

1) D3 修技术规程

(1) 外观检查：各模块不许有破损、污渍和变形，模块插头不许有松动，接线连接良好。模块自检启动正常。

(2) 司机室故障下载端口性能良好。

2) D4 修技术规程

(1) 各模块、机箱清洁，外观良好，不许有破损、变形；插头不许有松动，接地线连接良好。各模块自检启动正常。端子排清洁、完整，不许有烧伤及严重变形；导线压接良好，接线紧固；各网络线、重联线完好，连接紧固，插座、插头的触点完好。

(2) 司机室故障下载端口性能良好。

(3) 风扇断路器外观良好，不许有损坏。紧固件及端子不许有松动，动作灵活、无卡滞，位置正确。

(4) 继电器各部清洁，接线正确，安装牢固。触头接触良好，不许有变形、烧痕；触头动作灵活、可靠；触头开闭良好，无粘连。

(5) 微机柜内风扇更新。

(6) CCU1、CCU2、ERM 内 BIOS 电池更新。

2. 拆卸微机柜模块

(1) 首先用 10 mm 扳手将模块右上角接地螺丝的接地拆除。

(2) 用 5 mm 内六角螺丝刀将机箱四角的紧固螺丝拧松后取下，将模块抽出，如图 5-26 所示。

图 5-26 拆卸微机柜模块

3. 更换 CCU、ERM 电池（以 CCU 单元为例）

(1) 将 CCU 板卡从中央控制单元机箱内取出。

(2) 使用螺丝刀将电池从接口板上拆下，然后将新电池装入，如图 5-27 所示。

图5-27　更换 CCU 电池

4. 更换 CCU、ERM 主板电子盘（D5 修时会涉及）

（1）将 CCU、ERM 板卡取出，具体如下：

按模块板卡拆除的工序，将 CCU、ERM 板卡从机箱内抽出，并平放在工作台上，如图5-28 和图5-29 所示。

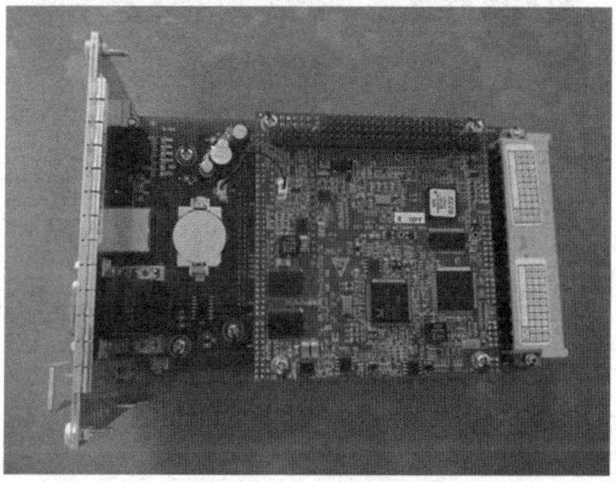

图5-28　抽出中央控制单元 CCU 板卡

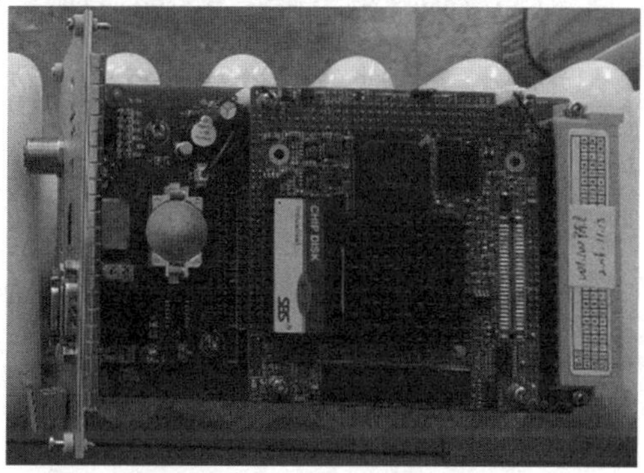

图5-29　抽出事件数据记录单元 ERM 板卡

（2）将 CCU、ERM 板卡从接口板上分离，具体如下：

① 将主板供电线从主板上拔下，如图5-30 所示。

② 将主板四角的螺丝分别拆卸下来。

③ 使用螺丝刀轻轻地依次撬动主板四周的螺丝固定位置，使主板与接口板脱离连接，如图5-31 所示。

图5-30　拔下主板供电线

图5-31　使用螺丝刀撬动主板四角螺丝

④ 待主板四周均已与接口板铜柱脱离连接后，向上提拉主板，直至主板完全取下，如图 5-32 所示。

（3）取下主板电子盘。主板电子盘与主板之间为插针连接，依次撬动电子盘与主板四周的插座与插针位置，直至电子盘四周均与插座脱离后，向上拉动电子盘将其取下，如图 5-33 所示。

图 5-32　取下主板

图 5-33　取下主板电子盘

（4）完成主板装配，具体如下：

① 将电子盘插入主板。注意，须小心操作，不要折断主板上的插针。

② 将主板与接口板插在一起，并紧固四周的螺丝。注意，须小心操作，不要折断主板和接口板上的插针。

③ 将紧固好的 CCU、ERM 板卡装回中央控制单元机箱中，电子盘更换完成。

任务评价

项次	简答题或操作题	要求	分值	得分
1	简述微机柜检修技术规程	学生在职教云上完成答题，教师评阅	50	
2	拆卸和更换微机柜模块	学生互评，教师总评	50	
合　计			100	

知识拓展

1. 网络控制系统布局

网络控制系统硬件位于微机柜和司机室，其布局如图 5-34 ~ 图 5-37 所示。

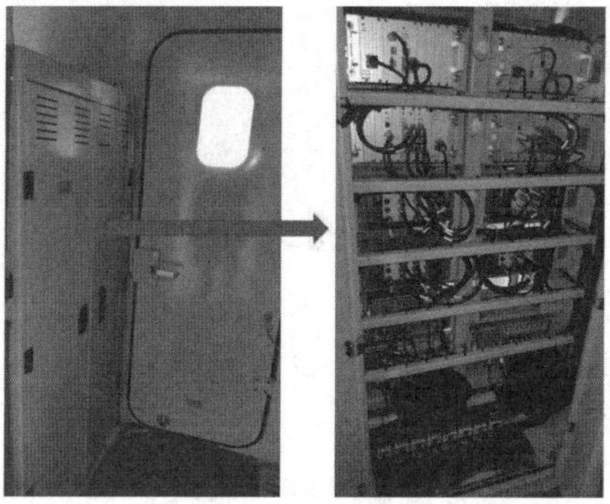

图 5-34　微机柜

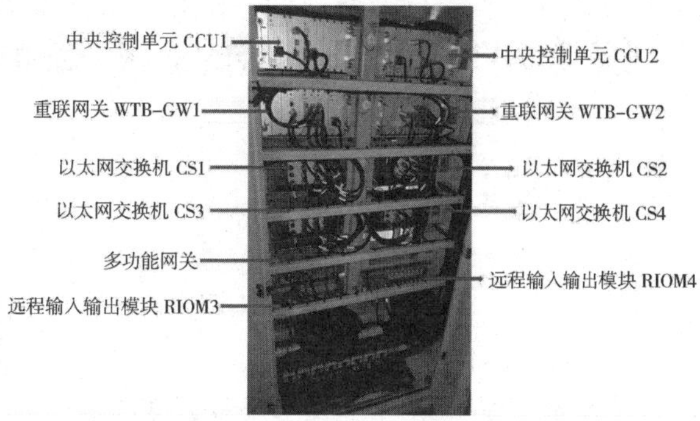

图 5-35　微机柜内网络模块

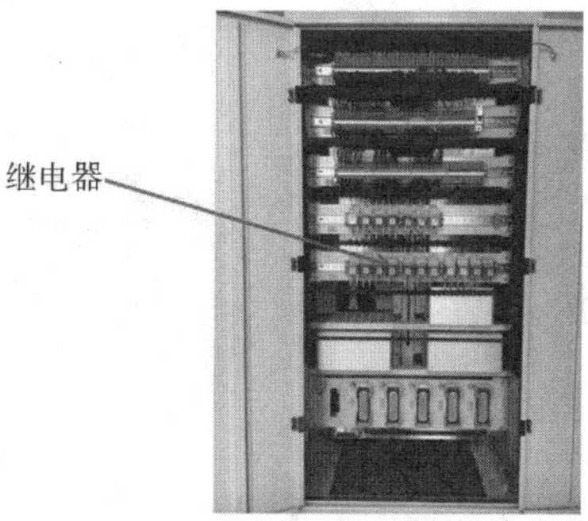

图 5-36　继电器

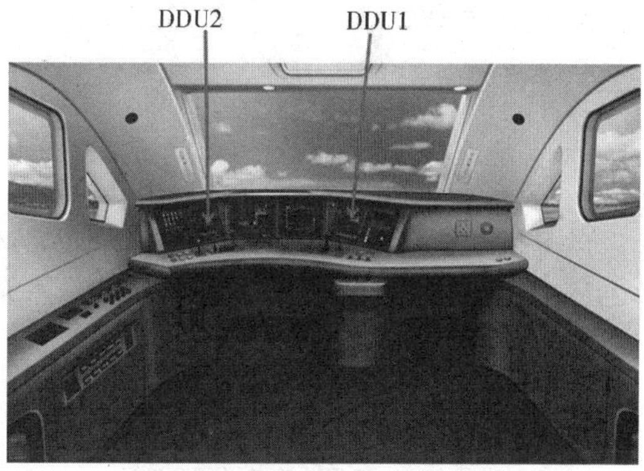

图 5-37　司机室微机显示单元

远程输入输出模块具有 DI、DO 自检功能，并具有重要通道冗余功能。

（1）通道自检：DI、DO 板卡对每路通道进行周期性自检，并把自检结果上传到 CCU，CCU 根据自检结果进行冗余通道的选择。

（2）板卡自检：每块 DI、DO 板卡把自身工作状态（生命信号）上传到主控单元 CCU，主控单元 CCU 可判断板卡是否正常工作。

2. 按时间计算的定期维护体系

按时间计算的定期维护体系如表 5-3 所示。

表 5-3　按时间计算的定期维护体系

修程	维护周期	走行公里数
D1	周度	（4 000±400）km
D2	月度	运行（30±3）万 km 或距上次 D1 修以上修程 1 年
	季度	
	半年	
	年度	
D3	对应机车 D3 修	运行（60±6）万 km 或距上次 D2 修以上修程 2 年
D4	对应机车 D4 修	运行（110±10）万 km 或距上次 D3 修以上修程 2 年
D5	对应机车 D5 修	运行（220±22）万 km 或距上次 D4 修以上修程 8 年

子任务5.3.2 微机显示屏的检修与维护

学习目标

1. 素质目标

爱岗敬业，艰苦奋斗，具有质量意识、环保意识、安全意识、工匠精神。

2. 知识目标

掌握微机显示屏检修技术规程；掌握在微机显示屏中进行系统时间设定、软件版本查询、显示屏坐标校准、设备计数设定、里程设定，以及拆卸显示屏的方法。

3. 能力目标

能独立熟练拆卸显示屏。

学习任务

学习微机显示屏检修技术规程，以及系统时间设定、软件版本查询、显示屏坐标校准、设备计数设定、里程设定和拆卸显示屏的方法。

任务实施

1. 了解微机显示屏检修技术规程

1）D3修技术规程

（1）外观检查，显示屏不许有裂纹、破损，固定螺栓不许有松动。

（2）清洁显示屏外观，检查显示屏的日期、时间。

（3）检查铭牌、标号、线号及指示灯，要求：铭牌、标号、线号完整、清晰；指示灯齐全完好，显示正常。

2）D4修技术规程

（1）外观清洁，玻璃完整，不许有裂痕；外部连线、接插件清洁完好。

（2）面板上各开关标识清晰，性能可靠。

（3）校准触摸屏坐标，*X*/*Y*轴坐标不许有严重错位；校准微机显示屏日期、时间（机车有监控屏时，以监控屏为准，误差不许超过±15 s）。

2. 系统时间设定

为了防止运行参数被随意修改，进入微机显示屏界面需要输入设定的密码。密码输入正确后，即进入如图5-38所示的参数设置界面。

图5-39是对整台机车的微机网络系统的日期/时间进行设定和调整的界面，操纵端设定有效。在本务车中设定之后，重联车按本务车的设定进行更新。

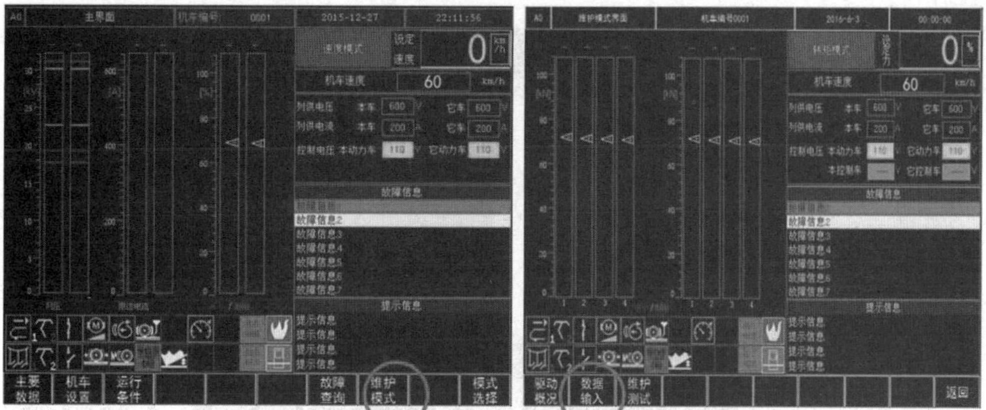

图 5-38　参数设置界面

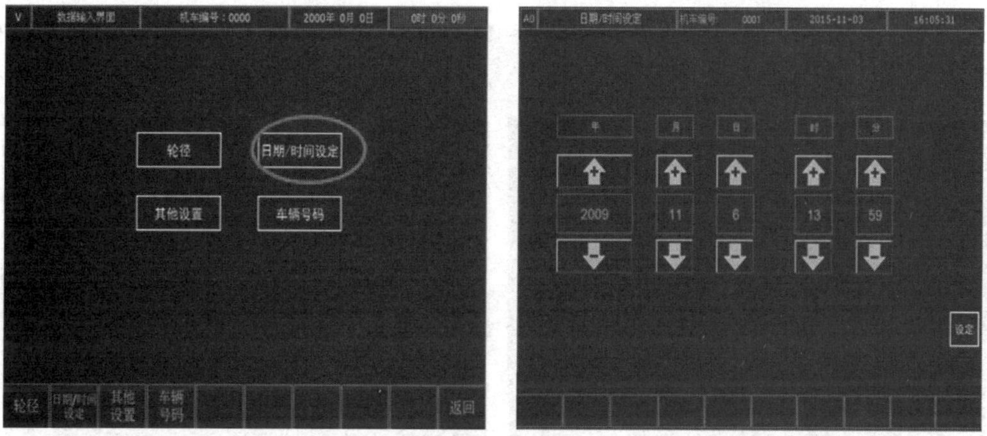

图 5-39　日期/时间设定

3. 软件版本查询

（1）网络系统软件版本查询界面如图 5-40 所示，查询完成后其软件版本显示如图 5-41 所示。

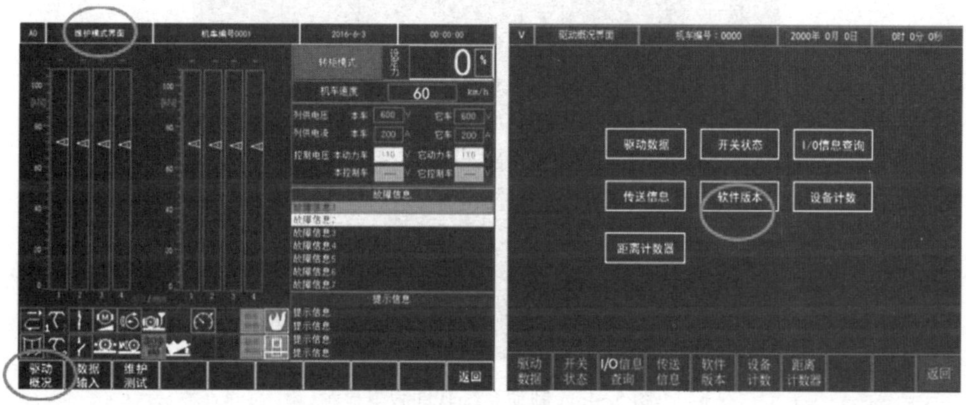

图 5-40　网络系统软件版本查询界面

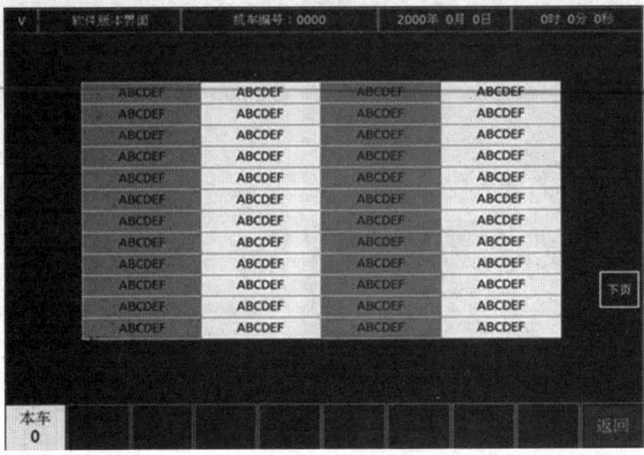

图 5-41　网络系统软件版本显示

（2）制动系统信息查询界面如图 5-42 所示，其软件版本查询结果如图 5-43 所示。

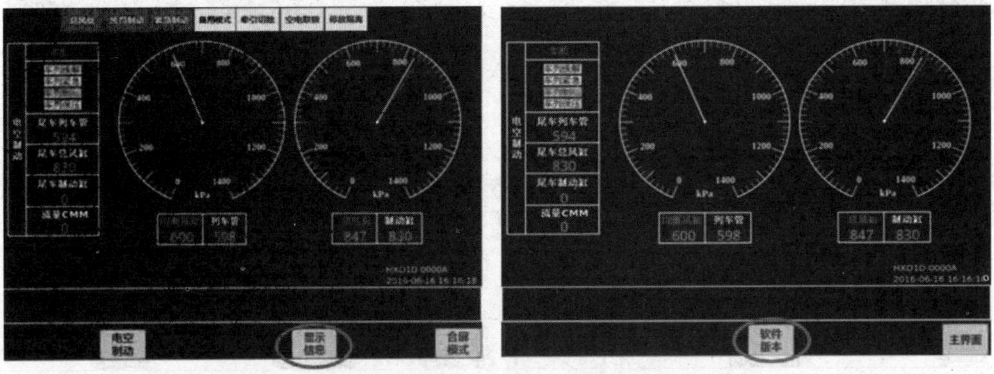

图 5-42　制动系统信息查询界面

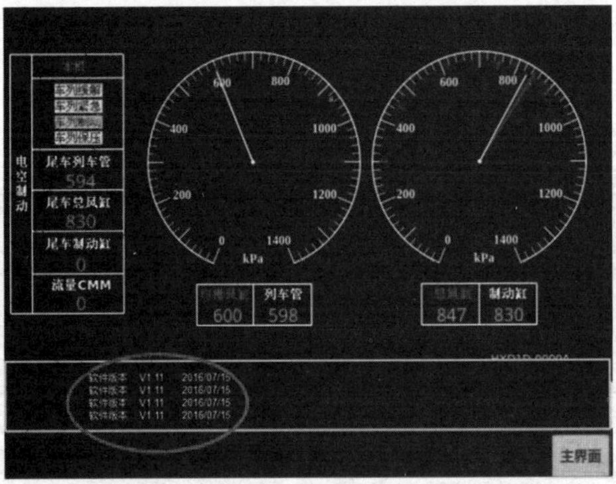

图 5-43　制动系统软件版本显示

4. 显示屏坐标校准

（1）准备工具：键盘，连接微机显示屏的USB线。

（2）用USB线将微机显示屏和键盘连接起来：USB线一端连接到微机显示屏的“USB1”接口，另一端连接键盘。

（3）微机显示屏上电完成，进入程序主界面后，按下键盘的End按键，微机显示屏主界面程序退出，进入命令对话框界面。

（4）通过键盘输入TOUCH命令，然后按回车键，微机显示屏进入坐标校准界面，按照界面说明对显示微机屏进行校准即可。校准完成后，须重启微机显示屏。

5. 设备计数设定

当设备更换或更换TCMS主机时，需要对本节机车的相应设备进行动作次数的重新设定，如图5-44所示。

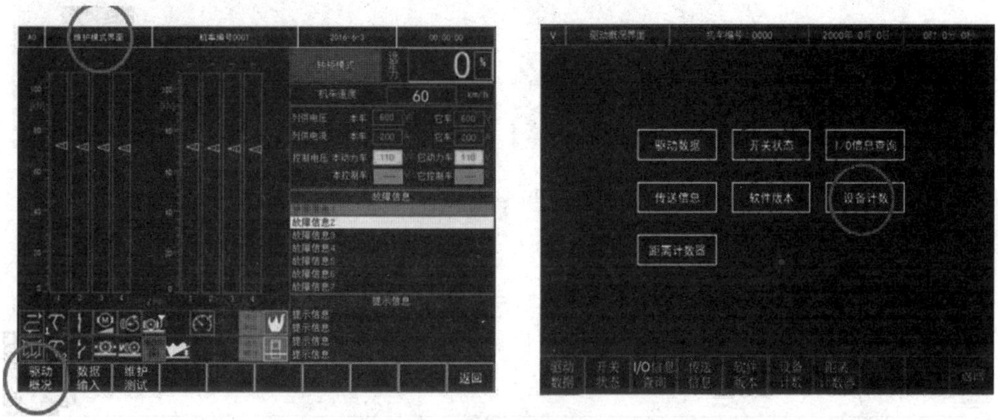

图5-44　设备计数设定界面

该界面显示本节机车相关设备的累计运行时间及主断路器的动作次数。可以通过“设定”按钮对本节机车的相应设备进行动作次数的重新设定，如图5-45所示。

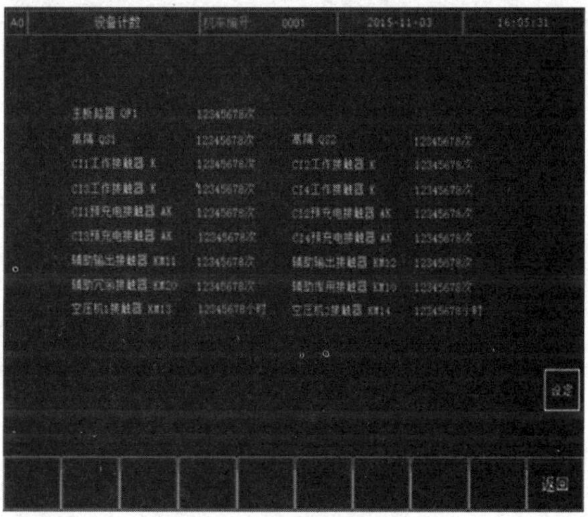

图5-45　设备计数设定

6. 里程设定

如果更换TCMS装置，则需要重新设定总里程，此时须单击“设定”按钮，进入设置界面进行重新设定（重联时不能完成该操作）。注意，进入设置界面需要通过密码验证。里程设定如图5-46所示。

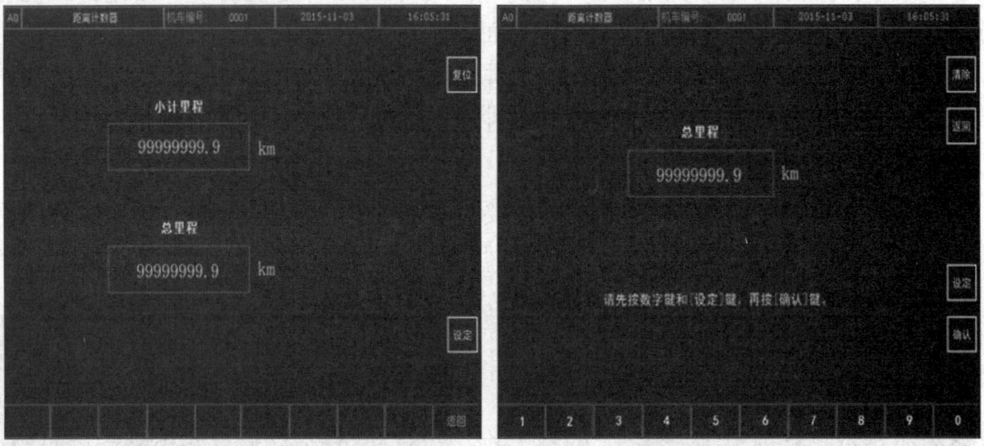

图5-46　里程设定

7. 拆卸显示屏

（1）将显示屏四角的紧固螺丝拧松后卸下，使显示屏与司控台脱离，如图5-47所示。

（2）将显示屏后的接地线、通信线依次拆下后，即完成显示屏拆卸。

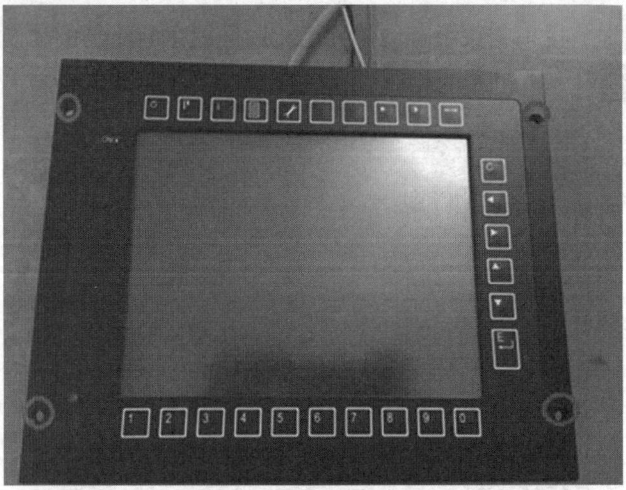

图5-47　拆卸显示屏

任务评价

项次	简答题或操作题	要求	分值	得分
1	简述微机显示屏检修技术规程	学生在职教云上完成答题，教师评阅	20	
2	独立拆卸显示屏（包括拆卸前需处理的事项）	学生操作，教师现场评价	80	
合　计			100	

知识拓展

1. 动车组 Wireshark 软件针对列车以太网数据包的状态分析法

1）连

通过 Wireshark 软件连接以太网，监控每秒的传输数量：当数量为 0～50 时，网络正常；当数量很大时，说明有故障现象。

2）解

通过软件详细解析，查找故障。当网络不正常、不稳定，或出现数据风暴，特别是出现以太网内部环网风暴时，容易造成以太网瘫痪。对这样的问题很难查找原因，因为风暴故障时的传输时间是微秒级的，但传输的数量巨大。在这种情况下，核对故障设备的 MAC 地址及对应 IP 地址，可以找到发生故障的设备。

3）查

找到发生故障的设备后，分析故障原因，消除网络数据风暴。有时产生网络数据风暴的原因可能是两个端口被短接。

2. CTCS-3 级列控系统简介

参考文献

[1] 谢维达，钱存元．列车通信与网络[M]．北京：中国铁道出版社，2014.

[2] 中国铁路总公司．高速动车组技术：全2册[M]．北京：中国铁道出版社，2016.

[3] 史红梅，苏树强．动车组网络控制[M]．北京：北京交通大学出版社，2013.

[4] 毕红雪，赵慧．列车智能网络控制[M]．北京：中国铁道出版社，2012.

[5] 谢希仁．计算机网络[M]．8版．北京：电子工业出版社，2021.